I0358553

www.ingramcontent.com/pod-product-compliance
Lightning Source LLC
Chambersburg PA
CBHW071227070526
44583CB00017B/2075
* 9 7 8 1 7 7 8 9 2 2 1 3 8 *

پویایی در پیوند مهرآمیز

جلد دوم

کتایون شیرزاد

خانه انتشارات کیدزوکادو

سریال کتاب: P۲۴۴۵۱۱۰۲۴۷
عنوان: پویایی در پیوند مهرآمیز جلد دوم
نویسنده: کتایون شیرزاد
ویراستارادبی: دکتر علی هاشمی
ویراستار علمی: نغمه کشاورز
صفحه‌آرایی: نرگس تاج‌الدینی
شابک/ ISBN: ۹۸۷-۱-۲۱۰-۷۷۸۹۲-۷
موضوع: روانشناسی، رابطه
مشخصات کتاب: کتاب جلد مقوایی، سایز۵ A
تعداد صفحات: ۴۶۲
تاریخ نشر ادیشن فارسی: آوریل۲۰۲۵
انتشارات در کانادا: انتشارات بین المللی کیدزوکادو

هر گونه کپی و استفاده غیر قانونی شامل پیگرد قانونی است.
تمامی حقوق چاپ و انتشار در خارج از کشور ایران محفوظ و متعلق به انتشارات و صاحب اثر می‌باشد.

Copyright @ Kidsocado Copyright 2025
All Rights Reserved, including the right of production in whole or in part in any form.

KIDSOCADO PUBLISHING HOUSE
VANCOUVER, CANADA

تلفن: **+1 (833) 633 8654**
واتس آپ: **+1 (236) 333 7248**
ایمیل: **info@kidsocado.com**
وبسایت: **https://www.kidsocado.com**

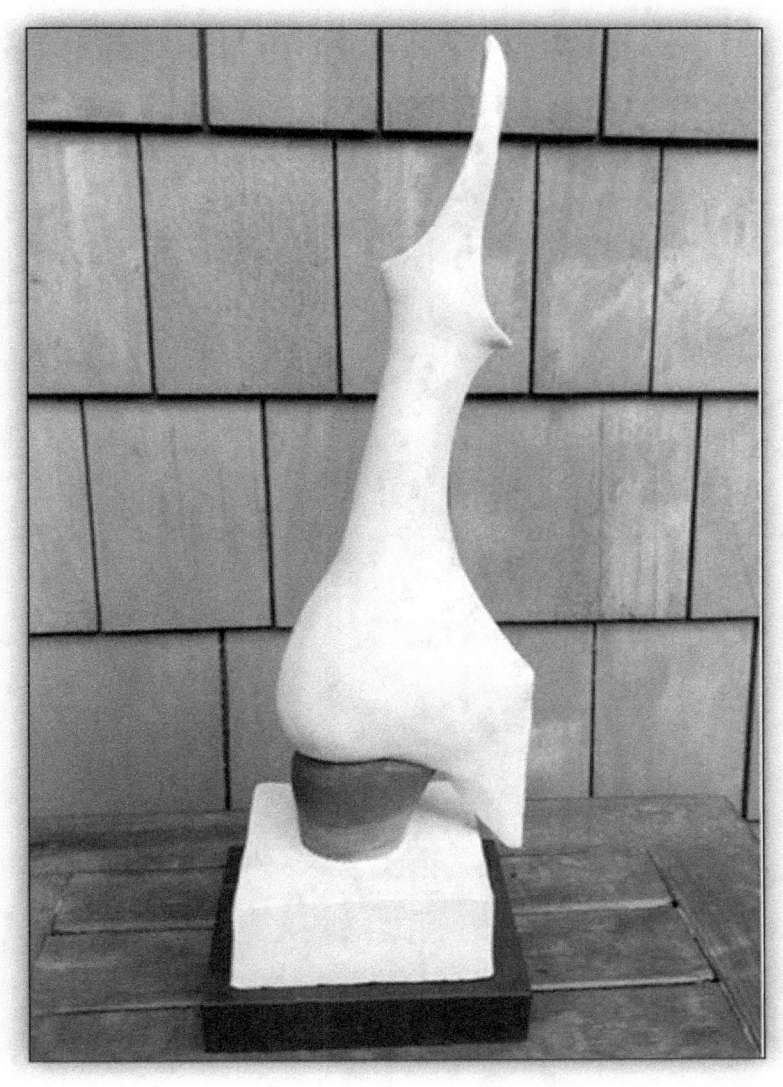

نام اثر: حواصیل
خالق اثر: کتایون شیرزاد

نام اثر: هوشیاری
خالق اثر: کتایون شیرزاد

این کتاب را تقدیم می‌کنم؛ به فرزندان دلبندم «کنام»، «پارسوا» و «پورس».

و همه آن‌هایی که با جرأت و شهامت برای شفای کودک درون و کاستن از سنگینی‌های بار میراث شومی که ناخواسته و نادانسته به آن‌ها منتقل شده است؛ گام برمی‌دارند. آن‌ها قهرمانان و پیشگامانی هستند که جهت تغییر و تحول اساسی خود، خانواده و جامعه نوین جهانی می‌کوشند.

کتایون شیرزاد

پیشنهاد کتاب توسط مهناز صلاحی:

خوشبختی به‌خودی‌خود به وجود نمی‌آید؛ بلکه فرایندی فعال است که نیازمند تلاشی مستمر، همراه با شور و اشتیاق، انطباق با واقعیت و درک حقیقت است. این فرایند باید با مدیریت هیجان‌ها، به رسمیت شناختن مرزها و در عین حال حفظ تعادل همراه باشد.

برای دستیابی به خوشبختی و رشد درخت زندگی، راهی جز یادگیری و تجربه نداریم؛ چرا که ما شور خاموش رؤیاهای خود هستیم.

در روان‌درمانی هستی‌شناسانه، تحقق «بودن»ها و «باید»ها زمانی ممکن می‌شود که شعله‌های عزت‌نفس و اعتمادبه‌نفس فروزان باشند و از آسیب مصون بمانند. با این حال، این «بودن»ها و «باید»ها همچون دو لبه‌ی قیچی هستند که دقت و توجه زیادی نیاز دارند. بی‌توجهی به این تعادل، ممکن است به وسواس فکری و عملی منجر شود که پیامدهایی چون افسردگی، اضطراب و استرس در پی دارد

نویسنده، برای پویایی پیوندی مهرآمیز، مسیر زندگی را به روشنی تبیین و تصویر کرده است. او مراحل اساسی در تعیین مرزهای ارتباطات سالم را با تأکید بر خودآگاهی، مدیریت تضادهای درونی، اهمیت زیستن شادمانه و خلاقیت در عشق و مسئولیت‌پذیری همراه با صمیمیت، به تفصیل شرح می‌دهد

یکی از مهم‌ترین بخش‌های این کتاب، بررسی «میراث کودکی» است. فلسفه و معنای زندگی شادمانه انسان‌ها از نخستین تجربه‌های کودکی در خانواده شکل می‌گیرد. کودک در آغوش والدین، محبت، امنیت، حمایت و عزت‌نفس را تجربه می‌کند و حتی نخستین مفاهیم آزادی و مسئولیت را می‌آموزد. این تجربیات به‌گونه‌ای عمیق بر انتخاب شریک زندگی در بزرگسالی، آگاهانه یا ناخودآگاه، تأثیر می‌گذارد.

حال، تو خود حدیث مفصّل بخوان ازین مجمل.

در این کتاب، توصیه‌های کاربردی و سودمندی برای مراقبت از خود، بهسازی درون و تحول آگاهانه درونی، با هدف دستیابی به یک زندگی زناشویی سعادتمند و رابطه جنسی سالم و معقول خواهید یافت.

نکته مهم و ارزشمند این است که نویسنده، بر شهامت و صداقت اخلاقی در بهبود روابط جنسی تأکید ویژه دارد.

اگر بپذیریم که ساده‌زیستی در تمامی شئونات زندگی، به‌ویژه در ابراز احساسات عاشقانه، نقش اساسی دارد، می‌توانیم در گذر از چالش‌های رابطه، به پیوندی مهرآمیز دست یابیم. این موضوع، از جمله محورهای اصلی مورد تأکید نویسنده است که با ذکر نمونه‌های تجربی متعدد، به‌وضوح اهمیت آن را ثابت می‌کند. نویسنده همچنین بر لزوم شناسایی ارزش‌ها، باورها، و عوامل مخرب عشق و رابطه «همچون خشم و بی‌وفایی» تأکید دارد و با ارائه راهکارهایی، ما را به سم‌زدایی عاطفی و دستیابی به سلامت دلدادگی هدایت می‌کند این مسیر، از طریق تعیین حدومرزهای خود و دیگران و شناسایی هشدارها و نشانه‌های رابطه ناسالم، هموار می‌شود.

به قول سقراط: زندگی‌ای که یک‌بار مرور نشده باشد، ارزش زیستن ندارد برای سرکار خانم کتایون شیرزاد، سلامتی و نیک‌روزی آرزومندم. تلاش‌های بی‌شائبه، مهر، و شفقت ایشان درخور تحسین است.

مهناز صلاحی؛ کارشناس ادبیات و نویسنده

پیشنهاد کتاب توسط پریرخ عنایتی آهنگر:

برای کتایون و پویایی در پیوند مهرآمیز

کتایون در سرزمینی بهشتی، در میان جنگلی بکر و کنار جویباری زلال، در خانه‌ای پر از صفا و آرامش زاده شد. این خانه، با حوضی بزرگ و هم‌تراز با زمین که آبِ زنده و جاری از میانش می‌گذشت، فضایی آکنده از زندگی و شور داشت. در این محیط دلنشین، کتایون در کنار خانواده‌ای رشد یافت که از مهر مادری و شجاعت پدری بهره می‌برد. مادری که با داستان‌های حماسی شاهنامه و اشعار عرفانی او را پرورش می‌داد، و پدری که شجاعتش برخاسته از مردم‌دوستی و دغدغه رهایی از ستم بود.

این تربیت، کتایون را زنی ساخت که مهر مادری را با استواری و ایستادگی درآمیخت. او سه بار تجربه شیرین مادری را در آشیانه قلبش پذیرا شد. اما آنچه روح والای او را نشان می‌دهد، واکنشش به هنگام از دست دادن فرزند ارشدش است. وقتی برای تسلیت به او نزدیک شدم، با آرامشی عمیق گفت: «کنام به جریان نامتناهی هستی پیوست.» این سخن، نه تنها زاییده اندوه، بلکه برآمده از عمق تفکر و فهم فلسفی او بود.

۴۷ سال پیش که کتایون در ایران زندگی می‌کرد، مهربانی‌اش بر دل‌ها تأثیر می‌گذاشت. در طول زندگانی پربارش، او نه تنها به آموزه‌های رایج در جامعه اکتفا نکرد، بلکه با خلق تندیس‌هایی که بازتابی از ناخودآگاهش بودند، افکار و احساساتش را به شکلی ملموس و جاودانه به نمایش گذاشت. هر سفر او در گستره جغرافیای دنیا با سفرهایی درونی همراه بود؛ سفری که معنویت را به جان او هدیه کرد.

این کتاب، یکی از گنجینه‌های ارزشمندی است که وجود پرصفای کتایون آن را غنا بخشیده است. او، با نگاهی ژرف و هوشیارانه، از هر فرصتی برای تأثیرگذاری بر جامعه و الهام‌بخشی به هموطنانش بهره می‌برد. کتایون، همچون باغبانی دانا، گل‌هایی از اندیشه و مهربانی بر دامان زندگی انسان‌ها افشانده و لبخند شادمانی بر لب‌های مشتاق جویندگان سلامت روانی نشانده است.

کتایون شیرزاد، با هوشیاری ذاتی و فراستی ادبی، جایگاه بلند شخصیت‌هایی مانند «سیمون دوبوآر» را درک کرد. این توانایی او را قادر ساخت تا مصاحبه‌ای جسورانه با این اندیشمند بزرگ انجام دهد. متن کامل این مصاحبه در کتابی با عنوان «من و سیمون دوبوآر» در سال ۱۹۸۵ منتشر شد.

علاوه بر این، کتایون با نقد صریح رسم ناپسند ختنه دختران، به‌ویژه در مناطق غرب و جنوب غربی ایران، توجه جهانیان را به این ظلم جلب کرد. نمایش واقع‌گرایانه او از این سنت جاهلانه، سبب شد قانون منع ختنه دختران در کانادا تصویب شود. این دستاورد، گواهی بر تلاش‌های بی‌وقفه و انسان‌دوستانه کتایون است.

پریرخ عنایتی آهنگر ـ نویسنده و محقق

پیشنهاد کتاب توسط زویا جابری:

خانم کتایون شیرزاد، مشاور و هنرمند گران‌مایه، نقشی بی‌بدیل در همراهی و هدایت من در مسیر پرپیچ‌وخم زندگی ایفا کردند. راهنمایی‌های ارزشمند ایشان، همان‌طور که در این کتاب خواهید خواند، بسیار کاربردی و اثرگذار است. خوانندگان می‌توانند با به‌کارگیری این رهنمودها و روش‌های راهبردی، کنترل زندگی خود را دوباره در دست بگیرند.

روش شناخت‌درمانی ایشان به انسان کمک می‌کند افکار کهنه و رفتارهای اشتباهی را که به دلیل تکرار روزانه به بخشی از باورها و نگرش‌های فرد تبدیل شده‌اند، بازبینی کند و رفتارهای نو و تأثیرگذار را جایگزین سازد. کتایون شیرزاد درمانگری است که در مسیر بازنگری و بازپروری سلامت روانی، دست تو را می‌گیرد و دیدگانت را به روی زیبایی‌های درونی وجودت می‌گشاید.

دانش، تجربه، و سرشت منحصربه‌فرد ایشان به فرد کمک می‌کند خود را بهتر بشناسد و با بینشی عمیق‌تر به زندگی بنگرد.

با سپاس فراوان از خانم کتایون شیرزاد که با رهنمودهای ارزشمندشان، زندگی‌ام را دگرگون و بهبود بخشیدند، این اثر گران‌بها را به تمامی جویندگان راه روشن زندگی تقدیم می‌کنم.

زویا جابری

پیشنهاد کتاب توسط فریدون:

«کتایون! خواهر خوب و گرانقدرم، من تا به امروز، در آغاز هفتادویکمین سال زندگی‌ام، نوشته‌ها مقالات و کتاب‌های تخصصّی بسیاری را خوانده‌ام؛ اما این باز نوشته‌ات را همین لحظه به پایان رساندم و با تمام وجود و افتخار، همه مطالب آن را با احساسی وصف‌نشدنی خواندم و مطالب آن را قابل فهم و استفاده برای همه خانواده‌ها که زیربنای همهٔ جوامع بشری‌اند؛ یافتم. هدف این مقالات، طرح و شرح مشکلات روابط خانوادگی و تحلیل، درمان و بازگشت اعتماد متزلزل شده میان آنهاست:

راهکارهایی ساده و بدیع و روان که همه افراد، با هر بینش و نگاهی و در هر کجای این جهان می‌توانند؛ از آن بهره ببرند و من هم به عنوان یک انسان و برادر، کوشش‌ها و خدمات تو در این راه را ارج می‌گذارم و افتخار می‌کنم.

عجب هدیهٔ تولد باارزش و گران‌قدری! سپاسگزارم.»

برادرت فریدون

فهرست

۱۹	عشق و ازدواج می‌تواند هیجان‌انگیز و چالش‌برانگیز باشد
۲۰	دلایل شکست و ناکامی در عشق کدام‌اند؟
۲۲	سندرم بازگشت به خانه
۳۱	عرفان در روان‌شناسی
۳۵	روان‌شناسی انسانی / شناخت درمانی
۵۶	مؤثرترین تکنیک التیام بخش در رابطه
۷۵	مدیریت روابط زناشویی
۸۱	**ده روش در روابط شخصی متحول کننده زندگی زناشویی**
۹۴	مدیریت روابط زندگی
۱۱۴	خیانت
۱۱۶	وصال عاطفی / مایی
۱۱۷	شیوه‌های سم‌زدایی عاطفی
۱۱۹	فورمول هفت C
۱۳۲	انسان مهر طلب

۱۳۴	انسان برتری طلب
۱۳۶	انسان عزلت گزین
۱۵۷	سم زدایی عاطفی
۱۵۷	سم زدایی جسم و تن
۱۷۶	سفر عشقی، سفری به دوران کودکی
۱۷۹	ارزش‌ها زن و مرد در فیزیولوژیک و نحوهٔ تفکر
۱۸۱	تفاوت در نحوه تفکر در روابط زنان و مردان
۱۸۲	تفاوت نگرش زنان و مردان در ارزش‌ها
۱۸۲	تفاوت در بیوشیمی مغز زنان و مردان
۱۸۳	توصیه‌هایی به مردان در رابطه با نیازهای زنان
۱۸۷	توصیه‌هایی به زنان در مورد مردان
۱۹۱	عشق ساختن و شدن است و نه داشتن
۱۹۹	اقدام‌های عملی مراقبت از خود شامل
۲۰۳	نقشه ازدواج سعادتمندانه
۲۲۷	بهسازی درون رابطه، صداقت کامل
۲۳۱	تخریب‌کنندگان عشق
۲۴۴	عشق در رابطه زناشویی

۲۴۹	عشق‌ورزی
۲۵۹	قدرت در رابطه زناشویی
۲۸۳	صمیمیت، عشق و سکس در ازدواج
۲۸۵	تمایلات جنسی در مقابل معنویت
۳۱۹	وصال عاطفی، بهسازی درون
۳۲۵	رابطه جنسی و عشق
۳۲۶	تمایلات زنان
۳۲۸	تمایلات مردان
۳۳۲	دوباره زنده کردن عشق
۳۴۶	عشق آگاهانه و تحول وجودی
۳۵۱	بهسازی درون از طریق یافته‌های همدیگر
۳۶۳	روابط شما باید پناهگاهتان باشد
۳۸۴	معیارهای ارزش در روابط زناشویی
۴۰۵	هیجان و چالش در پیوند مهرآمیز
۴۰۶	**نشانه‌های فلج عاطفی**
۴۱۴	مفهوم «دارما» یا هدف
۴۱۹	چگونه عشق رمانتیک ایجاد می‌شود؟

۴۲۸	مهم‌ترین نیازهای عاطفی زنان
۴۳۸	شش تخریب کننده عشق شامل
۴۵۶	روان‌شناسی جان آرام

نام اثر: فروهر
خالق اثر: کتایون شیرزاد

نام اثر: فروتن
خالق اثر: کتایون شیرزاد

عشق و ازدواج می‌تواند؛ هیجان‌انگیز و چالش‌برانگیز باشد؟

لازم می‌دانم دیوارهای عاطفی را یادآوری کنم.

سفر به دوران کودکی ممکن است؛ احساسات و عواطف بسیاری را در شما ایجاد کند؛ زیرا در طی آن به منبع و منشأ اصلی احساسات‌تان که همانا کودک درون‌تان می‌باشد؛ بسیار نزدیک می‌شوید. با تمرین بازنگری، ممکن است احساسات و عواطف تازه‌ای را در خود تجربه کنید. ممکن است به تمام روابط‌تان پایان داده هم اکنون مجرد مانده باشید و یا از اینکه در هیچ یک از روابط‌تان موفق نبوده و در رنج باشید. شکست در عشق و ازدواج هنگامی اتفاق می‌افتد که احساسات سرکوب‌شده‌ی قدیمی بر سرتان خراب شوند؛ شما نیز جا می‌زنید و رابطه را ترک می‌کنید و همین چرخه را مجدد با شخص دیگری از سر می‌گیرید و بار دیگر در همان نقطه و مقطعی که رابطه اول‌تان با شکست مواجه شد؛ به این رابطه نیز پایان می‌دهید. ممکن است خودتان را با گفتن این جمله که «او آدم بدی بود.» «فلانی به دردم نمی‌خورد.» یا «ما برای هم ساخته نشده بودیم» تسکین دهید. وقتی این چرخه را بارها تکرار کردید به جایی می‌رسید که می‌گویید: «دیگر عطایش را به لقایش بخشیدم. عشق هرگز آخر و عاقبتی ندارد بهتر است یک حیوان خانگی داشته باشم!»

تا زمانی که درک، آگاهی و شناختی درباره عشق و روابط نداریم ممکن است بهترین روابطی را که سر راه‌مان قرار بگیرد خراب کنیم. به جای آنکه برای رشد و التیام خود از آنها بهره ببریم.

یکی از دلائلی که این مجموعه که شامل رازهای قدرت و توان التیام‌بخش عشق می‌باشد را با شما در میان می‌گذارم به این دلیل است که نشان می‌دهد دعواها و مشکلاتی که در ازدواج خود تجربه می‌کنید نه تنها بد و منفی نیستند بلکه برای التیام و رشد شما بسیار ضروری‌اند و هدفی را دنبال می‌نمایند.

هنگامی که شما و همسرتان از کوله‌بار به جا مانده از زخم‌ها و لطمه‌های عاطفی دوران کودکی‌تان، شناخت و آگاهی کافی داشته باشید، ازدواج و روابط‌تان به مراتب موفق‌تر و خوشبخت‌تر خواهد بود. زیرا هنگام ظاهر شدن احساسات و عواطف سرکوب شده قدیمی و «برگشت‌های احساسی»، یکدیگر را بهتر درک می‌کنید و برای رسیدن به تفاهم و صمیمیت بیشتر مانند اعضای یک گروه همکاری می‌نمایید.

دلایل شکست و ناکامی در عشق کدام‌اند؟

تنش‌های عاطفی میان شما و همسرتان برخاسته از چند موضوع و مشکل است:

۱. زخم‌ها و لطمه‌های عاطفی قدیمی.
۲. دیوارهای عاطفی.
۳. زخم‌ها و لطمه‌های عاطفی جدید که نتیجه مشکلات و برخوردهای فعلی ازدواج شما می‌باشند و دیواره‌ی عاطفی جدیدی که میان خود و همسرتان بنا می‌نمایید.
۴. عادت‌ها و الگوهای رفتاری ویرانگر و ناسالم.

قدم‌ها در جهت خلق ازدواجی موفق و سالم

گام نخست برای داشتن یک ازدواج و پیوند سالم آن است که نسبت به کوله‌بار احساسی ـ عاطفی خود شناخت کافی به دست آورید تا بتوانید از سلطه و نفوذ

آن رهایی یابید.

چنانچه خاطرات، حوادث، رویدادها و یا موقعیت‌های عجیب و غریبی را بیاد می‌آورید که هرگز تا به امروز از آنها اطلاع و یا خاطره‌ای شفاف نداشته‌اید، تعجب نکنید بیاد آوردن این قبیل احساسات و تجربه‌های دفن شده و یا سرکوب شده بخشی از سفر التیام بخش شما را تشکیل می‌دهد. اکنون هر یک از زخم‌ها، وقایع، رویدادها و یا موقعیت‌های دردناک گذشته زندگی خود را در جعبه احساسی بگذارید و درب آن را ببندید.

برای مثال: نگاه می‌کنیم به جعبه یکی از مراجعانم به نام رامک، که پدرش هرگز به او محبت و توجهی نداشته و تحسینش نکرده است. از او خواستم لحظه‌ای چشمان خود را ببندد و در سکوت از کودک درونش بپرسد که این رفتار همیشگی پدرش باعث شد چه تصمیمی درباره خودش، دیگران، دنیا و زندگی بگیرد؟

شاید بتوانید ندای کودک درون خود را بشنوید؛ ندایی که بزرگ‌ترین زخم‌های دوران کودکی‌تان را بازگو می‌کند. رامک گفت: «روزی، دختربچه درونم تصمیم گرفت باورهایی را شکل دهد، باورهایی مانند

- آنهایی که دوستشان دارم، مرا مأیوس خواهند کرد.

- به مردها نمی‌توان اعتماد کرد.

- روی هیچ‌کس نمی‌توانم حساب کنم.»

من از او پرسیدم: «اما این باورها چگونه در انتخاب‌های عشقی دوران بزرگسالی‌ات نمود پیدا کردند؟»

رامک گفت: «مدت‌ها کسانی را انتخاب می‌کردم که مانند پدرم بدقول بودند. با این حال، به‌شدت به آنها عشق می‌ورزیدم؛ کسانی که زیر قول‌هایشان می‌زدند و مرا مأیوس و سرخورده می‌کردند. در تمام این مدت، وانمود می‌کردم هیچ اتفاقی نیفتاده و زندگی‌ام سرشار از خوشبختی است.

این باورها مرا به کنترل کردن دیگران معتاد کرد. مدام تلاش می‌کردم برای مناسبت‌های خاص و تمام جنبه‌های زندگی‌ام برنامه‌ریزی کنم. حتی مسئولیت‌های همسرم را به عهده می‌گرفتم، زیرا ترس از آن داشتم که او کارها را خراب کند و مرا مثل گذشته ناامید و آزرده کند. می‌توان گفت که این زخم عاطفی بجا مانده از دوران کودکی، مرا به زنی حساس، کنترل‌گر و سلطه‌جو بدل ساخته بود. کسی که سعی می‌کرد مدام مردها را مغلوب خود سازد. همان‌طور که می‌بینید عادت‌ها و الگوهای ناسالم ارتباطی و رفتاری برنامه‌ریزی احساسی‌ام ناخودآگاه کنترل همه کارها را به دست می‌گرفت.

وقتی به همسرم گفتم که خودم به رستوران زنگ زده و میز رزرو کرده‌ام، از دست من عصبانی شد و مرا متهم کرد که به قدر کافی به او اعتماد ندارم که با او در میان بگذارم. من از این برخورد و رفتار او ناراحت شدم و با خود گفتم: چرا چنین واکنشی نشان می‌دهد؟ من فقط خواستم به او کمک کنم. قصد نداشتم او را برنجانم یا کاری کنم که او احساس بی‌لیاقتی کند. ناآگاهی از زخم عاطفی بجا مانده دوران کودکی، حالت تدافعی به خود گرفتم و با حمله‌ی متقابل به او پاسخ دادم. نتیجه اینکه هر دو از دست هم عصبانی شدیم. بی‌آنکه بدانم تمام پاسخ‌ها، و واکنش‌هایم برخاسته از زخم بجا مانده دوران کودکی‌ام بود؛ همان زخمی که در روابط فعلی‌ام بر خوشحالی و خوشبختی‌ام تأثیر منفی گذاشته است»

برگشت احساسی که ایجاد می‌شود. همان‌گونه که قبلاً اشاره کردم نوشتن و انداختن در داخل جعبه‌های احساسی، نخستسن قدم برای تغییر الگوها و عادت‌های رفتاری شما برای حل اختلافات و مشکلات زناشوییتان به حساب می‌آید.

جعبه احساسی‌تان مجموعه‌ای کامل از اطلاعات و داده‌های مهم و ارزشمند زندگی شما به حساب می‌آید.

سندرم بازگشت به خانه

اکنون واژه‌ای دیگر را یاد می‌گیریم به نام سندرم[1] بازگشت به خانه، یکی از

۱- در روان‌شناسی نشانگان یا سندرم آمیزه‌ای از علائم و نشانه‌ها که حاکی از اختلالی خاص است. سندرم به

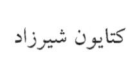

حیرت‌انگیزترین مفاهیمی است که مشاور خانواده، دکتر باربارا دی آنجلس[1]، دائم برای مراجعینش به کار می‌برد. آن هم واقعیت‌های بسیار تکان دهنده‌ای را درباره ازدواج و روابطه شما فاش خواهد کرد.

او می‌گوید: «**ما انسان‌ها همواره موقعیت‌های احساسی ـ عاطفی در زندگی خود خلق می‌کنیم که با موقعیت‌های احساسی ـ عاطفی دوران کودکی‌مان شباهت داشته باشند. آن هم بدون توجه به این که موقعیت‌ها مثبت و یا منفی بوده‌اند.**»

این الگو را بازگشت به خانه می‌نامند.

جعبه احساسی را باز کنید می‌بینید هنگامی که بچه بودید، خانه برایتان یگانه منبع ایجاد امنیت و نوازش و عشق بود. گرچه خانه‌تان پر از جنگ، دعوا، اغتشاش، خشونت و بی‌توجهی بود. باز هم هنوز «خانه» بود. همان جایی که به شما غذا می‌دادند و جایی که در آنجا می‌خوابیدید و تا حدودی توجه و نوازش دریافت می‌کردید.

ممکن است در مورد خانه نظر و برداشت‌های دیگری نیز داشته باشید.

برای مثال: چنانچه پدر و مادرتان در خانه زیاد دعوا می‌کردند شاید این معادله در ذهن‌تان نقش بسته باشند: خانه = اغتشاش، هرج و مرج و سردرگمی.

اگر در خانه به شما توجه زیادی نمی‌شد، عشق و محبت کافی دریافت نمی‌کردید، خانه = تنهایی، ترک شدگی بود
آنچه در دبستان از ریاضیات پایه آموخته‌ایم:

الف = ب و ب = ج آنگاه الف = ج می‌شود.

اکنون از همین اصل و قاعده برای تصویر کشیدن سندرم بازگشت به خانه

معنی نشانه‌های بیمار گزارش می‌شود.

۱- Barbara De Angelis

استفاده می‌کنیم.
چنانچه عشق = خانه
خانه = اغتشاش، سردرگمی و هرج و مرج.
آنگاه عشق = اغتشاش، سردرگمی و هرج و مرج می‌شود.

چنانچه عشق = خانه
خانه = تنهایی
آنگاه عشق = تنهایی می‌شود.

پس چنانچه در ذهن‌مان خانه با اغتشاش و سردرگمی معادل هم باشند، ممکن است در آینده افراد بی‌ثباتی را به سمت خود جذب کنیم و یا عاشق کسانی شویم که به ما کمک کنند، در روابط‌مان احساس اغتشاش و سردرگمی کنیم. ما انسان‌ها همواره ناخودآگاه کسی را به سمت خود جذب می‌کنیم که برایمان آشنا باشند این همان سندرم باز گشت به خانه است.

واضع است که همه ما در مورد خانه تداعی معانی‌های مثبتی نیز در ذهن داریم و می‌کوشیم در دوران و زندگی بزرگسالی خود دوباره آنها را ایجاد کنیم. اما به تجربه دریافته‌ایم خاطرات تلخ و منفی ما از کودکی و گذشته است که بیشتر درد و زحمت را در زندگی بزرگسالی‌مان به وجود می‌آورد؛ زیرا این فرآیند همواره در ناخودآگاه صورت می‌گیرد. بگذارید از زندگی منیژه یکی از مراجعانم، مثالی بیاورم.

مثال: وقتی به تداعی معانی‌های منفی او در مورد خانه نگاه می‌کنم، واژه‌هایی نظیر طردشدگی، ترس، تنش، یأس، سرخوردگی و نادیده گرفته شدن، به ذهن او خطور می‌کنند. زیرا این مسائل تنها چیزهایی بودند که در خانه او اتفاق می‌افتادند و یا وجود داشتند. پدر او همواره درگیر روابط عشقی نامشروع بود و مادرِ منیژه طوری وانمود می‌کرد که گویی هیچ اتفاقی نیافتاده و هرگز او نمی‌دانست که چه وقت قرار است پدر به خانه بیاید. تنش زیادی میان پدر و مادرش وجود داشت، اما هر یک از طرفین وانمود می‌کرد که همه چیز خوب است. هیچ‌کدام راجع به مشکلاتشان با هم صحبت نمی‌کردند. برای منیژه

مجموعه تمام این مسائل به معنای خانه بود. شکی نیست که در خانه او اتفاقات مثبت و خوشایندی نیز می‌افتاد. اما این رویدادها و تجربه‌های منفی بودند که بیشترین درد و رنج را برای منیژه ایجاد می‌کردند.

به عبارت دیگر در ضمیر ناخودآگاه منیژه عشق به معنای این احساسات ناخوشایند بود. در نتیجه هنگامی که بیست ساله شده به فکر و ذهن خود گفت: حال دیگر بزرگ شده‌ام و می‌خواهم مرد مناسبی بیابم و با او ازدواج کنم. فکر و ذهن او گفت: «بگذار واژه عشق را در فرهنگ لغت پیدا کنم؟ ذهن مانند کامپیوتر همه پرونده‌های مربوط به عشق را بررسی کرد و به این معادله رسید.»

عشق = انکار، طردشدگی، تنش، ترس، ناامیدی و سرخوردگی.

سپس گفت شخصی را با این مشخصات برایت پیدا خواهم کرد. طولی نکشید چشمش را باز کرد و دید عاشق کسی شده است که مرتب او را مأیوس می‌کند. کسی که همواره بدبینی او را برمی‌انگیزد، کسی که احساس می‌کند با او صادق نیست. کسی که او را دوست نداشته است.

چه اتفاقی افتاده؟

منیژه می‌گوید: «من به خانه برگشته‌ام.»

این همان اتفاقی بود که مدت‌ها برای او تکرار می‌شد. مانند تمام بزرگسالان دیگر از نظر فیزیکی و جسمانی خانه را ترک کرده بود. اما به لحاظ روانی هرگز آن جا را ترک نکرده بود. **در روابط بزرگسالی‌اش شرایطی را بازنواخت و ایجاد می‌کرد که برایش آشنا بود و به آن‌ها عادت داشت.**

البته اتفاقی نظیر منیژه به شکل ظریف‌تر و پنهان‌تر در زندگی شهناز رخ می‌داد. او با مردی ازدواج کرده که خیلی دوستش دارد؛ و هرگز قصد نداشت از او جدا شود. اما الگوی کوچکی در زندگی شهناز وجود داشت که شباهت بسیاری با خانه کودکی‌اش دارد. شوهرش بیش از حد کار می‌کند به‌طوری که کمتر او را درخانه می‌بیند. که حامی و پشتیبان خوبی برای او نیست. این همان امری است که احساس طردشدگی و نخواستنی بودن بجا مانده از دوران کودکی‌اش باز

نواخت می‌کند.

سندرم بازگشت به خانه به شکل‌ها و در سطوح مختلفی خود را ظاهر می‌سازد. می‌بایست این را هم بدانیم که ترک کردن خانه به معنای ترک کردن شخصی که با او زندگی می‌کنیم، نیست. نکته‌ی بسیار آموزنده درباره‌ی عشق این است که: **لازم نیست؛ شخصی را که سبب بازنواخت شرایط دوران کودکی‌مان می‌شود را ترک کنیم. کار درست آن است که این الگو را ترک کنیم. الگوی احساسی - روانی خود را بشناسیم و سپس آن را ترک کنیم تا زندگی و روابط خود را پاکسازی نماییم و بتوانیم با خوشحالی و خوشبختی زندگی کنیم. بدین‌ترتیب مجبور نیستیم از همسر خود جدا شویم.**

در قسمت‌های قبلی ما با واژه‌هایی مانند:

۱. «برگشت احساسی» و «سندرم بازگشت خانه» آشنا شدیم.

حال به علائم دیگر رفتارهای ناسالم می‌پردازیم:

۲. سومین موریانه عشقی «تناسخ عشقی» است یعنی اینکه ممکن است در دوران بزرگسالی به کسانی علاقه‌مند شوید که به افراد کلیدی دوران کودکی‌تان شباهت داشته باشند. هر کودک به همراه دو غریزه‌ی اصلی متولد می‌شود. بدین معنی که نیاز دارد اول خوشحال و خوشبخت باشد و عشق و محبت دریافت کند و احساس دوست داشتنی بودن نماید. و دوم اینکه پدر و مادر خود را نیز خوشحال و خوشبخت ببیند.

به مثال‌های زیر توجه کنید:

پرویز مدام عاشق زن‌هایی می‌شد که نیاز داشتند نجات داده شوند. پدر پرویز هنگامی که او خیلی بچه بود؛ خانه را ترک کرد و مادرش را تنها گذاشته بود. مادر بیچاره به تنهایی سرپرستی بچه‌ها را به عهده گرفته بود. هم در خانه کار می‌کرد و هم بیرون از خانه. هرگز مجدداً ازدواج نکرد و با کسی رابطه نداشت و جوانی و زندگی‌اش را فدای بچه‌ها نموده بود. پرویز دلش واسه مادرش

می‌سوخت وقتی بزرگ شد عاشق زن‌هایی می‌شد که به مادرش شباهت داشتند. زن‌های غمگین و افسرده. پرویز عشق و محبت زیادی به آنها می‌ورزید، مدام به آنها پول می‌داد آنها را در خانه خود پناه می‌داد سعی می‌کرد زندگی خوبی برایشان درست کند. تا بدین وسیله مادر خودش را نجات داده باشد.

پرویز عشق و محبتی را که خودش نیاز داشت هرگز دریافت نمی‌کرد.

مثال: ازدواج پدر و مادر هما چندان رضایت‌بخش نبوده اما با وجود این، تا به امروز با هم زندگی کرده و به این ازدواج دردناک خاتمه نداده‌اند. هما نیز به سمت رابطه‌ای جذب شد مانند پدر و مادر چندان احساس خوشبختی نکند. تا به خودش ثابت کند که بچه خوب و خلف پدر و مادرش است. و با خوشحالی و خوشبختی بیشتر به آنها را پشت نکرده. و به والدین خود می‌گوید: «چنانچه شما خوشحال و خوشبخت نباشید، من نیز نخواهم بود.»

همان‌گونه که می‌بینید در تناسخ‌های عشقی ما به نوعی زندانی گذشته خود هستیم. چنانچه احساس می‌کنیم که در بند احساسات کودکی خود هستیم.

امیدوارم تا بدین‌جا متوجه شده باشیم که چگونه تجربه‌ها و حوادث دوران کودکی می‌تواند بر زندگی دوران بزرگسالی و انتخاب‌های عشقی ما تأثیر بگذارند.

نمونه دیگر: شاید متوجه شده باشیم که عادت‌های ارتباطی ویرانگر و ناسالمی داریم که بوسیله آنها، شریک زندگی و یا همسرمان را از خود می‌رانیم. در کنار این الگوهای نامناسب با انتخاب کسانی که مانند پدر و مادرمان ما را سرزنش می‌کنند و قبولمان ندارند نوعی سندرم بازگشت به خانه را در روابط خود به جریان انداخته‌ایم. ممکن است متوجه شده باشیم که یکی از تناسخ‌های عشقی را در مورد همسرمان فعال کرده‌ایم. و هر بار که می‌خواهد به ما عشق بورزد و نزدیکمان شود، او را به نوعی تنبیه می‌کنیم تا بدین وسیله از پدر یا مادر کنترل‌گر خود انتقام بگیریم.

امیدوارم با درک و شناخت مسائل، آگاهی و شفافیت بیشتری به دست آورده

باشیم و به ما یاری کند که هرگز مجبور نباشیم کسی را ترک کنیم.

هدف این است که برنامه‌ریزی عاطفی-احساسی خود را درک کنیم و بتوانیم الگوهای نادرست ویرانگر را بشناسیم و تغییر و پیشرفت شگرفی در خودمان ایجاد کنیم. سپس انتخاب‌های سالمی داشته باشیم انتخاب‌هایی که بتواند به ما کمک کند عشق و محبتی را که حق ماست به دست آوریم. بدین‌ترتیب مهربانی و درک درونی را به جای عصبانیت با همسرمان جایگزین سازیم.

وسعت بخشیدن نظم باورها برای ذهن باز و پذیرا

با افکار مثبت سرنوشت فردای خویش را رقم بزنیم تا بتوانیم همیشه شادمانی کنیم. همان‌طورکه کشاورزان پیشاپیش از داشتن محصولی خوب ابراز خوشحالی می‌کنند زیرا می‌دانند که چه کاشته‌اند و چه برداشت خواهند کرد.

در تحقیقی که در پژوهشگاه «وین» بر روی تأثیر داروهای شادی‌آور انجام شده است؛ به اهمیت نیروی افکار مثبت پرداخته‌اند. «پرفسور ژوسف اسکودا» و «پرفسور لئو پولد دیتل» بیمارستان عمومی وین را به دو قسمت تقسیم کردند تا در نیمی از بیمارستان، بیماران را با داروهای شادی‌آور و نیمه دیگر را، با داروهای واقعی مداوا کنند.

پس از گذشت یک سال همان‌گونه که انتظار می‌رفت دریافتند که هر دو بخش بیمارستان وضعیت یکسانی دارند.

از این آزمایش نتایج زیر را می‌گیریم:

۱. **تنها طبیعت بشر به درمان تواناست**: اراده برای داشتن یک زندگی سالم، بخشی جدایی‌ناپذیر از طبیعت انسان است. آنچه اهمیت دارد، درست اندیشیدن است؛ زیرا درست اندیشیدن، پایه و اساس انتخاب راه و روش صحیح زندگی را شکل می‌دهد و نقشی کلیدی در دستیابی به سلامت جسمی و روانی ایفا می‌کند.

۲. **پرهیز از افکار منفی**: زندگی یک انسان آن چیزی است که اندیشه‌هایش می‌گوید زیرا انسان آن چیزی است که در تمام طول روز به آن می‌اندیشد.

موارد مهم:

* افکار منفی را در سر نپرورانیم.
* تغذیه سالمی نیز داشته باشیم.
* از ماندن در فضایی که به دلیل کثرت جمعیت، اکسیژن کافی در آن وجود ندارد، برای مدت طولانی اجتناب کنیم.
* مراقب باشیم که بدنمان تحرک کافی داشته باشد و در تعطیلات آخر هفته راه پیمایی کنیم.
* همیشه بیاد داشته باشیم که هر نخ سیگار، هفت دقیقه از طول عمرمان می‌کاهد.
* حد اعتدال یعنی به کارگیری راه و روش درست زندگی به دور از افراط و تفریط.

۳. **با طبیعت زندگی کنیم:** تکامل طبیعت‌گرای ما همیشه نیازمند زمان است درخت‌های بلوط یک شبه بزرگ نمی‌شوند. آنها نیز در فرایند بزرگ شدن خود، برگ‌ها، شاخه‌ها و پوست‌های زیادی را از دست داده‌اند. الماس‌ها هم یک شبه شکل نمی‌گیرند. هر چیز ارزشمند، هر چیز زیبا و هر چیز عظیم در این جهان برای این‌گونه شکوفا شدن به زمان نیاز دارد.

رشد و تکامل ما نیز چنین است بیایید نحوه عمل هر چیز را مورد توجه قرار دهیم و وقتی نوبت به خود ما رسید، در ارزیابی تکامل خود حساس‌تر ولی ملایم‌تر باشیم. بنا کردن اعتماد، پرورش یک بدن سالم یا داشتن یک دیدگاه مثبت، دستیابی به تجارب مفید و سودآور و یا به دست آوردن یک استقلال مالی همه و همه نیاز به زمان دارد.

۴. **شگفتی انسان‌های متمدن در مقابله با فشار، در این است که این فشارها به‌مرور قدرت مقاومت بدن را تضعیف می‌کنند.** هر ارگانیسمی میل طبیعی به خوددرمانی دارد و تلاش می‌کند در کوتاه‌مدت توازن را برقرار کند. اما اگر پیش از برقراری این توازن، بار جدیدی بر بدن تحمیل شود، بیمار می‌شویم. تحمیل مکرر بار اضافی، بدون فرصت کافی برای استراحت، نیروی مقاومت بدن را تضعیف کرده و به بروز بیماری‌های متعدد منجر می‌شود. در نتیجه،

فرد هرگز به تندرستی کامل دست نمی‌یابد و دائماً در مرز میان سلامت و بیماری سرگردان می‌ماند. در این حالت، افراد اغلب عصبی، زودخسته و حتی در خواب نیز بی‌قرار هستند. کاهش استرس به‌آرامی و تنها با استراحت کافی ممکن است. اگر مدت زمان استراحت کوتاه باشد، عامل استرس‌زا با فشارهای دیگر ترکیب می‌شود و بدن که بیش از حد معمول تحت فشار قرار گرفته، در نهایت تسلیم می‌شود. نتیجه‌ی این وضعیت معمولاً به صورت بیماری‌های شدید مانند انفارکتوس (مرگ بافت بدن به دلیل قطع جریان خون به آن) بروز می‌کند.

۴. **تطابق با محیط و تکامل طبق قوانین:** بر جهان قوانینی حاکم است که بر لحظه‌لحظه زندگی ما تأثیر می‌گذارد. ما جزئی از این جهان هستیم و زندگی ما زیر سلطهٔ این قوانین است؛ اما ما هستیم که مسبب رخدادهای زندگی خود هستیم. به زبانی دیگر «زندگی بی‌ارزش است؛ مگر آنکه ما به آن ارزش دهید».

۵. **زباله‌های روحی:** ما باید سعی کنیم از مشاهده وقایع ناخوشایند دوری کنیم، زیرا کنترل زندگی را از دستمان خواهد ربود.

این امر تا حد زیادی در مورد تماشای تلویزیون نیز صادق است. ذهن هشیار شما می‌داند که وقتی فیلم جنایی هیجان‌انگیزی دیده‌اید، واقعاً قتلی اتفاق نیافته است؛ اما برای ذهن نیمه هشیار شما این امر جنبه‌ی واقعیت دارد و لازم است روی این تجربه تلخ به بررسی و تفکر بپردازیم. این امر غالباً در خواب نیز اتفاق می‌افتد.

گاهی خاطرات ناخوشایند زیادی را «تجربه» می‌کنیم که ذهن نیمه هشیار کاملاً از آنها اشباع می‌شود. و دیگر قادر به تفکر روی آنها نیست. در این صورت لازم است با بهداشت آگاهانه روانی به ذهن نیمه هشیار کمک کنیم.

در هر صورت، موفقیت کاملاً محسوس است. از آنجا که انرژی ما دیگر به واسطه سنگینی بار درونی تحلیل نمی‌رود، خود را آزادتر و فعال‌تر احساس

خواهیم کرد. و ما از اطمینان و اعتماد به نفس بیشتری برخوردار خواهیم بود.

۷. **در عشق ورزیدن اسراف کنیم:** ما از طرفی بر دنیای بیرون و از طرفی دیگر نیز با همان نیرو بر دنیای درون تأثیر می‌گذاریم. کسی که از دیگران نفرت دارد؛ از خود نیز بیزار می‌شود. کسی که به دیگران عشق می‌ورزد؛ شاد و سعادتمند می‌شود. پس عشق تنها چیزی است که باید در ابراز آن اسراف کنیم. زیرا هر چه بیشتر عشق بورزیم، عشق بیشتری دریافت خواهیم کرد.
۸. **تغییر تجارب منفی به مثبت:** همان‌گونه که انسان از تجربه شکست می‌تواند بیاموزد که ناموفق است؛ به همان ترتیب، می‌تواند از تجربه‌های کامیابی بیاموزد که موفق است. هر روز تجربه‌های منفی خود را با تغییر در اصول تفکر خویش، با تجربیات موفق‌آمیز تعویض کنیم.

در این صورت، موفقیّت دور از دسترس نخواهد بود. به آن بیاندیشیم که هر کس تمایل دارد که با افراد شاد و بذله‌گو معاشرت کند و ما همان فردی خواهیم شد که دیگران مشتاق هم صحبتی با او هستند. ما با داشتن افکار مثبت، رعایت و داشتن بهداشت روانی و برقراری هم آهنگی میان خود و محیط اطراف‌مان به این مهم دست خواهیم زد.

عرفان در روان‌شناسی

آبراهام مازلو، روان‌پزشک برجسته می‌گوید:

«انسان سالم چیزی بیش از انسان تطابق یافته با محیط است.»

وی معیارهایی برای سلامت روان بر شمرده که تجربه عرفانی از مهم‌ترین آنهاست. همه ما می‌دانیم که انسان چیزی بسیار بیش از جسم مادی محض هست، و معنی و جوهر وجود آدمی نیروی توانایی تفکر و احساس کردن است که همچنین برخورداری از یک هشیاری عالی را دربرمی‌گیرد. و شامل آگاهی از یک هوشمندی بزرگ و فراگیر است می‌باشد. انسانیت و آدمیت بخش بسیار روحانی‌تر (پاک‌تر و شفاف‌تر) و عرفانی‌تر است که بوسیله نیروهایی که همواره در کائنات هستند رهبری می‌شود.زندگی در روشنایی و بیداری، همچون چتری از سعادت است که بر سر ما گسترده شده است. این روشنی را در عمق وجود

خود احساس می‌کنیم، زیرا گواه آن است که در مسیر درست گام برمی‌داریم.

منظور این است که همه رنج‌ها، دردها و مزاحمت‌هایی که جسم ما گرفتارشان است را کنار بگذاریم و ذهن خود را آزاد کنیم. با این آزادی، می‌توانیم به قلمرو هنر قدم بگذاریم و از طریق رشد و تحولات سالم روانی، انرژی خالصی را جذب کنیم که افکار و اندیشه‌هایمان را به اوج پرواز می‌رساند.

این انرژی در ذهن ما الفت و پیوند می‌یابد، و ما را قادر می‌سازد که بدون عذر و بهانه، فارغ از خستگی، ترس، اضطراب، دودلی و غم تنهایی، به جلو حرکت کنیم. نتیجه این جریان خلاقانه، آگاهی و هشیاری عمیقی است که پاداش آن، تحولی درونی است؛ تحولی که نه‌تنها زندگی‌مان را غنی‌تر می‌کند، بلکه بهبود روابط‌مان را نیز به همراه دارد.

برای دستیابی به شناخت عمیق از خود و گام نهادن در بینش روان‌شناسی عرفانی، باید اعتماد به نفسی نیرومند در درون خود پرورش دهیم. این اعتماد به نفس می‌تواند روابط ما را بهبود بخشد و زندگی روزمره‌مان را به اموری سرشار از عشق و علاقه تبدیل کند. برای درک بهتر این موضوع، به بخشی از زندگی دکتر وین دایر، روان‌پزشک برجسته، سخنران جهانی، و نویسنده پرفروش‌ترین کتاب‌های روان‌شناسی توجه کنیم.

وین دایر در سال ۱۹۴۰ متولد شد. هنگامی که او و دو برادرش هنوز کودکان خردسالی بودند (همگی زیر چهار سال)، پدرشان که انسانی لاابالی و بی‌مسئولیت بود، خانواده را رها کرد. پدر او به شدت به مصرف مشروبات الکلی وابسته بود، شغلی ثابت نداشت، و مادرشان را مورد آزار جسمی و سوءاستفاده قرار می‌داد. از سوی دیگر، از نظر کیفری تحت تعقیب بود و حتی مدتی را در زندان گذرانده بود.

مادر وین برای تأمین زندگی، در یک فروشگاه به عنوان فروشنده کار می‌کرد. درآمد ناچیز او حتی برای پرداخت هزینه‌های رفت‌وآمد و مهد کودک کافی نبود. به همین دلیل، وین سال‌های نخست زندگی خود را در پرورشگاه‌ها و خانه‌هایی بدون سرپرست گذراند. تصور او از پدرش همواره تصویری از یک مرد بی‌قید،

متجاوز، و بددهن بود که هیچ پیوند عاطفی با فرزندانش نداشت.

به تدریج، خشم و کینه وین نسبت به پدرش جای خود را به وسوسه و کنجکاوی داد. در سال ۱۹۴۹، مادرش مجدداً ازدواج کرد و توانست خانواده را زیر یک سقف گرد آورد. با گذشت زمان، میل وین برای ملاقات با پدرش بیشتر شد. او بارها خواب می‌دید که در حال کتک زدن پدرش است، در حالی که پدر با لبخندی بر لب به او نگاه می‌کرد. این رؤیاها، که هر بار خشونت بیشتری داشتند، او را به اوج خشم می‌رساندند و باعث می‌شد در میانه شب با اضطراب از خواب بپرد در سال ۱۹۷۴ از طرف دانشگاه می‌سی‌سی‌پی دعوت شد؛ که مأموریتی را در شهر کلمبوس بپذیرد. پس از آنکه تصمیم به رفتن گرفت، به درمانگاه عمو زاده‌اش مراجعه و اطلاعاتی دربارهٔ به پدرش کسب کرد.

وین فهمیده که پدرش ده سال قبل به علت بیماری کبدی درگذشته، و جنازه او در ۳۰۰ کیلومتری کلمبوس دفن شده است. تصمیم به ملاقات با پدری گرفت که هرگز او را ندیده بود تا و چاره‌ای بـرای این رابطه حل نشده بین خود و پدرش بیابد. کنجکاو بود بداند که آیا پدرش به مقامات بیمارستان به هنگام مرگ گفته بود که دارای سه فرزند همسر سابق است؟ چه چیزی برای او مهم بود؟ و بیش از همه می‌خواست بداند او چگونه برای همیشه به زندگی خود پشت کرده رفته بود. همواره در پی دلیل قابل قبولی برای جفاهای او بود تا مگر کینه او را کاهش دهد. با این حال خشم وین نسبت به رفتار پدرش او را آزار می‌داد و چون سایه با او بود. در سن ۳۴ سالگی مردی که ده سال قبل مرده بود انگار هنوز از درون قبر او را کنترل می‌کرد.

قلب او از شور و هیجان این لحظه تاریخی و مؤثر به تپش افتاد. بالاخره بر روی چمن‌های گورستان سنگ قبری را یافت که بر روی آن نام پدرش نوشته شده بود. بر جای خود میخکوب و مبهوت شد. برای اولین بار به مدت دو ساعت و نیم با پدرش صحبت نمود، و با صدای بلند گریه کرد. و حرف زد و به اطراف خود توجه نداشت. از قبر پاسخ می‌خواست، با گذشت ساعات شروع به احساس آرامش کرد، و عمیقاً راحت و بسیار ساکت شد؛ سکوت و آرامش سراپای او را فرا گرفت، مطمئن بود پدرش در کنار او است و دیگر با

سنگ قبر سخن نمی‌گوید. هنگامی که این گفتگوی یک جانبه را ادامه داد گفت: «همین‌قدر می‌دانم که زمان آن فرا رسیده است که این همه خشم و کینه دردناکی را که برای سالیان دراز با خود حمل کرده‌ام به دور افکنم و شما را می‌بخشم. می‌خواهم بدانی که افکار متشنج و نفرت انگیزی در مورد شما نخواهم داشت. و هر زمان که درباره شما بیندیشم همراه با عشق و محبت خواهد بود؛ من تمام این افکار آشفته و پریشان را از درون خود به دور افکنده‌ام و در ته قلب خود می‌دانم که هر آنچه را کرده‌اید در حد فهم و شرایط زمان و مکان شما بود؛ دیگر اجازه نمی‌دهم این افکار پریشان و آشفته مانع احساس عشق من به شما بشود.»

آری برای این وصل باید فصل‌هایی صورت گیرد. به قول مولانا:

با بال و پری من پر و بالت ندهم

در هوس بال و پرش بی‌پر و پرکنده شدم

او طالب صید مروارید معنا بود؛ برای رسیدن به گوهر وجودی خویشتن خویش. یا بگوییم:

مرده بدم، زنده شدم، گریه بودم، خنده شدم

تابش جان یافت دلم، دولت پاینده شدم

تابش جان یافت دلم واشد و بشکافت دلم

اطلس نو بافت دلم دشمن این ژنده شدم

درخشش که آن جوهر وجودی ماست؛ وقتی فرصت زایش دوباره‌ای داشته باشیم.

وین دایر در لحظه‌ای عرفانی، با یافتن ارتباطی نزدیک با خویشتن خویش، به ما نشان داد که هر آنچه در این جهان وجود دارد، به نوعی با ما پیوند دارد. اگر این ارتباط را درک و با آن همسو شویم، شخصیت محدود و بسته ما دگرگون خواهد شد و افق دیدمان گشوده‌تر می‌شود. این تحول، ما را به انسانی نوین بدل می‌کند؛ انسانی نیک‌بخت‌تر، پرانرژی‌تر و سرزنده‌تر، فراتر از تصوری که پیش‌تر از خود داشتیم.

دکتر وین دایر با پایبندی به قولی که به خود داده بود، آموزه‌های فراوانی از روان‌شناسی عرفانی را با جهان به اشتراک گذاشت. او با انرژی و تلاش‌های خستگی‌ناپذیر خود، توانست بسیاری را یاری دهد تا در مسیر زندگی‌شان تحولی مثبت و شورانگیز ایجاد کنند و گام‌های موثری برای بهبود خود بردارند

روان‌شناسی انسانی (شناخت درمانی)[1]

روشی به نام مثلث درمانی داریم که یکی از آنها دارو درمانی دیگری روان درمانی یا رفتار درمانی و ضلع سوم آن تغییر شیوه زندگی کردن است که بیشتر بر پایه ورزش کردن است می‌باشد. من غالباً در دادن تکلیف منزل به مراجعینم روی ورزش خیلی پافشاری می‌کنم. تجربه آغازین نیلوفر را در ورزش با هم گوش می‌دهیم.

نیلوفر می‌گوید: در شروع تمرین ورزش روزانه، برای اولین بار به میزان سه کیلومتر (۱۶۰۰ متر) بدون توقف دویدم. این فاصله را ممکن است با خشونت اما با رغبت درونی به پایان رسانیدم. روز بعد دو بار سعی در انجام این تمرین کردم و همین‌طور هر روز ادامه دادم تا بعد از یک هفته سه کیلومتر را به راحتی می‌دویدم. دو ماه بعد ۲۴ کیلومتر را به آسانی می‌دویدم و هر بار به سرعت دویدن می‌افزودم. در این مدت پیرامون رژیم غذایی خود مقیدتر شدم و عادات غذایی خود را اصلاح کردم و غذاهایی را که ناسالم می‌دانستم از برنامه حذف کردم.

1- Cognitive Behavioral Therapy

نیلوفر با اجرای این تمرین مشخص کرد که چگونه نورانیّت دل و حالت اشراق (کشف شهود، سهروردی از فلسفه افلاطون و حکمت نو در ایران استفاده کرده است) به انسان روی می‌آورد. احساس درونی معتبری از سعادت و عشق و هم آهنگی با دیگران می‌رسد.

لازم است که ذهن خود را گشوده نگه داریم تا هدف‌هایمان، ما را بیابند و به ما اصابت کنند. ذهن خود را از افکار منفی و قضاوت پیرامون همه چیز پاک کرده باشیم و این‌ها همه موانعی هستند که در گذشته سد راه پیشرفت‌های ما بودند.

برای مثال: ممکن است سعید عمل خود را با این استدلال که ذاتاً شخصی خجالتی هست توجیه می‌کند. یک شخص محجوب از خود تصویری محجوب می‌سازد و مرتباً این تصویر را در ذهن خود تلقین و تکرار می‌کند، تا زمانی که خود را نتواند به‌صورت یک فرد با شهامت تجسم نماید، او بر طبق تصویر ذهنی که از خود می‌سازد رفتار خواهد کرد.

شرایط محیطی ممکن است هر آنچه که باشد، اما این ما هستیم که نقاش صحنه‌های زندگی خود هستیم. ما نمایشنامه زندگی‌مان را می‌نویسیم، تصویر ذهنی‌مان را می‌آفرینیم و خود آن را کارگردانی می‌کنیم. سپس به این تصویر ذهنی تحقق می‌بخشیم و مانند نیلوفر در مثال فوق، مجری آن می‌شویم. افکار ما که در ضمیر آگاه ما نقش بسته‌اند، اساس رفتارهای ما را می‌سازند.

باید به یاد داشته باشیم که در این جهان چیزی به نام شکست وجود ندارد. تنها چیزی که وجود دارد، نتیجه است. یعنی هر آنچه را که در ذهن خود تصویر کنیم، در واقعیت به آن دست خواهیم یافت.

برای مثال، شما چیزی را برای همسر خود انجام نمی‌دهید؛ بلکه آنچه برای خودتان لازم است انجام می‌دهید. پس در حقیقت، انجام کاری که نیاز بوده است، نشانه‌ای از اراده شماست و این عمل هیچ‌گاه شکست نیست. این همان «ورای خود بودن» است و توجه به نیازهای درونی خود، نه چیزی بیشتر و نه چیزی کمتر.

وحدت وجود

بنی آدم اعضای یک پیکرند   که در آفرینش ز یک گوهرند

برای درک اصل جهانی وحدت و آگاهی از آن، لازم است که تحول بزرگی در دیدگاه ما رخ دهد. پس از ایجاد این تحول، خواهیم فهمید که همه بشریت همچون یک دل و یک صدا در سرودی هماهنگ و زیبا به سوی هدفی واحد حرکت می‌کنند. این تحول باشکوه ابتدا در زندگی تک‌تک اعضای خانواده ما رخ می‌دهد.

برای دستیابی به این تحول، ضروری است که کوته‌بینی‌ها و افکار نادرست را کنار بگذاریم. باید به جای این تفکرات محدود، به بهبود روابط خود با همسر و اعضای خانواده‌مان بیندیشیم و در راستای ایجاد ارتباطی عمیق و متعالی با یکدیگر گام برداریم.

آلبرت انیشتن که یکی از بزرگ‌ترین مغزهای متفکر قرن بیستم بود می‌گوید:

«یک انسان جزیی از کل هستی است که کاینات می‌نامیم.
و در زمان و مکان محدود است. انسان عادات خود و افکار و احساس‌های خویش را متفاوت از دیگران می‌شناسد. این ناشی از خطای دید در آگاهی و فریب ذهن است. این فریب ذهن زندانی می‌آفریند که ما را در چهار دیواری تمایلات شخصی، علاقه و محبت برای نزدیکان خود محبوس و محدود می‌سازد.
رسالت ما باید بر این باشد که با گسترش افق دید و پرورش محبت، مهر و شفقت خویشتن را از این زندان آزاد کنیم و تمامی مخلوقات زنده و همه زیبایی‌های طبیعت را در آغوش گیریم.»

آلبرت اینشتین ما را به آزادی از قفس‌های ذهنی خود فرا می‌خواند تا بتوانیم کیفیت اتصال روحی و معنوی‌مان را نسبت به پیوند مهرآمیز در زندگی خود

مشاهده کنیم. اعتماد به نفس و تأیید خویشتن، گام نخست در آمادگی ما برای انطباق و اتصال به زندگی و نعمات آن است.

متداول‌ترین انواع گرایش‌ها

در رابطه زناشویی، عشق ورزیدن به طرف مقابل به این معناست که باید به اندازه‌ای خود را فدای او کنیم که نیازهای شخصی‌مان را فراموش کرده و طرف مقابل را همان‌طور که هست بپذیریم و به او عشق بورزیم. این همان شور و هیجانی است که در ابتدا به دلیل آن احساسات عاشقانه به هم داشتیم. در روابط خانوادگی، باید به اندازه کافی آزادمنش باشیم تا بستگان‌مان بتوانند همان‌طور که می‌خواهند باشند. همچنین باید به حد کافی اعتماد به نفس داشته باشیم تا خود را با معیارهایی که دیگران برای خود برمی‌گزینند، ارزشیابی نکنیم.

در عین حال، باید به اعضای خانواده خود عشق بی‌قید و شرط بورزیم و به درد دل‌هایشان گوش دهیم. باید از پند و اندرز دادن خودداری کنیم، مگر زمانی که از ما خواسته شود.

عشق را بجوییم تا بیابیم

برای یافتن دیدگاه نو در ارتباطات و شیوهٔ زندگی مثل این است که آب تازه را جایگزین آب کدر و آلوده نماییم. برای آنچه در آلوده کردن آب گل‌آلود ما سهم داشتیم صمیمانه عذرخواهی کنیم و آن اشتباه را وارد رابطه نوین نکنیم. و راهی را هم از آن حوض گل‌آلود به حوض بهتر ایجاد نکنیم. با جرئت و صداقت در راه شفا قدم بر داریم.

سهراب سپهری می‌گوید:

میراث شومی که ندانسته به ما رسیده

و ناخواسته گاه زخم‌هایی که به پا داشتیم
زیروبم زندگی را به ما یاد داده است.

برای پویا کردن ارتباطات موفق رازهایی می‌بایست درک شود:

۱. روابط پدر و مادرمان با یکدیگر (با خودشان) و نیز با شخص ما به عبارتی در دوران کودکی‌مان.
۲. روابط ما با دیگر افراد زندگی ما مثل همسر، و دوستان و آشنایان.
۳. روابط ما با فرزندان‌مان.

با این حال ما با سه نسل سرو کار داریم و همین یافته‌هاست که زندگی را تغییر می‌دهد. در زندگی مشترک بهروز و بنفشه، آنان با یکدیگر رابطه نزدیک، صمیمی و رمانتیک دارند. ازدواج آن دو ترکیب انرژی روانی رمانتیک‌شان است. چنانچه بخواهند این روابط را تغییر دهند، باید یکی از آنها یا هر دو تغییر کنند. اگر بنفشه تغییر کند کل ازدواج نیز تغییر خواهد کرد. یک رابطه تشکیل شده از مجموع تبادلات دو نفر که هر روز با هم سر و کار دارند. به‌خاطر داشته باشیم رابطه، سیستمی زنده است که مدام تغییر می‌کند و نفس می‌کشد و متأثر از تغییرات و احساسات طرفین درگیر در آن است.

نکته بسیار هیجان‌انگیزی که درباره ازدواج وجود دارد همین توانایی تغییر کردن است. حتی یک ازدواج مرده نیز توانایی متحول شدن را دارد. زیرا طرفین درگیر در آن پیوسته در حال رشد و تغییرند.

بهروز و بنفشه دست خالی وارد ازدواج خود نشده‌اند. هر یک از آنان بار سنگینی از احساسات گذشته را با خود به همراه آورده‌اند. بسیاری از ما با کوله‌باری از عواطف و احساسات گذشته، که به شکل ناخودآگاه در ذهن و قلب‌مان جا خوش کرده است، وارد روابط جدید می‌شویم. این کوله بار معمولاً از دوران کودکی بر دوش ما سنگینی می‌کند و با زخم‌ها و صدمه‌های عاطفی‌ای که در

طول زندگی تجربه کرده‌ایم، پر شده است. طلاق‌ها، جدایی‌ها، شکست‌ها و دل‌شکستگی‌ها، همه در این بار به‌جا مانده‌اند و عواطفی که از یک رابطه به رابطه دیگر می‌بریم، تنها بر وزن آن می‌افزایند و این بار را سنگین‌تر می‌کنند.

برخی از این عوامل که تولید تنش روانی خواهند کرد را در ادامه توضیح می‌دهم

عامل اول، تولید تنش عاطفی، بیان نکردن تمام حقیقت درباره احساسات و عواطف و سرکوب کردن آن‌هاست.

عامل دوم، خشم و انزجار سرکوب شده است.

عامل سوم، مطالبه نکردن خواسته‌ها و نیازهاست که تنش عاطفی و روانی بسیاری را در ازدواج به وجود می‌آورد. گوش ندادن به ندای درونی، احساس دوست‌داشتنی نبودن، تشنه محبت و توجه بودن، چسبیدن به احساس گناه و... نیز همه و همه از عوامل موجب تنش روانی در رابطه‌اند.

اکنون تنش روانی را بیشتر مورد بررسی قرار می‌دهیم. تنش روانی می‌تواند در ما انباشته شود. هنگامی که عاشق کسی می‌شویم و با او ارتباط برقرار می‌کنیم تنش روانی خود را هم منتقل می‌کند. او نیز مثل شما تنش روانی خود را به رابطه می‌آورد. این تنش‌ها همواره پنهان در ظاهر آرام ازدواج وجود دارند که من دوست دارم به آن عنوان هزینه عاطفی بدهم. پس مشاجره‌های شما بر سر مسائلی از قبیل زندگی، روابط جنسی و زناشویی، روش‌های ارتباطی و.... در واقع نشانه‌های وجود همین تنش‌ها هستند.

اگر با همسرتان زیاد دعوا می‌کنید علت اصلی دعواهای شما آنچه فکر می‌کنید نیست.

برای مثال: اختلاف زناشویی شما این نیست که چرا کاغذ توالت برعکس باز شده‌اند یا چرا ظرف‌ها را به موقع شسته نشده‌اند. دلیل این دعوا و درگیری‌ها تنش و یا روانی انباشته شده در شما و همسرتان است.

آیا تا بحال شده که سر مسئله‌ای دعوا بکنید و سپس یادتان برود چرا دعوا کرده‌اید؟ بعد آشتی کنید و همه مسائل به خوبی و خوشی تمام شود و دوباره

نیم‌ساعت بعد سر مسئله دیگر دعوا کنید؟ این‌ها نشان می‌دهد که بهانه‌ای برای تخلیه تنش درونی خود پیدا کرده‌اید. علت ایجاد دعواها همواره دلایل درونی‌اند. که خود را در بیرون ظاهر می‌سازند.

۱. اگر مشتاق رابطه مهرآمیز در پیوند زناشویی و روابط جنسی داغ و عاشقانه‌ای هستیم.
۲. اگر خواهان صمیمیت و نزدیکی هستیم.
۳. اگر نیاز به هماهنگی و تفاهم داریم.

می‌بایست به ریشه اختلالات روابط توجه کنیم و تنش‌های روانی‌مان را کم کنیم و مورد بازبینی قرار دهیم. پس در مثالی که آوردم: بنفشه و بهروز هر کدام باید تنش‌های روانی خود را به کمترین حد کاهش دهند و از آنها رها شوند تا شاهد تغییرات و اصلاحاتی در رابطه و ازدواج خود باشند.

نیما رو به فروغ می‌کند و می‌گوید: «آه، عزیزم یادم رفت، بهت بگویم. این هفته نمی‌توانم با تو باشم. می‌خواهم با یکی از همکلاسی‌های دوران دانشگاهی‌ام که مدت‌هاست او را ندیده‌ام به ماهیگیری بروم. می‌خواهیم به تعطیلات مردانه برویم.»

خشم فروغ به غلیان در می‌آید. پیش خودش می‌گوید نمی‌توانم باور کنم پس از این همه مدت که همدیگر را ندیده‌ایم و با هم نبودیم، می‌خواهد تنهایی به ماهیگیری برود و مرا با خودش نبرد.

در جایگاه یک زن درباره ابراز خشم چه آموزش‌هایی به فروغ داده شده است؟ آیا به او یاد داده‌اند که می‌تواند خشم و عصبانیت خودش را نشان دهد؟ آیا به او گفته‌اند که این کار مؤدبانه یا حتی «صمیمانه» است؟

آیا اگر او عصبانی شود همسر و زن خوبی بوده است؟ اگر زنی عصبانی شود و داد و فریاد کند مردم اسم او را چه می‌گذارند؟ فروغ عصبانی خواهد شد. ناگفته نماند که تمام این وقایع نیز ناخودآگاه است. فروغ از آنها آگاهی ندارد فقط به طرزی مبهم آنها را احساس می‌کند.

اما او با عصبانیت چه کار خواهد کرد؟ آن را فرو خواهد خورد و سرکوب می‌کند؟ سپس فروغ می‌گوید: «ماهیگیری؟ خوب باشد؛ اشکالی ندارد. هر جور تو بخوای.»

اما بر سر سرکوب عواطف انکار شده که به شکل خشم ظاهر شده بود چه خواهد آمد؟ در این هنگام فروغ این انرژی را در خود به عقب و به سمت پایین هل می‌دهد و سرکوب می‌کند.

فروغ: «باشد اشکالی ندارد می‌توانم درک کنم.»
نیما با صدایی شبیه داد می‌گوید: «اما به گونه‌ای حرف نمی‌زنی که نشانگر درک و پذیرش تو باشد.» حال که نیما متوجه شده و حتی خودش هم کمی ناراحت است؛ فروغ بیشتر خشمـاش را سرکوب می‌کند. می‌گوید: «نه عزیزم اصلاً به هیچ‌وجه. مجبور نیستی برنامه را عوض کنی و داد نزن، هیچ اشکالی نداره تو برو ماهیگیری.»

با سرکوب کردن بیشتر احساسات در فروغ، نیما حتی این بار با صدای بلندتری منفجر می‌شود و خانه را ترک می‌کند. و در را پشت سر خود می‌کوبد.

باربارادی آنجلس به این نوع برخوردها می‌گوید: «تأثیرالاکلنگ»

احساسات یا عواطفی که شما در خود سرکوب می‌کنید، انکار می‌کنید یا از آن‌ها فرار می‌کنید، در واقع بار آن‌ها به دوش شما خواهد افتاد و شما ناچار خواهید بود آن‌ها را احساس و ابراز کنید. این بار احساسات و عواطفی که همسرتان در خود سرکوب می‌کند، به شما منتقل می‌شود. به همین دلیل این پدیده را «تأثیر الاکلنگ» می‌نامند. زیرا هرگاه یکی از طرفین پایین می‌آید، طرف مقابل ناگزیر بالا می‌رود و بالعکس

وقتی دیگران از بیرون به این رابطه نگاه می‌کنند، معمولاً تمام تقصیرها را به گردن طرفی که بیشتر آشکار است، می‌اندازند. در این حالت، نیما ممکن است به عنوان مردی بداخلاق و عصبی در نظر گرفته شود، در حالی که فروغ به عنوان فردی مهربان و دوست‌داشتنی دیده می‌شود. حتی ممکن است بگویند: «واقعاً که فروغ چقدر خوب و خوش‌اخلاق است، عجب مرد بد خلقی! بیچاره فروغ، چطور با

چنین مردی زندگی می‌کند؟» اما در واقع، این فروغ است که نیما را **پر** می‌کند این اصل را می‌توان در روابط خانوادگی‌مان نیز مشاهده کرد. آیا تا به حال پیش آمده که با شور و شوق درباره احساساتتان با کسی صحبت کنید و ناگهان ببینید که او سرد و بی‌اعتنا به شما نگاه می‌کند، گویی اصلاً وجود ندارید؟ سپس از او می‌پرسید: «راستی، صحبت‌هایم تمام شد! هیچ احساسی پیدا نکردی؟!» و او پاسخ می‌دهد: «چرا شنیدم، اما نمی‌دانم چی بگویم!»

امیدوارم شما از آن دسته افراد نباشید که به درد و رنج یا احساسات دیگران با بی‌توجهی و خشونت پاسخ می‌دهید. این نوع بی‌توجهی، خود نوعی خشونت است؛ خشونتی روحی و انفعالی که می‌تواند به پرخاشگری طرف مقابل منجر شود. همانطور که پیش‌تر در مورد «تأثیر الاکلنگ» توضیح دادم، وقتی شما احساسات تندی دارید و همسرتان به شما بی‌اعتنا نگاه می‌کند، هر چه بیشتر او خونسردی نشان دهد، شما بیشتر احساس می‌کنید که به انفجار نزدیک می‌شوید

تصور کنید فروغ تمام تنش‌های روانی زیادی را از دوران کودکی خود انباشته کرده و آن‌ها را با خود به ازدواج آورده است. تنش‌هایی که هیچ‌گاه فرصت تخلیه، ابراز و التیام نداشته است. شاید این تنش‌ها ناشی از تجربه‌های آزار روحی، جسمی یا حتی جنسی در خانواده‌اش باشد. او شاید این احساسات منفی را در اعماق وجودش حس کند، اما هرگز درباره آن‌ها با کسی صحبت نکرده است. بنابراین او یک مخزن سنگین از احساسات فشرده و سرکوب‌شده دارد که فشار آن بسیار بالاست، ولی پیوسته آن را در خود پایین می‌راند و سرکوب می‌کند. در همین حال، نیما نیز خود مخزنی از خشم و تنفر دارد. این همان فرمولی است که می‌تواند منجر به جرم، جنایت و خشونت شود؛ مسأله‌ای که امروزه در جوامع مختلف، از جمله در آمریکای شمالی، به مشکل بزرگی تبدیل شده است.

در آمریکای شمالی، بیشترین جرم و جنایت‌ها نه توسط افراد غریبه، بلکه توسط زن و شوهرها مرتکب می‌شود. اغلب قتل‌ها در این مناطق از همین نوع هستند. اکنون تصور کنید فروغ احساس خشم و انزجار سرکوب‌شده زیادی در خود دارد. او به نیما نگاه می‌کند، اما حرفی نمی‌زند. بر اساس اصل «تأثیر الاکلنگ»،

تمام این تنش‌ها به نیما منتقل می‌شود. اگر مخزن نیما از قبل پر باشد و ظرفیت پذیرش این تنش اضافی را نداشته باشد، او را بسیار تحریک‌پذیر خواهد کرد. البته باید تأکید کرد که هیچ‌گاه این موضوع خشونت‌های فیزیکی یا جرم و جنایت را توجیه نمی‌کند. به عقیده من هیچ بهانه‌ای برای این گونه اعمال غیر انسانی قابل قبول نیست، نه بین زن و شوهرها و نه میان هیچ فرد دیگری، نه میان بزرگسالان و نه کودکان. وقتی یکی از طرفین احساسات خود را سرکوب می‌کند و مخزن دیگری هم از قبل پر شده است، می‌تواند به نتایج فاجعه‌آمیز منتهی شود.

در این شرایط، فروغ باید یاد بگیرد احساسات واقعی خود را با صداقت و صراحت بیان کند و خشم و انزجارش را به روش سالم و بی‌ضرر تخلیه کند. در غیر این صورت، فشار و تنش روانی زیادی به نیما وارد خواهد کرد. در اینجا، هر دو طرف، نیما و فروغ، مسئولیت دارند.

ممکن است شما در برخی از موقعیت‌ها نقش فروغ را بازی کنید و در دیگر موارد نقش نیما را ایفا نمایید یا برعکس. به عبارت دیگر، سیاه و سفید مطلق در این میان وجود ندارد. همچنین، اسامی نیما و فروغ تنها برای مثال است و هیچ ارتباطی به جنسیت آنها ندارد. در خصوص خشم، بیشتر زنان نقش فروغ را بازی می‌کنند چون این‌گونه تربیت شده‌اند، اما گاهی ممکن است عکس آن نیز اتفاق بیفتد.

نکتهٔ دیگر این است که «تأثیر الاکلنگ» نه تنها میان دو نفر، بلکه می‌تواند در میان اعضای مختلف خانواده یا حتی در روابط گروهی گسترده‌تر نیز اعمال شود

لادن سه ماه با این مشکل دست و پنجه نرم می‌کرد و دیگر از این وضعیت به شدت کلافه شده بود. او احساس می‌کرد که توان مقابله با مشکلات را ندارد و نمی‌داند باید چه کاری انجام دهد. من از او خواستم که کمی بیشتر در مورد خودش صحبت کند. او گفت: «من مادری مجرد و شاغل هستم.» این را که گفت، متوجه شدم که او خیلی خوب روی خود کنترل دارد و در ظاهر فردی قوی و خوددار است. به او گفتم: «به نظر می‌رسد که تو بسیار قوی و خویشتن‌دار هستی، گویی همه چیز را تحت کنترل داری.» او پاسخ داد: «بله، باید

همین‌طور باشم. چون شوهری ندارم که از ما مراقبت کند، مجبورم همه کارها را خودم انجام دهم و همه چیز باید مرتب و منظم باشد. مسئولیت همه چیز با من است.» از او پرسیدم: «آیا هیچ وقت احساس ضعف و ناتوانی کرده‌ای؟» او پاسخ داد: «نه، اگر این کار را بکنم، همه چیز به هم می‌ریزد. باید صبور باشم و همه چیز نظم داشته باشد.»

گفتم: «آیا تا به حال به این فکر کرده‌ای که چقدر زندگی‌ات سخت است و چه مسئولیت‌های سنگینی بر دوش داری؟ آیا هیچ وقت از تنهایی‌ات غمگین شده‌ای؟» او گفت: «نه! من نباید ضعف نشان بدهم، نباید دخترم این احساسات من را ببیند.»

به او گفتم: «پیشنهادی دارم. می‌خواهم دفعه بعد که دخترت شروع به گریه کرد، هر کاری که داری زمین بگذاری و مثل او گریه کنی. از زندگی شکایت کن، ببین چه اتفاقی می‌افتد. بعد به من زنگ بزن و نتیجه را بگو.»

روز بعد لادن به من زنگ زد و گفت: «باور نمی‌کنی! دیشب وقتی دخترم شروع به گریه کرد، طبق پیشنهاد شما عمل کردم. من هم شروع به فریاد زدن کردم و گفتم که دیگر خسته شدم، نمی‌خواهم مادر باشم، نمی‌خواهم تنها باشم، نمی‌خواهم ظرف‌ها را بشویم، از همه چیز خسته شده‌ام. دخترم فوری ساکت شد و پنج دقیقه به من نگاه کرد. سپس به آرامی مرا بوسید و گفت شب بخیر، لحاف را رویش کشید و خوابید.»

در واقع، آنچه که دختر سه‌ساله لادن ابراز کرد، تمام احساسات سرکوب‌شده‌ای بود که مادرش در خود نگه می‌داشت. تمام غم، ترس، خشم و عصبانیتی که مادر در موقعیت‌های دشوار زندگی‌اش تحمل کرده بود و هرگز نمی‌توانست آنها را بیان کند. مادر می‌خواست قوی به نظر برسد و از خود ضعف نشان ندهد، اما این احساسات در نهایت به فرزند منتقل شد.

در چنین شرایطی، بهترین کار برای کودکان این است که احساسات خود را

ابراز کنند. با درک «تأثیر الاکلنگ»، می‌توانیم این احساسات را به درستی تفسیر کرده و از سرکوب کردن آنها پرهیز کنیم. سرکوب این احساسات تنها منجر به پر شدن «مخزن» عاطفی کودک می‌شود و می‌تواند به تکرار الگوهای ناسالم در نسل‌های آینده منجر گردد.

به شما تبریک می‌گوییم که مصممید این میراث را تغییر دهید.

کوله بار اقتصادی

لادن سه ماه با این مشکل دست و پنجه نرم می‌کرد و دیگر از این وضعیت به شدت کلافه شده بود. او احساس می‌کرد که توان مقابله با مشکلات را ندارد و نمی‌داند باید چه کاری انجام دهد. من از او خواستم که کمی بیشتر در مورد خودش صحبت کند. او گفت: «من مادری مجرد و شاغل هستم.» این را که گفت، متوجه شدم که او خیلی خوب روی خود کنترل دارد و در ظاهر فردی قوی و خوددار است. به او گفتم: «به نظر می‌رسد که تو بسیار قوی و خویشتن‌دار هستی، گویی همه چیز را تحت کنترل داری.» او پاسخ داد: «بله، باید همین‌طور باشم. چون شوهری ندارم که از ما مراقبت کند، مجبورم همه کارها را خودم انجام دهم و همه چیز باید مرتب و منظم باشد. مسئولیت همه چیز با من است.» از او پرسیدم: «آیا هیچ وقت احساس ضعف و ناتوانی کرده‌ای؟» او پاسخ داد: «نه، اگر این کار را بکنم، همه چیز به هم می‌ریزد. باید صبور باشم و همه چیز نظم داشته باشد.»

گفتم: «آیا تا به حال به این فکر کرده‌ای که چقدر زندگی‌ات سخت است و چه مسئولیت‌های سنگینی بر دوش داری؟ آیا هیچ وقت از تنهایی‌ات غمگین شده‌ای؟» او گفت: «نه! من نباید ضعف نشان بدهم، نباید دخترم این احساسات من را ببیند.»

به او گفتم: «پیشنهادی دارم. می‌خواهم دفعه بعد که دخترت شروع به گریه کرد، هر کاری که داری زمین بگذاری و مثل او گریه کنی. از زندگی شکایت کن، ببین چه اتفاقی می‌افتد. بعد به من زنگ بزن و نتیجه را بگو.»

روز بعد لادن به من زنگ زد و گفت: «باور نمی‌کنی! دیشب وقتی دخترم شروع

به گریه کرد، طبق پیشنهاد شما عمل کردم. من هم شروع به فریاد زدن کردم و گفتم که دیگر خسته شدم، نمی‌خواهم مادر باشم، نمی‌خواهم تنها باشم، نمی‌خواهم ظرف‌ها را بشویم، از همه چیز خسته شده‌ام. دخترم فوری ساکت شد و پنج دقیقه به من نگاه کرد. سپس به آرامی مرا بوسید و گفت شب بخیر، لحاف را رویش کشید و خوابید.»

در واقع، آنچه که دختر سه‌ساله لادن ابراز کرد، تمام احساسات سرکوب‌شده‌ای بود که مادرش در خود نگه می‌داشت. تمام غم، ترس، خشم و عصبانیتی که مادر در موقعیت‌های دشوار زندگی‌اش تحمل کرده بود و هرگز نمی‌توانست آن‌ها را بیان کند. مادر می‌خواست قوی به نظر برسد و از خود ضعف نشان ندهد، اما این احساسات در نهایت به فرزند منتقل شد.

در چنین شرایطی، بهترین کار برای کودکان این است که احساسات خود را ابراز کنند. با درک «تأثیر الاکلنگ»، می‌توانیم این احساسات را به درستی تفسیر کرده و از سرکوب کردن آن‌ها پرهیز کنیم. سرکوب این احساسات تنها منجر به پر شدن «مخزن» عاطفی کودک می‌شود و می‌تواند به تکرار الگوهای ناسالم در نسل‌های آینده منجر گردد.

انزجار و سرزنش

میترا آهی می‌کشد با لحنی تند و عصبانی گفت: «مهرداد به راستی از دست تو عصبانی هستم. مستأجر جدید آمده خانه را ببیند اما تو کوچک‌ترین اهمیتی نمی‌دهی و برای خودت گیتار می‌زنی! مسئولیت تمیز کردن خانه بر روی دوش من می‌اندازی و خودت هیچ کاری نمی‌کنی. همه‌اش ریخت و پاش می‌کنی و ظرف‌های کثیف را روی میز رها می‌کنی و می‌روی. هر وقت می‌خواهم کاری را برایم انجام دهی آن را پشت گوش می‌اندازی. و خودت هیچ کاری نمی‌کنی. این کار مرا عصبانی می‌کند. وقتی هم دوباره از تو می‌خواهم که آن را برایم انجام دهی، فقط می‌گویی باشد، اما باز هم از زیر آن در می‌روی یا بهانه می‌آوری. خیلی عصبانی می‌شوم وقتی که مجبورم یک مسئله را چندین بار به چند روش مختلف به تو بگویم اما باز هم نمی‌فهمی.

رنجش، غم، یأس، سرخوردگی

مازیار با صدای رنجش و پشیمان، رو می‌کند به فریناز: «انگار خواسته‌ها و احساسات من برای تو مهم نیستند. به‌طوری که حتی ارزش گوش دادن و شنیده شدن هم ندارند. اما، احساسات، خواسته‌ها و نیازهای من هم مهم‌اند. گویی به نظر می‌رسد خواسته‌های تو خیلی مهم‌تر از خواسته‌های من می‌باشند. بسیار می‌رنجم وقتی احساس می‌کنم مسئولیت‌های کارها همیشه باید فقط با من باشد. هیچ‌وقت نمی‌تونم روی تو حساب کنم و مطمئن باشم که با من خواهی بود و از من و خانواده‌مان حمایت خواهی کرد راستی خیلی مأیوس کننده است.»

افسوس، پشیمانی، درک متقابل و مسئولیت‌پذیری

(سناریو اول مهرداد و در سناریو دوم فریناز):

متأسفم که این کارها را می‌کنم و با تو چنین رفتاری را دارم. معذرت می‌خواهم که تو را از خود می‌رانم و عصبانی می‌شوم و سرت داد می‌زنم.

متأسفم که به تو احساس بی‌لیاقتی و بی‌کفایتی می‌دهم و اشتباهات را به رخت می‌کشم. می‌توانم بفهمم که چگونه همان دردهای کودکیت را برایت تکرار می‌کنم و روی زخم‌هایت نمک می‌پاشم. معذرت می‌خواهم که گاهی اوقات درست مثل ناپدریت باهات رفتار می‌کنم و به تو دستور می‌دهم.

متأسفم که تو را رنجاندم ولی هیچ‌وقت قصد ناراحت کردن ترا نداشتم. تو را از هر چیز دیگر این دنیا بیشتر دوست دارم. از اینکه تو را در زندگی خود دارم خیلی خوشحالم و احساس خوشبختی می‌کنم.

عشق، بخشش، تشکر و قدردانی

صدای میترا و مازیار (سناریو اول و دوم) در ابراز احساساتشان کاملاً راحت و حالشان به مراتب بهتر به نظر می‌رسید: «تو برایم جایگاه بسیار بالایی داری. دوستت دارم. برایم خیلی باارزشی. سپس یکدیگر را در آغوش می‌گیرند و روی هم را می‌بوسند.»

افسوس، پشیمانی، درک متقابل و مسئولیت پذیری

کتایون شیرزاد

در اینجا مراجعان شریک‌های عاطفی دیگر، مهرداد و فریناز: «می‌دانم تو را زیادی دست‌تنها می‌گذارم و برات کار می‌تراشم. متأسفم. معذرت می‌خواهم. بار کارهای خانه روی دوش تو یک نفر است. متأسفم که این همه سختی را به تو تحمیل کردم؛ آن هم درحالی‌که در کودکی به اندازه کافی رنج کشیدی. معذرت می‌خواهم که نسبت به دردهای تو بی‌حس و کرخت بودم و هر وقت که یک شنونده نیاز داشتی؛ یا تلویزیون تماشا می‌کردم یا خودم را سرگرم کاری کرده بودم؛ متأسفم.»

خواسته‌ها، نیازها، راه حل‌ها و آرزوها

این بار مهرداد و فریناز روی به همسران خود می‌کنند: «دوست داریم با هم مثل یک تیم باشیم. از هم حمایت کنیم و هیچ‌وقت یکدیگر را تنها نگذاریم و به هم پشت نکنیم.» میترا به مهرداد می‌گوید: «دوست دارم به حرف‌های من گوش دهی و آنها را بشنوی. نیاز دارم احساس کنم که خواسته‌ها و نیازهای من هم مهم‌اند. دوست دارم به خواسته‌ها و نیازهایت احترام بگذارم و برای آنها اهمیت قائل باشم. دوست دارم تمام خواسته‌های تو را معتبر و درست بشمارم. می‌خواهم از تو حمایت کنم و همراه تو باشم.»

پاسخ
این بار میترا و مازیار در پاسخ به همسرانشان:

«سخت به تو نیاز دارم. به حضور تو در زندگی خود محتاجم خیلی دوستت دارم. می‌خواهم این بحران را به خوبی و خوشی پشت سر بگذاریم. می‌خواهم با هم خوشحال و خوشبخت باشیم. می‌خواهم و دوست دارم که حامی و پشتیبان یکدیگر باشیم. همچنین دوست دارم احساس‌کنم که تو مرا درک می‌کنی. دوست دارم همیشه تو در کنارم باشی و هیچ‌وقت مرا ترک نکنی. دوست دارم که تو هم همین احساس را داشته باشی. یعنی بدانی که من هم همیشه مراقب و حامی تو هستم و هرگز تنهایت نخواهم گذاشت. دوست دارم تلاش کنیم و تغییر نماییم تا زندگی‌مان را نجات دهیم. چون بسیار به همراهی‌ات در زندگی‌ام نیاز دارم.»

عشق، بخشش، تشکرو قدردانی

«تو بهترین کسی هستی که در زندگی خود داشته و دارم. بیش از هر کس دیگری دوستت دارم و به تو عشق می‌ورزم. به راستی زیبا و جذاب هستی. از اینکه همسر خوبی مثل تو دارم خیلی احساس خوشحالی و خوشبختی می‌کنم. تو همسر فوق‌العاده‌ای هستی از تو برای همه زحمات‌هایی که می‌کشی و محبت‌هایی که داری سپاسگزارم. تو همان همسری هستی که تمام زندگی‌ام درباره‌اش خیال بافی و خیال پردازی می‌کردم. سپس همدیگر را می‌بوسند و اشک‌هایشان را پاک می‌کنند.»

در روابط خود با چه مشکلاتی روبرو هستیم و چگونه آنها را حل می‌کنیم؟ درسی آموزنده از عشق:

عشق آینهٔ تمام‌نمای بزرگی است که تمام زخم‌ها و لطمه‌های احساسی ـ عاطفی گذشته و نیز کوله بار احساسی ـ عاطفی را که از نظرمان پنهان مانده بود را به ما نشان می‌دهد. زخم و کوله باری که تا به رابطه صمیمی وارد نشده‌ایم از دید ما پنهان می‌ماند.

۱.

۱. عشق این احساس امنیت را به ما می‌دهد که آسیب‌های گذشته‌مان که نمایان شده‌اند را التیام دهیم.
۲. هر چقدر به همسرمان احساس نزدیکی بیشتری داشته باشیم، احساس‌های سرکوب شده بیشتری را در خود درک خواهیم کرد و به لحاظ روحی ـ احساسی بیشتر به زمان گذشته باز خواهیم گشت.
۳. **عشق**، زمانی که عاشق بودیم کسی دل ما را شکست و یا ترک‌مان کرد، تلخی آن احساس دوباره در ذهن‌مان زنده می‌شود و فعال و نمایان می‌گردد. به خصوص چنانچه عشق در گذشته برای ما با درد و ترس همراه بوده باشد.

عشق تمام احساساتی را که شباهت چندانی نیز با خودش ندارند برای التیام بخشیدن در شما زنده خواهد کرد.

ساندرا ری

کتایون شیرزاد

هدف و مقصود از ازدواج و رابطه این است که به ما کمک کند تا همه یا بخش‌های دوست نداشتنی و ناراحت کننده را در وجود خود التیام ببخشیم و تغییر دهیم. ازدواج، عشق ورزیدن، گرامی داشتن و محترم شمردن همسرانمان آن هم در تک تک رابطه‌مان در زندگی باید باشد. احساس آن با تعهّد و پذیرا بودن.

۴. هرگاه ما و همسرمان با زخم‌ها و لطمه‌های عاطفی یکدیگر آشنا می‌شویم می‌توانیم در التیام بخشیدن به آنها به هم کمک کنیم.

شناسایی کوله بار احساسی ـ عاطفی

مؤثرترین و نیرومندترین روش برای جلوگیری از انباشته شدن تنش‌های احساسی ـ عاطفی در رابطه، آن است که احساسات خود را درک کنیم و سپس تمام حقیقت را در مورد آن بازگو کنیم. مانند احساسات و عواطف سرکوب شده همراه با تنش روحی و مشکلات در روابط با آنها.

ترس از ترک شدن، خشم و انزجار نسبت به کنترل‌گری‌های پدر. ترس از اشتباه کردن و..... همهٔ کوله بار احساسی ـ عاطفی خود را با همسرمان در میان بگذاریم

نشانه‌های هشداردهنده

* هرگاه نمی‌توانیم مطلبی را فراموش کنیم، به این معناست که مقداری تنش روحی ـ عاطفی و احساسی در ما باقی مانده که می‌بایست ابراز شود.
* به لحاظ جنسی نسبت به همسر خود سرد شده‌ایم، به خاطر داشته باشیم هرگاه احساسات منفی را سرکوب کنیم به همراه آنها عشق و جاذبهٔ جنسی را نیز در خودمان سرکوب کرده‌ایم.
* خیلی زود و با کوچک‌ترین مسئله‌ای عصبانی و غمگین می‌شویم، گریه سر می‌دهیم، یعنی احساسات و عواطف در ما انباشته شده‌اند که باید تخلیه شوند.

زنده نگهداشتن عشق و شور زندگی

* تا سرحد توان از کوله بار احساسی ـ عاطفی خود آگاه شویم تا ندانسته و ناخودآگاه آن را روی سر دیگران نریزیم. مایل باشیم روی نقاط کور عاطفی

خود کار کنیم.

* برای بهبود و پیشرفت روابط و ازدواج خود هر کاری لازم باشد انجام دهیم: کتاب بخوانیم، مشاوره بگیریم، در سمینارهای رشد شخصیتی و موفقیتی ازدواج شرکت کنیم و...

* تعهد بدهیم به لحاظ روحی ـ احساسی ـ عاطفی با همسرمان رو راست باشیم. تعهد بدهیم با خود و با همسرمان نیز صادق باشیم تا او هم بتواند به راحتی از ما اعتماد کند. تعهد بدهیم که به همسرمان عشق بورزیم همانطور که استحقاقش را دارد.

* روش‌های درست بیان احساسات و عواطف‌مان را بیاموزیم. و با آنها سخاوتمند باشیم و هرگز در این باره خسیس نباشیم.

* عشق و محبت خود را به طریق فیزیکی و جسمانی نیز به همسرمان نشان دهیم.

* هیچ‌وقت نباید فکر کنیم ناراحتی‌های کوچک ارزش صحبت کردن ندارند و یا نباید دربارهٔ مسائل کوچک، خودمان را ناراحت کنیم. البته ما نباید مسائل و مشکلات کوچک را نادیده بگیریم و منتظر باشیم خودبه‌خود ناپدید شوند. چنانچه احساسات خودمان را بی اهمیت و نادیده بگیریم روزی در ما منفجر خواهند شد.

* حل‌وفصل کردن یک مشکل و درگیری کوچک به مراتب از حل کردن مشکلات و درگیرهای بزرگ، ساده‌تر است.

چگونه می‌توانیم احساسات و عواطف‌مان را به شخصی غیر از همسرمان بیان کنیم؟

گام نخست: قبل از هر کاری بپذیریم که ناراحت هستیم. می‌بایست تنش احساسی خود را تخلیه و ابراز کنیم.

گام دوم: با بیان کردن تمام حقیقت در مورد احساسات‌مان تا خود را تصفیه و پاک‌سازی نمائیم. البته این کار در خلوت خودمان نه در حضور دیگران باید انجام دهیم.

گام سوم: سپس نمونه خلاصه شده‌ای از مرحله دوم را در حضور شخص مقابل

(چنانچه فرصت مناسب بود) انجام دهید. و خلاصه‌ای از تمام حقیقت را با او در میان بگذارید.

مثال: فرض کنید از دست مادرتان به خاطر حرفی که زده عصبانی شده‌اید. در ابتدا، زمانی که در حال رانندگی یا در خلوت خودتان هستید، فرصت خوبی است تا احساسات منفی‌تان را تخلیه کنید. این کار را می‌توانید به طور کامل و آزادانه در ذهن خود انجام دهید، یا اگر با همسرتان در کنار هم هستید، او را شریک این تخلیه احساسات کنید. در این زمان، مهم است که حقیقت تمام احساسات خود، از جمله خشم و ناراحتی، را با خودتان یا همسرتان به اشتراک بگذارید و اجازه دهید تا این تنش‌های روانی که در طول زمان انباشته شده‌اند، از شما خارج شوند

پس از این فرآیند، زمانی که احساسات منفی‌تان کمی تسکین پیدا کرد، می‌توانید تصمیم بگیرید که آیا باید با مادرتان هم در این مورد صحبت کنید یا نه. وقتی که در تخلیه روانی‌تان با همسرتان یا خودتان توانسته‌اید بار روانی‌تان را کاهش دهید، احتمال آنکه بتوانید با آرامش بیشتری با مادرتان صحبت کنید، بیشتر می‌شود. این کار به شما این امکان را می‌دهد که احساساتتان را با احترام و صداقت بیان کنید، بدون اینکه به‌طور غیرمنصفانه و بی‌دلیل روی مادرتان تخلیه کنید.

در نهایت، این روش باعث می‌شود که همسرتان نیز به شما بیشتر گوش دهد و احساسات شما را بهتر درک کند. این کار نه تنها به شما کمک می‌کند تا با دیگران ارتباط بهتری برقرار کنید، بلکه از ایجاد تنش‌های اضافی نیز جلوگیری می‌کند.

ابزار نیرومند و مهم

۱. بیان کردن همه حقیقت در مورد احساساتتان به شما کمک می‌کند از شرّ احساسات قدیمی رها شوید باید احساسات سرکوب شدهٔ قدیمی را نیز تخلیه کنید، التیام بخشید، دیوارها و موانع خود را فرو بریزید.

۲. این کار به شما کمک می‌کند که تنش روحی - روانی خود و همسرتان را تخلیه کنید و از اثرات ویرانگر تأثیر الاکلنگ و به اصطلاح از پر کردن

یکدیگر بپرهیزیم و به واکنش‌های دفاعی مانند: مقاومت، انزجار، پس زدن، و سرکوب کردن متوسل نشویم.

۳. کمک به بچه‌ها و همسر برای ابراز احساسشان. هیچ کاری برای بچه‌ها جالب‌تر از این نیست که به آنها بگوییم که حق دارند احساساتی داشته باشند و احساساتشان کاملاً طبیعی است. می‌بایست به آنها آموزش دهیم اشکالی ندارد که احساسات ناخوشایندی هم داشته باشند و مجبور نیستند همیشه دارای احساسات خوب و مثبت باشند. پرسش‌هایی بپرسیم و کم‌کم راهنمایی‌شان کنیم.

برای مثال:

پدر یا مادر (برای خشم و انزجار)

کاری کردم که عصبانیت کردم؟

چیزی گفتم که تو را عصبانی بکنه؟

چه اتفاقی افتاد که عصبانی شدی؟

آیا اگر همین روش را در کودکی به ما می‌آموختند، فوق‌العاده نبود؟

روش دیگری که برای بچه‌ها از آن استفاده می‌کنیم، بازی **کیسه احساسات** نامیده می‌شود. روی چند تیکه کاغذ رنگی نام احساسات مختلفی نظیر: غم، خوشحالی، عصبانیت، حسادت، ترس، رنجیده شدن، پشیمانی و..... می‌نویسیم. حتی از بچه‌هایمان بخواهیم به ما کمک کنند سپس آنها را داخل یک کلاه می‌ریزیم و هر یک تکه کاغذ را بطور تصادفی از کلاه بیرون می‌کشیم. کودک یک کاغذ را انتخاب می‌کند سپس روی اون کاغذ هر حسی نوشته شده باشد باید بگوید چه وقت آن احساس به او دست می‌دهد. «وقتی مامان سرم داد می‌زنه غمگین می‌شوم.» و یا «وقتی مجبورم قبل از امیر برم بخوابم غمگین می‌شوم.»

حیرت زده خواهید شد که چه گفت‌وگوی‌های جالبی از این کیسه یا کلاه احساسات می‌تواند شکل بگیرد و شروع شود.

چنانچه بچه‌هایتان یا در سنین بالاتری می‌توانید نقشه احساسی را برای آنها

توضیح دهید و تشویق‌شان کنید که در ارتباطات خود با شما و دیگران از آن استفاده کنند.

مثال: بهنام به منزل میاید همسرش هما در غم و اندوه بسر می‌برد.

بهنام از هما می‌پرسد: «چه کار کردم که تو را رنجاندم».

«همین الان از چه چیزی غمگین و ناراحت هستی؟»

«می‌ترسی چه اتفاقی بیافته؟»

«آیا در گذشته مثل همین احساس را جای دیگری حس کرده‌ای؟»

«دوست داری الان چه اتفاقی بیفته؟»

«چه پیشنهادی برای تغییر و بهبود اوضاع داری؟»

شما می‌توانید احساسات خود را برایش بیان کنید. سپس احساسات او را با زبان خودتان برایش توضیح دهید و این روش را تغییر نقش‌ها می‌نامند.

نمونه دیگر:

بهنام: «وقتی آن کار رو کردم باید خیلی عصبانی شده باشی! اگر جای تو بودم از اتفاقی که افتاده بود خیلی ناراحت می‌شدم.»

«شرط می‌بندم وقتی.... رنجیدی. باید خیلی دلسرد و مأیوس کننده باشی وقتی که...»

«این رفتار من احتمالاً تو را به یاد زمانی انداخت که...»

چگونه عشق را در خود زنده نگه دارید و اعتراضی نداشته باشید.

نکته: احساسات منفی و تنش روانی خود را تخلیه کنید.

هفته‌ای یکبار وقت بگذارید و آن را صرف تخلیه تنش روانی تلنبار شده در رابطه و یا ازدواجتان نمایید. همه حقیقت را در مورد احساساتی که در آن هفته فرصت صحبت کردن درباره‌اش را نداشتید، که روی هم تلنبار شده‌اند را مطرح کنید و سپس احساسات همسرتان را نیز بشنوید.

چنانچه تنش احساسی ـ روانی افزوده یا شدیدی را در خود احساس می‌کنید، یک جلسه فوری به آن اختصاص می‌دهید.

مؤثرترین تکنیك التیام بخش

نامه محبت‌آمیز: روشی برای التیام احساسات و حل درگیری‌های روحی

نوشتن نامه محبت‌آمیز یکی از بهترین و مؤثرترین روش‌ها برای حل و فصل احساسات و درگیری‌های عاطفی است. این روش می‌تواند به ما کمک کند تا نه تنها با خودمان، بلکه با دیگران نیز روابط بهتری برقرار کنیم و به تخلیه عاطفی دست یابیم. هدف اصلی از نوشتن چنین نامه‌ای این است که تمام احساسات منفی و ناخوشایندی را که مانع از دریافت عشق و صمیمیت می‌شوند، شفاف‌سازی کرده و آن‌ها را حل‌وفصل کنیم.

روش نوشتن نامه محبت‌آمیز شباهت زیادی به **بیان کردن تمام حقیقت** دارد. این بدین معناست که باید تمام شش لایه احساسی مختلف را از ابتدا تا انتها درک و تجربه کنیم. برای نوشتن چنین نامه‌ای، باید در ابتدا از احساسات خشم شروع کنیم و سپس به ترتیب به لایه‌های بعدی احساسات خود بپردازیم. این فرآیند را باید نه به صورت شفاهی و گفتاری، بلکه به صورت نوشتاری انجام دهیم. زیرا هنگامی که احساساتمان را بر روی کاغذ می‌نویسیم هیچ چیز نمی‌تواند مزاحم‌مان شود و یا وسط حرف‌هایمان بپرد تا تماسمان را با احساستمان از دست بدهیم.

- هرگاه احساساتمان را روی کاغذ می‌نویسیم وقت بیشتری داریم تا دربارهٔ به آنها فکر کنیم و عمیق‌تر با لایه‌های احساسی آنها تماس برقرار کنیم. بدون اینکه کسی ما را به شتاب کردن وادار به عجله کردن نماید. بنابراین می‌توانیم به التیام احساسی بیشتری برسیم.
- هنگامی که نوشتن نامه را به پایان بردیم می‌توانیم از همسرمان و یا شخص دیگری بخواهیم آن را برایمان بخواند. این کار کمک می‌کند بهره و نصیب بیشتری از آن ببریم و در ضمن همسرمان نیز بهتر و بیشتر ما را درک خواهد کرد.

کتایون شیرزاد

چه موقع نامه نوشته شود؟

۱. هنگامی که با همسر خود درگیر جدال شده‌ایم و یا در یک دعوای بزرگ گرفتاریم و به اصطلاح آژیر وضعیت قرمز کشیده شده و بیان کردن تمام حقیقت درباره احساساتمان مؤثر نبوده و یا در مواقعی که نمی‌خواهیم با او صحبت کنیم.

۲. هنگامی که عصبانی و رنجیده‌ایم و به لحاظ روحی ـ احساسی از همسر خود دور شده‌ایم و می‌خواهیم دوباره با او ارتباط برقرار کرده و صمیمیت و نزدیکی را برقرار کنیم.

۳. هنگامی که از دست کسی ناراحت هستیم و دوباره می‌خواهیم احساس عشق و محبت بین‌مان ایجاد شود.

۴. هنگامی که از دست خودمان عصبانی هستیم و می‌خواهیم احساس مثبت و خوبی پیدا کنیم.

۵. هنگامی که می‌خواهیم به یکی از والدین و... نامه‌ای محبت‌آمیز بنویسیم و احساسات و عواطفی به جای مانده از دوران کودکی خود را تخلیه کنیم.

نامه چگونه خوانده شود؟

هنگامی که نامه یکدیگر را می‌خوانیم قوانین زیر را در نظر داشته باشیم:

۱. هرگز خواندن یکدیگر را قطع نکنیم مگر آنکه به انتهای نامه رسیده باشیم. طبیعی است که از بسیاری محتویات نامه خوشمان نخواهد آمد زیرا هیچ کس دوست ندارد بشنود که راجع به او نوشته‌اند: تو احمقی، ازت بدم می‌آید، متنفرم و...!اما صبور باشیم در پایان نامه به سطح احساسی عشق، بخشش، سپاس و قدردانی نیز خواهیم رسید.

۲. هنگام خواندن نامه سکوت کنیم و چیزی نگوییم. هدف اصلی از نوشتن نامه آن است که از جمله‌های کلامی پی‌درپی که در اغلب مشاجره‌های لفظی اتفاق می‌افتد جلوگیری کرده باشیم.

چنانچه تنش احساسی ـ روانی افزوده یا شدیدی را در خود احساس می‌کنید، یک جلسه فوری برگزار کنید.

نکته مهم:

به خاطر داشته باشیم که هیچ کس دیگری به غیر از همسرمان نامه را نفرستیم. زیرا اوست که متعهد به رشد و تغییر شخصی در رابطه و ازدواجش با ما می‌باشد. پس هرگز حق نداریم احساسات منفی خود را روی شخص دیگری خالی کنیم. البته در مورد پدر، مادر، خواهر و برادر اگر قبلاً سر این موضوع توافق کردیم می‌توانیم نامه‌های خود را رد و بدل کنیم. نامه‌ها در بهبود زخم‌ها و لطمه‌های عاطفی بسیار کار سازند.

به خودمان هم نامه بنویسیم هنگامی که:

غمگین، افسرده و عصبانی هستیم و احساس گناه، گیجی و سردرگمی داریم. حیرانیم و نیاز داریم خودمان را بیشتر دوست داشته باشیم.

از همسرمان بخواهیم نامه‌ای که نوشته‌ایم برایمان بخواند. این به ما کمک می‌کند که بتوانیم تنش احساسی خودمان را تخلیه کنیم.

چنانچه کسی را پیدا نکردیم تا برایمان این کار را بکند، نامه را با صدای بلند جلوی آینه برای خودمان بخوانیم و یا صدای خودمان را ضبط کنیم و سپس گوش دهیم.

تمام زوج‌ها می‌بایست این تکنیک را به کار گیرند. این روشی بسیار نیرومند برای زنده نگهداشتن عشق و شور و حرارت میان ما است.

عشق را بجوییم تا بیابیم. تکنیک‌ها و روش‌های ارائه شده را به کار گیریم تا عشق و شور زندگی را در خود زنده نگه داریم. تا قلب و روحمان را سیراب سازیم. با خود و با همسرمان صبور باشیم. ضمن به یاد داشتن اینکه در این مرحله بذرهایی کاشته‌ایم و ممکن است جوانه زدن آن‌ها اندکی طول بکشد، اما مطمئن باشیم که این بذرها ارزش آن را خواهند داشت که برایشان شکیبا باشیم. به زودی از کشت‌های خود برداشت خواهیم نمود.

معجون عشق:

کتایون شیرزاد

۱. توجه   ۲. مهر و محبت   ۳. سپاسگزاری و قدردانی

۱. **توجه**، به حضور همسرمان توجه کنیم هر وقت کنارش هستیم با تمام وجود خود و با صددرصد حواسمان کنارش باشیم و تمام هوش و حواس خود را به او بدهیم نه به فرد دیگر.

۲. **محبت**، با تمام وجودمان مهر و دلدادگی خود را نشان داده و ابراز کنیم.

۳. **تشکر و قدردانی**، به لحاظ گفتاری ـ کلامی احساس و عواطفمان را به زبان آوریم و مراتب تشکر و قدردانی خود را از همسرمان اعلام کنیم و به او بگوییم برای چه چیزی به او افتخار می‌کنیم.

فراموش نکنیم برای همسر و بچه‌هایمان میان وعده‌هایی از تشکر و قدردانی در نظر بگیریم «برای.... از تو ممنونم.»

چند روش دیگر برای سیراب ساختن قلب و روح و ایجاد انگیزه بیشتر برای روابط پیوند مهرآمیز:

۱. **صمیمیت**[1]: صمیمیت را بکوشید پیشاپیش برنامه‌ریزی کنید به این معنی‌که دست کم هفته‌ای یکبار آن هم نیم‌ساعت (به عقیده من بیشتر) برای تنها بودن با همسرتان وقت در نظر بگیرید. یعنی فقط خودتان باشید و خودتان و به دور از هرگونه مزاحمتی حتی بچه‌ها هم حضور نداشته باشند.

این وقت را برای هم می‌گذارید تا با هم نزدیک و صمیمی باشید. می‌توانیم آهسته با لحن و صدای نرم و ملایم احساسات خود را با هم در میان بگذاریم. می‌توانیم این زمان را با هم به پیاده‌روی و قدم زدن بگذرانیم. لحظه‌های صمیمیت از قبل تعیین شده یعنی اینکه فقط با یکدیگر باشیم. بی آنکه کاری انجام دهیم. هدف از صمیمیت این است که عشق خود را به همدیگر بازگو کنیم. یکی از دلایلی که عشق میان ما کمرنگ می‌شود و قلب و روحمان تشنه می‌ماند آن است که هیچ‌وقتی برای سیراب ساختن قلب و روح خود در نظر نگرفته‌ایم.

۲. **تهیه پوشه کارت‌های زیبا و رنگارنگ**: گاهی اوقات پیش می‌آید که نیاز

1- Intimacy

داریم از همسرمان عذرخواهی کنیم و بگوییم بابت اشتباهی که از ما سر زده، متأسفیم، اما ممکن است در آن لحظه فرصتی برای بیرون رفتن و خرید هدیه نداشته باشیم. یا شاید از عشق و محبت به همسرمان سرشار باشیم، اما هدیه‌ای در دسترس نداشته باشیم تا به او هدیه دهیم. در این مواقع، داشتن یک پوشه مخصوص می‌تواند بسیار مفید باشد. می‌توانیم کارت‌های محبت‌آمیز و یادداشت‌های صمیمانه‌ای برای چنین موقعیت‌هایی آماده و طبقه‌بندی کنیم؛ برای مثال، کارت‌هایی که بعد از یک دعوا یا سوءتفاهم می‌توانیم برای همسرمان بنویسیم. این کار به ما این امکان را می‌دهد که حتی بدون داشتن هدیه فیزیکی، احساسات خود را ابراز کنیم و روابطمان را تقویت کنیم.

۳. **روزهای دوستت دارم:** ماهانه یک‌بار می‌توانیم روزی را به همسرمان اختصاص دهیم تا نشان دهیم چقدر او را دوست داریم. این روز می‌تواند یک روز تعطیل، آخر هفته یا حتی یک شب در ماه باشد. اگر هم بسیار پرکار و مشغول هستیم، حتی یک شب در ماه هم می‌تواند کافی باشد. در این روز، می‌توانیم انواع فعالیت‌های ویژه‌ای انجام دهیم که نشان‌دهنده عشق و محبتمان باشد. می‌توانیم همسرمان را به یک رستوران خاص برای صبحانه ببریم، یا او را به پارک محبوبش برای تفریح ببریم. شاید بخواهیم بعد از یک روز کاری سخت، با یک ماساژ آرامش‌بخش به او محبت کنیم، یا برایش فیلمی که دوست دارد پخش کنیم و از این قبیل کارها.

البته همسر ما نیز باید برای ما روزی خاص و شگفت‌انگیز ترتیب دهد. این روز را می‌توانیم در تقویم‌مان مشخص کنیم و از ماه‌ها قبل برای آن روز هیجان داشته باشیم، چرا که برنامه‌ریزی پیشاپیش، هیجان عشقمان را دوچندان می‌کند. این کار فقط مختص همسرمان نیست، بلکه می‌توانیم برای هر یک از فرزندانمان نیز روزی خاص در نظر بگیریم، طوری که هر ماه نوبت یکی از بچه‌ها باشد. این کار باعث می‌شود فرزندانمان احساس ویژه بودن کنند و هرکدام بدانند که فرقی با دیگران ندارند. به این ترتیب، بچه‌ها در انتظار ماه‌ها به عشق و توجه ویژه‌ای که برای‌شان در نظر گرفته شده، دلگرم خواهند شد.

۴. **همدلی:** همدلی حالتی است که در آن حدومرزها بین شما و طرف مقابل از میان برمی‌خیزد و به یگانگی احساس و عاطفه می‌رسید. گویی برای لحظه‌ای با او یکی شده‌اید. و در خاتمه آنچه روابط یا ازدواج را مختل و نابود می‌سازد کمبود عشق نیست بلکه فقدان صمیمیت و نزدیکی عاطفی است.

یادآوری: فرمول ۳ ضربدر ۳ فراموش نشود روزی ۳ بار معجون عشق که عبارتند از: توجه، محبت و قدردانی.

عشقی و مهری برازندهٔ شماست:

چندی پیش در یکی از سخنرانی‌هایم یک زن جوان درحالی‌که اشک در چشمانش حلقه زده بود؛ پیش من آمد، و این‌طور شروع کرد: «من مقاله‌های شما را همیشه به دقت می‌خوانم و از صحبت‌های امروز شما درک کردم که چقدر با همسرتان صمیمی و شفاف هستید. امیدوارم من هم یک روز شانس این را داشته باشم که رابطه‌ای به خوبی رابطهٔ شما دو نفر نصیبم گردد.»

طبق معمول باید از اون شخص تشکر می‌کردم و به سراغ شخص بعدی می‌رفتم. اما چیزی موجب شد که لحظه‌ای از کار باز بمانم و دست‌های آن زن را بگیرم. درحالی‌که در چشم‌هایش نگاه می‌کردم؛ گفتم: «می‌خواهم واقعیتی را بدانید: من واقعاً از وجود چنین مرد فوق‌العاده‌ای در زندگی‌ام احساس خوشبختی می‌کنم. اما شانس، هیچ دخالتی در این امر نداشته است. من در گذشته اشتباهات زیادی مرتکب شده بودم. من به ازدواج با مردانی فکر کرده بودم که به‌طور کلی فاقد هرگونه تفاهم بودیم و سعی می‌کردم آنها را به مردان دلخواه خودم مبدل کنم.»

به خود می‌گفتم: اهمیتی ندارد. من به تمامی دلایلی که نادرست بودند به این مردها علاقه‌مند می‌شدم. این شانس نیست که موجب موفقیت یک ازدواج می‌شود. به این معنا که من توانستم در نهایت شخص مناسب را شناسایی و انتخاب کنم. ما خیلی سخت کار کردیم تا صمیمیت و هم آهنگی را که داریم، خلق کنیم. شما نیز می‌توانید آن را بیآفرینید.

شاید احساس کنید در عشق اقبالی ندارید و امید خود را برای رابطه‌ای که رویأی آن را داشتید، از دست داده باشید، شاید هم شخص بخصوصی را در زندگی خود دارید اما می‌خواهید احساس صمیمیت و عشق بیشتری داشته باشید و ندانید که چگونه؟ پیشنهاد دارم که قدرت و دانشی را که در درون خود دارید، به کار ببندید تا قلب شما به سوی عشقی سالم، مسرت بخش و واقعی رهنمود شود.

چیزی را می‌یابیم که در پی‌آنیم

ما در زندگی‌مان آنچه را که از درون خود صادر می‌کنیم، جذب می‌کنیم. ضمیر ناخودآگاه ما بر اساس نیازهای خاصی که دارد، افراد خاصی را به سوی‌مان می‌کشاند و این همان چیزی است که باعث می‌شود کسانی را در زندگی‌مان انتخاب کنیم که گاهی با آنچه که واقعاً به آن نیاز داریم، تطابق ندارند.

برای مثال، «شهلا» همیشه بر این باور بود که به دنبال مردی مهربان، گشاده‌رو، با ثبات و مسئول است، اما در عمل، او جذب مردانی می‌شد که به نوعی عصبانیت، بی‌ثباتی، خودشیفتگی و حتی مشکلات عاطفی و جنسی داشتند.

«ارسلان» می‌گفت که دنبال زنی قوی و مستقل می‌گردد، اما در نهایت به زنانی علاقه‌مند می‌شد که به نوعی کم‌عقل، پرماجرا و نیازمند نجات دادن بودند. به گونه‌ای که حتی برای تماس روزانه با والدین خود زمان می‌گذاشت، نشان‌دهنده اینکه هنوز از لحاظ عاطفی بالغ نشده است.

این الگوهای انتخابی معمولاً نتیجه ارتباطات و تجربه‌های گذشته ما هستند، مخصوصاً الگوهای رفتاری و عاطفی که از دوران کودکی با خود به همراه داریم. وقتی بتوانیم دلایل این انتخاب‌ها و رفتارهای خود را درک کنیم، قادر خواهیم بود تغییراتی ایجاد کرده و انتخاب‌هایی نو و سالم‌تر داشته باشیم.

این فرآیند خودآگاهی و درک الگوهای رفتاری‌مان، می‌تواند کمک کند تا روابط بهتری بسازیم و به رشد و تغییرات مثبت در زندگی خود دست پیدا کنیم.

عشق ورزیدن به کسی که معتاد به دارو است.

حمید برای مشاوره به نزد من آمد، او که روزهای بدی را در زندگی مشترکش خود سپری می‌کرد گفت: «سیما سخت گرفتارم کرده است. همیشه عصبانی و وحشت‌زده است. این‌طور به نظر می‌آید که کوچک‌ترین استرسی را نمی‌تواند تحمل کند. به ناگهان با کوچک‌ترین محرکی منفجر می‌شود. احساسم این است که اگر اوضاع بدین منوال ادامه پیدا کند، مجبور خواهم شد که از او جدا شوم.» لحظه‌ای فکر کردم و از او پرسیدم که «حمید، بزرگ‌ترین شکایت تو از سیما چیست؟»

گفت: «گمانم این است که همه‌اش زیر سر این قرص‌های لعنتی است.»
پرسیدم: «کدام قرص‌ها؟» گفت: «من سیما را خوب می‌شناسم ولی از اینکه او دارو مصرف می‌کرد اطلاعی نداشتم، درست نمی‌دانم، مسکّن، والیوم و خیلی چیزهای دیگر.»
بعد از صحبت کردن با سیما، او تأیید کرد که چنین است.
حمید را تشویق کردم که با او جدّی باشد و اصرار کند تا فورا کمک بگیرد.

چند روز گذشت. یک روز سیما به من تلفن کرد گفت:«خانم شیرزاد، دیروز به دکتر رفتم و حال اجرای در یک برنامه مسمومیت سه هفته‌ای هستم. شما حق داشتید من به دارو معتاد شده بودم. بدون اینکه متوجه شده باشم. سال‌ها قرص‌های زیاد مختلف مصرف کرده بودم: محرّک، خواب آور، مسکّن، آرام بخش، به خود می‌گفتم که حتماً به آنها احتیاج دارم. راستش وقتی حمید در جلسه اول ملاقات و می‌کردم، شرمنده شده‌ام. می‌دانم ترک کردن قرص‌ها سخت است ولی به دلیل زندگی مشترکم، مجبورم که توصیه‌های شما را انجام دهم.» سیما تمام احساسات و عواطفی را که تلاش کرده بود به کمک قرص و دارو در خود سرکوب کند، ناگهان زنده شدند. نهایتاً بدنش از تمامی آن سموم تصفیه شد. سمومی که سال‌ها به بدن خود وارد کرده بود. یک ماه بعد به سختی او را شناختم: ده سال جوان‌تر به نظر می‌رسید!

در ضمن کار تراپی می‌گفت: «احساس می‌کنم که به تازگی از خواب طولانی بیدار شده‌ام.»
در جامعه امروز ما که مصرف دارو هر روز تأیید و تشویق می‌شود و به ما گفته

می‌شود که درمان سردردها، معده دردها، سوءهاضمه‌ها، یبوست‌ها، بی‌خوابی‌ها، خستگی‌ها و بی‌رمقی‌های ما تنها با قرص و دارو میسر است؛ تعجبی نیست که ملیون‌ها زن و مرد بی آنکه بدانند به دارو معتادند.

اگر مجردید و به ازدواج با کسی فکر می‌کنید: از درگیر شدن با یک معتاد به «مواد مخدر قانونی» بر حذر باشید. اگر شما به مانند حمید درگیر کسی هستید که گمان می‌کنید سوءهاضمهٔ مصرف دارو دارد؛ اصرار کنید تا حتماً نزد دکتر برود. آن هم نه آن دکتری که دارو تجویز کرده است. اگر مانند سیما بردهٔ قرص و کپسول‌های رنگارنگ هستید، در حق خود لطف کنید و نزد دکتری بروید تا به شما کمک کند. دریابید تا نیازهای واقعیتان کدامند و دلیل واقعی اعتیادتان چیست؟ باید صددرصد عشق و انرژیتان را صرف بهبودی خود کنید. لطفاً خودتان را دوست داشته باشید و کمکی را که بدان نیاز دارید دریافت کنید.

به طوری که بتوانید سالم باشید و رابطه‌ای را ایجاد کنید که لیاقت آن را نیز دارید.

باربارا دی آنجلس نویسنده کتاب‌هایی با عناوین «رازها درباره مردان و زنان»، «رازهایی درباره عشق»، «لحظه‌های ناب برای عشاق»، «عشق و شور زندگی»، «اعتماد به نفس خوب» و بسیار کتاب‌های آموزنده دیگر که که بیشتر آنها به فارسی ترجمه شدند در رابطه با دلایلی که رو به اعتیاد به داروها می‌آوریم چه می‌گویند:

* خشمی که ضعفی مهلک و ویرانگر به شما می‌دهد، خشمی است غیرعادی و نامتناسب.
* اندوه سرکوب شده در دوران کودکی به شکل تند خویی و عصبانیت در بزرگسالی نشان داده خواهد شد.
* قربانی‌ها وقتشان را به گله و شکایت از مشکلات می‌گذرانند، به جای آنکه در جهت تغییر اوضاع قدمی بردارند.
* افرادی که در کودکی توسط بزرگ‌ترها و یا اوضاع و شرایط کنترل می‌شده‌اند و این کنترل موجبات ضعف آنها را فراهم است؛ ممکن است این تصمیم ناخودآگاه را گرفته باشند که هرگز در بزرگسالی اجازه ندهند کنترل چیزی

از دستشان خارج شود.

* هر چقدر خود را بیشتر دوست داشته باشید؛ کمتر اجازه خواهید داد با شما بدرفتاری شود.

پر کردن خلاءهای احساسی و روحی خود

معتقدم که یکایک ما در این زندگی در حال پژوهش و تلاش برای درک و شناخت رابطه‌مان با کل جهان هستیم. و همگی آرزومندیم تا احساس کنیم؛ بخشی از این هستی لایتناهی هستیم. این اشتیاق روحی ماست که بتوانیم به گونه‌ای با منبع متعالی از قدرت عشق و معنویت متصل شویم.

ما کودکانی هستیم با اندام بزرگسالانه، با این حسرت و آرزو که دوستمان بدارند، پذیرفته شویم. این اشتیاق نوع بشر است.

نکته فوق‌العاده‌ای که در رابطه با عشق وجود دارد این است که عشق می‌تواند ما را از احساس سرور، شادمانی و تعلق خاطری که شبیه آن را در هیچ جای دیگری نیست لبزیز کند. عشق به هستی به اعمال ما معنا می‌بخشد. موهبتی که به منظور پر کردن خلاءهای احساسی و روحی خود از آن استفاده می‌کنیم و گاه می‌تواند خطرناک باشد.

خلاءهایی که باید شناسایی کنیم و بیاموزیم که چگونه پر کنیم.

یک ازدواج سالم، می‌تواند حس قدردانی و شگفتی نسبت به خلقت و زندگی را در طرفین تقویت کند و درهای رشد و تعالی روحی آن‌ها را باز کند. این روابط نه تنها به هر کدام از طرفین کمک می‌کند تا زخم‌های دوران کودکی خود را التیام بخشند، بلکه به آن‌ها احساس «دوست داشته شدن» و «پذیرفته شدن» را هدیه می‌دهد که در نهایت خودباوری‌شان را تقویت می‌کند. اما اگر زندگی مشترک با کمبودهای عاطفی و روحی آغاز شود، این خلأ نه تنها باعث رنج و درد برای هر دو طرف خواهد شد، بلکه به روابط نیز آسیب می‌زند.

برای مثال، «منیژه» برای پر کردن خلأهای روحی خود و نه به‌خاطر پیدا کردن فرد مناسب، وارد رابطه‌ای با فردی می‌شود. او در طول این رابطه به طور مداوم

احساس خالی بودن می‌کند که گاهی به نگرانی و تنش تبدیل می‌شود و در موارد حادتر، به افسردگی و نومیدی می‌انجامد. منیژه از درد تنهایی‌اش، وارد رابطه‌ای ناسالم و آسیب‌زننده می‌شود، با این فکر که **صرف این که من با کسی در رابطه هستم،** می‌تواند به طور موقت این خلأ را پر کند.

این وضعیت کاملاً نشان می‌دهد که فرد در چنین شرایطی تا چه حد آسیب‌پذیر است. زمانی که فرد به دلایل نادرست و در شرایط اشتباه با افراد نادرست وارد رابطه می‌شود، تنها زمانی که از دوران اوج رابطه عبور کرده و واقعیت‌ها را مشاهده می‌کند، با ماهیت واقعی آن فرد روبه‌رو می‌شود. در این مواقع است که فرد متوجه می‌شود نه تنها خلأ عاطفی‌اش پر نشده است، بلکه حضور آن فرد تنها این احساس خلأ را بیشتر کرده است.

منیژه می‌گفت: «این پنجمین رابطه‌ای است که ناموفق بودم.» برای رسیدن به رضایت در یک رابطه سالم، ضروری است که ابتدا خود را غنی سازیم. همانطور که متخصصان تغذیه توصیه می‌کنند که با شکم خالی به خرید نروید، زیرا در این حالت احتمالاً غذاهای ناسالم را انتخاب خواهید کرد، در روابط عاطفی نیز باید از این اصل پیروی کنیم.

به منیژه گفتم: «اگر با افرادی که دارای روحیه قربانی هستند، وارد رابطه شوید و نقش یک ناجی را ایفا کنید، خودتان به فردی تبدیل خواهید شد که احساس می‌کند تلاش‌هایش برای داشتن یک رابطه سالم و خوب نتیجه‌ای نخواهد داشت.» این نوع رابطه، رابطه‌ای نابرابر و ناسالم است، مگر آن که طرف مقابل از مشاور کمک بگیرد و با روحیه قربانی خود مقابله کند. منیژه گفته بود: «آن‌ها من را به چشم یک قربانی نگاه می‌کردند و من دائماً احساس حقارت می‌کردم. هیچ شور و علاقه‌ای در من باقی نمانده بود.»

به او گفتم: «خوشحالم که شما این نکات را مدنظر قرار دادید و امیدوارم که این دیدگاه‌ها به شما کمک کنند. حالا که به این نکات توجه کرده‌اید، امیدوارم مسیر شما در روابط آینده‌تان سالم‌تر و پربارتر باشد.»

قربانی‌ها متخصص این هستند که دیگران را به‌دلیل مشکلات خودشان

کتایون شیرزاد

سرزنش کنند. از دید یک قربانی همیشه تقصیر همه چیز به گردن دیگری است. مدام والدین، همسر قبلی، دوستان وضع سلامتی و بهداشت اقتصاد و.... را به جهت عدم رضایت و خوشبختی خود در زندگی سرزنش می‌کنند.

قربانی‌ها هرگز مسئولیت شرایط و اتفاقات زندگی خود را به گردن نمی‌گیرند. آنها به حال خود تأسف می‌خورند، گله و شکایت می‌کنند، افسرده می‌شوند، بدون اینکه اقدامی در جهت بهبود اوضاع صورت دهند. بعضی از قربانیان توقع دارند که نجاتشان بدهید و مشکلاتشان را حل کنید. یا طلب همدردی و ترحم توجه جلب کنند. در نتیجه تلاش در جهت مسئولیت‌پذیری و استقلال فردی از این دسته از قربانی‌ها نتیجه بخش نخواهد بود.

از دید یک قربانی زندگی یک نبرد نابرابر است. تمامی دنیا یک سمت و من در سمت دیگر تنها!

قربانی‌ها خشم خود را آشکارا بروز نمی‌دهند. آنها به ندرت در این‌باره رک هستند و ترجیح می‌دهند که با قیافه ناراحت و رنجیده به خود گرفته، به شما احساس گناه بدهند.

نمونه: زری به دلیل اینکه همسرش جشن تولد او را آنچنان که مطلوب او بوده است برگزار نکرده و تنها به یک کارت تولد اکتفاء کرده، می‌گوید: «به گمان من حقیقت این است که او نسبت به من بی‌احساس و بی‌عاطفه شده است.» زری می‌توانست؛ به مراتب صادق‌تر باشد و بگوید: «از اینکه تولدم را فقط با یک کارت تبریک گفتی و موجب شدی؛ تا احساس کنم برای تو به‌خصوص نیستم؛ از دستت عصبانی هستم.»

قربانی‌ها این‌طور فکر می‌کنند که ضعیف و درمانده هستند. آنها متخصص تفکر منفی و تکرار آن هستند. کارها را به بعد موکول می‌کنند و برای جلب حمایت به شما متکی‌اند. در نهایت در خواهید یافت آنها حامی نمی‌خواهند بلکه ناجی می‌خواهند آنها زمان کودکی در معرض آزار جسمی و روحی قرار گرفته‌اند موجب شده که افکار منفی ناخودآگاه داشته باشند. مانند: «من ضعیف هستم، تو بر من سلطه و نفوذ داری.» یا به عبارت دیگر: «من خوب نیستم تو خوب

هستی.»

عاشق یک قربانی باید چه کار کند.

همگی ما در درون خود یک قربانی پنهان داریم. اما هنگامی که این الگو در شخصیت یک فرد چیره می‌شود، برای سلامت روحی و نیز روابط او اثرگذار خواهد بود. اگر درگیر کسی شدید که این ضعف مهلک را داراست، ضروری است تا با او درباره این نقطه ضعفش برخورد جدی کنید.

می‌توان با روحیه قربانی با تشویق به تعهد، استقامت و پایداری برخورد کرد. البته چنانچه همسرتان مایل به تغییر باشد؛ در غیر این صورت خود را گول نزنید. این الگو با نادیده گرفتن و انکار به‌خودی‌خود از میان نمی‌رود.

افراد درگیر با قربانی‌ها این نکته را، آن هم به دشواری خواهند آموخت که با گذشت زمان، حس همدردی‌شان فقط به بی‌تفاوتی و بی‌اعتنایی مبدل خواهد شد

درک ما از همسرمان وقتی که او نمی‌تواند احساسات و عواطف خود را نشان دهد:

می‌دانم که فرشته، قلبی حساس و عاطفی دارد؛ اما برای او سخت است که احساسات خود را نشان دهد. زیرا در گذشته به این دلیل بارها صدمه دیده است. اصولاً طبق تعریف، رابطه به معنای تأثیر و رفتار متقابلی است که میان دو انسان وجود دارد، نه سعی و تلاش از جانب یک فرد به منظور جلب واکنش متقابل دیگری. کم کاری و یا بی تفاوتی و عدم همکاری از جانب فرد دیگر هشدار دهنده است. چنانچه همسر نمی‌تواند احساساتش را با فرشته در میان بگذارد، رابطه‌شان سطحی و در نهایت مأیوس‌کننده خواهد بود و او ناگزیر همچون یک «کنسرو بازکن انسان» خواهد شد که همواره سعی در باز کردن احساسات همسر خود دارد. این کار برعهدهٔ ما نیست بلکه وظیفه خود اوست. این حق مسلم ماست که از همسر خود توقع داشته باشیم که بتواند احساسات و عواطف بنیادین و زیربنایی نظیر: شادی، غم، ناامیدی، هیجان و عشق را بروز دهد. چنانچه او این قابلیت را نداشته باشد. پس رابطه‌ای در کار نیست. تنها

واقعیتی که وجود دارد ما فقط در یک خانه مشترک زندگی می‌کنیم، اما هیچ‌گونه ارتباطی با یکدیگر نداریم.

در واقع، «وقتی همسرتان از احساساتش با شما گفت‌وگو نمی‌کنند، به این معناست که هیچ رابطه‌ای بین شما وجود ندارد. تنها واقعیتی که وجود دارد؛ این است که شما فقط **یک‌قرارداد زندگی مشترک** دارید نه یک ارتباط مشترک.»

این امکان وجود دارد که فردی از کودکی از لحاظ احساسی آسیب دیده و روانش تخریب شده باشد و یا آموخته است که احساساتش را بروز ندهد. امتناع ورزیدن و بسته بودن رابطه را دردناک خواهد کرد. در این صورت قابلیت بروز عواطف را از دست می‌دهد، زیرا انسان با عاطفه اصولاً وجود ندارد.

قدر مسلّم اینکه باید آمادگی و تمایل همکاری جهت فرو ریختن دیوارها و حصارهای دفاعی خود را داشته باشیم. در غیر این صورت رابط مشترکمان به یک مسابقه «طناب کشی روحی» کشیده خواهد شد که در آن همواره همسرمان را هُل می‌دهیم تا بلکه کمی هم از کرخت بودنش بکاهد و او نیز ما را مدام پس می‌زند.

تنها با گفت‌وگو است که زن و مرد می‌توانند رابطه خود را به راستی متحوّل کنند، البته اگر بخواهند بیاموزند که چگونه؟

زن و شوهر هر دو باید بر روی این مشکل ارتباطی‌شان کار کنند: کتاب خواندن، گذراندن دوره‌های آموزشی بهبود روابط و متخصص همه روش‌ها مؤثر هستند

همسرتان از رابطه یا (روابط) گذشته خود هنوز التیام نیافته است.

همهٔ از روابط گذشته‌مان کوله‌باری از احساسات حل‌وفصل نشده داریم که همراه خود آن را به رابطه جدیدمان حمل می‌کنیم. اما گاهی اوقات این احساسات حل‌وفصل نشده، آن‌چنان توان فرسا و کوبنده‌اند که برای رابطه احساسی ما مهلک و خطرناک خواهند بود. اگر جذب کسی شدیم که هنوز از روابط قبلی خود التیـام نیافته است؛ و یا هنوز رنجش خاطر و آزار و اذیتی را که از رابطه قبلی خود دیده را، فراموش نکرده و یا ضربهٔ عاطفی که خورده، در شوک روحی

به سر می‌برید. مطمئن باشید که دچار یأس و دل‌شکستگی خواهیم شد. واقعیت این است که هر چه خشم و عصبانیت از گذشته در دل داشته باشیم، به همان میزان قابلیت و توانایی ما در عشق ورزیدن در روابط فعلی‌مان کاهش خواهد یافت.

مراقب باشیم این امکان وجود دارد که قلب همسرمان به اندازه کافی التیام نیافته باشد تا بتواند ما را دوست داشته باشد و عشق‌ورزی کند.

هشدار به «ناجی» بودن وسوسه‌ای می‌شود که درگیر افرادی شویم که به تازگی از رابطه دردناک و خالی از مهر بیرون آمده‌اند و بخواهیم نقش شفا دهنده‌ای را بازی کنیم که قلب‌های شکسته را تعمیر می‌کند. اگر کسی تا این حد آسیب دیده است به او وقت بدهیم تا خود را التیام دهد. چرا اگر زود هنگام در چنین رابطه‌ای قدم بگذاریم، الگو و انگاره‌ای منفی را از همان ابتدا در رابطه خود به کار برده‌ایم. بیاد داشته باشیم درگیر شدن با چنین افرادی می‌تواند راهی باشد برای «فرار از صمیمیت» و انتخاب کسی که نمی‌تواند ما را دوست داشته باشد؛ روشی است برای محروم کردن خودمان از عشق. اگر همیشه کسانی را پیدا می‌کنیم که گذشته خود را پشت سر نگذاشته‌اند، به مشاوره احتیاج داریم تا اینکه برای درک و رویارویی ناخودآگاه با ترس خود از داشتن تعهد، کمک بگیرید.

رابطه سرچشمه شادی‌ها

اساسی‌ترین ویژگی‌های ارتباط یا وحدتی پایدار و مورد توافق، که نیازهای معین افراد درگیر در آن و جامعه‌ای که در آن زندگی می‌کنند، برآورده سازد و سبب افزایش رشد پایدار در عشق می‌گردد، بدین‌ترتیب است:

* برقرای ارتباط
* مهر و محبت
* شفقت / بخشایندگی
* صداقت و راستکاری
* پذیرا بودن
* قابل اعتماد بودن

* ذوق طنز و مزاح
* رُمانس (داشتن احساسات لطیف و پاک عاشقانه که شامل سکس هم می‌شود)
* بُردباری
* آزادگی

جالب توجه که اینکه وقتی از گروه کلاسم پرسیدم «**رابطه سرچشمه شادی‌ها**» **چه معنی برایتان دارد؟**

بیشتر افراد برقراری ارتباط مهر و محبت، بخشایندگی و راستی را به عنوان ممتازترین ویژگی‌ها نام برده بودند. تعریف آنها از برقراری ارتباط عبارت بود از

بی‌آلایش بودن، شریک شدن، پیوند خوردن، و فعالانه راز دل گفتن و خوب سخن همدیگر را شنیدن.
نشانه‌های مهر را دلسوزی، فهمیدن، به احساس شریک زندگی احترام گذاشتن، نزدیکی روحی و جسمی، تغذیهٔ عاطفی و محبت دانسته‌اند.
پرسیدم منظورتان از شفقت چیست؟ با چنین کیفیتی تعریف شد: **توانایی حس همدردی، بخشایش، حمایتگر بودن و از «خود» خالی شدن. و همچنین توانایی آشکارسازی احساسات حقیقی در لحظه، بر زبان جاری ساختن ترس‌ها، عصبانیت‌ها، حسرت‌ها و توقّعات.**

گروه با علاقه ادامه دادند از ویژگی‌هاِ و صفاتی را که موجب ویرانگری **پیوند بالنده و پر مهر** می‌گردد به ترتیب:

* بسته بودن درهای ارتباط
* خودخواهی، سخت‌دلی
* نادرستی و ناراستی
* حسادت
* بی‌اعتمادی
* کاملگرایی و کمالگرایی(ایده آلیستی)
* عدم درک و تفاهم
* انعطاف ناپذیری (مقاوم و سرسخت در برابر تغییر)

* بی‌احترامی
* بی‌اعتنایی

از آن‌ها خواستم نظرشان را دربارهٔ آنچه برشمردند توضیح دهند مثلاً عدم برقراری ارتباط، نادرستی و ناراستی.

پاسخ‌ها چنین بود: **رفتار خودبینانه، فقدان عفو و بخشش، نداشتن وقت کافی، عدم اعتماد، حسادت، بی‌اعتنایی و بی‌مهری و عدم تفاهم و رفتار قضاوت گرایانه.**

پیوند مهرآمیز به شکل پدیده طبیعی هستند.

پیوند مهرآمیز، شریک شدنی انتخابی است. که در آن انسان‌ها با احساس امنیت کامل و اطمینان قدر یکدیگر را می‌دانند. اعتماد می‌کنند. نفوذپذیر می‌گردند. مهرورزیدنی است که در آن برقراری ارتباط، سهیم شدن، ملاطفت و محبت بی‌دریغ نقش اساسی دارد.

با عشق و درک و پذیرش تفاوت‌های یکدیگر هستند تا دیگری رشد کند. رابطه مهرآمیز یک تجربه‌ای عرفانی و درعین‌حال ملموس و پرتحرک و جاری است. پیش از آنکه وسیله‌ای برای هدف باشد؛ خود هدف است. که در آن دلسوزی متقابل برای رشد و پیشرفت هر دو انسان در رابطه موج می‌زند. جایی که خودخواهی به بخشایندگی، دگرخواهی، شریک شدن‌ها و دل سوزاندن‌ها تغییر شکل می‌دهد. خیرخواهی وجود آدمی به اوج می‌رسد و بدی، شر وجودشان فرو می‌ریزد.

بالاخره پیوند مهرآمیز، پیوندی است که پذیرش بی‌قیدوبند دیگری را به همراه دارد برای ادامه یاری دادن به دیگری تا رشد و پیشرفت کند و به اهداف خویش نائل آید.

جواب‌ها تغییر می‌کنند.

پیوند مهرآمیز، پیوندی است که در آن هر دو طرف آن‌قدر در عشق و پذیرش، احساس امنیت می‌کنند که می‌توانند درونی‌ترین احساسات، رویاها، شکست‌ها و کامیابی‌های خویش را، بی‌هیچ خودداری با یکدیگر سهیم شوند. گونه‌ای دادوستد عاطفی است؛ رابطه‌ای که از احترام متقابل سرچشمه می‌گیرد و سرشار از شکوفایی و بلوغ عاطفی و وقار است پیوندی که همواره رشد و بالندگی را پرورده و حمایت می‌کند به سان کاشانه‌ای مطلوب است که می‌توانی درون آن تماماً خود باشی، درک شوی، پذیرایت باشند و به عنوان وجودی ارزشمند به تو احترام گذارند و جایی که هر دو به یادگیری و رشد تشویق می‌شویم.

توجه:

پیوند مهرآمیز، توانایی بیان صریح و صادقانه احساسات با اعتماد و اشتیاق قلبی همچون کودکان است.

هنور هم مثل سایر چیزها ما خودمان به شیوه خود، پیوند مهرآمیزمان را در ذهنمان تعریف می‌کنیم، و نیکو است که وقتی می‌گویم «دوستت دارم، به زندگی من بیا» به کهکشان‌های هزاران احتمال بیاندیشیم.

دوام رابطه سرچشمه شادی‌ها

لئوبوسکالیا در کتاب زندگی با عشق چه زیباست می‌گوید:

«برای رشد و شکوفائی، برای کسب مقام و مرتبه و شخصیت، هیچ محیطی مناسب‌تر از خانه نیست. ابراز مهر و دوستی کار آسانی است این در واقع ما هستیم که مشکل و پیچیده می‌باشیم. صحبت آغاز یک ارتباط دوسویه است؛ اندیشیدن نصف راه‌حل و بقیه کارها از طریق کوشش و عمل انجام شدنی است.»

نمونه:

* با آنکه دوستت دارم، هنوز هم همیشه نمی‌توانم اندیشه تو را بخوانم. هرگاه که تنهایی یا دلتنگ، به من بگو یا افکار و احساسات پر از شادمانی‌ات را بیان کن، این‌ها به پیوند ما نیروی سرشار حیات می‌بخشند.
* دست‌هایم را بگیر و آغوشت را به رویم بگشا، جسم من با ارتباط بی‌کلام و مهرآمیز تو دوباره جان می‌گیرد. بگذار دیگران نیز بدانند که تو قدر

مرا می‌دانی، تأیید عشق ما در حضور دیگران سبب می‌شود من احساس غرور کنم و خود را خاص بپندارم. این جنبه‌های برقراری ارتباط در واقع سنگ‌های زیربنایی پیوند سالم و مهرآمیزند و موجد زیباترین نغمه‌ها در جهان بشمار می‌آیند.

رویارویی با میراث کودکی‌مان در بزرگسالی

تفکر و باورهای قدیمی سبب ساز اغلب مشکلات زناشویی ماست. این تفکر قدیمی است که سبب می‌شود کسی را به همسری خود قبول کنیم که شبیه پدر یا مادر ما باشند. آری این تفکر (ذهن یا مغز) قدیمی است که منبع همه دفاع‌های ماست. فرافکنی‌ها، انتقال‌ها و درون فکنی‌ها باعث می‌شود تا واقعیت خود و شریک زندگی‌مان را مخدوش ببینیم. مشکل و مسئله تفکر قدیمی این است که رهنمودی به ما نمی‌دهد. برای دوری از تفکر قدیمی، باید از راهکار اندیشه جدید کمک بگیریم. همان فکری که دست به انتخاب می‌زند، ما را به حرکت واقعی و مثبت وامی‌دارد. چون می‌داند که شرکای زندگی ما والدین ما نیستند، اینکه امروز همیشه نیست و دیروز هم امروز نیست.

برای مثال: با خوشحالی در حال صرف شام هستیم و همسر ما ناگهان از ما به این دلیل که غذا را شور کردیم، انتقاد می‌کند. فکر قدیمی: پاسدار پاسداشت ایمنی ما، ایمنی بلافاصله ما را به جنگ یا گریز تشویق می‌کند. برای او مهم نیست کسی که از شما انتقاد کرده همسر ماست. به تنها نکته‌ای که توجه دارد و ما را فرامی‌خواند این است که ما مورد حمله واقع شده‌ایم.

ممکن است به همسرمان بگوییم: «بله ممکن است غذا را شور کردم، اما تو هم شراب را روی میز ریختی» و از اتاق بیرون برویم.

این دقیقاً همان زمانی است که رویکرد جدید می‌تواند به کمک بیاید و پاسخ ملایم‌تری ایجاد کند. بهتر است عبارت همسر خود را به‌طور خلاصه تکرار کنیم و خشم را تصدیق کنیم، اما به سر وقت دفاع‌های خود نرویم.

برای مثال: «تو به راستی ناراحت هستی که من خوراک را شور کردم.» و همسر ما می‌تواند بگوید: «بله، ناراحت هستم. من از اینکه در خانه ما تا این اندازه

غذا تلف می‌شود، ناراحتم. دفعه بعد بیشتر مواظب باش.» و بار دیگر درحالی‌که هنوز به فکر جدید خـود متکی هستیم و در نظر داریم، می‌توانیم به شکلی غیرتدافعی واکنش نشان بدهیم:و بگوییم «بله حق با توست! غذا در منزل ما زیاد تلف می‌شود. از این به بعد، نمک کمتر در غذا می‌ریزم و مراقب خواهیم بود که شور نشود.» حالا همسر شما تحت‌تأثیر لحن ملایم و منطقی شما خلع سلاح می‌شود و با لحن ملایمی هم می‌گوید: «متشکرم. فکر می‌کنم امروز عصر کمی بی‌حوصله و عصبی هستم. کارهایم عقب افتاده و نمی‌دانم چگونه جبران خواهم کرد.» در اینجا ما به یک همسر قابل اعتماد تبدیل شده‌ایم. در اغلب تبادل‌هایمان با همسرمان وقتی دیوار دفاعی‌مان را پایین‌تر می‌آوریم، در منطقه امنیت و احترام بیشتری قرار می‌گیریم. زیرا با این اقدام همسر ما نه در نقش یک رقیب رودررو، بلکه در نقش یک متحد برای ما ظاهر می‌شود. این یک مثال است که نشان می‌دهد چگونه اتکای بیشتر به انعطاف‌پذیری و نیروهای تبعیض‌گر فکر هشیار می‌تواند به ما کمک کند تا به هدف‌های ذهن ناهشیار خود برسیم. یک ازدواج آگاهانه یا پیوند مهرآمیز، سبب بیشترین رشد روانی و معنوی می‌شود. ازدواجی خواهد بود که با آگاه شدن و همکاری کردن با انگیزه‌های اساسی ذهن ناهشیار شکل می‌گیرد: در امنیت بودن، التیام یافتن، و کامل بودن!

مدیریت روابط زناشویی

ما در زندگی با کسی پیمان زناشویی می‌بندیم که از هر حیث با ما متفاوت است.و به لحاظ جسمانی، احساسی، عاطفی و اجتماعی با ما تفاوت دارد. هیچ کتابی، هیچ روان‌درمانگری و هیچ مشاور امور مشاورهٔ زناشویی نیست که بتواند این اختلافات طبیعی را از میان بردارد.

اگر تنها در زمان بیماری به سلامتی خود فکر کنیم هرگز از یک سبک زندگی موفق برای داشتن یک زندگی سالم برخوردار نخواهیم بود. باید وقتی کاملاً سالم هستیم به سلامتی و حفظ آن علاقه نشان بدهیم. همین مسئله درباره سلامتی رابطهٔ زدواج نیز صدق می‌کند. اگر نتوانیم روش‌های مدیریت موفقی داشته باشیم، رابطه بیمارگونـه زناشویی درمان شدنی نیست بلکه باید بر آن مدیریت کرد. بایستی ما

انرژی خود را صرف ایجاد رابطهٔ معنوی و معنی دار بکنیم.

توجه به الویت‌ها

اساسی‌ترین اقدام برای داشتن یک زندگی سالم و موفق، توجه به اولویت‌ها است. مدیریت اولویت‌ها کار پیچیده‌ای نیست و بسیار مؤثر واقع می‌شود، اما برای این که بتوانیم اولویت‌ها را به درستی مدیریت کنیم، لازم است که آن‌ها را بشناسیم. اولویت‌ها، انتخاب‌ها و تصمیماتی هستند که باید از اعماق وجود خود بگیریم و این تصمیمات از نوع منطقی یا استدلالی نیستند، بلکه برای نجات خود و بهبود کیفیت زندگی‌مان باید چنین انتخاب‌هایی انجام دهیم.

در هر لحظه باید از خود بپرسیم: «آیا این فکر، احساس یا رفتار، اولویت مرا برای حفظ این رابطه تأمین می‌کند؟» اگر به این نتیجه رسیدیم که عملی که در حال انجام آن هستیم، نه تنها با اولویت‌هایمان هم‌راستا نیست بلکه کاملاً در جهت مخالف آن‌ها قرار دارد، باید از آن دست بکشیم و کاری انجام دهیم که با اولویت‌های ما هماهنگ باشد.

قدرت اراده، نیرویی است که باعث می‌شود ما حتی زمانی که به هیچ‌گونه انگیزه‌ای نداریم، برای بهبود وضعیت خود تلاش کنیم. مثلاً ممکن است رژیم غذایی بگیریم تا در یک مراسم خاص بهتر ظاهر شویم. برای دستیابی به اهداف و بهبود شرایط زندگی‌مان، لازم نیست همیشه انگیزه‌ای بزرگ و شگفت‌انگیز داشته باشیم، بلکه باید به‌طور مستمر از خودمان مراقبت کنیم و به‌طور طبیعی به دنبال تغییرات مثبت در زندگی‌مان باشیم. باید برنامه‌هایمان را بر اساس باورها و دیدگاه‌های مثبت تنظیم کنیم تا به سوی یک زندگی بهتر و تحقق خواسته‌های خود حرکت کنیم.

معنا بخشیدن به زندگی مشترک و رابطه‌مان اساس این ارتباط است. همانطور که نمی‌توانیم روزی داغ و روز دیگر سرد باشیم، نمی‌توانیم به امید و انتظار بنشینیم و منتظر باشیم تا تغییرات به‌طور خودکار رخ دهند. این که بی‌حالی و رکود را پذیرفته و به انتظار بنشینیم، هیچ تغییری در پی نخواهد داشت. آنچه اهمیت دارد این است که با همسرمان متعهد باشیم و برای رسیدن به خواسته‌هایمان، فعالانه و با اراده تلاش کنیم.

مدیریت رفتار

تنها در صورتی می‌توانیم در جادهٔ سعادت و خوشبختی قدم برداریم که معنی و مفهوم سعادت و شادی برایمان مشخص باشد.
به‌راستی که باید روحیه عمل‌گرا داشته باشیم و آنچه را که آموخته‌ایم به عمل درآوریم. این اقدامی ضروری است برای زنده نگهداشتن فعالیت و زندگی پویا که آغاز کرده‌ایم.

مدیریت هدف‌ها

برای ایجاد تغییرات مثبت در زندگی و روابط زناشویی‌مان، باید به‌طور نوین و هدفمند برنامه‌ریزی کنیم و به نقاط ضعف خود در این زمینه توجه داشته باشیم. به‌عنوان بخشی از این برنامه‌ریزی، باید برای ضعیف‌ترین حلقه در زنجیرهٔ روابطمان نیز راهکاری پیدا کنیم. اگر یکی از نقاط ضعف ما، نزاع و درگیری‌های مکرر است، می‌توانیم این رفتار را با اقداماتی مثل عقب‌نشینی و بی‌اعتنایی به تنش‌ها جایگزین کنیم. این ممکن است نیاز به توجه ویژه و برنامه‌ریزی دقیق داشته باشد.

مشکل هرچه که باشد، باید برای آن راه‌حل‌هایی مشخص و هدف‌گذاری‌شده داشته باشیم تا بتوانیم بر نقاط ضعف خود غلبه کنیم و روابط زناشویی‌مان را بهبود بخشیم. هدف‌گذاری، بخش بسیار مهمی از مدیریت روابط است. برای مثال، باید به‌طور مستمر به رابطه زناشویی‌مان توجه کنیم و دقیقاً مشخص کنیم که چه اقداماتی می‌تواند در حفظ آرامش و ارتباط مؤثرتر کمک کند. این می‌تواند شامل جلوگیری از نزاع‌های مکرر یا اختصاص یک ساعت در روز برای وقت‌گذرانی آرام و سکوت با همسرمان باشد.

اگر خواهان بهبود هماهنگی و هارمونی بیشتری در روابط‌مان هستیم، نباید تصور کنیم که این هدف تنها یک بار و برای همیشه محقق می‌شود و بعد به حال خود رها می‌شود. بلکه باید اهداف خود را به‌طور مداوم پیگیری کنیم و در تحقق آن‌ها کوشا باشیم. این فرآیند ادامه‌دار و مستمر است و نیاز به اراده و توجه دائم دارد.

نجات دادن رابطه، یعنی نجات دادن خود

بحث پیچیده‌ای در میان نیست؛ نه جراحی مغز است و نه فیزیک کوانتومی. واقعیت ساده و روشن است: زندگی آنطور که پیش می‌بریم، جواب نمی‌دهد. اگر بخواهیم درک کنیم که مقصر اصلی در ایجاد و ادامه رابطه منفی فقط خود ما هستیم و این را نپذیریم، همچنان در مسیر اشتباه و رنج‌های بی‌پایان خواهیم بود. باید به این نتیجه برسیم که بعضی از رویاها و انتظاراتمان را کنار بگذاریم و زندگی‌مان را تغییر دهیم، اما سوال اینجاست که از کجا شروع کنیم؟

وقتی در رفتارمان تجدید نظر می‌کنیم، آنگاه تغییرات واقعی آغاز می‌شود. در این مرحله از مسیر، مقصد و جهت حرکتمان روشن است. اگر بخواهیم رابطه‌مان را نجات دهیم، باید از باتلاق احساسات منفی و رفتارهای خودخواهانه خارج شویم. این تغییر نه فقط در اعمال، بلکه در طرز برخورد با خودمان آغاز می‌شود. همان‌طور که اشاره شد، تغییر اولویت‌ها در زندگی‌مان ضروری است. باید فضای زندگی زناشویی‌مان را از نو طراحی کنیم.

تا زمانی که به انسجام عاطفی نرسیم و رفتار محترمانه‌ای با خود نداشته باشیم، نمی‌توانیم با دیگران نیز رابطه‌ای سالم و معنی‌دار ایجاد کنیم. اگر نتوانیم محبت و احترام را در درون خود ایجاد کنیم، چگونه می‌توانیم آن را به دیگران بدهیم؟ در نهایت، از کوزه همان تراود که در اوست.

- اگر عشق سالم و خالصی نداریم، چگونه می‌توانیم این را به دیگران بدهیم؟
- اگر برای خود احترامی قائل نیستیم، چگونه می‌توانیم انتظار درخواست متقابل داشته باشیم؟

توصیه نمی‌کنم به شخص دیگری تبدیل بشویم. بلکه توصیه من این است که در **بهترین حد خود** ظاهر شویم. همین‌جا، همین حالا، می‌توانیم رنج کشیدن را متوقف سازیم. می‌توانیم زندگی‌مان را تغییر دهیم.

وقتی پای رابطه‌ای به میان می‌آید، آنچه را فکر و احساس می‌کنیم خودبه‌خود جامعه عمل نمی‌پوشانیم. باید بخواهیم که برخی از باورهای‌مان را تغییر بدهیم. باید بخواهیم در بعضی از انگاره‌های خود تجدید نظر کنیم.

منظورم این است که بخواهیم در طرز اندیشه، احساس و عمل خود در رابطه‌ای که در آن به سر می‌بریم تجدیدنظر کرده و تغییر مسیر دهیم. به نظر ساده می‌رسد اما دشوارتر از آن است. که فکر می‌کنیم. چگونه؟

پوشش ایمنی خود را کنار بزنید.

- مهیای سقوط آزاد شویم.
- باورها و دیدگاه‌هایی را که ده، بیست، سی، چهل سال به دست آورده‌ایم کنار بگذاریم.
- در افکار خودمان تجدید نظر کنیم.
- به شکل دیگری بیندیشیم.
- بار دیگر احساس کنیم شخص واجد شرایطی هستیم.
- شایستهٔ روابطی با کیفیت ممتاز هستیم.
- بازگشت به اصل، ما را متقاعد می‌سازد که اشکالی در ما وجود ندارد و اصولاً دلیلی نیست که نتوانیم روابطی مبتنی بر مهر و عشق و خرد داشته باشیم.
- هیچ مانعی نباید باشد که در هر روز زندگی‌مان شاد نباشیم و لبخند نزنیم.

توجه به درون:

✳ ارزش‌های روابط شخصی

رها شدن از بد اندیشیدن از روحیهٔ بد فارغ شدن است. باید به درون خود بنگریم، باید به روح و دلمان توجه کنیم و بدانیم که تنها ما هستیم که می‌توانیم کیفیت زندگی‌مان را رقم بزنیم. می‌توانیم روابط زناشویی خود را به سطح متفاوت و مطلوبی برسانیم. باید به کسی که به‌راستی هستیم تبدیل شویم.

✳ **در روابط شخصی، در قبال رابطه زناشویی خود مسئول هستیم.**

ما معمار اندیشه‌های خود هستیم. ما تعیین کننده طرز تلقی و گرایشی هستیم که در روابط و رفتارهای‌مان نشان می‌دهیم.

پویایی در پیوند مهرآمیز / جلد دوم

نگاهی به درون:

* ارزش‌های روابط شخصی

رها شدن از کج‌اندیشی و روحیهٔ بد به تنهایی کافی نیست. اگر به‌طور سازنده به روابط خود نپردازیم، در واقع در حال آلوده کردن آن‌ها هستیم.

من به شدت معتقدم که در روابط زناشویی، همانند سایر جنبه‌های زندگی، نگرش و روحیه‌ای که با آن کارها را انجام می‌دهیم به اندازه اقدامات عملی ما اهمیت دارند. برای تغییر در زندگی‌مان، می‌توانیم مستقیماً به رفتارهایی روی آوریم که می‌توانند تحول ایجاد کنند.

برای تحول در زندگی زناشویی، نیاز به روحیه خوب داریم. افسانه‌ها و ذهنیت‌های منفی می‌توانند مانند توفان و گردبادی که شهری را ویران می‌کند، روابط زناشویی ما را از هم بپاشند. اما راه دیگری نیز وجود دارد: اگر دیدگاه‌مان را تغییر دهیم و به گونه‌ای دیگر احساس کنیم، روابط‌مان به سمت تحولی مثبت حرکت می‌کند. همسرمان نیز از این تحول بهره‌مند خواهد شد. مراجعین من همیشه به من می‌گویند: «اگر همسرمان تغییر کند، همه چیز حل می‌شود.»

توجه و پیامی که می‌خواهم به شما انتقال دهم این است که باید به پیوند دوباره با خودتان فکر کنید. تحول باید از خودمان آغاز شود. ما نقطه آغاز هستیم. ما توانایی دست‌یابی به موفقیت را داریم. تکرار می‌کنم: «تحول باید از خودمان آغاز شود، زیرا ما نقطه شروع هستیم و قادر به رسیدن به موفقیت هستیم. شریک زندگی‌مان نمی‌تواند این‌ها را به ما بدهد، همان‌طور که نمی‌تواند از ما بگیرد.»

پس از تغییر موضع ما، نسیم تازه و باطراوتی در روابط ما خواهد وزید. به جای اینکه دست روی دست بگذاریم و در انتظار بمانیم که چه کسی نخستین اقدام را خواهد کرد، با تصمیم‌گیری دربارهٔ این که دیگر قربانی انفعالی در روابط خود باقی نخواهیم ماند، حقیقتاً انرژی، معنویت، مسئولیت، طراوت و اشتیاق لازم را تولید می‌کنیم.

* اندیشه سالم و سازندهٔ ما به همه کسانی که در پیرامون ما هستند و به‌ویژه

به همسرمان سرایت می‌کند.
* وقتی تغییر می‌کنیم نوع ارتباط میان خود و همسرمان را تغییر می‌دهیم.
* ماجرای برنده‌ها و برنده شدن و ماجرای ما در این خلاصه می‌شود: مراجعه به ارزش‌های درون به ما امکان می‌دهد که با انسجام، صداقت، مهربانی و علاقه بیشتری به زندگی زناشویی‌مان توجه کنیم.

ده روش در روابط شخصی که می‌توانند زندگی زناشویی ما را متحوّل سازند:

۱. **در روابط شخصی، در قبال رابطه زناشویی خود مسئول هستیم.**

برای مثال، وقتی مشکلی در زندگی‌مان پیش می‌آید، اولین قدم ما نباید داوری یا انتقاد باشد. بلکه باید بررسی کنیم که دقیقاً چه چیزی در رفتار یا تصمیمات ما باعث به‌وجود آمدن این مشکل شده است.

اگر به این نکته توجه داشته باشیم، از واکنش‌های همسرمان نیز بهتر می‌فهمیم. زمانی که همسرمان ناگهان منفجر می‌شود، چه پیامی به او می‌دهیم؟ آیا قاطعیت کافی نداریم؟ آیا رفتارمان به گونه‌ای است که همسرمان احساس می‌کند می‌تواند از ما سوءاستفاده کند؟ کدام فکر یا اقدام از جانب ما باعث می‌شود که نتوانیم به کمک همدیگر این مشکل را برطرف کنیم؟

چه کارهایی انجام می‌دهیم که همسرمان چنین رفتاری از خود نشان می‌دهد؟ و چه تغییراتی می‌توانیم در رفتار خود ایجاد کنیم تا او نیز در رفتار خود تجدیدنظر کند؟ با تمرکز بر خود و آنچه که می‌توانیم تغییر دهیم (به‌جای تمرکز بر همسر)، باید به آنچه می‌توانیم انجام دهیم توجه کنیم، نه آنچه که نمی‌توانیم تغییر دهیم

وقتی که سررشته زندگی و روابط زناشویی‌مان را در دست می‌گیریم، انگار آینه‌ای به دست می‌آوریم که در آن به خود نگاه کنیم. به این نتیجه می‌رسیم که هر کاری که همسرمان انجام می‌دهد، ما به نوعی در آن نقش ایفا کرده‌ایم. در واقع، ما هستیم که زمینه‌ساز بروز رفتارهای همسرمان بوده‌ایم. همسرمان تنها یک عمل‌کننده نیست؛ او نسبت به ما واکنش نشان می‌دهد، به واکنش‌هایی که ما نسبت به او داریم، یا به چیزهایی که می‌کنیم یا نمی‌کنیم.

پذیرفتن مسئولیت در قبال رابطه زناشویی به معنای این است که در پس خشم و دلخوری از شریک زندگی‌مان پنهان نشویم، بلکه به جای آن، اقدامی مثبت و سازنده انجام دهیم تا همسرمان نیز به طرز مثبت و سازنده‌تری با زندگی زناشویی‌اش برخورد کند. با این رویکرد، ما می‌توانیم پیام‌ها، نتایج و واکنش‌ها را تغییر دهیم. به همه نشان می‌دهیم که دیگر یک قربانی نیستیم، بلکه فردی توانمند و شایسته هستیم که با میل و رغبت برای رابطه‌ای صمیمانه تلاش می‌کنیم.

وقتی پاسخگو باشیم، خود عامل تغییر می‌شویم. این تنها چیزی است که رابطه ما به آن نیاز دارد. هر اقدامی که از این پس انجام می‌دهیم، به هدف تقویت قدرت خود در رابطه و رسیدن به صداقت و پالودگی ارتباط است.

وقتی به این مهم دست یافتیم، تغییرات جدید و سالم و ادامه دار ایجاد کرده‌ایم.

۲. در روابط شخصی، خطر آسیب‌پذیری را قبول کنیم.

هرگاه با اندیشه‌ها و رفتارهای جدید روبه‌رو می‌شویم، احتمال بروز هراس‌ها و اضطراب‌هایی وجود دارد. این واکنش‌ها کاملاً منطقی هستند، اما کمکی به ما نمی‌کنند. باید آماده پذیرش خطر باشیم.

هر کدام از ما که قبلاً آسیب دیده‌ایم، می‌خواهیم از تکرار مسائل گذشته جلوگیری کنیم. درست مثل وقتی که یک بار دستمان را با بخاری داغ می‌سوزانیم، در نوبت‌های بعدی احتیاط کرده و به بخاری نزدیک نمی‌شویم. به همین ترتیب، از روابطی که در آن‌ها رنج کشیده‌ایم، دوری می‌کنیم.

اما چه می‌شود اگر همسر نسیم با او بدرفتاری کند؟

پاسخ واقع‌بینانه به این سؤال این است که آن‌قدرها هم که فکر می‌کنیم بد نیست. غول‌های ترس در تاریکی زندگی می‌کنند و وقتی چراغ را روشن می‌کنیم، می‌بینیم که نسیم می‌تواند از آنچه تصور می‌کرد، محکم‌تر و مقاوم‌تر باشد. برای مقابله با چنین وضعیتی، پاسخ واقعی من به نسیم این بود که اگر همسرش از رفتار جدید او سوءاستفاده می‌کند، باید رفتار خود را تغییر دهد و با قدرت و

عزت‌نفس پیش برود. ممکن است در ابتدا همسرش از این تغییرات خوشش نیاید، اما او می‌تواند آن را تحمل کند. رفتار همسرش نمی‌تواند او را نابود کند. نسیم باید به رفتار جدیدش ادامه دهد تا در نهایت به خواسته‌های خود برسد.

تردیدی نیست که وقتی احساسات و مسائل خود را با همسرمان در میان می‌گذاریم، آسیب‌پذیر می‌شویم. اما وقتی در مسیر درست حرکت می‌کنیم، شانس رسیدن به نتیجه وجود دارد و این از هرگز تلاش نکردن و به نتیجه نرسیدن، بهتر است.

۳. در روابط شخصی، همسرتان را بپذیرید.

نیاز اساسی و مهم همه، از جمله ما و همسرمان، این است که پذیرفته شویم.اکثر روابط زمانی دچار اختلاف می‌شوند که یکی از طرفین احساس می‌کند نادیده گرفته شده یا بی‌اعتنا است. همه می‌خواهند مورد اعتماد و پذیرش قرار گیرند. اگر خواهان آرامش هستیم، باید روحیه پذیرش را به زندگی خود بیاوریم.

برای مثال، موضوع مارال به گذشته برمی‌گردد. زمانی که او و نیما هنوز دوست بودند، همه چیز خوب بود. اما وقتی رابطه زناشویی‌شان با مشکل روبه‌رو می‌شود و دچار تنش می‌گردد، اولین چیزی که از دست می‌رود، روحیه پذیرش است. مارال به خاطر یک حادثه در رابطه، ناراحت و عصبانی می‌شود و ناگهان رفتاری از خود نشان می‌دهد که نیما احساس می‌کند پذیرفته نمی‌شود. وقتی مارال این پیام را به نیما منتقل می‌کند، که او را نمی‌پذیرد، واکنش‌های مقابله‌ای از نیما به‌وجود می‌آید و جنگ و ستیز میانشان آغاز می‌شود.

داشتن روحیه پذیرش، شرط لازم برای ایجاد پیوند مهرآمیز است. اگر تمام رفتارهای همسرمان را نمی‌پسندیم، مشکلی نیست؛ اما می‌توانیم کنار هم باشیم و از همه مهم‌تر، احساس امنیت خاطر در کنار هم را تجربه کنیم.

سعی من این است که به مارال و نیما بگویم شما بر رابطه خود تا این حد تأثیرگذارید و این قدرت را دارید که به یکدیگر بگویید: «با وجود تفاوت‌های شخصی، همدیگر را به همان شکلی که هستید می‌پذیریم.» کمال‌گرایی را کنار بگذارید و روحیه خیرخواهانه را جایگزین آن کنید. مارال و نیما باید این پیام را به یکدیگر منتقل کنند که برای همدیگر پناهگاهی امن و مطمئن هستند و

می‌توانند به یکدیگر تکیه کنند.

وقتی دو همسر به یکدیگر نزدیک می‌شوند، امکان اصلاح و آشتی به‌طور چشمگیری افزایش می‌یابد. تأکید من به آن‌ها این بود که به جای صرف انرژی برای گلایه‌ها و دلخوری‌ها، از تحسین و تمجید یکدیگر بهره ببرند. این کار باعث می‌شود که به جای تمرکز بر کمبودها، بر نقاط قوت و ویژگی‌های مثبت همدیگر توجه کنند. علاوه بر این، قرار نیست که همسر شما کامل و بدون نقص باشد، همان‌طور که شما هم کامل و بدون نقص نیستید. با خود عهد کنید که با روحیه‌ای خوب و خیرخواهانه با یکدیگر روبه‌رو شوید، مطمئناً از نتایج این تغییر شگفت‌زده خواهید شد.

۴. **در روابط شخصی، به دوستی بها بدهیم.**

یکی از ارزش‌های اساسی که به سرعت در روابط ناپایدار از بین می‌رود، دوستی است. به عبارت ساده، فراموش می‌کنیم که با همسرمان باید مانند یک دوست رفتار کنیم.

هانی و علی رابطه‌شان دچار مشکلاتی شده بود. آن‌ها با غریبه‌ها مهربان‌تر صحبت می‌کردند. انس و الفت میانشان کم‌رنگ شده بود. اختلافاتشان باعث شد ویژگی‌هایی که زمانی در همدیگر تحسین می‌کردند، محو شود. آن‌ها به جای تمرکز بر جنبه‌های مثبت، به جنبه‌های منفی یکدیگر توجه می‌کردند. در واقع، وقتی دوستی‌ها فراموش می‌شود، به راحتی از کنار جنبه‌های مثبت یکدیگر عبور خواهیم کرد.

به هانی و علی گفتم: «اگر خواهان بهبود روابط خود هستید، باید یک گام به عقب بردارید. از مشکلات و ناراحتی‌های موجود فاصله بگیرید و در روابط خود دقت کنید. شما هر دو دارای ارزش‌های مثبتی هستید که باید به آن‌ها توجه کنید. حتی اگر لازم باشد، به مراحل ابتدایی روابطتان برگردید و ویژگی‌هایی که مثبت بودند و رفتارهایی که باعث شد به هم جذب شوید را مرور کنید.»

از آن‌ها خواستم که ساعت ذهنی‌شان را به عقب بچرخانند و به آلبوم گذشته‌شان نگاه کنند، به ویدئوها و نوارهای خاطرات قدیمی‌شان مراجعه کنند و نامه‌های عاشقانه‌ای که برای هم می‌نوشتند را دوباره بخوانند.

نکته: همواره به روابط خود با دوستان خود بیاندیشند همچنین می‌توانید:

- هنگام صرف نهار با هم ملاقات کنند.
- به اتفاق راه‌پیمایی بروند.
- عصرها با هم به باشگاه ورزشی بروند یا با هم ورزش کنند.
- در گفتگوی روزمره در مورد احساس، عواطف، افکار و رفتار یکدیگر بیشتر صحبت کنید چون دوستان واقعی قضاوتی نخواهند داشت.

۵. در روابط شخصی، به عزت‌نفس همسرمان بیفزائیم.

پیش از هر چیز، باید با ارزش‌های درونی دیگران آشنا شویم. باید با همسر خود به گونه‌ای رفتار کنیم که عزت‌نفس او تقویت شود، زیرا این نوعی حمایت عاطفی محسوب می‌شود. حمایت از عزت‌نفس همسر باید فعالانه باشد، نه صرفاً پذیرش ساده.

برقراری رابطه‌ای که به افزایش عزت‌نفس همسر منتهی شود، در شرایط آرام کار دشواری نیست. وقتی همه چیز خوب پیش می‌رود، مشکلی وجود ندارد. اما زمانی که ناچار به انتقاد از همسرمان می‌شویم، باید این کار را با قاطعیت و احترام انجام دهیم. رفتار ما باید به گونه‌ای باشد که همسرمان احساس قدرت و ارزشمندی کند و تمایل داشته باشد بهترین نسخه از خود را نشان دهد، بر رفتارهای خودتخریبی غلبه کند، و به پذیرش بیشتری دست یابد.

این به معنای نادیده گرفتن اشتباهات همسرمان یا ایجاد وابستگی در او نیست. همچنین نباید به خودمان آسیب برسانیم یا در برابر رفتارهای نامناسب او چشم‌پوشی کنیم. مهم است به یاد داشته باشیم که ما مسئول احساسات و عواطف همسرمان نیستیم؛ این مسئولیت اوست. اما می‌توانیم او را در رشد و دستیابی به اهدافش یاری کنیم.

در یک رابطه سالم، هر دو طرف در قبال رفتارهای خود پاسخگو هستند. وقتی تلاش می‌کنیم عزت‌نفس همسرمان را تقویت کنیم، نحوه برخورد او با رفتارها و انتقادات ما تغییر می‌کند. به جای دوری و تلافی، همکاری بیشتری نشان می‌دهد

هدف ما این است که هنگام بروز اختلافات، همسرمان فرار نکند، بلکه بداند که می‌توانیم با همکاری یکدیگر مسئله را حل کنیم. این رویکرد باعث افزایش اعتماد و اطمینان در رابطه می‌شود.

حتی در شرایط دشوار، مثلاً وقتی همسرمان رفتار خشمگینانه‌ای نشان می‌دهد، فریاد می‌زند، در مدیریت مالی مسئولانه عمل نمی‌کند، فرزندان را تحقیر می‌کند، یا به تعهدات خود پایبند نیست، باید با او به گونه‌ای برخورد کنیم که همزمان رفتارش را غیرقابل قبول بدانیم اما به عزت‌نفس او حمله نکنیم.

برای مثال، مانا به شهرام می‌گوید: «نمی‌توانم رفتارت را تحمل کنم زیرا می‌دانم که تو بهتر از این هستی. انتظار دارم که رفتار شایسته‌ای داشته باشی و در بهترین حالت خود ظاهر شوی.»

انتظار مانا این است که شهرام به ارزش‌ها و معیارهای والای اخلاقی خود پایبند باشد و طوری رفتار کند که همسرش بتواند به او افتخار کند.

۶. **در روابط شخصی، دلخوری‌ها را در مسیر درست هدایت کنیم.**

پروین می‌گوید: «تنها دو چیز است که در وجودشان هیچ تردیدی نیست: مرگ و پرداخت مالیات.»

اما فهرست او به نظر می‌رسد که بیش از حد کوتاه است، چرا که دلخوری‌ها را در آن نگنجانده!

ممکن است در طول روز با برخوردهای ناخوشایندی مواجه شوید:

شاید در محل کار ناراحت شده‌اید. شاید مادرتان با شما برخورد دلنشینی نداشته است. شاید هم وقتی روی ترازو رفته‌اید و به عدد آن نگاه کرده‌اید، از خودتان راضی نبوده‌اید.

نمی‌گویم که ما همیشه آگاهانه یا عمدی شریک زندگی‌مان را برای تخلیه این ناراحتی‌ها انتخاب می‌کنیم. اما واقعیت این است که وقتی ناراحتی‌های کوچک و بزرگ در طول روزها و هفته‌ها در ما انباشته می‌شوند، نزدیک‌ترین کسی که پیدا می‌کنیم همسرمان است. در این شرایط، ممکن است رفتار تندی از ما سر بزند؛ رفتاری که شاید از سر خستگی، عصبانیت، یا فشارهای بیرونی باشد.

ناراحتی‌ها و عصبانیت‌های ما ممکن است بهانه‌هایی خلاقانه پیدا کنند: «به خاطر محل کارم است» یا «به خاطر رفتار مادرم» یا حتی «به خاطر هوا!» اما در نهایت، این ناراحتی‌ها به همسرمان منتقل می‌شود، چون او نزدیک‌ترین فرد به ماست.

برای تغییر این وضعیت، رفتارمان باید آگاهانه و بر اساس تصمیمی هوشیارانه باشد باید ریشه‌های ناراحتی خود را بشناسیم و در برابر وسوسه حمله به همسرمان مقاومت کنیم. مثلاً چقدر ناراحت می‌شویم اگر کسی ما را مسئول بدی آب‌وهوا بداند؟ پس آیا انصاف است که همسرمان را مقصر تمام مشکلات خود بدانیم؟

ما و همسرمان هر دو مشکلات کافی در زندگی داریم و افزودن ناراحتی‌های انباشته‌شده خودمان به این مشکلات فقط اوضاع را بدتر می‌کند. اولین قدم این است که بپذیریم این ناراحتی‌ها از خود ما نشأت می‌گیرند و نه از همسرمان.

در روان‌شناسی گفته‌ای معروف وجود دارد: «چیزی در من است که نمی‌توانم آن را تحمل کنم.»

وقتی از خودمان ناراحت هستیم اما شجاعت روبه‌رو شدن با این واقعیت را نداریم، احتمالاً این ناراحتی را روی همسرمان فرافکنی می‌کنیم. اما اگر بپذیریم که برخی از ویژگی‌هایی که در همسرمان آزاردهنده می‌دانیم، در واقع در خودمان هم وجود دارد، این بینش می‌تواند رابطه ما را متحول کند

با پذیرش این حقیقت، نه تنها می‌توانیم مشکلات خود را مؤثرتر حل کنیم، بلکه دیگر کینه و دلخوری همسرمان را نیز برای خود نمی‌خریم وقتی برخوردی صادقانه با احساسات خود داریم، دیگر همسرمان را به عنوان

هدفی برای تخلیه آن احساسات ناخوشایند نمی‌بینیم.

قول می‌دهم که با این تغییر نگرش و رفتار، رابطه‌مان با همسرمان دگرگون خواهد شد. نه تنها مسائل را بهتر حل خواهیم کرد، بلکه رابطه‌ای سالم‌تر و صمیمی‌تر خواهیم ساخت.

۷. در روابط شخصی، صاف و صادق باشیم.

وقتی خشمگین می‌شویم و ناراحتی‌مان را بر سر شریک زندگی‌مان خالی می‌کنیم، به روابط خود آسیب می‌زنیم. اگر احساسات واقعی و صادقانه خود را با همسرمان در میان نگذاریم، این آسیب دوچندان می‌شود. در واقع، این رفتار به‌نوعی دروغ گفتن به همسرمان است. چیزی بدتر از این نیست که حرفی بزنیم اما رفتار دیگری داشته باشیم.

به داستان نیما و فرزیا توجه کنید:

نیما کمی پس از ازدواج، وقتی هنوز دانشجو بود، یک روز به خانه آمد و دید که فرزیا گوشه‌ای نشسته است. او پاهایش را روی هم انداخته بود، دست‌هایش را ضربدری روی سینه‌اش گذاشته بود و حوصله صحبت نداشت. نیما که در این موارد تجربه چندانی نداشت، پرسید: «چی شده؟ چرا اخم کردی؟»

فرزیا با حالتی سرد پاسخ داد: «چیزی نشده.» اما نیما حس کرد که این جواب واقعی نیست. او متوجه شد که «چیزی نشده» در واقع یعنی «خیلی چیزها شده است!» نیما پنجاه دقیقه پافشاری کرد تا بداند چه اتفاقی افتاده، اما فرزیا همچنان تکرار می‌کرد: «چیزی نشده.»

آن‌ها در یک اتاق بودند، اما به نظر می‌رسید که کیلومترها از هم فاصله دارند. هر دو می‌دانستند که مشکلی پیش آمده، اما فرزیا نمی‌خواست درباره آن صحبت کند و نیما هم نمی‌دانست چطور برخورد کند.

در چنین شرایطی، بهتر بود نیما فرزیا را به حال خودش می‌گذاشت و به او فرصت می‌داد تا آرام شود. از طرف دیگر، فرزیا هم می‌توانست به نیما بگوید: «الان حوصله حرف زدن ندارم. ناراحتم. وقتی آرام‌تر شدم، درباره‌اش صحبت

می‌کنیم.»

در چنین موقعیتی، وظیفه نیما این است که به خواسته فرزیا احترام بگذارد و فضایی ایجاد کند که او احساس راحتی بیشتری داشته باشد.

همه ما حق داریم احساسات خود را تجربه کنیم و باید با آن‌ها مسئولانه برخورد کنیم. احساسات در روابط زناشویی نقش کلیدی دارند. صداقت در این روابط به معنای صداقت با احساسات واقعی خودمان است. وقتی با احساسات خود صادق باشیم، به همسرمان فرصت می‌دهیم تا با حقیقت‌های زندگی مشترک روبه‌رو شود.

البته این ما هستیم که تصمیم می‌گیریم چه زمانی درباره احساسات خود صحبت کنیم. اما نباید بین «صرف وقت برای آرام شدن» و «طفره رفتن از بیان مسائل» اشتباه کنیم. اگر فرزیا ناراحت است، نمی‌تواند از نیما انتظار داشته باشد که بدون دانستن دلیل، او را درک کند یا کنار بیاید.

هنگامی که فرزیا با احساسات خود صادقانه برخورد می‌کند، روابطش را بر پایه انسجام بین احساس و رفتار بنا می‌گذارد و از دروغ و فریب دور می‌شود. گفتن این حرف‌ها آسان است، اما عمل به آن‌ها چالش‌برانگیز است اگر دریچه‌های ابراز احساسات خود را ببندیم، با مسائل عاطفی و احساسی عصبی‌تر برخورد خواهیم کرد. بسیاری از مواقع، به‌جای بیان نگرانی یا ناراحتی خود، خشمگین می‌شویم. اما حقیقت این است که خشم در بیشتر موارد پوششی برای احساسات دیگر مانند رنجش، ترس یا ناراحتی است.

وقتی نیما و فرزیا احساسات واقعی خود را بیان نمی‌کنند، خشمشان اوج می‌گیرد. برخورد خشمگینانه در واقع بیانگر این است که احساسات پنهانی مانند ترس یا دلخوری به درستی مدیریت نشده‌اند.

برای داشتن یک رابطه سالم و صادقانه، باید به جای پنهان کردن احساسات یا استفاده از خشم به‌عنوان پوشش، به صراحت و شفافیت روی بیاوریم. همان‌طور که می‌گویند: «به اندازه بود باید نمود.»

۸. در روابط شخصی، شاد بودن از حق به جانب بودن بهتر است.

توصیه من به شما این است که شاد بودن را به حق به جانب بودن ترجیح بدهیم

حق به جانب بودن و موفق بودن، به‌ویژه در روابط زناشویی، به‌تنهایی کافی نیست. ممکن است گاهی احساس کنیم دیدگاه‌هایمان صددرصد درست است. شاید هم حق با ما باشد؛ اما این حقیقت تضمین‌کننده یک ازدواج موفق نیست. مهم‌تر از درست بودن این است که دیدگاه‌های ما چگونه به سود هر دوی ما در زندگی مشترک کار می‌کند. اگر موضع‌گیری ما ما را به اهدافمان نمی‌رساند، باید در آن تجدیدنظر کنیم. تغییر رأی نشانه ضعف نیست؛ بلکه انتخاب یک مسیر مفیدتر و مناسب‌تر است.

ماه گذشته، برزو، یک سرهنگ سخت‌گیر، با پسر ۱۶ ساله‌اش بابک به من مراجعه کرد. برزو مردی به‌شدت جدی بود، اما بابک دقیقاً نقطه مقابل او بود: لباس‌های گشاد می‌پوشید، موهای بلندی داشت و سبک زندگی متفاوتی را دنبال می‌کرد. برزو می‌خواست بابک موهایش را کوتاه کند، لباس‌های «مناسب» بپوشد و کارهایی را انجام دهد که از نظر او درست بود. باور داشت که چون بابک زیر سقف او زندگی می‌کند و از پول او استفاده می‌کند، باید به قوانینش احترام بگذارد.

حق با برزو بود. از دیدگاه قانون و عرف، پدر می‌تواند برای فرزندش تعیین تکلیف کند. اما آیا این رفتار مؤثر بود؟ نه. پافشاری‌های برزو و مقاومت‌های بابک، تنها باعث خراب شدن رابطه میان آن‌ها شده بود

متأسفانه، بابک چند هفته بعد، در زمین بسکتبال، در حالی که توپ را در دست داشت، ناگهان به زمین افتاد و درگذشت. کالبدشکافی نشان داد که او دچار نقص مادرزادی قلبی بوده است. بابک را با همان موهای بلندش دفن کردند. برزو خود را مسئول مرگ بابک نمی‌دانست، اما با تأسف به من گفت:

«کاش به جای جنگ بر سر قدرت، با او به شکلی دیگر زندگی می‌کردم.»

این داستان تلخ به ما یادآوری می‌کند که در بسیاری از مواقع، باید به جای اصرار

بر درست بودن، شادی و رضایت را انتخاب کنیم.

* اینکه او به شما چه گفت؟
* اینکه کدام روش برای تربیت فرزندان مؤثرتر است؟
* اینکه چگونه پولمان را خرج کنیم؟
* اینکه چگونه با بستگان کنار بیاییم؟

در تمامی این موارد، به جای بحث درباره اینکه چه کسی حق دارد، ببینیم چه کاری می‌توانیم انجام دهیم تا زندگی‌مان شادتر شود.

می‌توانم صدای اعتراضتان را بشنوم:

«با اینکه می‌دانم حق با من است، آیا باید نظرات همسرم را بپذیرم؟»

نمی‌گویم از بحث و گفت‌وگو اجتناب کنید یا نظراتتان را مطرح نکنید. همچنین نمی‌گویم به همسرتان نگویید که از چه رفتار او ناراحتید. هدف این است که زندگی مشترک به نقطه‌ای برسد که هر دو از آن راضی باشید هر زمان احساس می‌کنیم حق داریم خشمگین شویم، این به معنای مجبور بودن به بروز خشم نیست. مجبور نیستیم همیشه پرخاش کنیم.

برای مثال، احمد مطمئن بود که همسرش سیما در روابط زناشویی، رفتاری سلطه‌جویانه و غیرمنطقی دارد. چه می‌شد اگر احمد این موضوع را فوراً به سیما می‌گفت؟ احتمالاً سیما موضع دفاعی می‌گرفت و اختلاف میان آن‌ها بیشتر می‌شد. اما اگر احمد به جای اعتراض، مهر و محبت بیشتری نشان می‌داد، آیا ممکن نبود سیما در رفتارش تجدیدنظر کند؟

گاهی احساس می‌کنیم که برنده شدن در یک بحث ما را راضی می‌کند. اما واقعیت چیز دیگری است. تصور کنید پس از یک بحث طولانی، شما برنده شوید، اما همسرتان با لحنی سرد بگوید: «بله حق با توست، همیشه حق با توست.» آیا این پیروزی واقعاً شما را خوشحال می‌کند؟

زندگی مشترک زمانی موفق است که هر دو طرف احساس کنند با هم برنده

شده‌اند. شادی و رضایت از زندگی به مراتب ارزشمندتر از اثبات حقانیت است. پس بیایید شاد بودن را به حق به جانب بودن ترجیح دهیم.

۹. در روابط شخصی، بروز اختلاف در روابط زناشویی اشکالی ندارد.

در اینجا اشاره‌ام تنها به کسانی نیست که زندگی‌شان پر از تلخی است. همه کسانی که صبح از خواب بیدار می‌شوند و آرزوی یک زندگی زناشویی موفق دارند، گاه متوجه می‌شوند که با شریک زندگی‌شان اختلاف نظر پیدا کرده‌اند. در این لحظات، اعصاب خرد می‌شود و ذهنشان به هم می‌ریزد.

این یک امر طبیعی است. اجازه ندهید کسی خلاف این را به شما بگوید.

آیا تاکنون متوجه شده‌اید که وقتی به تنهایی در اتومبیل‌تان در بزرگراه رانندگی می‌کنید و راننده دیگری بدون رعایت مقررات جلوی شما می‌پیچد، چه احساسی دارید؟ چه می‌خواهید بکنید؟ شاید بخواهید او را به نوعی تنبیه کنید، یا حتی در خیال‌تان به او ناسزا بگویید. این واکنش‌ها بازتاب خشم و احساس کنترل‌ناپذیری هستند.

وقتی از همسرتان عصبانی می‌شوید، وضعیتی مشابه رخ می‌دهد. شما از او ناراحت می‌شوید و حتی گاهی در ذهنتان تصور می‌کنید که او را از زندگی خود بیرون بیندازید.

حتماً کسانی را دیده‌اید که با بروز هر مسئله‌ای، روابطشان را به مخاطره می‌اندازند. این افراد، به جای مدیریت اختلافات، اولتیماتوم می‌دهند، خط و نشان می‌کشند و اجازه می‌دهند تنش‌های کوچک به بحران‌های بزرگ تبدیل شوند. شاید شنیده باشید «یا حتی خودمان زمانی به زبان آورده باشیم» جملاتی مانند:

- ✹ «اگر این بار تکرار شود، دیگر تمام است!»
- ✹ «تو همیشه این‌طوری هستی! هیچ‌وقت عوض نمی‌شوی.»
- ✹ «نمی‌دانم چطور می‌توانم این زندگی را ادامه دهم!»

این عبارات نه تنها مسائل را حل نمی‌کنند، بلکه پایه‌های رابطه را متزلزل

کتایون شیرزاد

می‌سازند. وقتی در لحظات خشم، چنین حرف‌هایی را می‌زنیم، به جای نزدیک‌تر شدن، فاصله بیشتری میان خود و شریک زندگی‌مان ایجاد می‌کنیم.

راه‌حل چیست؟ به جای واکنش‌های تند و اولتیماتوم دادن، بیایید به جایگاه رابطه فکر کنیم. لحظه‌ای تأمل کنیم و به یاد بیاوریم که این رابطه ارزش تلاش کردن را دارد. اختلاف نظر طبیعی است، اما نوع برخورد با آن است که کیفیت رابطه را تعیین می‌کند.

اگر باز هم بخواهید روی این متن کار کنیم یا جزئیات بیشتری اضافه شود، خوشحال می‌شوم همراهی کنم.

برای مثال:

* «از این حرکت تو متنفرم، دیگر نمی‌توانم این وضع را تحمل کنم.»
* یا «از این رفتارت دست می‌کشی یا من از اینجا می‌روم.»
* «اگر فکر می‌کنی تا این اندازه بد هستم چرا نمی‌روی و تنهایم نمی‌گذاری؟»
* «ما به جایی نمی‌رسیم چرا از یک وکیل نمی‌خواهی که این مسئله را حل‌وفصل کند؟»

اجازه بدهید همین جا به شما بگویم که ادامه این رفتار درست نیست ما با این اعمال به روابط خود آسیب می‌زنیم. اگر نخواهیم با چالش‌های زندگی‌مان روبه‌رو شویم، روابط خود را بدتر از قبل می‌کنیم.

۱۰. در روابط شخصی، احساساتتان را نشان دهید.

حتماً تا اینجا برایمان روشن شده است که با به‌کارگیری ارزش‌های شخصی، می‌توانیم روابط زناشویی‌مان را به رابطه‌ای کمیاب و خواستنی تبدیل کنیم. رابطه‌ای که نه تنها ارزشمند است، بلکه شایسته تلاش و تمرکز برای بهتر شدن و توسعه یافتن است.

بیایید عادتی ایجاد کنیم که مثبت‌ترین انگیزه‌ها را به همسرمان بدهیم. این ارزش در روابط شخصی به ما توصیه می‌کند بهترین بخش وجودمان را تقدیم رابطه‌مان کنیم، چرا که همین امر موجب ارتقاء سطح روابط و ایجاد پیوندی قوی‌تر می‌شود باید از خودمان توقع بیشتری داشته باشیم. صرفاً داشتن احساسات خوب نسبت

به همسر کافی نیست؛ باید این احساسات را در عمل نشان دهیم. هر روز و به هر میزان که می‌توانیم، عشق، محبت و احترام خود را به او ابراز کنیم.

سوالی که باید به طور مرتب از خود بپرسیم این است:

«آیا کاری که انجام می‌دهم و حرفی که می‌زنم، ما را به هم نزدیک‌تر می‌کند یا میانمان فاصله می‌اندازد؟»

با پاسخ صادقانه به این سوال، می‌توانیم در مسیر ساختن یک رابطه سالم و پایدار گام برداریم. چرا که هر اقدام و کلامی، یا پلی میان ما ایجاد می‌کند یا شکافی. انتخاب با ماست.

اگر می‌خواهید موارد دیگری به متن اضافه کنیم یا تغییراتی اعمال شود، خوشحال می‌شوم کمک کنم.

همه روزه، در هر قدمی که برمی‌داریم از خود بپرسیم: «آیا رفتار من به صمیمیت و محبت بیشتر ما کمک می‌کند یا در **انگاره‌های قدیمی خود محصور شده‌ایم؟**»

به عنوان مشاوری که با افراد زیادی پس از جدایی صحبت کرده‌ام، به پدیده‌ای جالب برخورده‌ام. به این نتیجه رسیده‌ام که هم مردان و هم زنان، شش ماه تا یک سال پس از جدایی، به انسان‌هایی کاملاً متفاوت تبدیل می‌شوند. انگار ناگهان انرژی تازه‌ای برای زندگی پیدا می‌کنند.

شاید شما هم مانند من فکر کنید این نیروی جدید ناشی از رهایی از یک رابطه خسته‌کننده و بی‌روح است. اما موضوع فراتر از این است. آن‌ها پس از شکست متوجه می‌شوند که نیاز دارند در رفتار و زندگی‌شان بازنگری کنند. در رابطه قبلی‌شان دچار رکود احساسی شده بودند و هیچ حرکتی نمی‌کردند. شکست به آن‌ها نیشی وارد کرده که باعث می‌شود به تحول درونی برسند.

برخی از آن‌ها وزن زیادی کم کرده‌اند، به باشگاه‌های ورزشی رفته‌اند، علایق جدید پیدا کرده‌اند و به انسان‌هایی جذاب‌تر تبدیل شده‌اند. اما چیزی که ناراحتی من را برمی‌انگیزد این است که اگر این افراد، مانند ناهید و مسعود، این تغییرات

را پیش از جدایی در زندگی‌شان ایجاد می‌کردند، احتمالاً هنوز هم در رابطه قبلی خود باقی بودند. تنها کاری که باید می‌کردند این بود که از رکود و سکون بیرون بیایند، رخوت و بی‌حالی را با عشق و توجه جایگزین کنند و به احساسات خود جانی دوباره ببخشند.

این همان نکته‌ای است که بارها به مراجعانم مانند ناهید و مسعود تأکید کرده‌ام. باید مفهوم عشق را با رفتارهایی پویا زنده نگه داریم. به جای اینکه مانند بسیاری از افراد با رابطه خود منفی برخورد کنیم یا توقعات بی‌جا داشته باشیم، برای بهبود و ارتقای آن تلاش کنیم.

من نمی‌گویم باید کامل باشیم، بلکه معتقدم باید در رفتار و گفتارمان دقت و توجه بیشتری به خرج دهیم.

ممکن است در حضور دیگران، مثل زمان آمدن مهمان، لبخندی روی لب داشته باشیم؛ اما وقتی تنها هستیم، رفتارمان با همسرمان تغییر کند. شاید این نوع آرامش در ابتدا بی‌اشکال به نظر برسد، اما پیامدهای آن می‌تواند ناخوشایند باشد. زیرا تنها رفتار ما نیست که تغییر می‌کند، بلکه این تغییرات به ذهن و احساساتمان نیز راه پیدا می‌کنند.

متأسفانه، هرچه سابقه رابطه طولانی‌تر می‌شود، از ابراز احساساتمان کمتر استفاده می‌کنیم. اکنون زمان آن رسیده که این عادت را تغییر دهیم چه بهتر که زمانی که تنها هستیم، با همسرمان طوری رفتار کنیم که گویی دنیا ما را تماشا می‌کند. انگار هر کاری که می‌کنیم و هر حرفی که می‌زنیم قرار است در روزنامه‌ها منعکس شود. اگر این تصویر را در ذهنمان حفظ کنیم، به معیار جدیدی دست خواهیم یافت که ما را به سوی رشد و تعالی سوق می‌دهد.

همسر ما نیز بدون شک تحت تأثیر این تغییرات قرار می‌گیرد و از آن سود می‌برد. اما مهم‌تر از همه، خود ما از نتایج مثبت آن بهره‌مند خواهیم شد. وقتی رفتاری محترمانه و وزین داریم، روحیه‌ای بانشاط و شادتر پیدا می‌کنیم.

آرزوی من این است که ارزش‌های روابط شخصی به مرحله‌ای برسند که من آن را «تصمیمات حیات‌بخش» می‌نامم. این تصمیمات باید از درون ما نشأت بگیرند و نه‌تنها زندگی روزانه ما را بهتر کنند، بلکه رابطهٔ ما را با خودمان نیز دگرگون سازند.

از لحظات ساده زندگی هیجان‌زده شویم. تا امروز شاید با زندگی و روابط خود طوری برخورد کرده‌ایم که انگار در اتاقی با پنجره‌های سیاه و تاریک هستیم. اما اکنون زمان آن رسیده که از این اتاق تاریک بیرون بیاییم، روحیه ناگوار خود را کنار بگذاریم و زندگی جدیدی آغاز کنیم. رابطه‌ای بسازیم که سرشار از عشق، تجربه، و امنیت خاطر باشد ما اکنون در آستانه یک زندگی تازه‌ایم. زندگی‌ای که تابش و درخشش عشق، نه‌تنها روان ما، بلکه محیط اطرافمان را نیز روشن می‌سازد.

ممکن است در حضور دوستان و مثلاً وقتی مهمان می‌آید تبسمی روی لبانمان بکاریم، اما وقتی تنها ما با هم هستیم رفتارمان با همسرمان از گونه ای دیگر است. ممکن است آرامش در سایر موارد، نخست بدون اشکال به نظر برسد. اما نتایـج آن می‌تواند زشت باشد. زیرا تنها تغییر رفتار نیست که ایجاد می‌شود، بلکه تغییراتی در ذهن و احساسات هم پدیدار می‌گردد.

متأسفانه بیشتر وقتی سابقه و مدت با هم بودن بیشتر می‌شود از احساسات خود کمتر استفاده می‌کنیم.
بسیار خوب، حالا بهتر است مصمم شویم که این طرز برخورد را به انتهای مرز دلدادگی خود برسانیم.

چه بهتر که وقتی تنها هستیم با همسرمان رفتاری داشته باشیم که **انگار دنیا به تماشای ما نشسته است**. طوری رفتار کنیم که انگار آنچه می‌گوییم و عمل می‌کنیم در روزنامه‌ها منعکس خواهد شد. اگر این را پیوسته در ذهنمان مجسم کنیم و آن را در نظر بگیریم، به معیار جدیدی دست خواهیم کرد و مسلماً راه اعتلا را می‌پیماییم.

همسر ما هم البته از رفتار جدیدمان تأثیر خواهد گرفت و از معیارهای جدید ما

سود خواهد برد. اما از همهٔ این‌ها مهم‌تر، خود ما از شرایط جدیدی که درست می‌کنیم برخوردار می‌شویم. می‌دانیم که رفتاری وزین و محترمانه داریم همه ما می‌دانیم که روحیه بانشاط و بهتری می‌بخشد.

آرزوی من این است که ارزش‌های روابط شخصی به سطحی برسند که من به آن عنوان «مرحلهٔ تصمیمات حیات‌بخش» نام داده‌ام. این تصمیمات زندگی، باید درونی شود در دل ما ایجاد می‌شود و به مراتب بهتر از تصمیماتی خواهند شد که در زندگی روزانهٔ خود می‌گیریم.

ارزش‌ها و معیارهای روابط شخصی را دقیقاً مطالعه کنیم. این‌ها سنگ بنای پیوند ما هستند که روی اندیشه و احساس ما تأثیر می‌گذارند. این ارزش‌ها نه تنها در رفتار ما با دیگران تحوّلی ایجاد می‌کند، بلکه رابطهٔ ما را با خودمان نیز متحوّل می‌سازد.

از اتفاقات ساده‌ای که می‌افتد به هیجان بیاییم. زیرا تا این زمان احتمالاً با زندگی و با روابط خود به گونه‌ای برخورد کرده‌ایم که انگار در اتاقی با پنجره‌های سیاه و دود زده قرار داریم. اما حالا زمان آن رسیده که از اتاق تنگ و تاریک بیرون بیاییم. روحیهٔ ناگوار خود را ترک کنیم و آغازگر زندگی جدیدی شویم. رابطه جدیدی ایجاد کنیم، رابطه‌ای سرشار از تجربه و احساس، رابطه‌ای که بتواند به ما امنیت خاطر بدهد. هم اکنون ما در آستانه زندگی جدیدی قرار گرفته‌ایم. زندگی تازه تابش و تلألو عشق حاضر روان ما در درون همهٔ ما را به دیگران محیط زندگی و اطرافمان روشن می‌سازد.

عشق و صمیمیت:

سیروس به من مراجعه کرد و از من خواست که به او کمک کنم تا به همسرش لیلی کمک کند. او گفت:

«چگونه می‌توانم به لیلی کمک کنم تا بر مشکلات روحی ناشی از گذشته‌اش غلبه کند؟ او در کودکی تجربه‌های سخت و دردناکی داشته، آزار جسمی و کلامی دیده و عشقی دریافت نکرده است. به همین دلیل خودش را پشت یک

دیوار محکم پنهان کرده. هر کاری می‌کنم نمی‌توانم به او نزدیک شوم. می‌دانم که دوستم دارد، اما نمی‌تواند این دوست داشتن را ابراز کند و اخیراً سرد و بی‌اعتنا شده. آیا ممکن است کسی مثل او روزی برون‌گرا شود؟ چطور می‌توانم کمکش کنم تا این دیوار روحی را بشکند؟»

به سیروس گفتم: «شاید چیزی که می‌خواهم بگویم خوشایندتان نباشد، اما شکستن این دیوار روحی وظیفه شما نیست. شما مسئول نجات دادن لیلی نیستید. این اوست که باید تصمیم بگیرد و اقدام کند. البته شما می‌توانید در فرایند بهبود همراهش باشید، اما تنها زمانی که او خودش بخواهد.»

ادامه دادم: «شاید مانند بسیاری از افراد، عاشق کسی شده‌اید که رنج کشیده و احساس کرده‌اید باید او را نجات دهید. اما ممکن است از لیلی نپرسیده باشید: آیا خودش می‌خواهد از این دیوار عبور کند؟ آیا آماده است برای تغییر تلاش کند؟»

به سیروس گفتم: «ممکن است آنچه را می‌خواهم به شما بگویم دوست نداشته باشید، شکستن این دیوار روحی وظیفه شما نیست. وظیفه شما نجات دادن لیلی نیست. این خود اوست که باید اقدام کند. منظورم این نیست که نمی‌توانید در فرایند بهبود به لیلی کمک کنید، اما وقتی می‌توانید به او کمک کنید که خودش تصمیمی گرفته باشد خود را از این زندان روحی آزاد کند. شاید مانند بسیاری از ما، شما هم عاشق انسان دردمند شده‌اید، که دوست داشتید هرطور شده نجاتش بدهید، و در این بین از همسرتان لیلی این سؤال را نکرده‌اید که:

* آیا خودت هم می‌خواهی تغییر کنی؟
* آیا می‌خواهی از نظر روحی برون‌گرا باشی؟
* آیا مایل هستی هر کاری را که لازم باشد انجام بدهی تا به روابط ما بهبودی بخشی، از مشاوره گرفتن و کتاب خواندن گرفته تا شرکت در سخنرانی، تا زخم‌های کودکی‌ات را التیام بدهی؟»

موفقیت یا شکست شما در ازدواج و هر رابطه‌ای به پاسخ به این پرسش بستگی

کتایون شیرزاد

دارد: آیا همسرتان تمایل دارد که زخم‌های کودکی خود را درمان کند؟ اگر پاسخ مثبت باشد، ممکن است امیدی برای بهبود و پیشرفت در رابطه وجود داشته باشد. اما اگر همسرتان تمایلی به این تغییرات نداشته باشد یا نتواند چنین سفری را آغاز کند، باید با واقعیت تلخ روبه‌رو شوید. این واقعیت که ممکن است همسرتان ظرفیت روحی و عاطفی لازم برای ایجاد نوع رابطه‌ای که شما می‌خواهید، نداشته باشد. حتی ممکن است، با گذشت زمان، او همچنان نتواند آمادگی لازم را پیدا کند.

بعضی از ما به قدری زخمی یا آسیب‌دیده‌ایم که نمی‌توانیم به راحتی عشق بورزیم. در این شرایط، وادار کردن فرد به خروج از انزوا یا تلاش برای برون‌گرا شدن ممکن است احساسات او را نسبت به خودشان بدتر کند. چرا که ممکن است او در روابط کم‌فشارتر یا زندگی تک‌نفره احساس شکست کمتری کند و کمتر خود را آسیب‌دیده احساس کند.

هنگامی که این پرسش‌ها را از همسرتان می‌پرسید، لازم است که برخی از آنها را نیز از خودتان بپرسید. زیرا تصادفی نیست که شما درگیر چنین رابطه‌ای شده‌اید و خود را به نوعی نجات‌دهنده برای دیگران می‌بینید. افرادی که به نجات دادن دیگران گرایش دارند، معمولاً خود را به طور ناخودآگاه درگیر شریک زندگی‌شان می‌کنند. آنها احساس می‌کنند باید به کسانی که از خودشان احساس خوبی ندارند کمک کنند. این گرایش به نجات دادن، ریشه در یک کار ناتمام روحی از دوران کودکی دارد. ممکن است در گذشته شما تلاش کرده‌اید کسی را نجات دهید اما موفق نشده‌اید، برای مثال مادر شما قربانی آزار و اذیت بوده، پدر شما الکلی بوده، یا خواهر یا برادری بیمار داشته‌اید.

در واقع ممکن است فردی که تلاش می‌کردید نجات دهید، خود شما بوده‌اید. بنابراین در بزرگسالی ممکن است این رفتار نجات‌دهندگی را به طور ناخودآگاه در روابط خود ادامه داده باشید.

پرسش‌ها و پاسخ‌های روحی و احساسی خود را بررسی کنید. ممکن است شما

به طور ناخودآگاه به کسی نیاز داشته باشید که از نظر روحی آسیب‌دیده و ویران باشد تا بتوانید کار ناتمامی که در گذشته تجربه کرده‌اید را تکمیل کنید.

به یاد دارم که کسی گفته بود: «شما هرگز نمی‌توانید گلبرگ‌های یک گل را پیش از زمان خود به زور باز کنید.» پس جسارت پیدا کنید و از همسرتان بخواهید تا مشخص کند آیا آماده است به شکلی که شما می‌خواهید، به شما عشق بورزد یا نه. بدانید که این حقیقت می‌تواند شما و همسرتان را از بند وابستگی‌های ناتمام رها کند.

چطور زن و شوهر که صاحب فرزند هستند می‌توانند زندگی جنسی خود انگیخته و هیجان‌انگیزتری داشته باشند؟

نفیسه با نگاه‌های بسیار صمیمی و مهربان به همسرش بهزاد، به من می‌گوید: «خودم تصور می‌کنم من و شوهرم ازدواج فوق‌العاده و خوبی داریم، اما با داشتن دو تا بچۀ کوچک، روابط جنسی خودانگیخته تا حدی روابط ما محدود شده و می‌توان گفت که مدت‌هاست از این‌گونه روابط جنسی را که قبل از تولد بچه‌ها در خود احساس می‌کردیم؛ نمی‌توانیم بازیابیم؟»

در پاسخ به این زوج عزیز گفتم: «بله زندگی جنسی شما درست می‌تواند؛ به همان خودانگیختگی و هیجانی که قبل از تولد بچه‌ها داشتید برگردد، نه موقعی که در تمام طول روز بچه‌ها گریه می‌کنند، دعوا می‌کنند، با سروصدا بازی می‌کنند، مریض می‌شوند، سین جیم می‌کنند، خسته‌تان می‌کنند و یا نصف شب یک دفعه به اتاقتان می‌آیند عملی باشد. لابد فکر می‌کنید زندگی من همین‌طور است... درست فهمیدید همین‌طور بود.»

هر پدر و مادر می‌دانند بچه‌ها همه چیز زندگی، از جمله روابط جنسی شما با همسرتان را عوض می‌کنند. ساده نیست؛ اما بسیار مهم است که شور حرارت و سلامت و هیجان جنسی خود را همچنان پس از تولد فرزندان‌تان حفظ کنید.

نگاهی بادقت بیشتر به زندگی زوج عزیز نفیسه و همسرش بهزاد کرده و اضافه کردم که این بی‌تجربگی را بسیاری از مراجعین دارند شما تنها نیستید.

کتایون شیرزاد

کلید حل این مشکل، برنامه‌ریزی برای روابط جنسی خودانگیخته است لابد می‌دانید وقتی بچه‌ها در خانه هستند نمی‌توانید با همان آزادی همسرتان را به کناری بکشید و هر وقت خواستید روابط جنسی خودانگیخته داشته باشید. از طرفی اگر منتظر این لحظات باشید تا به طرزی معجزه‌آسا شکل بگیرند، ممکن است تا ابد منتظر بمانید. (یا دست کم تا زمانی که بچه‌ها بزرگ شوند و بروند سر خانه و زندگی‌شان). برای حل این مشکل می‌توانید برنامه‌ریزی کنید و وقت‌هایی را در نظر بگیرید که در آن رابطه جنسی خودانگیخته شکل گیرد.

برای مثال: برنامه‌ریزی کنید بچه هایتان در تعطیلات آخر هفته، چند ساعت بعدازظهر را با یکی از اطرافیان به گردش بروند. در چنین شرایطی، هنگامی که برای مثال: از یک هفته قبل برای آن برنامه‌ریزی کرده‌اید، شما و همسرتان از قبل می‌دانید بعدازظهر فلان روز تنها خواهید بود. این همیشه به این معنا نیست که به‌طور حتم روابط صمیمانه و عاشقانه‌تری خواهید داشت، بلکه به این معناست که می‌توانید لحظاتی صمیمی را با یکدیگر سپری کنید و توجه‌تان تمام و کمال معطوف به همسرتان باشد نه بچه‌ها. شاید بخواهید با هم قدم بزنید یا روی کاناپه یکدیگر را در آغوش بگیرید و یک فیلم قدیمی ببینید یا درحالی‌که یکدیگر را در آغوش گرفته‌اید از خلوت و سکوت لذت ببرید. در این‌گونه شرایط خیلی کارها می‌تواند به طرزی خودانگیخته انجام شود. که یکی از آنان ممکن است برقراری رابطهٔ جنسی باشد. اگر این مسئله خودبه‌خود پیش آمد:

که خودانگیخته به شمار می‌آید و چه بهتر، اگر هم پیش نیامد که اوقات صمیمی خوب و لذت بخش را پشت سر داشته‌اید.

خیلی از زوج‌ها را می‌شناسم که پرستار بچه استخدام می‌کنند تا مراقب بچه‌ها باشد. یا آنان را با خودش به پارک ببرد تا پدر و مادر بتوانند در سکوت و خلوت عشق‌ورزی می‌کنند، بدون اینکه نگران بچه‌ها باشند.

برخی از زوج‌ها از دوستان خود که آنان هم بچه دارند کمک می‌گیرند و به نوبت از بچه‌ها هم مواظبت کنند. تا پدر و مادر فرصت مغتنمی پیدا کنند. باید ابتکار عمل داشته باشید، اما نکته‌ای که وجود دارد این است که نه تنها باید

برنامه‌ریزی کنید بلکه وقت دقیق آن را از قبل در تقویم خود مشخص کنید. درست همان‌گونه که از دندان‌پزشک وقت ویزیت می‌گیرند و به احتمال بسیار قوی بسیار لذت‌بخش‌تر نیز خواهد بود!

فراموش نکنید آنچه این تمهید را با موفقیت روبه‌رو می‌کند این است که برای روابط جنسی برنامه‌ریزی نکنید بلکه فقط برای با هم بودن و تنها بودن برنامه‌ریزی کنید. بسیاری از روابط همواره مرتکب این اشتباه می‌شوند که برای تنها بودن چند ساعت را در نظر می‌گیرند و از قبل برنامه‌ریزی می‌کنند که باید در طی آن چند ساعت از هم‌آغوشی و لذت جنسی بهره‌مند شوند. هنگامی که فقط برای صمیمیت برنامه‌ریزی می‌کنید و هیچ‌گونه توقع و انتظاری ندارید، فضا و امکان را برای خود مهیا ساخته‌اید که جاذبه میان شما به طرزی خودانگیخته ظاهر شود و جاذبه جنسی میان شما برخاسته از عشقتان باشد؛ درست مانند گذشته که بچه نداشتید. در اینجا مایلم به پدران و مادرانی که بیش از حد حمایتگر هستند، هشدار بدهم. این برنامه‌ریزی مستلزم آن است که کمی اعتماد کنید، همه چیز را رها کنید و ول بدهید، چرا که ممکن است از آن دسته مادرانی باشید که لازم می‌بینید که بیست و چهار ساعته بالای سر بچه‌ها باشند. مبادا اتفاق بدی برای او بیفتد. از صلاحیت کسانی که انتخاب می‌کنید تا بچه‌ها را به ایشان بسپارید، اطمینان حاصل کنید و وقتی بچه‌ها را به آنها سپردید همه چیز را رها کنید و آسوده خاطر باشید.

مطمئن باشید اتفاقی نخواهد افتاد. و نکته مثبت دیگری که این تمرین برای شما دارد این است که بیاموزید بچه‌تان بدون شما نخواهد مُرد. (مادرهای عزیز، این واقعیت در نهایت غم انگیز بودنش واقعیت دارد!).

هنگامی که تنها هستید و بچه‌ها مزاحمتان نیستند باز این فرصت به شما داده می‌شود که با همسرتان عشق‌ورزی کنید.

پریسا و افسانه، دو دوست مجرد هستند که قبلاً ازدواج ناموفق داشتند و تجربه مشابهی داشتند به من مراجعه کردند و اذعان داشتند که ترس‌شان برای نداشتن رابطهٔ جدید ناشی از بدبیاری‌های ازدواج اول‌شان بود. آنها می‌گفتند که داغان

شدند و فرو پاشیدن و هرگز تصورش را نمی‌کردند که مشکلی دارند تا اینکه از همسرشان شنیدند که با آنها خوشبخت نیستند و می‌خواهند برای همیشه آنها را ترک کنند.

سؤالشان از من این بود که نمی‌خواهند آن بلا دوباره سرشان بیاید و از درگیری و برخوردهای شکنندهٔ عاطفی ترس دارند، آیا راهی وجود دارد که مشکلات را از قبل پیش‌بینی کرده به‌طوری که رابطه به یکباره از هم نپاشد و خراب نشود؟

این فقط سؤال افسانه و پریسا نیست ممکن است سؤال خیلی از ما هم باشد. رابطه یک شبه فرو نمی‌پاشد. همواره نشانه‌های هشدار بوده که آنان را پریسا و افسانه نادیده گرفته بودند. باید هر چه زودتر این نشانه‌ها را شناسایی کنیم تا امکان حل‌وفصل مشکلات زیاد شود و به بقا و استحکام رابطه کمک کند. شناسایی خطرات بالقوه روشی ساده دارد.

در روان‌شناسی انسانی و روش شناخت درمانی، چهار نشانه که اغلب به چهار مرحلهٔ تخریب نزدیکی ما و همسرمان است می‌شناسیم، که با افزایش تنش روانی تلنبار شده ما و همسرمان ایجاد می‌شود و بروز می‌کند.

هر یک از این موارد به مراحل بعدی را به وجود می‌آورد و زمینه‌ساز هم هستند. منجر می‌شود عبارتند از:

(۱) رنجش

(۲) انزجار

(۳) پس زدن

(٤) سرکوب

(۱) **رنجش:** اغلب اولین نشانهٔ افزایش تنش روانی میان ما و همسرمان است. بسیار طبیعی است که هر رابطه صمیمی گاهی گذرش به این ایستگاه احساسی بیفتد. عامل «رنجش‌ها» بیشتر از ساده‌ترین امور که ظاهراً مهم نیستند. که از همراه و همسرتان سرمی‌زند و شما را ناراحت می‌کند.

برای مثال: همسرتان از حمام می‌آید حوله‌اش را روی زمین می‌اندازد، ساعت‌ها

پای تلفن با این و آن حرف می‌زند، بعضی وقت‌ها چیزهایی می‌گوید که شما را می‌رنجاند. بسیار مشخص است که این‌جور مسائل مسائلی نیستند که یک شبه زندگی را درب و داغان کنند، مشکل ناشی از روشی است که برای کنار آمدن با این رنجش‌ها انتخاب می‌کنیم. به خود می‌گوییم: آدم برای این چیزهای کوچیک که ناراحت نمی‌شه. خیلی مشکل‌پسند و نق‌نقو شدی.

هنگامی که نمی‌توانید این احساسات ناخوشایند جزئی را حل‌وفصل کنید و قید آن را بزنید. در واقع این احساسات را در خود تلنبار می‌کنید. نتیجه این با کار رنجش ما تشدید می‌شود. هر چه این رنجش‌ها بیشتر و بیشتر سرکوب شود، بالاخره به تنفر تبدیل شده و به ایستگاه بعدی یعنی انزجار می‌رسد.

(۲) انزجار: موقعی اتفاق می‌افتد که رنجش‌های پر شمار اما جزئی را بدون رسیدگی رها کرده‌اید، به‌طوری‌که در شما تلنبار شده و انزجار را در شما برانگیخته است. در این ایستگاه نه تنها ناراحت بلکه عصبی هم هستید. دیگه در دل نمی‌گویی کاش آن داستان احمقانه‌اش را در هر مهمانی تکرار نکند. این دفعه در دل می‌گویید: دیگه حالم ازت بهم می‌خوره. اگر یکبار دیگر تعریفش کنی... رو به افسانه و پریسا کردم گفتم متوجه این تفاوت هستید؟ حال، شما هر دو، در حال انزجار به سر می‌برید. بسیار عصبانی، سرخورده، نامهربان و سرد و از لحاظ عاطفی فاصله عمیقی با همسرتان پیدا کرده‌اید.

این‌طور نیست؟ نباید بیست و چهار ساعت از همسرتان منزجر باشید؟ اما لحظاتی در زندگی‌تان پیش می‌آید که دیگر نسبت به همسرتان احساس صمیمیت نمی‌کنید و علاوه بر آن، بیشتر از پیش از همسرتان انتقاد می‌کنید و او را بابت کارهایش سرزنش می‌کنید. یکی دیگر از نشانه‌های این مرحله عدم **جاذبه جنسی** می‌باشد. چرا که خشم و انزجار دشمن عشق و شور و حرارت هستند. چنانچه با انزجاری که درون شما تلنبار شده است روبه‌رو نشوید و به وجود آنها اعتراف نکنید، و آن را حل‌وفصل نکنید، بر میزان آن افزوده می‌شود و به ایستگاه سوم یا پس زدن و از خود راندن وارد خواهید شد.

(۳) پس زدن: به معنای جایی است؛ شما دیواری دور خود کشیده‌اید و ارتباط

روحی ـ عاطفی‌تان قطع شده است. ممکن است هنوز هم با هم زندگی کنید، اما قلب‌ها و دل‌هایتان از هم جدا شده است. رنجش بیش از حد و تنش انبار شده چنان فزونی گرفته که ارتباط و نزدیکی عاطفی میان شما را ناممکن کرده است بنابراین پا پس می‌کشید و او را از خود می‌رانید. بعضی‌ها طرد کردند و پس‌زدن را به طرزی شدیدتر بروز می‌دهند و یکدیگر را به طلاق و جدایی تهدید می‌کنند. و یا بر آزار و اذیت روحی ـ عاطفی ـ کلامی و حتی خشونت می‌افزایند. و حقیقت این است که جاذبه جنسی هم زیر خروارهای پس‌زدن و انزجار مدفون شده است.

هنگامی که تنش روانی به حد معینی برسد و لبریز شود ناگزیر به مرحله چهارم یعنی ایستگاه سرکوب خواهید رسید.

(٤) **سرکوب**: سردی و کرختی احساسی ـ عاطفی است. هنگامی که دیگر از رنجش و انزجار و پس راندن خسته شده باشید و دیگر رمقی برایتان باقی نمانده باشد؛ با موفقیت تمام، تمامی احساسات و عواطف ناخوشایند و منفی را در خود سرکوب می‌کنید و راهی ندارید جز اینکه خود را نسبت به درد و رنجتان کرخ کنید تا کمی راحت شوید.

«سرکوب، خطرناک‌ترین مرحله هر رابطه و ازدواج محسوب می‌شود؛ چرا که در این مرحله، خودتان را گول می‌زنید و به خودتان می‌قبولانید که همه چیز رو به راه است.»

بارها زن و شوهرهایی را دیده‌ام که مشکلات عدیده دارند و با اصرار تمام به خودشان می‌گویند: «ما که مشکلی نداریم. ما همه مسائل‌مان را حل‌وفصل کرده‌ایم.» اغلب در این‌گونه زندگی‌ها هیچ‌گونه جاذبهٔ جنسی نیست یا کم است. آنان تمامی احساسات و عواطف ناخوشایند خود را سرکوب کرده بودند و خوشبخت به نظر می‌رسیدند ولی در واقع خوشبخت نبودند. و در نهایت رابطه و ازدواج خود را به نابودی کشاندند.

مراقب چهار نشانه خطر باشید. تا وجود تنش روانی را در روابط خود احساس کردید و دیدید دارد در شما افزایش می‌یابد، راجع به احساسات خود با همسرتان

صحبت کنید. حل مشکلی کوچک ساده‌تر است از مشکلی چندین ساله. این کار را به تعویق نیندازید. مسائل کوچک را نادیده نگیرید. حتی اگر رابطه‌تان به ایستگاه آخر رسیده باشد. این امکان وجود دارد که بتوانید آن را نجات دهید.

پریسا و افسانه می‌پرسند:

چگونه؟ با اعتراف به این حقیقت که مشکل دارید و تنش روانی در شما افزایش یافته، و با برقراری ارتباط مؤثر و حل‌وفصل کردن مسائل و مشکلات‌تان و التیام رنجش‌ها و دلخوری‌هایی که بین شما جدایی انداخته و بین شما دیوار کشیده است.

افسر و هادی دوازده سال است که با هم زندگی مشترک دارند افسر اشاره می‌کند مشکل ما این است که نیازهای جنسی ما به لحاظ تکرار دفعات بسیار متفاوت است. او دوست دارد روزی یکبار عشق‌ورزی کنیم. اما یک یا دو بار در هفته برایم کافی است. آیا من مشکلی دارم؟ آیا باید به این خواستهٔ همسرم گردن بنهم؟

آنچه افسر توصیف می‌کند فقط مردی که رابطه جنسی را دوست دارد آنچه افسر از آن صحبت می‌کند، اعتیاد جنسی نامیده می‌شود.

اعتیاد جنسی اشکال گوناگون دارد. یک نوع از آن در کسانی شایع است که از روابط جنسی به عنوان روشی برای تخلیه **تنش روانی** خود و نیز **ابراز کردن احساسات و مانند** این‌ها استفاده می‌کنند. اغلب اعتیاد جنسی در مردان شایع‌تر از زنان است؛ که این نیز ناشی از ساختارهای جسمانی زن و مرد است.

هادی نگاهی به من کرد گفت: خانم من به بیماری جنسی مبتلا هستم؟ چطور می‌توانم از آن رها بشوم؟

بگذارید اعتیاد جنسی را برایتان توضیح دهم. فرض کنید شما احساسات و هیجاناتی نیرومند را در خود می‌یابید که مقدار آن نیز افزایش یافته است. شاید نگران یک پروژه کاری هستید. شاید به تازگی گفت‌وگوی ناخوشایند با یکی از دوستان داشته و از آنچه به سرتان آمده رنجیده شدید. و شاید احساسات مثبت

کتایون شیرزاد

عشقی را نسبت به همسرتان افسر دارید.

بسیاری از مردان این‌طور بار آورده نیامده‌اند و آموزش ندیده‌اند که می‌توانند آسیب‌پذیری خودشان را نظیر: خشم، رنجش، سردرگمی، نیاز و حتی عشق را ابراز کنند. بنابراین آقای هادی شما یا از زبان آوردن احساسات می‌ترسید یا اینکه در واقع نمی‌دانید چگونه احساسات‌تان را به سلامت کلامی و رفتاری ابراز کنید. در این‌گونه مواقع، ناگهان نیاز جنسی پیدا می‌کنید. این‌گونه افراد از انرژی جنسی خود به عنوان **گریزگاهی امن** برای ابراز احساسات سرکوب شده و انرژی عاطفی نهفته خود استفاده می‌کنند. زنان چنانچه به لحاظ احساسی ـ عاطفی احساس امنیت نکنند به سختی می‌توانند گرایش جنسی داشته باشند. مردان از روابط جنسی تا حدودی به عنوان زبانی برای بیان احساسات ناگفته خود استفاده می‌کنند. گفتم آقای هادی شما شاید نیاز دارید تا برای نزدیک‌تر شدن به همسرتان افسر و عشق ورزی، دلگرمی و امنیت و اطمینان خاطر افسر را در نظر بگیرید.

در اینجا از هادی خواهش کردم که من و افسر را تنها بگذارد و در بیرون از اتاق باشد.

افسر شما هنوز با شوهر پر شهوت بر خلاف میل واقعی و خواسته باطنی خودتان به عشق‌ورزی با او تن ندهید. چرا که باعث خواهد شد به شدت از او متنفر شوید. این انزجار به تدریج شما را سرد مزاج خواهد کرد. علاوه بر این پیداست که هادی نیازهایی دارد که شما آنها را برآورد نمی‌کنی.

این همان چیزی است که باعث می‌شود پشت سر هم با شما نزدیکی کند. گمان من بر این است که شوهرتان به دنبال ارضاء جنسی نیست بلکه عشق و پذیرش شما و تخلیه و تنش روانی و درونی اوست که باعث می‌شود چنین بخواهد. این نیاز هم تنها با صحبت کردن درباره احساسات است که برآورده می‌شود. سعی نکنید از هادی ایراد بگیرید در عوض به او بگویید «دوست دارم ازدواج و پیوندمان از این که هست بهتر باشد.»

با گفت‌وگوی مسالمت آمیز از او بپرسید چگونه می‌توانید احساس امنیت بیشتری

به او بدهید تا تنش روانی خود را با کلمات ابراز و تخلیه کند، به‌طوری‌که مجبور نباشد مدام رابطه جنسی برقرار کند. به او بگویید که متوجه فشارهایی که بر دوشش هست می‌باشید. و او را بابت نگرانی‌ها و احساس ناامنی‌هایش محکوم نمی‌کنید. اتفاقاً مردی حساس و مسئولیت‌پذیر است خیلی هم دوستش دارید. از او بخواهید قبل از اینکه به لحاظ جنسی به شما نزدیک شود ببینید آیا نگرانی و اضطرابی در خودش احساس می‌کند؟

چنانچه متوجه تنش و اضطراب و نگرانی در خود بشود، شاید بتواند قبل آنکه با شما عشق‌ورزی کند با صحبت کردن درباره این احساسات آنها را تخلیه کند و آرامش درونی خود را به دست بیاورد. خواهی دید که نیاز جنسی او برطرف می‌شود.

از هادی خواستم که به ما ملحق شود. به هر دوی آنها گفتم: به عقیده من چنانچه هر دوی شما مایل باشید برای حل این مشکل کار کنید، صمیمیت میانتان افزایش خواهد یافت و هر بار که عشق‌ورزی و رابطه جنسی برقرار می‌کنید، رابطه‌تان به لحاظ احساسی ـ عاطفی نیز ارضاء کننده‌تر و پرشورتر خواهد بود. رابطه مثل یک گیاه زنده است؛ یا رشد می‌کند یا می‌میرد، تلاش کنید که رشد کند.

خواندن مجلات مبتذل و تماشای فیلم‌های مستهجن، صمیمیت مقدس را در روابط زناشویی به خطر می‌اندازد.

فرشته درحالی‌که دست‌هایش را بهم می‌فشرد و لب‌هایش را گاز می‌گرفت، این‌طور آغاز کرد: «من و شوهرم بر سر این عادت همیشگی او دعوا داریم. من احساس می‌کنم این کار اشتباه است درصورتی‌که متأهل است دیگر به این نوع مجلات و فیلم‌ها نیازی ندارد» می‌گوید: «که من بیش از حد واکنش نشان می‌دهم. این کار او زندگی با عشق و صمیمیت ما را خراب کرده است. و من به این دلیل از دست او بسیار عصبانی هستم و هر گونه جاذبه جنسی را نسبت به او از دست داده‌ام. نمی‌دانم چکار کنم؟»

بسیار دشوار غیرعادی است یک نفر پذیرای این باشد که همسرش در رختخواب کنار او بخوابد و به مجلات غیراخلاقی نگاه کند.

اگر اغلب زنان چنانچه با خود صادق باشند، اعتراف خواهند کرد هنگامی که شوهرشان به فیلم‌ها یا مجلات مبتذل نگاه می‌کنند، احساس می‌کنند به آنان توهین شده است. مبادرت همیشگی و عادت گونه به این قبیل فعالیت‌های جنسی تفریحی و مشاهدهٔ تصاویر جنسی، چه به شکل خیال‌پردازی و چه به شکل مجله‌ها و فیلم‌های مستهجن شکلی است؛ از **عدم نجابت جنسی**.

صمیمیت در سکس تجربه‌ای است مقدس از نزدیکی و ارتباط جنسی میان دو انسان. پورنوگرافی، این صمیمیت مقدس را نابود می‌کند چرا که با معرفی یک عنصر سوم وارد کردن آن به رابطهٔ شما (حال چه این عنصر خارجی فکر باشد چه تصویر) به حریم رابطه و ازدواج شما تجاوز کرده است. و به عقیده من اجتماع کنونی ما در این موضوع معیارهای دو گانه و ضد و نقیضی را به افراد القاء می‌کند.

زیرا در اکثر مواقع شهوانیت را تا حد زیادی تشویق می‌کند. منظورم جامعه امریکایی است. اجتماع کنونی ما اشکال پورنوگرافی را نادیده گرفته است یا کم اهمیت جلوه می‌دهد. نمونه بارز این‌گونه اشکال را در تصاویر ورزشی یا تبلیغات تجاری می‌توان دید. متأسفانه مردان نظیر شوهر شما قربانیان این معیارهای دوگانه به شمار می‌آیند.

برخی از عواقب تماشای مجلات و فیلم‌های پورنوگرافی عبارتند از:

* احساس خواهید کرد همسرتان به شما خیانت می‌کند چرا که برای آماده شدن به کسی یا چیزی غیر از شما نیاز دارد.

* اعتمادبه‌نفس و خودباوری‌اش دربارهٔ زیبایی و تناسب اندام خود از دست می‌دهید و ناامنی‌های زیادی را به دلیل تصویر برانگیزاننده نبودن بدن خود احساس خواهید کرد. این ناامنی‌ها بر قابلیت و توانایی شما در صمیمیت‌تان تأثیر منفی خواهد گذاشت.

* به لحاظ روحی ـ احساسی از همسرتان فاصله خواهید گرفت، چرا که فکر شوهرتان به هنگام صمیمیت تمام و کمال فکر شما نیست.

* از همسرتان به این دلیل که به احساسات شما احترام نمی‌گذارد، منزجر و عصبانی خواهید شد.

* نسبت به روابط جنسی سرد و بی‌اعتنا می‌شوید و هرگونه گرایش جنسی در شما به سردی و خاموشی خواهد گرایید. چرا که در ذهن شما میل جنسی با سلطه‌پذیری، تحقیر، ترس از بی‌کفایتی و بی‌لیاقتی تداعی خواهد شد.

ممکن است او آگاهانه نخواسته باشد به شما آسیبی بزند، من شک ندارم که همسرتان شما را خیلی هم دوست دارد و دوست ندارد کاری کند که شما اذیت شوید. به ندای درون خود اعتماد کنید، سؤالی که در اینجا پیش می‌آید این است که چه رفتاری سالم و طبیعی است؟ و چه چیز ناسالم و غیرطبیعی. چه چیزی برای رابطه و ازدواج شما لازم است؟ و چه چیزی به رابطه و ازدواج شما ضربه می‌زند؟

به‌خاطر داشته باشید همسرتان را به‌خاطر آنچه انجام می‌دهد سرزنش نکنید. تنها احساسات خود را با او در میان بگذارید.

گمان نمی‌کنم شوهر شما دوست داشته باشد پس از یک روز طولانی و خسته کننده درحالی‌که تمام روز سعی کرده است با کار و تلاش خودش برای فراهم کردن یک زندگی مرفه و آرام، به خانه بیاید و ببیند شما مدام از مال و منال مردان دیگر صحبت می‌کنید و غرق خیال‌پردازی‌های خود شده‌اید.گمان نمی‌کنم شوهرتان هرگز از گفته‌هایی نظیر «اون مرده چقدر خوش‌تیپ و جذابه، ببین چقدر موفق و پولداره. لابد خیلی باهوش و با ذکاوته. از مردهای پولدار خیلی خوشم می‌آید. من عاشق مردهای خوش لباس و موفق هستم» خوشش بیاید. این کار درست مانند آن است که شوهرتان به شما بگوید: نگاه کن، این زن چقدر جذابه؟

بانوی عزیز! آیا از شنیدن چنین جملاتی خوشحال خواهی شد؟

چنانچه هیچ یک از این‌ها کارگر نشود و شوهرتان همچنان رفتار خود ادامه داد، باید کمک حرفه‌ای بگیرید. ازدواج شما دچار مشکلات جدی است و از همین حالا به چهار مرحلهٔ رنجش، انزجار، پس راندن و سرکوب که بیشتر دربارهٔ به آن صحبت کردیم وارد شده است.

افسر از من پرسید: عدم رسیدن به رضایت کامل به چه معناست؟

قبل از هر چیز خجالت نکشید و شرمنده نیز نباشید. آمار نشان می‌دهد بیش از نیمی از زنان در رسیدن به رضایت کامل مشکل دارند که شامل:

* **خشم و انزجار**: خشم و انزجار سرکوب شده در سرد مزاجی و ناتوانی زن در رسیدن به اوج لذت جنسی نقش اساسی ایفا می‌کند.

* **احساس گناه یا شرم**: چنانچه آموخته‌اید که هدف روابط جنسی تولید مثل و بقای نسل است نه لذت، بدن شما غیرارادی از لذت امتناع می‌کند. حتی در مواقعی که می‌خواهید لذت ببرید.

* **ترس از سلطه‌پذیری یا از کف دادن خویشتن داری**: مهار همه چیز را در دست داشتن نقطه مقابل رسیدن به رضایت کامل به معنای ول دادن و رها کردن است.

* **تغذیه نامناسب**: شور و هیجان جنسی به وسیله جریان خون تولید می‌شود. چنانچه غذای شما محتوی مقادیر زیادی چربی باشد؛ ممکن است گردش خون شما از عملکرد مطلوب و لازم که برای آماده شدن و رسیدن شما به رضایت کامل ضروری است؛ برخوردار نباشد.

چنانچه هر کدام از این موارد در شما صدق می‌کند با احساس امنیت تمام موضوعات روحی و روانی پنهان که به صورت رفتار جنسی نمود پیدا می‌کند. در صفحات بعدی به آنها می‌پردازیم.

چگونه می‌توانم از همسرم بخواهم که به هنگام عشق‌ورزی بی‌حرکت در رختخواب دراز نکشد؟

سعید می‌گوید مشکلی که با همسرم سیما دارم این است که همیشه مانند تنه درخت بی‌حرکت همان جا می‌افتد و هیچ حرکتی نمی‌کند و حتی هیچ صدایی از او در نمی‌آید، هنگامی که احساساتش را از او می‌پرسم پاسخی مشخص نمی‌گیرم.

این مشکل خیلی از آقایان بیشتر خانم‌های کم سن ایرانی است.

این نوع برخورد را می‌گوییم: «جسدهای جنسی» بدون کوچک‌ترین حرکتی

همان جا دراز می‌کشند و کوچک‌ترین مشارکت و همکاری در عشق‌ورزی ندارند. در نهایت، رفتار سیما باعث می‌شود سعید احساس بی‌لیاقتی و بی‌کفایتی کند چرا که موفق نشده سیما را آماده کند حتی این امکان وجود دارد به دلیل آنکه تنها خودش به رضایت می‌رسد احساس خودخواه بودن کند، یا به دلیل عدم پاسخگویی سیما احساس سلطه‌پذیری بکند.

میترا می‌گوید: «**چگونه می‌توانم همسرم بیژن را وادار کنم از سرعت خود به هنگام نزدیکی جنسی بکاهد؟**»

میترا اضافه کرد: «اما نمی‌دانم چگونه خواسته‌ام را مطرح کنم، به طوری که او احساس نکند می‌خواهم از او انتقاد کنم یا مورد سرزنش قرار دهم. چگونه می‌توانم از او بخواهم عشق‌ورزی‌مان را طولانی‌تر از پنج دقیقه کند؟»

من به او جواب دادم: «پنج دقیقه؟ نکند بیژن می‌خواهد رکورد بشکند؟ چنانچه اشتباه نکنم گفتید از اولین بوسه تا به اوج لذت جنسی پنج دقیقه بیشتر طول نمی‌کشد! لابد منظورتان انزال و ارضای خود اوست نه شما، چرا که زنان به زمانی بیشتر از پنج دقیقه نیاز دارند تا به اوج لذت جنسی برسند.»

حال روی سخن من به بیژن و تمام مردان دیگر است. مردان عزیز تجربیات سالیان سال تحقیق و مشاوره چنین به من آموخته که کمی آرام‌تر، از سرعت خود بکاهید. طوری با همسر خود عشق‌ورزی نکنید گویی می‌خواهید هر چه زودتر از مخمصه خلاص شوید. عشق‌ورزی مسابقه نیست. هرگز برای رسیدن به خط پایان عجله و شتاب به خرج ندهید.

بابت سرعت‌تان نشان افتخار نخواهید گرفت. در واقع برعکس، هر چه دیرتر برسید رتبه بالاتری خواهید داشت و لذت بیشتری نیز خواهید برد، هم همسرتان و هم خود شما.

هرگز فراموش نکنید و همواره آویزه گوشتان باشد: **پیش‌نوازش، پیش‌نوازش، پیش‌نوازش**. هرگز از روی تنبلی و خودخواهی پیش نوازش را نادیده نگیرید و آن را از قلم نیندازید.

آیا به هنگام رانندگی هرگز از دنده یک ناگهان به دنده چهار می‌روید؟ نه هیچ

راننده قابلی این کار را نمی‌کند، پس هنگامی که همسر خود را به همراه خود به سفر عشق می‌برید بدون آنکه او را گرم و آماده کنید کار را تمام ننمایید.

تصور کنید مشغول صرف غذای بسیار خوشمزه و گران‌قیمت هستید آیا آن را نجویده و با سرعت تمام می‌بلعید؟ البته که نه! بدین معنی که غذا را با آرامی و ملایمت تمام می‌جوید. و بر هر یک از لقمه‌های خود توقف می‌کنید تا تمام و کمال از طعم آن لذت ببرید و قبل ار آنکه به مرحلهٔ بعدی وارد شوید به خودتان وقت می‌دهید تا غذایی که می‌خورید هضم و جذب شود. باید به همین روش نیز عشق‌ورزی کنید. به جای آنکه در کمترین زمان ممکن بیشترین لذت را در اندام‌های جنسی خود متمرکز کنید، به‌طوری‌که مجبور باشید به صورت انزال زودرس آن را تخلیه کنید و از شرّ آن راحت شوید، سعی کنید به طرزی حریصانه و به آرامی و ملایمت بسیار عشق‌ورزی کنید.

هنگامی که احساس کردید انرژی جنسی در بدن شما افزایش یافته و به انزال نزدیک می‌شوید، به جای آنکه با همان سرعت به حرکات خود ادامه دهید به طوری که غیر از انزال راه دیگری نداشته باشید، بایستید و توقف کنید و به بدن خود اجازه دهید به این روش عادت کند. و سپس حرکت دوباره را آغاز کنید. در این‌گونه مواقع که دست از حرکت کردن برمی‌دارید و متوقف می‌شوید، شاید به نظر برسد هیچ کاری نمی‌کنید و عشق‌ورزی متوقف شده است. اما چنانچه توجه خود را به سکون آن لحظه و به عشق و شور و حرارت میان خود و همراه و شریک/ همسر متمرکز کنید (نه بر تحریک جنسی) خواهید دید از شدت هیجانات جنسی شما کاسته می‌شود و آرام و قرار بیشتری می‌یابید. به‌طوری‌که قادر خواهید بود به مدت طولانی‌تر دوام بیاورید و از انزال زودرس جلوگیری کنید.

هرگاه آمادگی دوباره را در خود احساس کردید می‌توانید حرکت را از سر بگیرید. خواهید دید این‌بار قادرید به سطح بالاتری از آمادگی برسید بی آنکه مجبور باشید آن را به سرعت تخلیه نمایید.

خیانت

آیا باید به همسرم که روابطه غیراخلاقی و پنهانی با فرد دیگری داشت فرصتی دوباره بدهم؟

«همسرم به تازگی اعتراف کرد که رابطه کوتاهی با همکارش برقرار کرده بود و به من قول داد که دیگر مرتکب چنین خطایی نشود و التماس کرده است که او را ببخشم. این اواخر مشکلات زیادی داشتیم اما او را خیلی دوست دارم. اگر چه این موضوع تکان‌دهنده من را خیلی اذیت کرد؛ آیا چنانچه به او فرصت دوباره بدهم مرتکب کاری احمقانه شده‌ام؟»

بیاییم موضوع را چنین در نظر بگیریم که همسرتان دست کم با شما صادق بوده و اظهار پشیمانی کرده و اعتراف نموده و آنچه انجام داده اشتباه بوده است و شما را بسیار دوست دارد و نمی‌خواهد شما را از دست بدهد. مسیرهایی که شما برای نجات رابطه و ازدواج خودتان باید بپیمایید را پیدا کنید. همان‌طور که می‌دانیم هر رابطه ناسالم در ازدواج معلول است و مشکلات و مسائل حل‌وفصل نشده نهفته‌ای است که علل اصلی آن، حال دیگر نمی‌توانیم آنها را نادیده بگیریم.

مطمئن باشید نه، چنانچه به او فرصت دوباره بدهید کار احمقانه‌ای مرتکب نشده‌اید. رابطه غیراخلاقی و شکستن تعهد ازدواج همیشه به معنای طلاق و پایان ازدواج نیست. در حقیقت، در برخی موارد این روابط، می‌تواند حتی موضوعات و مشکلات حل‌وفصل نشده‌ای را که از اعماق رابطه بیرون زده به سطح بیاورد و مقابل چشم شما بگیرد، بلکه بتوانید آنها را شناسایی و بازسازی و سپس آنها را التیام دهید.

شکستن تعهد در پیوند مهرآمیز به این معنا است:

- ارزش و احترام قائل نبودن برای احساسات شما.
- بی‌صداقتی با شما.
- ضعف و سستی اخلاقی‌اش.
- خودخواهی‌اش.

- غیراخلاقی بودن کارش.

در روان‌شناسی انسانی، و روش شناخت درمانی، ما چهار نشانه که اغلب به چهار مرحلهٔ تخریب نزدیکی ما و همسرمان است می‌شناسیم، که در اثر افزایش تنش روانی انبار شده ما و همسرمان ایجاد می‌شود.

گفتیم هر یک از این مراحل زمینه ساز هستند:

- رنجش
- انزجار
- پس زدن
- سرکوب

چنانچه همسرتان انسان صادق و راستگوست و شما احساس می‌کنید زندگی با او ارزش دارد؛ می‌توانید اتفاقی را که میان شما افتاده نادیده بگیرید (که البته ساده نیست!) این مشکلات، مسائل و موضوعات همچنان به به شدت خود باقی است. اظهار ندامت و قول و وفاداری هرگز نباید شما را خام کند، به‌طوری‌که خوش خیالانه به ادامه زندگی با او تن دهید. به مواضع خود بچسبید و اصرار کنید نسخهٔ تعدیل شده التیام زیر را به‌طور حتم رعایت کنید.

همسرتان شما را به راستی دوست دارد و نمی‌خواهد شما را از دست بدهد، و در این صورت هم باید بسیار از شما سپاسگذار باشد که او را بخشیده‌اید و به او این فرصت دوباره را داده‌اید. باید با رضایت تمام سخت تلاش کند تا درست و حسابی دل و اعتماد شما را به دست آورد و از اشتباهی که مرتکب شده درس عبرت بگیرد.

این امکان وجود دارد که شما از بحرانی که وجود آمده به نفع خود استفاده کنید و آن را تلنگری تلقی کنید. تلنگری که شما را وادار کند رابطه‌تان را به طرزی جدی‌تر ارزیابی و در آینده به آن به گونه‌ای متفاوت نگاه کنید.

چنانچه هم شما و هم همسر شما احساس کردید می‌توانید به ازدواجتان با دیدی نو بنگرید، امکان التیام، تسلی خاطر و جلب اعتماد مجدد و گذشت وجود

دارد؛ اما این مستلزم آن است که هر دو به‌طور مشترک مشاوره خانوادگی و روان‌درمانی را ادامه دهید. سپس احساس کردید آموخته‌هایتان به حدی رسیده است که به شکل سالم پیش می‌روید، آگاه باشید که هرگز نمی‌توانید به زندگی پیشین برگردید. دوباره باید با هم آشناتر شده و با هم وقت صرف کنید. این بار باید قوانین و اهداف جدید برای خودتان و رابطه و ازدواجتان تعیین کنید. باید مهارت‌های جدید بیاموزید تا با استفاده از آنها رابطه و ازدواجی سالم با صمیمیت و نزدیکی نو و بهتری برقرار کنید. باید آرام‌آرام پیش بروید و روند پیشرفت را همواره ارزیابی کنید.

وصال عاطفی (مایی)

در سفر وصال عاطفی زندگی، دو انسان بالغ در سیر وصال خود ادامه می‌دهند تا به هدف عالی و شکوفایی خویش برسند. در این مسیر نوع مسافر و دیدگاه‌های متفاوت آنها می‌تواند در ادامه مسافرت دخیل باشد. همین تفاوت‌ها میان دو فرد در وصال عاطفی یا مایی، ایجاد عشق و محبت و همدلی و همکاری می‌نماید. و وجود این زیبایی تفاوت‌ها هستند که دو پیوند با هم جذب و جلب می‌گردند. شاعری می‌گوید:

تشنه همه آب‌های جهانم،

برهنه تمامی آفتاب‌ها،

بگذار در پناه این دریچه،

شکوفایی تمامی جهان را تماشا کنم.

وقتی که من با شوکت دربارهٔ تمرینات مایی گفتیم او جواب داد از دست پرخاشگری امیرخیلی دلش گرفته و آزرده خاطراست.

من ایشان را به التیام احساسات که با بازگو کردن حقیقت احساساتش که باعث

تخلیه تنش روانی می‌شود دعوت کردم. پیشنهاد من این بود که:
«در خلوت تنهایی خود با نوشتن نامه‌ای، همراه با گره‌های احساسی ـ عاطفی که به تنهایی در آن شرکت داشته شروع کند. این نامه در التیام زخم‌های کهنه و قدیمی مؤثر است که مجموع جهیزیه‌های ناسالم مرده را دفن می‌کند. برای پایان بخشیدن به کارهای ناتمام روحی ـ عاطفی و احساسی برای بخشش خود و ایجاد انگیزه و تمرین کند تا گرفتار نشخوار افکار گذشته نشود و آزردگی به خود راه ندهد به خود تعهد بدهد که گرفتار **یبوست فکری** نشود و از کوچک‌ترین مخالفت به هراس نیاید تا دیوارها را فرو بریزد دورهٔ سوگواری را طی کند و به حالت عادی برگردد. این تنها روش و ابزاری است که برای التیام قلب شکسته برقراری تماس مجدد با خود واقعی‌اش، و تجدید خودباوری و اعتمادبه‌نفس خود مؤثر و مفید واقع می‌گردد. در این مسیر از تکنیک‌های سم‌زدایی عاطفی استفاده کردیم.»

سم زدایی را نخستین بار خانم دکترنهضت فرنودی روانشناس محترم ایرانی در امریکا مطرح نمودند.

شیوه‌های سم‌زدایی عاطفی:

چگونگی شناسایی و بازسازی حوادث، ترمیم آزارهای روحی ـ روانی و جسمی با توقف اندیشه‌های منفی اتوماتیک، جایگزین کردن تفکر پیشرفته و مثبت. و همچنین استفاده از تکنیکی به نام: به تن کردن جلیقه ضد گلوله عاطفی اشتیاق و تشنه درد زدایی. این روش جلیقه ضد گلولهٔ عاطفی بستری از حیات روانی شاد و سالم را فراهم می‌سازد.

به جای جنجال عاطفی دو انسان بالغ در رابطه، ایثار می‌کنند به شکل محترمانه و متواضعانه، خودپروری و بازنگری به وسیله بالغ خویشتن توأم با اخلاق بیدار بش و توان‌بخشی عاطفی با واقعیت برهنه بدون نقاب به زندگی خویش معنای جدیدی با سازگاری و ترمیم، ارتباطی مشتاقانه و شورانگیز ایجاد می‌کنند. اگر در لایه‌های احساسی شما غم رسوب گذشته‌های تلخ، تجربه تلخ، صدمات ضرب و شتم هنوز هست، با خلاقیت‌ها و با اراده روح و روانتان کانالیزه کنید.

در وصال بلوغ عاطفی، همکار هم، یاور هم، و همسفر همدیگر محسوب گشته و برای موفقیت چنین سفری لزوم واقع بینی الزامی است.

دنیل سیگل نویسنده و روانشناس امریکایی می‌گوید:
تجربه‌هایی سبب می‌شود ما از مغز پیشانی (هیپوکامپوس) استفاده بکنیم که عملکرد آن تحلیل، اداره و کنترل واکنش رفتارما، و عضوی از مغز ما که وظیفه‌اش برقراری ارتباطات، فهم، اخلاقیات مادی و معنویات، تفسیر و تحلیل حوادث است به کار گیریم.

من توصیه‌هایی برای سفر عاطفی و پیوند مایی شوکت و امیر داشتم با این تأکید شناسایی و توجه داشتن دقیق به خطاهای شناختی مانند:

* نشخوار افکار گذشته
* نگه داشتن آزردگی
* پیش‌بینی‌های وسواس رفتار و منفی
* مخالفت‌های دائمی ـ بحث و جدل
* عادت مخالفت با آرا و عقاید دیگران
* عدم انعطاف پذیری
* یبوست رفتاری
* حمله اضطرابی
* هراس از کمترین انتقاد

طی تمریناتی که با این زوج جوان انجام شد برای رسیدن به وصال عاطفی نیاز به بازسازی رفتارها بود:

* انعطاف‌پذیری و سازگاری
* همراهی و توان همراهی داشتن
* تحمل متفاوت بودن و از زاویه دیگری مسائل را دیدن
* زاویه دیگر مشکل و مثبت را دیدن
* قدرت بخشیدن گذشته
* به گذشته سپردن آزردگی‌ها

* به آینده امیدوار بودن و مثبت نگریستن به رویدادها
* وحشت نکردن از مخالفت و اعتراض با عقایدم
* بدن را آرام و رها نگه داشتن

ما می‌توانیم با داشتن دید مثبت، سازنده و هوشیارانه پیوند مایی با هستی و آفریدگار جهان برخوردار شویم.

ازدواج یک نهاد قدیمی با سنت‌های دیرینه که هنوز خودش در جوامع انسانی را حفظ کرده است. انسان یک موجود اجتماعی و ارتباطی است یعنی پیوسته از طریق بودن با یک انسان دیگر حتی خودش را بهتر تجربه می‌کند و می‌فهمد این همان ارزش رابطه است. همه دنبال پیدا کردن جفت وجودی خودشان هستند. چه کسی جفت وجودی ماست؟

روانشناسان و محققین در رابطه با ازدواج و روابط سالم آن، تست‌ها تنظیم و به‌طور عینی بررسی کردند به فرمولی که به هفت C شروع می‌شود رسیدند که به‌طور مختصر به آن اشاره خواهم کرد.

برای آزمودن و سنجش سلامت رابطه مایی انسان‌گرا به قرار زیر است:

کاربرد فرمول هفت C:

- شیمی بدن[1]

زمانی دو نفر نسبت به هم کشش و جاذبه اولیه داشته باشند. ناگهان یک نفر در میان بقیه شاخص می‌شود. برق نگاهش، پوست صورتش، حرکاتش، کلماتش... یک خواهندگی احساس می‌شود. آنتن‌های حسی و عاطفی دائم در شکار وصال این مشخص است.

این حال، حال خوبی است که همه ما دنبالش هستیم. اتفاقی که در مغز می‌افتد اینکه: سه عدد از عصب‌های فرستنده حسی این هیجان و کشش را مخابره می‌کند، از مغز ما جاری می‌شود. وارد مرحله‌ای می‌شویم که شور و هیجان

---

[1]- Chemistry

پویایی در پیوند مهرآمیز / جلد دوم

عاشقانه نامیده می‌شود.

شخصیت[1]

منش و شخصیت که در تمام وجود ما و در رفتار، در اندیشه، انتخاب و در خواسته‌های ما پدیدار می‌شوند.

برای مثال: تیپ تهاجمی هستیم یا آرام، قضاوتگر یا پذیرا، هیجانی هستیم خونسرد و آرام، جوش و خروش ما زیادست از کوره زود در می‌رویم؟ یا خیلی متحملیم؟ صبوریم یا زود رنج بعد از همه عنوان‌ها آورده شود. همه این ویژگی‌ها منش و شخصیت ما را می‌سازند. به‌خصوص به مکانیسم‌های دفاعی، که در ناخودآگاه ما جاری‌اند و رفتارهای ما را تقریباً فرماندهی می‌کنند بستگی دارد. شخصیت ما در حدود ۵ یا ٦ سالگی در روابط خانوادگی به‌ویژه پدر و مادرمان بده و بستان‌های عاطفی در شالودهٔ شخصیت ما را شکل داده است که به واقع رفتار ما را رهبری می‌کند.

فرهنگ[2]

فرهنگ، ظرفی است که ما در آن احساس خودی بودن و تعلق داشتن می‌کنیم. به ایما و اشاراتش آشنا هستیم. ما از بچگی با خوب و بدش همراه بوده‌ایم و آن را به خوبی می‌شناسیم.

مثال: زن و شوهری آمدند پیش من خانم می‌گفت: «شوهرم بی‌تربیت است و می‌خواهم طلاق بگیرم.» وقتی از او پرسیدم: «چه می‌کند که بی‌تربیت هست؟» خانم گفت: «از نوع حرف زدن و برخوردهایش چندش‌ام می‌شود.» بعد از گفت‌وگوی طولانی با آنها، فهمیدم که شوهر از خانواده‌ای است که عادتشان این است به گونه‌ای خودمانی و بی‌پرده رفتار می‌کنند. ولی خانم برعکس، باید با اعضای خانواده‌اش برای یک گفت‌وگوی ساده، از قبل وقت تعیین می‌کردند. در واقع تفاوت‌های فرهنگی که خانم به حساب توهین به خود می‌انگاشت.

1- Character
2- Culture

شیوه‌های ارتباطی[1]

شیوه گفتمان و انتقال مفاهیم و خواسته‌ها به تعبیـر و تفسیر هرکس بستگی دارد. دل من از غصّه خون شد دل تو خبر ندارد. بین زوجین پیام‌ها وقتی گیرنده از بچگی مادر حساس، حامی، صبور و حاضر با فاصله مطلوب داشته است و برعکس او شریک زندگی‌اش با خشونت دوران کودکی، ملامت و تحقیر، مقایسه و موعظه روبه‌رو بوده باشد؛ توقع ما بسیار زیاد خواهد بود همه اینها باعث می‌شود که نمی‌دانیم، به قول معروف کی بگیم، کجا بگیم و چگونه بگیم که گربه شاخمون نزنه. ما این شیوه ارتباطمان را از بچگی آموخته‌ایم و جهیزیه ما برای ازدواجمان است. اگر در بچگی مطابق میل بابا رفتار نمی‌کردیم بشقاب را پرت می‌کرد و یا مامان جیغ می‌زد و خودش را کتک می‌زد. به قول غربی‌ها Over act می‌کرد.

حل تعارض[2]

روشی است که ما بحران‌ها را با درایت حل‌وفصل می‌کنیم و یا با آنها کنار می‌آییم.

اگر از زن و شوهری بپرسید از روز نخست تا آن لحظه‌ای که زیر سقف زناشویی دوام آوردند، گرفتار تعارض ماجرا و بحران نبودند، شما به آنها جایزه برای دروغشان بدهید. ولی اینکه ما با مشکل چطور برخورد کنیم مهم است. از مسائلِ نهراسیم البته این امر به بنیه عاطفی‌مان بستگی دارد. خشونت رفتاری معمولاً مسئله و مشکل را بزرگ‌تر و پیچیده‌تر می‌کند. انکار با مثل زیر فرش گذاشتن و پشت گوش انداختن مشکل را دو چندان خواهد کرد.

تعهد[3]

تعهد نسبت به رابطه است. همیشه باید در نظر بگیریم که رابطه نه منم نه تو. هم منم و هم تو.

1- Communication Style

2- Conflict Resolution

3- Commitment

رابطه یک هویت مستقل است که موجودیت مستقلی دارد. دو نفر از رابطه یک برداشت، یک خواست، توقع، انتظار و هدفی دارند. زن و مردی برای حلّ اختلافشان پیش من آمدند، مرد دوست دارد هفته‌ای دو بار با دوستانش وقت بگذراند و یا فوتبال بازی کند، و گاهی سفری با دوستانش برود و زن معترض بود.

منظورم این است که تعهد و تفاهم باشد گاهی یکی ۱۰۰٪ تعهد زمانی، مکانی، جنسی، حسی ـ عاطفی و مالی یکی ۳۰٪ یا ۵۰٪ یا ۷۰٪ باز این خودش فاکتور بسیار مهمی است.

سازگاری[1]

جور بودن با هم است. به قول ضرب المثل معروف فارسی:
کبوتر با کبوتر باز با باز، کند هم جنس با هم جنس پرواز. هم افق و وصله تن هم بودن است. برای مثال: وقتی مادر به پسرش می‌گوید این دختر که تو می‌خواهی بروم خواستگاری او از جنس ما نیست...
ما به دنبال عشق و حفظ آزادی و احترام متقابل و همچنین وفادای و پایبندی هستیم. عشق نباید مانع آزادی باشد. اگر عشق را جنایتی به نام حسادت، کنترل، مالکیت، انحصارطلبی با خود بدانید که این عشق نیست بلکه یک چسبندگی عصبی است و یک وابستگی ناشی از ترس و فقدان بنیه عاطفی می‌باشد. عشق اگر سالم باشد؛ رکن اصلی آزادی را در بطن خود دارد؛ و می‌تواند از همان قدرت و انرژی وفاداری را متولد سازد.

در بالا دلایلی که موجب گزینش شریک زندگی‌مان می‌شود با هم مرور کردیم. اما در این بخش متأسفانه باید به عواملی بپردازم که روابط را به سوی سردی و در واقع به سوی دشواری می‌برد.

وقتی ما دارای انرژی، حالت سرحالی یا شیدایی، تپش قلب، تشویش، اضطراب، ترس، بی‌خوابی و بی‌قراری و فراموشی به نوعی منگی، هیجان و شوق داریم به‌خصوص وقتی که از شریک محبوبمان بی‌خبریم به جای تعقل و میل با او

1- Compatibility

بودن فقط به فکر هم‌جواری جسمی و عاطفی شریک خود هستیم، مزه کردن باید بدانیم جزئیات لحظات با او بودن فاز اول کشش و جاذبه و شور عاشقی می‌باشد. **مزمزه کردن وسواس گونهٔ جزئیات لحظات همه این‌ها را تغییرات بیوشیمی مغز به وجود می‌آید.**

هلن فیشر، با مطالعات دقیقی که در این زمینه داشت می‌گوید: عشق مرکز هیجان و عواطف را در مغز بالا می‌بـرد. مغز در حالـت شیدایی دور از تعقل و محاسبه‌گری و قیاس فرو می‌رود. ابتدا عاشق، معشوق را یکتا و بی‌مانند می‌بیند به قول منصور خواننده: «دلم کسی را نمی‌خواد فقط به‌خاطر تو.» ما هم می‌گوییم: «مگر خاطرخواه شدی که گیج و منگی». شخص عاشق، نه تنها او را یکتا و بی‌مانند می‌بیند بلکه چشمش به روی دیگران کور و کر می‌شود. نه صدای دیگران را می‌شنود و نه می‌بیند معشوق دارای یک نوع شخصیت و محبوبت بی‌مانند و جدا بودن از دیگران، فاز اول عاشقی است.

در این فاز عاشق فقط سویه‌های مثبت و خوبی‌ها و زیبایی‌ها را را می‌بیند و نشانه‌های هشدار و پرچم‌های قرمز را نمی‌بیند. و به خود می‌گوید موقت است درست می‌شود.این حالت را جنون موقت نامیده‌اند.

متأسفانه همچنان گفته می‌شود که جنون آنی درمانش فقط ازدواج است. ولی در ازدواج واقعیت‌های تلخ کم‌کم بیرون می‌آیند.[1]

چرا میل به انحصاری کردن شریک عشقی داریم؟

چرا حسادت؟ شدت ترس و وحشت از اینکه معشوق و محبوب مرا ترک می‌کند وجود دارد.

چرا در ابتدای ازدواج همسران بیشتر ارتباط زندگی‌شان همراه با فعالیّت و تخلیه جنسی است؟

پاسخ این چراها را باید در رفتارها عاشقان با سه سیستم عاطفی و انگیزشی جداگانه ولی مرتبط به هم هستند، بررسی شود.

1- Temporary insanity, Temporary insanity curable by marriage

عاطفی انگیزشی[1]

۱. میل جنسی، که به وسیله هورمون‌ها هدایت و مدیریت می‌شوند.

۲. کشش و جاذبه عاشقانه، اگر چه بخش جنسی و هورمونی را در بر می‌گیرد، اما همه آن نیست بلکه دو نفر به دلایل مختلف: بوی بدن، صدا، خصوصیات ظاهری، حالات و اطوار و سکنات یک انسان است که حال و ذهن ویژه‌ای را در انسان برمی‌انگیزد. و ذهن در اثر آن تغییرات بیوشیمیایی وارد یک مرحله و نوعی عقل‌زدایی موقت می‌شود و در واقع شعر، موسیقی و هنر هم در این دوران به خروش درمی‌آید.

به قول مولوی:

چه باشد گر نگارینم بگیرد دست من فردا

ز روزن سر درآویزد چو قرص ماه خوش سیما

درآید جان‌فزای من گشاید دست و پای من

که دستم بسته پایم هم، تب هجران پا بر جا

بدو گویم به جان تو که بی تو ای حیات جان

نه شادم می‌کند عشرت نه مستم می‌کند صهبا

وگر از ناز، او گوید برو از من چه می‌خواهی؟

ز سودای تو می‌ترسم که پیوندت به من سودا

تویی جان من و بی‌جان، ندانم زیست من باری

تویی چشم من و بی تو ندارم دیدهٔ بینا

طبیب عشق نبضم را بدید و گفت زین سودا

همه عالم از این غوغا بماند همچو بو دردا

خموشی را گزیدم من به دندان لب گزیدم من

نگویم بیش از این هرگز نه از وامق نه از عذرا

1- Emotional and Motivational

کتایون شیرزاد

الاای شمس تبریزی به دور عاشقان بنشین

که مولانای رومی را تو کردی واله و شیدا

از غزلیات شورانگیز دیوان شمس تبریزی

روان‌شناسی اعصاب می‌گوید: آن نگاهی است که به عمیق‌ترین بخش تو گره می‌خورد.

شراب عشق آن عشق حقیقی است که مستی پایدار به دنبال دارد.

۳. سیستم دلبستگی و پیوند به قول همکار محترممان دکتر فرنودی وصال عاطفی است که در وصال عاطفی مهیاسازی و تشکیل خانواده و حق داشتن فرزند و نگهداری از آنها بشمار می‌رود. به عبارتی آرزوی ابدی کردن رابطه است. در واقع این بخش حمایت از ثروت ذهنی می‌کند.

جامعه امریکا یک برده‌داری مدرن است. بیش از آنچه که آدم باید کار کند کار بر عهده انسان می‌گذارد. نیازهای کاذب که نیازهای واقعی را فراموش کرده و یادمان می‌رود که داشته باشیم که از آنی استفاده کنیم.

مثال: نیاز داریم که با مونس و همدل زندگی‌مان وقت بگذاریم، نیاز داریم به دل طبیعت برویم، نیاز داریم صدای رود، پرنده و وزش باد را بشنویم.

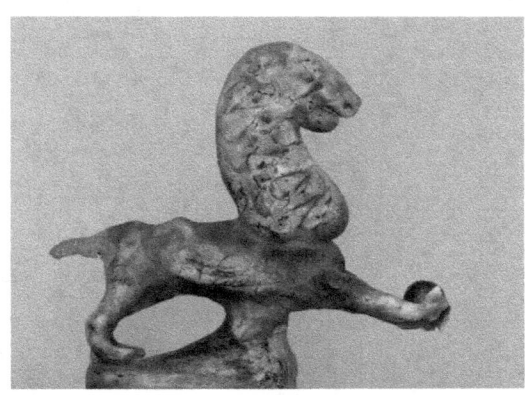

اسم تندیس: ذهن آگاه
Conscious Mind
تندیس از کتایون شیرزاد

«گاهی به تماشای چمن بنشینیم و ببینیم که با چه سرعتی سبز می‌شود.»

ما نیاز به عشق‌بازی و سکس داریم و همچنین نیاز داریم با بچه‌هایمان و با کسانی که برایمان مهم هستند، وقت بگذرانیم.

حالا اگر دو نفر خسته که هیچ کدام یک آغوش گرم و محبت ندیده‌اند در کنار هم قرار می‌گیرند و هر کدام انتظار دارد که آن یکی حالش را خوب کند آن هم در یک فرصت اندک.

هر دو خسته، هردو فرسوده، هر دو مسئول به نیازهای طبیعی کنار هم قرار می‌گیرند. این شکل زندگی انسان مدرن که برای خود ساخته است توقع و

انتظارات زن و مرد اگر با فرمول‌های کهنه باشد هماهنگی ندارد و کارساز نیست

در وصال عاطفی چند نکته باید در نظر داشته باشیم:

شکل روابط زناشویی نیازمند تغییر بنیادی است.

باید در نظر گرفت در زندگی زناشویی دنیای امروز باید مرد و زن مراقب، محافظ هم باشند و مسئولیت‌ها براساس طبیعت متفاوت زن و مرد به‌طور منصفانه تقسیم بشود.

خانه مشترک زن و مرد امروز رئیس ندارد، دو همکار، دو هم فکر و دو نیروی برابر خواهد داشت.

پرورش کودکان به هیچ عنوان فقط بر عهدهٔ زنان نیست و محدود به آنان نمی‌شود، مردان هم باید مسئولیت بپذیرند.

واقعیت و فشارهای زندگی باید آگاهانه پذیرفت و با آن کنار آمد.

یکی از فلسفه‌های ایران کهن: قناعت و تکیه کردن به نیازهای واقعی است. مگر انسان چقدر پول، چقدر شهرت، و چقدر علم و دانش احتیاج دارد؛ برای اینکه یک زندگی پرمعنا داشته باشد انگار در این مسابقه زندگی ما در نهایت پیروزی می‌بینیم در واقع عزیزترین چیزهایمان را از دست می‌دهیم. اسم این مسابقه پیروزی نام برد؟

ما بایستی تجدیدنظر در نیازهای اساسی داشته باشیم: احتیاج داریم استراحت بکنیم، عشق‌بازی بکنیم، گفت‌وگو بکنیم، بخندیم، در دل طبیعت برویم. البته احتیاج هم داریم مدتی مسئولانه فردای خودمان بیندیشیم.

زناشویی امروز احتیاج به یک مدیریت آگاهانه دارند. فرمول‌های کهنه کارساز نیست.

عاشق ماندن و دلدادگی مهم‌تر از پیوند رسمی ازدواج یا عشق‌بازی صرف است. برای عاشق واقعی بودن باید دست به عمل زد و شما وقتی عاشق هستید که موهبتی را که همانا همسرتان است درک می‌کنید و هر روز قدرش را بدانید. شما زمانی عاشق هستید که درک کنید هیچ یک از چیزهایی که میان شما اتفاق

می‌افتد کوچک و بی‌اهمیت نیستند. و هر کاری که انجام می‌دهید ارتباط عاطفی شما را محکم یا سست می‌سازد.

نباید فراموش کرد که ما زیر نفوظ فیلم های هالیود داریم به سر می‌بریم. اکنون عشق‌ها به اندازه زندگی هنرپیشه‌ها با دوام هستند. هر کدام از این هنرپیشه‌های امروز عاشق و سه روز دیگر فارغ‌اند، آنها هم پولش را دارند و هم امکاناتش را، که با شکل و حرفه‌شان هم ناهماهنگی ندارد. برای همین است که آنها یک روز عاشق و یک روز فارغ هستند.

تازه مگر آنها که این کار را به عنوان مدل سینما می‌کنند خوشحال هستند؟ نه. کتاب‌ها و خاطراتشان را بخوانید اکثراً از نداشتن خانواده امن فریاد می‌زنند.

روان‌شناسی می‌گوید: پایداری در یک عاطفه، و عاطفهٔ پایدار به ما هویت می‌دهد

گاه جریانی متضاد در درون ما تولید می‌شود، پایداری در این روابط باعث رشد خویشتن ماست در غیر این‌صورت مثل این است که با هر کسی با ما خوش نیست ول کنیم و جر بزنیم و برویم. اگر مرام ما این است چند انتخاب داریم:

۱. در درجه اول، ازدواج نکنیم.
۲. دوم اینکه دلیل ثبات ازدواج با همسرمان بر اساس توهم پایدار و پایداری در این توهم در عمل نشان دهیم. در این حالت روابط‌مان دلی به ثبات و رنج ندهیم و فقط وقتی عشق از سرمان پرید و اوضاع عوض شد رابطه را ترک کنیم. پیشنهاد من به شما این است که اگر این فکر را در سر داریم، تشکیل خانواده ندهیم و بچه‌دار نشویم. وقایق زندگی را از ساحل به طوفان نکشانیم و آنها را در زندگی توأم با ترس و نگرانی رها نکنیم.
۳. سوم اگر ما ازدواج می‌کنیم دنیای امروز و با مشکلات و دشواری‌های امروز دست و پنجه نرم می‌کنیم باید بپذیریم که گهگاه آن‌قدر خسته می‌شویم که آرزو می‌کنیم تنها می‌بودیم. مسئولیم که با شریک عاطفی‌مان متعهد باقی بمانیم.

در باب تعهد ویلیام شکسپیر می‌گوید:

کتایون شیرزاد

اکنون دست‌هایتان را به هم پیوند زنید و با دست‌هایتان قلب‌هایتان را.

در روابط زناشویی عشق و ازدواج و دلبستگی‌های سالم شرایط اصلی و بنیادی را می‌طلبد. در حیطه رفتاری و هم در تئوری فکر و اندیشه زیر بنای یک دلبستگی ساده که از کودکی شکل و فرم گرفته است.

ترس‌های ناشی از تضاد اساسی

هدا و رضا که در انتظار تولد اولین فرزند خود بودند، دل نگرانی خود را به عنوان پدر و مادر در دفتر کارم مطرح کردند که به نظر من ناشی از عدم شناخت مسئولیت‌های والدین بود. من در پاسخ به آنها این‌طور گفتم:

پژوهشگران انگلیسی در رابطه با جوانانی که مشکلات ویژه جرایم و بزهکاری دارند، نوع رابطه‌شان با خانواده و مشکلاتی که ریشه در کودکی آنها داشت را در خانواده مورد مطالعات عمیقی قرار دادند. آنها می‌گویند اگر کودک روابطشان با والدین به‌خصوص مادر رابطه‌ای امن و گشوده و مطمئن توأم با بیم و هراس نباشد یعنی پدر و مادر فضای گشوده و یا همراه با برهنگی عاطفی برایشان ایجاد بکنند نتیجه‌ای که خواهان آن هستند را به دست می‌آورند. آنها با اقدام و پژوهشی جالب، ابتدا با شمپانزه‌ها در سه قفس با سه مادر مصنوعی و با در نظر گرفتن سن شمپانزه‌ها برابر با سنین کودک انسان پنج ساله و سپس رابطه انسان‌ها (مادر و فرزند) انجام دادند می‌پردازیم.

۱. مادر مصنوعی بدنش پشمالو، گرم و نرم و حرکات موزون، بچه میمون خوش‌اخلاق، مهربان و نه بیگانه هراس، نه غمگین و نه سرد و غریبه نترس بود.

۲. این بار مادر نصف بدنش نرم و گرم و پشمالو و نصف دیگر بدنش خشن، سرد و فلزی. گاهی بعد از چند ساعتی مادر دیگر می‌آمد. هر وقت آن مادر دیگر می‌آمد بچه میمون افسرده، منزوی، در واقع توی حال خودش می‌رفت و با هراس و وحشت و بدگمانی از دور نگاه می‌کرد او هنگام بازی خشن، و 'سباب‌بازی' را به انحصار خود و توی حال خودش غمگین و تهاجمی بود

۳. قفس سوم، مادر مصنوعی فلزی سرد، و لیز بود و مادر موجودی که بچه نمی‌خواهد و به او نزدیک نمی‌شد. بچه خیلی مضطرب و هیجانی به نظر می‌رسید گاه خوب و گاه بد گاه نرم و گاه بی‌تفاوت بوده.

این تحقیق را درست بعد از میمون‌ها با انسان‌ها بین مادر و فرزند هم پیاده کردند. سه نوع دلبستگی و امن و ثبات و در واقع نوع سوم آن انزوائی و گریزی را در رابطه مادر و فرزند تجربه می‌کنند. که هم‌زمان در این طرح میزان بیوشیمی مغزشان را هم اندازه‌گیری کردند.

در نوع دلبستگی سوم آن که نوع دلبستگی پرهیز و گریز می‌نامند. در عالم خودشان با تصویر و افکار خودشان حال می‌کنند و نوع دلبستگی همان پرهیز و گریز می‌باشد. نوع اضطراب همان نوع دلبستگی گریز و پرهیز[1] در واقع این مادر خودش هم مثل بچه‌اش نـوسـانـات تنـد و تیـز را هنگامی که بچه بـود تجربه کـرده بـود. حوصله‌اش سریع سر می‌رفت و با بچه‌اش ارتباط برقرار نمی‌کرد.

دومی گاهی گرم و گاهی نرم، گاهی مهربان و گاهی مردم‌گرا، نوسانات خلقی و روابط مهر و کینه دوگانه بودن و گاهی سردرگم این شخص خاصیت دلبندی و دلبستگی را نمی‌داند. آدم‌ها را از خود دور می‌کند. از نزدیکی و پیوند عاطفی دچار اضطراب می‌شود. بروز چنین رفتار بزرگسال از دوران کودکی‌اش نشأت می‌گیرد و دلیل ازدواجش بیشتر برای رابطه جنسی و اجتماعی بوده است تا برای ایجاد رابطه سالم دلبستگی و پیوند مهرآمیز.

در نوع اول مادر قادر است؛ با بچه تماس چشمی برقرار کند. مادر حرکات بچه را با کلمات شناسایی می‌کند و در هم‌بازی شدن با کودکش، حرکات و صورت مادر یک نوع گفت‌وگو با بچه پیدا می‌کند. در اینجا وقتی مادر خودش را کنار بکشد؛ بچه کم‌کم خودش را به او می‌چسباند. این نوع دلبستگی امن، همراه با مهر و محافظت است که کودک با تجربه عاشقانه در بزرگسالی با سلامت رفتاری روبه‌رو خواهد شد.

1- Anxiety attachment

در ادامه گفت‌وگویم با هدا و رضا که زوج جوان و مشتاق برای مادر و پدر شدن هستند با سهیم کردن نکات بالا، توجه‌شان را به همان‌طور که پیش‌تر گفته شد:

شکل روابط زناشویی نیازمند تغییر بنیادی این دارد.

زندگی زناشویی امروزه باید مرد و زن محافظ یکدیگر بوده و مسئولیت‌ها براساس طبیعت متفاوت زن و مرد به‌طور منصفانه تقسیم بشود.

خانه مشترک زن و مرد امروز رئیس ندارد، دو همکار، دو هم فکر و دو نیروی برابر دارد.

در مورد واقعیت‌های زندگی آگاهانه بار فشارهای مشکلات زندگی باید کنار آمد.

ما شاهد درگیری‌های زوجی می‌شویم که ریشه و علت بروز ناراحتی‌ها و مشکلاتشان عدم ارتباط دو سویه می‌باشند.

اهمیت و نقش دکتر کارن هورنای، روانپزشک، نویسنده کتاب‌های زیاد روان‌پریشی و تضادهای درونی ما[1] و مؤسس مرکز روانکاوی هورنای در نیویورک معتقد است: ریشه و هستهٔ عصبیت افراد در محیط کودکی‌شان به وجود می‌آید. بدین معنی که تحقیر، ترساندن: اجحاف، زورگویی، سخت‌گیری، عدم توجه به ضعف‌های طبیعی کودک و تمایلات خاص او، اعتمادبه‌نفس و هسته‌های وجودی او را سست و ضعیف می‌کنند.

هورنای معتقد است که کودک خشم و ناهنجاری خود را به سه شکل نشان می‌دهد:

۱. مهرطلبی[2]
۲. برتری‌طلبی[3]
۳. عزلت‌گزینی[4]

۱- Our inner conflicts

2- Moving toward people

3- Moving against people

4- Moving away from people

۱. **مهرطلبی:**

ناصر اول فکر می‌کرد شیما، همسری است که عاشقانه با او همکاری و همدلی می‌کند ولی بعد از دو سال همزیستی و بروز در درگیری، این‌طور خودش را نشان داد که شیما تابع و تسلیم انتظارات و خواسته‌های دیگران است و در رابطه مشکل ایجاد می‌کند، که من آن خصوصیات را «مهرطلبی» نامیدم. احساس شخص مهرطلب عیناً مثل بچه‌ای است که خود را در میان حیوانات عجیب‌غریب و خطرناک محصور می‌بیند. از شیما پرسیدم که تصویری برای من بکشد، او خودش را یک موجود ذلیل و بیچاره کشید که زنبورهای گزنده، سگ‌های هار، گرگ‌های درنده دورتا دورش محاصره‌اش کرده بودند.

این تیپ مهرطلب احتیاج مبرم دارد به اینکه از هر لحاظ آدمی دوست‌داشتنی، خواستنی، مورد پسند و مقبول و محبوب و بااهمیت جلوه کنند و انتظار دارد. همه‌کس او را یاری و حمایت و هدایت کند، دیگران به او احترام بگذارند و رفتارش را بپسندند و تعریف و تمجیدش نمایند.

شخص سالم از روی میل به دیگران مهر می‌ورزد ولی شخص مهرطلب[1] یا شخص نامتعادل به حکم ضرورت و احتیاج درونی می‌کوشد تا محبت و توجه دیگران را جلب کند تا به این طریق احساس امنیت کند.

این تیپ احتیاج بسیار دارد به اینکه از هر لحاظ آدم دوست‌داشتنی، خواستنی و موردپسند و محبوب جلوه کند و تأیید و تمجید بشود. دلیل تابع و تسلیم بودن افرادی مثل شیما، احساس حقارت و خودکم‌بینی او است. زیرا ارزش خود را منوط به نظر دیگران می‌داند. پیرو جلساتی که با ناصر و شیما داشتیم این‌طور فهمیدم که شیما، تمایلات استعمارگری، تسلط طلبی و کنترل و پیروزی انتقام‌جویانه در او نهفته است. علت سرکوب و مخفی کردن آنها هم تجربیات تلخ و ناهنجار دوران کودکی‌اش بوده است. که سعی می‌کند تضادهای درون خود را نبیند و نتیجتاً درون خلوت خویش نوعی احساس آرامش، یکپارچگی و

1- Neurotic

وحدت سطحی و تصنعی بنماید.

پس همان‌طور متوجه شدیم تیپ مهرطلب به وسیله سرکوب کردن تمایلات، پرخاشگری و برتری‌طلبی خود دو نتیجه به دست می‌آورد یا به عبارت دیگر خود را از دو خطر بزرگ محفوظ می‌دارد:

اینکه موفق می‌شوند جلب محبت دیگران را که تشنه آن است به دست آورد.

اینکه یکپارچگی و وحدت روحی خود را حفظ می‌کند و خود را از خطر متلاشی شدن مصون می‌دارد.[۱]

اما با وجود تمام کوشش‌ها و تلاش‌های ناآگاهانه که تیپ مهرطلب برای سرکوب کردن تمایلات برتری‌طلبی‌اش به کار می‌برد، باز نمی‌تواند از ابراز و اعمال نفوذ و خرابکاری آن تمایلات جلوگیری کند. برای مثال شیما از ناصر طلب کمک و یاری و خواهان بر آورد انتظارها خودش را دارد. و به ناصر می‌گوید چون من عاشق تو هستم باید خود را وقف و فدای من کنی!!. یکی دیگر از خصوصیات بارز تیپ مهرطلب این است که عشق و روابط جنسی در نظرش اهمیت فوق‌العاده‌ای کسب می‌کنند. چون تمایلات و احتیاجات شخص عصبی همه متضاد هستند. در ارضای آنها عدم تعادل و اشکال وجود دارد. زیرا در امور جنسی و عشقی می‌تواند به سادگی احتیاجات عصبی و متضاد خود را ارضاء نماید.

آنچه را تیپ مهرطلب عشق و محبت واقعی می‌پندارد، چیزی جز احتیاجات عصبی و سایر نتایجی که به دنبال آن می‌آید نیست.

شیما با شنیدن احساسات ناصر و تحلیل ریشه‌ای مشکل رفتارش می‌گوید: هنگامی که طعم احساسات را می‌چشم، و آنها را به دایرهٔ خودآگاهی خود می‌کشم متوجه می‌شوم بخش اعظم خشم پنهانی و سرکوب شده من ناشی از ترس و از جنس ترس است و اما اکنون که متوجه شده‌ام از الگوهای احساسی گذشته پیروی نمی‌کنم در عوض در جهت حل‌وفصل احساساتم

۱- Defensive Structure

قدم برمی‌دارم مثل:

* احساسات واقعی، تضادهای اساسی، اضطراب اساسی و خشم اساسی[1].

به سه نکته مهم اشاره کرده‌ام که امیدوارم به خوبی درک شود:

* **احساسات و عواطف منفی و ناخوشایند بد نیستند. این احساسات نتیجه طبیعی عشقی هستند که درون ما سرکوب و مدفون شده است. این احساسات تنها موقعی خطرناک هستند که به جای آنکه «ابراز» شوند، «اعمال» شوند.**
* **هنگامی که خشم خود را سرکوب می‌کنیم، تمامی احساسات مخفی درون آن را نیز سرکوب مدفون شده است. بدین‌ترتیب ارتباط خود را با عشق از دست می‌دهیم. بدین‌ترتیب ارتباط خود را با عشق از دست می‌دهیم.**
* **هنگامی که قادر نیستیم خشم خود را به طریق سالم و سازنده حل‌وفصل کنیم، ناپدید نخواهد شد بلکه به طریقی در درون ما تلنبار خواهد شد. چنانچه خشم سرکوب شود، درون ریز خواهد شد و به خودمان آسیب خواهد زد. ما همیشه احساس خستگی، بی‌نشاطی و ناامیدی می‌کنیم چرا که قسمت اعظم انرژی حیاتی خود را صرف پنهان کردن و سرکوب کردن خشم کردیم.**

۲. **برتری‌طلبی:**

فرزانه شاکی بود که ژوبین چنان تمایلات و حالات خشن و گستاخانه‌ای در خود پرورانده است که از حوصله من خارج است که با او دربیافتم. گاهی خیلی بددهن، فحاش و تند و تیز و تهاجمی می‌شود. گاهی آن را با لعاب ادب و نزاکت، انصاف و دوستی و خیرخواهی می‌پوشاند. طبق مشخصات داده شده ژوبین خصوصیات «برتری‌طلبی» دارد.

۱- Actual Self, Basic Conflict, Basic Anxiety and Basic Hostility.

این تیپ هم مانند تیپ مهرطلب «اضطراب اساسی» دارد. احتیاجات او نیز همه اجباری، بی‌اختیاری، بی‌تفاوت و کور هستند. اینکه تیپ برتری‌طلب مانند مهرطلب اضطراب خود را ظاهر نمی‌سازد، در وجود او دائم تشویش و اضطراب نهفته است؛ منتها ضعف را پنهان می‌کند. در عوض از خود جسارت و خشونت نشان می‌دهد. به نظر تیپ برتری‌طلبی زندگی صحنهٔ جدال و مبارزه است. مبارزه انسان با انسان. یکی از احتیاجات مبرم برتری‌طلب این است که بر دیگران حاکمیت، کنترل و تسلط داشته باشد. چنین احتیاجی شکل‌های مختلف به خود می‌گیرد گاهی با صراحت و مستقیماً قدرت خود را به دیگران تحمیل می‌کند، گاهی تحت عنوان حسن‌نیت و علاقه به امور دیگران در کارشان دخالت می‌نماید. تمایلات سادیستی او میل به اینکه دیگری را ابزار هدف‌های خود قرار دهد و آنها را تخفیف و تحقیر نماید.

احتیاج شدید به کسب موفقیت، پرستیژ و کسب شهرت دارند چون در جوامع امروز این‌ها نماینده نیرو و قدرت‌اند. عشق به نظر او چندان اهمیتی ندارد. به‌هرگونه روابط عشقی و ازدواج فقط از نظر موقعیت اجتماعی و پرستیژ خودش نگاه می‌کند. یعنی همسر او جذاب، حیثیت اجتماعی بالا، زیبایی و ثروت که به پرستیژ او کمک کند. همان‌طورکه دیدیم او از ضعف و ناتوانی بسیار تنفر دارد. بنابراین همیشه سعی می‌کند کارهایش بی‌عیب و ایراد باشد. در محیط کار خود را کاردان، باهوش و جدی نشان می‌دهد. چنان در شغلش شوق و استعداد نشان می‌دهد که به عنوان کارمند خوب شناخته می‌شود در صورتی‌که هدفش کسب پرستیژ و مقام است نه نفس کار.

در روابط زناشویی طبق تجربه فرزانه تمام احساسات، عواطف واقعی خود را خفه می‌کند و آنچه ما به عنوان عشق در او می‌بینیم چیزی جز تلاش‌های عصبی برای حفظ وجود خودش نیست.

از ژوبین پرسیدم: «آیا گفته‌های همسرت را تأیید می‌کنی؟» او گفت: «من آدم قوی، صریح، درست و واقع‌بین هستم به نظر می‌رسد. بی‌توجهی و بی‌علاقگی خود را نسبت به فرزانه از صداقت و درستکاری خود تصور می‌کند. ابراز

احساسات نوع دوستانه و رأفت و مهربانی را نوعی تظاهر می‌داند و آنها را رد می‌کند. این تیپ هرگونه احساس ملاطفت و نرمی را در خودش خفه می‌کند چون مخالف ساختمان روحی اوست.»

تعهد برای برقراری ارتباط و روبه‌رو شدن با مسائل و مشکلات

با ژوبین چندین جلسه از ریشه‌درمانی، رفتاردرمانی که از تاکتیک‌هایی:

بازشناسی، بازسازی و در ادامه‌اش سم‌زدایی عاطفی و از روش‌های دیگر روان‌شناسی انسانی که در گفتارهای قبلی از آنها یاد شد پرداختیم.

فرزانه از پیشرفت رفتاری ژوبین بسیار خرسند و همکاری پیگیرانه را از او دریغ نمی‌کرد. فرزانه بسیار به تعهد ازدواج پایبند است. فرزانه می‌گوید در میان آنچه ما داریم ارزشمندتر از هر چیز تعهد است.

من در تأیید و سپاس از فرزانه اضافه کردم: «دوست داشتن یکدیگر به‌طور کامل و به ژرفایی که خودمان بر آن قادر و آگاهیم بسیار ارزشمند است. این تعهدی از آن‌گونه نیست که به دیگران آشکار کرده، یا شاید، خودمان با صدای بلند به یکدیگر گفته باشیم. زیرا یک قطعه الماس یا حتی یک بند طلایی ساده نشانه تعهد نیست. آن تعهد با زمان، یا حتی فاصله مکانی و اینکه از هم دور باشیم یا نزدیک توصیف نمی‌شود. بلکه تعهدی زنده و جاندار است؛ هر بار که حقیقت را می‌گوییم، هر بار که یکی از ما حاضر است از دیگری پشتیبانی کند و به او آرامش دهد.» مثل: (فرزانه حامی گرم برای ژوبین با کوله بار سنگینش) هر بار دیدگاه یا احساس جدیدی را بی پرده در میان می‌گذاریم، آن تعهد تأیید می‌شود.

۳. عزلت‌گزینی:

به شکایت سیما که از همسرش بهنام دارد؛ اینکه او با ما به مهمانی و به دیدار اقوام نمی‌آید و علاقه‌ای برای معاشرت ندارد؛ حتی سعی دارد از ما هم کناره‌گیری کند؛ می‌پردازیم.

سومین چهرهٔ تضاد اساسی درونی، «عزلت‌گزینی» و دوری از مردم است.

ابتدا ببینیم منظور از عزلت‌گزینی عصبی چیست؟ مسلماً اینکه شخص بخواهد گاهی تنها باشد؛ دلیل عصبیت نیست. هر کس برای اینکه خودش و زندگی‌اش را جدی بگیرد، لازم است گهگاهی در تنهایی و تفکر به سر برد. فقط وقتی می‌توان عزلت‌گزینی را عصبی دانست که علت آن ترس و انزجار از آمیزش با دیگران باشد.

شدت و ضعف حقیقی تمایلات عزلت‌گزینی و بیگانگی اشخاص عصبی از مردم، بستگی دارد به اینکه در کودکی‌اش تا چه حد از دیگران آزار دیده و رابطه انسانی آنها با او خشن و ناهنجار بوده است. از خصوصیات بارز تیپ عزلت‌طلب «بیگانگی از خویش» است. شخص عزلت‌طلب از لحاظ عواطف، احساسات و به‌طور کلی قسمت‌های روحی، دچار نوعی بی‌حسی و کرختی است. مثلاً:

خود را آن‌طورکه واقعاً هست نمی‌شناسد.
نمی‌داند به چه چیز عشق و علاقه دارد.
نمی‌داند از چه چیز متنفر است.
نمی‌داند از چه چیز می‌ترسد.
نمی‌داند هدف‌ها و اعتقاداتش چیست.

البته این صفت هم فقط خاص تیپ عزلت‌طلب نیست؛ بلکه در همهٔ تیپ‌های عصبی، نسبت به شدت و ضعف عصبی نشان چنین بی‌حسی و ناآشنایی وجود دارد. اشخاص عصبی مثل هواپیمایی هستند که دستگاه کنترلشان در خارج از آنهاست و بوسیله دستگاه‌های مکانیکی جدا از خودشان هدایت و رانده می‌شوند.

مهم‌ترین صفت مشخصه تیپ عزلت‌طلب احتیاج درونی شدیدی است به اینکه از لحاظ روحی و عاطفی همیشه یک فاصله‌ای بین خودش و دیگران برقرار می‌سازد و هم آگاهانه و هم ناآگاهانه سعی در عدم آمیزش دارد. از ازدواج به دو دلیل گریزان است. یکی آن را تحمیل و فشار احساس می‌کند. دوم اینکه او را در تماس نزدیک با دیگری قرار می‌دهد.

شخص عزلت‌طلب حتی از برقراری رابطه جنسی هم با وجود موقتی بودنش امتناع می‌کند و تمایلات و احتیاجات جنسی خود را با استفاده از تخیل یا بوسیله استمناء ارضاء می‌نماید. او به دور خود یک پردهٔ نامرئی می‌کشد و سعی می‌کند نگذارد کسی وارد حریم تجرد و رویایی او گردد. فرد عزلت‌گزین، خودکفایی یا خودبسندگی را بنا به ضروریات روحیش ناچار به دوری و گریز از مردم مجبور است حفظ و موقعیت خود را طوری بسازد که کمتر بـه دیگران احتیاج داشتـه باشد. برای اینکه بتـواند تنهایی را تحمل کند، احتیاج دارد در ذهن، خود را مهم و برجسته تصور کند. یعنی می‌خواهد عزلت‌گزینی و دوری از دیگران را به علت فرد ممتاز بودن از توده مردم قلمداد و توجیه کند. خود را به درختی تشبیه می‌کند که تک و تنها بر بالای تپه‌ای روییده و از نور خورشید به حداکثر بهره‌مند می‌شود. درحالی‌که انبوه درختان پایین تپه از نور کافی محرومند.

در اینجا بهنام در ذهنش می‌گوید:

«من از دانستن اینکه خداوند دانای مطلق است زیاد خشنود نیستم زیرا همیشه تصور می‌کنم او به همه اسرار من واقف است.»

سیما باید حقیقت ناشی از تمایلات و احتیاجات عصبی اجباری و ناشی از ترس و اضطراب‌های عمیق درونی بهنام را بداند. که عکس‌العمل دفاعی شدید او ناشی از ضعف درونی و عصبی بودن او است.

تعهد برای برقراری ارتباط و روبه‌رو شدن با مسائل و مشکلات

با بهنام چندین جلسه از ریشه‌درمانی، رفتاردرمانی و شفای کودک درون که از تاکتیک‌های نامبرده شده در گفتارهای پیشین گفتکو کردیم و به درمان مشکلاتش پرداختیم.

سیما هم از پیشرفت رفتاری بهنام بسیار خرسند و همکاری پیگیرانه را از او دریغ نمی‌کرد. سیما بسیار به تعهد ازدواج پایبند بود. و می‌گفت در میان آنچه ما داریم ارزشمند از هر چیز تعهد و امنیت و معنا دادن به روابط مهرآمیز پیوند ما است.

بعد از جلسات طولاتی که با این سه زوج داشتم متوجه شدم که هر سه مدل رفتار نام برده آنها برای در امان بودن از شر و آزار اطرافیان به یکی از سه طریق منحصراً پناه نمی‌بردند، بلکه از هر سه طریق توأماً استفاده می‌کنند. منتهی از بعضی صریح و مستقیم و از بعضی دیگر به‌طور غیرمستقیم.

شخص عصبی کمی حصار و وسایل دفاعی در اطراف خود بنا می‌کند تا از آزار علنی آن در امان باشد. این حصارها یا وسائل دفاعی طوری تضاد اساسی را در خود می‌پوشانند که هرگز نمی‌توان آنها را به‌طور واضح و روشن، آن‌طورکه واقعاً هستند، بدون پرده مشاهده کرد. در نتیجه آنچه به ظاهر دیده می‌شود. بیشتر تلاش‌ها و حیله‌های دفاعی است که شخص برای پوشاندن یا کنار آمدن با تضادها بکار می‌برد نه خود آنها.

*** شاد زیستن لازمه بکار گرفتن خلاقیت ماست. فراموش نکنیم که ما یک انسان خلاق هستیم. اگر حتی بخشی از خلاقیت خود را استفاده کنیم هم می‌توانیم در بدترین شرایط ناراحت نشویم و حتی گاهی همچنان خوشحال بمانیم.**

زن و شوهر سالخورده‌ای را ملاقات کردم که تنها فرزند خود را در اثر تصادف از دست داده بودند.آنها این مرگ و فقدان را خیلی جدی نگرفته بودند و حتی تلاش دوباره آنان برای بچه‌دارشدن ناموفق مانده بود؛ وضعیت روانی آنان تغییر نکرده بود. تا سال‌ها پس از مرگ فرزندشان مردم به آنها می‌گفتند: «آیا غم‌انگیز نیست که بچه جذاب را از دست داده‌اید؟» چقدر خوب می‌شد که الان شما صاحب نوه شده بودید. حتماً بابت این فقدان خیلی غمگین هستید!

آنها نیز بلافاصله جواب دادند: «اوه نه. وقتی ما به مرگ فرزندمان فکر می‌کنیم، اصلاً غمگین نمی‌شویم.» همه می‌پرسیدند: «غمگین نمی‌شوید؟» «البته که غمگین نمی‌شویم او پسر خوبی بود و تا وقتی که زنده بود زندگی خوبی داشت. و حالا که رفته یقین داریم که خدا در بهشت مراقبش است پس اصلاً اتفاقی

که برایش افتاده غمگین نیستیم.» این زن و شوهر سپس لبخند آرامش بخشی می‌زدند و دیگران و خصوصاً خودشان را متقاعد می‌کردند با وجود این فقدان دردناک، خیلی خوشبخت بودند.

منظورم این است که مردم می‌توانند احساسات خود را تغییر بدهند. آنها با خلاقیت خاصی می‌توانند نوع احساس خود را تعیین کنند.

خانم صنم به من مراجعه کرد، او گفت: «من می‌خواهم بدانم که با از دست دادن همسر محبوبم چطور می‌شود با این فقدان بزرگ برخورد عاقلانه بکنم؟»

به او گفتم: «با قبول اینکه شما نمی‌توانید اوضاع را عوض کنید هر چند دوست نداشتید چنین اتفاقی بیفتد. قاطعانه به خودتان بگویید مرگ حق است. همه روزی می‌میرند.» شما می‌توانید بگویید: «من از مردن او واقعاً متأثرم و واقعاً معاشرت و موهبت بزرگی را از دست داده‌ام. ولی می‌توانم به ایام خوشی که با هم داشتیم فکر کنم. او خیلی به تو لطف می‌کرد. و خیلی خوشحالت می‌کرد. ولی این خود احساس شما بود و شما می‌توانید این احساسات را با دیگران هم داشته باشید. و با دیگران خوش باشید.»

عنایت‌خان می‌گوید: «قلب شما تا آن زمان که درد را تجربه نکند، زنده نیست... درد عشق، گشایند دروازه دل است. حتی اگر دروازه آن سخت‌ترین سنگ‌ها باشد.»

حالا به او گفتم: «فکر کنید که برای افزایش عشق ورزیدن خودت و پیدا کردن آدم‌های مناسب و دوست‌داشتنی چه کار می‌توانی بکنی؟»

صنم در پاسخ گفت: «دیگر هیچ چیزی برای من لذت‌بخش نیست! مثلاً دیگر از ورزش، کار، عشق و رابطه جنسی لذت نمی‌برم! آیا این‌ها دلیلی برای افسرده شدنم نیستند؟» به او گفتم: «نه لزوماً! البته رضایت و شور و لذتمندی شما تا حد زیادی کمتر می‌شود. ولی بطور کامل از بین نمی‌رود. مگر آنکه با گفتن این جمله به خودتان که بایدها باشد؛ زندگی خود را خراب و افسرده کنید. اگر مثل سابق از ورزش، کار، رابطه جنسی، لذت نمی‌برید، تا وقتی زنده هستید، می‌توانید چیزی برای لذت بردن پیدا کنید.» صنم پرسید: «چه چیزی؟ گفتم خود

کتایون شیرزاد

فکر کردن می‌تواند لذت‌بخش باشد. حتی تلویزیون دیدن! به شرط آنکه این‌قدر به خودتان نگویید زندگی بدون فلان لذت‌ها، اصلاً رضایت‌بخش نخواهد بود.»

«صنم، شما یک انسان متعهد هستید. تعهد شما به زمان و مکان و اینکه از همسرت دور یا نزدیک توصیف و محدود نمی‌شود. بلکه تعهدی زنده و جاندار است؛ هر بار که حقیقت گفته می‌شود به شما آرامش می‌دهد. هر بار که دیدگاه یا احساس جدیدی را بی‌پرده در میان گذاشتیم آن تعهدتان تأیید شده است.»

درد پر معنا اقتباس از فرهنگ ژاپنی که هر شکسته‌ای را با طلا ترمیم می‌کند

* **در پشت هر مرد بزرگ، زنی بزرگ است و برعکس**

درحالی‌که منیژه گریه‌کنان شکایت خود را در مورد بی‌توجه بودن امیر نسبت به خود و کم وقت گذاشتن با خانواده ادامه می‌داد، امیر اعتراض کرد و اشاره کرد که من مدیریت کل اداره و مسئولیت بخش اصلی کارخانه را به عهده دارم.

شما همه امکانات و تسهیلات زندگی را از تلاش و کار زیاد من دارید. در گرما گرم گفت‌وگوشان مرد جوانی روزنامه گذاشت جلوی در دفترمان که ما در حال گفت‌وگو بودیم نگاهی انداخت به داخل پنجره اطاق. منیژه بلند شد و سرش را از پنجره بیرون کرد و با او گفتگوی خوبی داشت. امیر از منیژه پرسید: «آیا آن مرد را می‌شناختید؟» آنان در دوران تحصیل به یک دبیرستان می‌رفتند و به مدت یک سال با هم نامزد بودند. امیر با لحنی آکنده از غرور گفت: «هی خانم، شانس آوردی که من پیدام شد. اعتراض به من نکن. اگر با اون ازدواج می‌کردی، به جای زن مدیر کل، همسر یک کارگر روزنامه شده بودی.» منیژه پاسخ داد: «عزیزم، اگر من با اون ازدواج می‌کردم؛ اون مدیر کل بود و تو کارگر روزنامه!»

البته بعد از شوخی منیژه و امیر من اضافه کردم که می‌تواند بر عکس آن هم مصداق داشته باشد. آن دو بعد از چندین جلسه گفت‌وگو به این نتیجه رسیدند که آقای امیر یک دستیار به‌طور نیمه وقت در محل کارش استخدام کند تا بتواند اوقات بیشتری را با خانواده خودش بگذراند. منیژه هم تصمیم گرفت که به‌طور نیمه وقت به فعالیت اجتماعی شغلی‌اش رجوع کند. این تصمیمات با تفاهم هر دو گرفته شد.

در یک جلسه سخنرانی که دعوت شده بودم موضوع بحث در مورد پیوندهایی که بدون رضایت و حمایت والدین انجام می‌شوند بود. با دلیل‌هایی که ممکن است باورهای مذهبی، نژادی، ملیت، رنگ پوست، اختلاف سنی و... باشند.

ما در این ارتباط جوان می‌مانیم و در این ارتباط عاقل می‌شویم. این ارتباط منشأ عشق و دانایی است. این پیوند در ما احساس زیباترین زن، زیباترین مرد و قوی‌ترین فرد را می‌دهد. و فلسفه ما هم ساده‌زیستی را پیشنهاد می‌کند. (مولوی که در اوج قلّهٔ عرفان شرق ایستاده یا در عرفان بودیسم و عرفان هندویسم، همچنین ساده‌زیستی به نحو احسن نگاشته شده است).

من اضافه کردم:

الیزابت بارت و رابرت برانینگ دو شاعر که نامه‌هایشان در ادبیات انگلیس آمده است.

به دلیل مخالفت پدر، آنان محرمانه مکاتبه می‌کردند. خاطرات آنها شامل احساسات انسانی، آکنده از شادی، تأسف، اعتماد و عشق مدام را در بردارد.

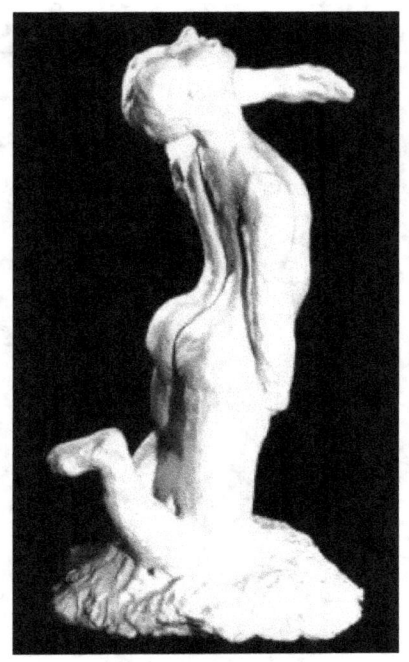

نام اثر: تندیس اعتماد به نفس

خالف اثر: کتایون شیرزاد

اگر این پیوند در کار نبود شاید جهانیان هرگز نمی‌توانستند از مکالماتی مانند این لذت ببرند:

چگونه تو را دوست داشته باشم؟

اجازه بده حرکات گونه‌هایت را برایت برشمارم من تو را به عمق پهنا و بلندا دوست دارم.

وقتی که احساس دور از دسترس است، روحم در دسترس قرار دارد.

وقتی که، برای اهداف بودن و محبت مطلوب احساس دور از دسترس است، روحم در دسترس قرار دارد.

تو را به اندازهٔ بیشترین نیاز ناگفتهٔ هر روز.
به اندازهٔ نور خورشید و نور شمع، دوست دارم.
تو را آزادانه دوست دارم، همچنان که انسان‌ها مشتاق حق‌اند.
تو را به گونه‌ای ناب دوست دارم، همان‌گونه که آنان نیایش خدا را می‌کنند.
تو را با احساسی که در غم‌های دیرینه‌ام داشته‌ام و با ایمانی که در دوران کودکی از آن برخوردار بودم دوست دارم.
تو را با عشقی که به‌نظر می‌رسید با از دست دادن والدینم از کف داده‌ام، دوست دارم، تو را با نفس تبسم‌ها و اشک‌های تمام زندگی‌ام دوست دارم!
و اگر خدا بخواهد پس از مرگ تو را بهتر دوست خواهم داشت.

یوجینا پرایس می‌گوید:

به نحو عالی انجام دادن کارهای کوچک، منجر به زندگی عالی می‌شود.

فرزاد و فرشته، مراجع قدیمی‌ام که پایداری در عشقشان باعث شد که والدینشان بعد از سال‌ها قهر، ایمان به پیوند مهرآمیزشان بیاوردند و معاشرت را با آنها از سربگیرند. یادداشت فرزاد را با تغییرات جزئی با شما سهیم می‌شوم.

سه شنبه‌ها

فرشته همسر من است. عشق من و بهترین دوستم. زندگی زناشویی ما در این مدت پانزده سال نه تنها پایدار مانده بلکه به نحو مؤثری رشد نیز کرده است. صادقانه می‌گویم در این مدت زندگی مشترک عشق و علاقه من به فرشته ذره‌ای کم نشده است. در واقع هر چه بیشتر با هم زندگی می‌کنیم، بیشتر درمی‌یابم که شیفته زیبایی او هستم. بهترین لحظات در زندگی‌ام اوقاتی است که با هم هستیم. وقتی آرام تلویزیون تماشا می‌کنیم. یا اینکه بعدازظهرها به پیاده‌روی می‌رویم. علت دوام ازدواج ما اهمیت دادن به خواسته‌های یکدیگر است و هرگز حالت عاشقانه‌ای را که در نخستین دیدارمان به شکوفا شد را از دست ندادیم. ما حالت عاشقانه را با یاری همدیگر حفظ کردیم. من و فرشته در طی هفته نمی‌توانیم زیاد همدیگر را ببینیم. آخر هفته تنها روزهایی است که می‌توانیم همدیگر را ببینیم. که آن هم سریع می‌گذرد. و روزهای وسط هفته طولانی به‌نظر می‌آید.

کتایون شیرزاد

هر دو به این نتیجه رسیدیم که در صدد کاری باشیم تا روزهای هفته به سرعت بگذرد. پانزده سال قبل با مشورت شما، مشاورم در یک روز سه‌شنبه چنین کاری انجام شد. بی‌هیچ مناسبتی، کارتی تهیه کردم و به فرشته دادم. و در آن نوشته بودم که چقدر دوستش دارم و چقدر به او می‌اندیشم. به این ترتیب هفته‌ها و ماه‌ها و سال‌ها گذشت. هر سه‌شنبه مأموریت عاشقانه من تهیه کارت مناسب بود. و به این جهت، به بسیاری از فروشگاه‌های هنری و کارت سر می‌زدم و وقت زیادی را صرف خواندن متن کارت‌های مختلف می‌کردم. تا کارتی را که گویای خواسته قلبی من و شایستگی او هست بیابم.

تصویر و کلمات در آن می‌بایست به نوعی فرشته و زندگی مشترک را بیاد می‌آورد. و لازم بود کارت، احساس خاصی را در من برانگیخته سازد، وقتی با خواندن مطالب کارتی، اشک شوق در چشمانم درمی‌آورد، آن مناسب‌ترین بود. همچنان هر سه‌شنبه، فرشته به امید دریافت کارتی از من از خواب بیدار می‌شود با گشودن پاکت و خواندن مضمون کارت، از شدت هیجان، به لرزه درمی‌آید. من نیز هنوز وقتی که کارتی به او می‌دهم. دچار هیجان احساسی می‌شوم.

از فرزاد پرسیدم که فرشته با این همه کارت‌ها در طول پانزده سال چه می‌کند؟ در پایین تختخواب ما صندوقچه‌ای پر از کلکسیون کارت‌های پانزده سال اخیر وجود دارد. صدها و صدها کارت که هر یک مملو از عبارات عاشقانه پر از امید، تشویق و تحسین است. می‌توانم امیدوار باشم که زندگی مشترکمان آنقدر دوام می‌یابد که ده صندوقچه را از پیغام‌های هفتگی پر شود. پیام‌هایی از عشق و مهربانی و بیشتر از هر چیز تقدیر به خاطر شادی و نشاطی و دلبندی و دلبستگی‌های سالم و عاطفهٔ عریان و پایه‌داری در یک رابطه عاطفه پایدار که به ما هویت روانی بخشیده همه این‌ها را که فرشته به زندگی من و بچه‌هایمان ارزانی داشته است دلیل ثبات ازدواج شده است.

من به عنوان مشاور آنها توانستم با یک تکنیک ساده که همان تقدیم هفتگی کارت عاشقانه بود عشق و زندگی پرشور آنها را محکم و ادامه‌دار سازم. آری در روان‌شناسی پیشگیری، ساده زیستن یکی از بهترین راه‌های درمان استرس،

۱۴۵

اضطراب و افسردگی در جهان سخت و پریشان امروز است.

ساده‌زیستی: به عبارت دیگر هرگز فعالیت‌های ما را کم نمی‌کند، بلکه به سمت و سوی سلامت روانی و ارتباط عاطفی ما هدایت خواهد کرد.

آگاهی از روان‌شناسی ساده‌زیستی، و آشنایی با نیازهای طبیعی و جدا کردن نیازهای سخت مانند کنترل استرس، نیاز به کارآیی و خلاقیت بیشتری دارد.

روزی در حال پیاده‌روی بودم که از دور اسم خودم را شنیدم رویم را برگرداندم، او را اول به جا نیاوردم، کمی که به من نزدیک‌تر شد او را در آغوش گرفتم. سهیلا یکی از مراجعین قدیمی من بود. ما هر دو از دیدار همدیگر بسیار خوشحال شدیم. او دعوت مرا برای نوشیدن یک فنجان قهوه پذیرفت. سهیلا خیلی از زندگی خود اظهار خشنودی ابراز کرد و گفت که فرمول‌هایی را که در جلسات یاد گرفته بود به خوبی بکار برده سهیلا این‌طور شروع کرد:

وقتی که من و بهرام آموخته‌هایمان را از جلسات شما بکار بردیم، تصمیم گرفتیم که زندگی‌مان را ساده کنیم، یکی از اولین کارهایی که کردیم حذف آبونمان مجلات و روزنامه و اخبار تلویزیون بود. در آن هنگام دو هدف داشتیم:

۱. ایجاد وقت بیشتر برای مطالعاتی که واقعاً مورد علاقه‌مان بود.

۲. حذف برنامه‌ها که باعث آشفتگی‌های جسمانی، عاطفی و روانی که به خانه ما راه می‌یافت.

به هنگام درون‌نگری شاید بخواهیم از زمانی که صرف پیگیری رویدادهای جاری می‌کنیم، بکاهیم. هیچ چیز به‌ویژه در آغاز راه نمی‌تواند سریع‌تر از چند خبر نامطبوع، آرامش جانت را بر آشوبد.

سهیلا ادامه داد که خودم پس از سال‌ها گوش دادن منظم به اخبار، دریافتم که خاموش کردن تلویزیون به منظور ایجاد فضایی برای پیام‌های مثبت می‌تواند کامیابی عظیمی محسوب شود.

من گفتم: اگر راه معنویت را در پیش گرفته‌اید، احتمالاً آرزوی رشد برایتان شدیدتر از نیاز به اطلاعات بی‌وقفه خواهد بود. دست کم شاید بخواهید نوع و

میزان اخباری را که با آن مواجعه می‌شوید، انتخاب کنید. حتی حذف میزانی از شنیدن اخبار نامساعد نیز می‌تواند راه گشا باشد.

سهیلا گفت: واقعاً، گاهی تعطیلات آخر هفته هم که صدای تلویزیون و دستگاه‌های صوتی، رخصت نمی‌دهد، صدای اندیشه‌هایمان را بشنویم. من هم در تأیید حرف‌های سهیلا اضافه کردم، که اگر ما چشم‌ها و حس‌هایمان را بگشاییم تا افرادی که هدف‌ها و علایقی مشابه‌مان دارند گاه به شیوهٔ عینی‌تری می‌توان وضعیت و پیشرفت‌مان را ارزیابی کنند.

پیشنهاد می‌دهم که اگر گروه‌های کوچکی از افراد که نسبت به رشد یکدیگر متعهدند تجربه نکرده‌اید، به شدت آن را توصیه می‌کنم. احاطه خویشتن میان همفکران می‌تواند فضایی برای تحول راستین معنوی بیافرینند.

سهیلا اضافه کرد: رسیدن به سطحی از سادگی درون یا تجربه روشنایی جان، امکان انتخاب هوشمندانه و چیزهایی که در زندگی‌مان پرمعنا هستند به وجود می‌آورد. و این امر برای من و بهرام موجب نیک‌بختی، آرام جانمان و رابطه ما با همدیگر و بچه‌هایمان گردید.

من ضمن لذّت بردن گفت‌وگو با او و سپس چند توصیه راه گشا از «الین سنت جیمز» نویسنده کتاب‌های زندگی معنوی برای ساده کردن زندگی که آموخته بوده‌ام با سهیلا عزیز سهیم شدم:

۱. **یاد بگیریم که از سکوت لذت ببریم.**

به همگام آغاز سفر درونی خود، طبیعتاً می‌خواهیم تا حد امکان از اغتشاش و هیاهوی بیرون بکاهیم تا بتوانیم ندای درون خود را بشنویم. بگذاریم در سکوت احاطه شویم. و از آن مدت زمان برای حضور در لحظه سود جوییم، به جای این که بگذاریم آن اصوات یا تفریحات ما را از حیات و عالم درونمان دور گردانند.

۲. **هر روز مدتی در طبیعت باشیم.**

ما باید طبیعت و فضای آزاد را به عنوان بخشی مکمل از خود، نیروی حیات‌بخش، شفادهنده و الهام‌بخش در نظر بگیریم. مانند پیاده‌روی با نفس عمیق و جان‌بخش

در آفتاب یا باران، از تماشای درختان، پرندگان و گل‌ها به وجد بیاییم. هرگاه شرایط هوا مناسب باشد، بهتر است خوراک خود را در فضای آزاد صرف کنیم و در این زمان برای اتصال به طبیعت بهره ببریم. با چند نفس عمیق، به جسم و جان خود نیرو بدهیم و همسر و فرزندانمان را تشویق کنیم که به این تجربه با ما بپیوندند.

۳. **گهگاه در سکوت غذا بخوریم.**

به جای اینکه بی‌هیچ تأملی به سوی غذا بشتابیم، هر یک از ما می‌توانیم در سکوت و با توجه به آنچه می‌خوریم، فوایدی را که برای جسم و روحمان دارند، پذیرا شویم. گاهی اوقات، با پرحرفی یا پخش دستگاه‌های صوتی، آنقدر از توجه به غذای خود غافل می‌شویم که حتی نمی‌فهمیم چه خورده‌ایم یا طعم آنچه خورده‌ایم چگونه بوده است.

۴. **دریابیم برای بهبود سلامت روان و جسم به چه نیاز داریم.**

همه ما در درون خود توانایی شفای خویش را داریم. آرام گرفتن و آموختن درون‌نگری، و گوش سپردن به ندای درونی، اغلب به شناسایی بهتر خود کمک می‌کند.

۵. **با خلاقیت وجودمان تماس حاصل کنیم.**

توانایی تماس با خلاقیت وجودمان، و آموختن «بودن محض» و آموختن خلاقیت، در واقع دو روی یک سکه است. اکنون که زندگی‌مان را ساده ساخته‌ایم فرصت داریم که جستجوی رشد درونمان بتواند راه گشا باشند.

۶. به مساعدت زمان توجه کنیم.

مسعود این‌طور شروع کرد: «پیش از اینکه آرام بگیرم، پیام‌ها و انطباق‌های زمانی همیشه وجود داشتند. اما خودم آنقدر مشغول بودم که به آن‌ها توجه نمی‌کردم. حتی اگر آن‌ها را حس می‌کردم یا می‌شنیدم، باور نمی‌کردم. منظورم این نیست که اکنون همه چیز برایم عالی و بی‌نقص پیش می‌رود، اما آموخته‌ام که وقتی امور آرام و عالی پیش نمی‌روند، بهتر است خودم آرام بگیرم و گوش بسپارم. هرگاه به انطباق و هماهنگی باز می‌گردم، امور طبق گفته شما جریان طبیعی خود را پیدا می‌کنند.»

من اضافه کردم: «کاستن از شتاب درون‌مان و درون‌نگری کمک می‌کند تا زندگی‌مان به شکل دلخواهی که می‌خواهیم، درآید. این کار فضای بیشتری به ما می‌دهد و با مساعدت زمان، بخش طبیعی و شاد زندگی‌مان می‌شود.»

۷. از شتاب و خشم خویش بکاهیم.

هیچ چیزی به اندازه مهربانی در روابط زناشویی ضامن حفظ رابطه نیست. مهربانی یعنی آن‌قدر آزادانه بودن که بتوانید به راحتی بر خشم خود غلبه کنید. در لحظاتی که دیگری را می‌زنیم، تحقیر می‌کنیم و حقوقش را از او می‌گیریم، این کار را معمولاً از روی خشم انجام می‌دهیم. بنابراین، باید توانایی کنترل خشم را در خود پرورش دهیم. اگر این نوع رفتار از عادت ناشی می‌شود و بعدها از آن پشیمان می‌شویم، باید تلاش کنیم تا این عادت‌ها را ترک کنیم.

دقیقا در همان لحظه‌ای که زندگی‌تان را با کسی تقسیم می‌کنید، با او سقف خانه‌تان، جسم و روح‌تان را به اشتراک می‌گذارید، آینده و اهداف مشترک را نیز باید به هم گره بزنید. در این مسیر، بیایید همه جنبه‌های زندگی‌مان را با دقت آزمایش کنیم تا ببینیم در کدام بخش‌ها می‌توانیم از عادات ناسالم و شتاب‌زدگی‌های بی‌مورد بکاهیم. کاهش شتاب در زندگی به ما کمک می‌کند تا احساساتمان را بهتر درک کرده و ارتباط بهتری با ضمیر درونی‌مان برقرار کنیم.

۸. واقع‌بین باشیم.

و آنچه را که برای زندگی‌مان نمی‌خواهیم، باید مشخص کنیم. اگر همسر و فرزند(فرزندان) داریم و در عین حال شاغل و مسئولیت‌پذیر هستیم، ممکن است تنها سه یا چهار اولویت اصلی در زندگی‌مان وجود داشته باشد که قادر به رسیدگی به آن‌ها هستیم. هدف این است که از قدرت رشد درونی‌مان بهره‌برداری کنیم. بنابراین، هنگامی که تصمیم به ایجاد تغییرات در زندگی و برنامه‌هایمان می‌گیریم، باید واقع‌بین باشیم و تلاش کنیم تا میان اهداف بیرونی و درونی‌مان موازنه‌ای ایجاد کنیم. به یاد داشته باشیم که ممکن است نتوانیم همه کارهایی که می‌خواهیم انجام دهیم، محقق کنیم.

۹. از هر لحظه کام بجوییم.

زندگی توالی پی‌درپی همین لحظه‌هاست. وقتی سپیده بسیار مضطرب و نگران صحبت می‌کرد؛ به او گفتم: «بسیاری از ما، بسیاری از لحظاتمان را با حسرت گذشته سپری می‌کنیم، یا با زمان حال می‌ستیزیم، یا دل نگران آینده‌ایم. و به این شیوه فرصت‌های بسیاری را از دست می‌دهیم.»

سپیده گفت: «من با دلشوره‌هایم چکار کنم! دلشوره ناشی از نگرانی، افسوس و اضطراب، عاداتی هستند که ما را در الگوهای قدیمی‌مان محبوس نگاه می‌دارند. اما به محض آگاهی از آن‌ها، خواهیم توانست این عادات را ترک کنیم. و ساده‌گرایانه، عادات کام‌جویی از زندگی را در خود پرورش بدهیم. سپیده گفت: اگر بگذارند!»

گفتم: «ما باید مسئولیت زندگی‌مان را خود به عهده بگیریم. اگر از اوضاع و شرایط خود ناراضی هستیم، به جز خودمان هیچ کسی دیگر را نمی‌توانیم ملامت کنیم. ما باید تلاش آگاهانه برای کامروایی و هر تغییری را که برای احساس خوشبختی و شادمانی خود لازم داریم به وجود بیاوریم که باعث رشد درونمان گردد.»

۱۰. زمانی را صرف مطالعه بکنیم.

همواره مجموعه‌ای از کتاب‌های مناسب را در دسترس داشته باشیم. چه در قفسه کتابخانه، چه بر روی میز تحریر و در هر گوشه از خانه «حتی در اتومبیل» در هر کجا که ممکن است به آن نیاز پیدا کنیم. هنگامی که احساس نگرانی، دلسوزی، تنهایی، یا افسردگی کردیم، یا در حال قضاوت دیگران هستیم و اندیشه‌های منفی ذهن‌مان را پر کرده، یا در لحظات خشم و انزجار قرار داریم، کتابی مناسب را به دست بگیریم. کتاب‌ها منبعی ارزشمند برای کسب اطلاعات و هدایت به سمت آرامش و رشد درونی هستند.

۱۱. در رختخواب مطالعه نکنیم.

۱۲. به اندازه نیازمان بخوابیم.

بخش مهمی از رشد درون ما و برای تجدید قوای جسم و ذهن به خواب فراوان نیاز داریم. شب‌ها زودتر به بستر برویم آن را همچون موهبت گران‌قدر به خودمان هدیه بدهیم. در آن رشد کنیم و شکوفا شویم و رختخواب را بگستریم که به آن نیاز داریم.

ساده زیستن در روان‌شناسی پیشگیری، ساده زیستن یکی از بهترین راه‌های درمان استرس، اضطراب و افسردگی در جهان سخت و پریشان امروز است. ساده‌زیستی هرگز فعالیت‌های ما را کم نمی‌کند، بلکه به سمت و سوی سلامت هدایت خواهد کرد.

۱۳. ستاندن و جذب کردن را بیاموزیم. از مربی یوگا آموختم:

* این عادت را در خود پرورش بدهیم که که منافع آنچه را که به انجام می‌رسانیم، بستانیم و جذب کنیم. مانند: بعد از اتمام پیاده‌روی، پس از اتمام غذا، لحظه‌ای آرام بنشینیم هوشیارانه به منافعی که خوراک و ورزش برای جسممان در برداشته، توجه کنیم.

* وقتی کسی ما را تحسین می‌کند، به جای اینکه با بی‌اعتنایی تلقی کنیم، با تمام وجودمان آنها را بپذیریم. حتی از آن به وجد آییم.

این رویدادهای روزانه به مفهوم کاملاً راستین آنچه را که هستید می‌سازند. شادمانه در آنها غوطه‌ور شویم. بگذاریم همه یاری و یاوری آنها را بستانیم.

۱۴. راهمان را تنها راه حق ندانیم.

مارال می‌گوید: خوشبختانه من و سامان توانسته‌ایم دارای رابطه‌ای باشیم که هر یک تمایلات خود را دنبال کند، به انتخاب‌های دیگری حرمت نهاد، و آنچه را که می‌آموزد با دیگری سهیم کند. اما هر اندازه که با راه‌های متفاوت خود احساس آسودگی می‌کنم. بخشی از وجودم آرزومند است که هر دو در یک مسیر حرکت کنیم و مسلماً راه خودم.

بعد از گفت‌وگوی‌های زیاد و شناسایی‌هایی که در شفای کودک درون مارال مفید بود انجام شد؛ مارال خود متوجه شد که شاید هر دوشان تکامل یافته‌اند، ولی آن را به شیوه‌های متفاوت عیان می‌کنند.

من راهنمایی‌اش کردم: «وقتی که زندگی‌مان به توازن و تعادل برسد دیگر میان کشفیات برون و کشفیات درون تمایز قائل نمی‌شویم.»

۱۵. عضو گروه مناسب فکری خود بشویم.

چشم‌ها و حس‌هایمان را بگشاییم تا افرادی را که هدف‌ها و علایقی مشابه خودمان دارند ببینیم. گاه نیز چنین به نظر می‌رسد که هیچ اتفاقی نمی‌افتد. تماس با افرادی که از این راه آگاهند و این مسیر را طی کرده‌اند بسیار نیکو است. به گروه‌هایی که متعهدانه رشد درون را دنبال می‌کنند بپیوندیم. پیشرفت جمعی نه تنها انرژی گروهی را تعالی می‌بخشد، بلکه به رشد درون فردفرد علاوه بر توان آزما، مفرّح نیز می‌باشد و فضایی برای تحول معنویت ما می‌افروزد.

۱۶. خلوتگاه خود را بیافرینیم.

داشتن خلوتگاه خاص خودمان، برای رشد درونمان اهمیت بسیار بسزا دارد. در خلوتگاه‌مان می‌توانیم گوشه‌ای از اتاق، جایی که بتوانیم در آن سکوت و سکون درونمان، مطالعه و تجسم‌های خلاق بپردازیم و احساس کنیم. خودم یک مبل راحتی را در گوشه‌ای از اتاق، کنار پنجره‌ای گذاشته‌ام. در آنجا آسوده با پشت صاف، هوشیارانه مطالعه یا نوشتارم را انجام می‌دهم. همسر و فرزندانم هم

می‌دانند که وقتی آنجا هستم نباید دور و برم بیایند.

از مغز سمت راست خود سود جوییم.

در سال‌های اخیر بررسی‌های بسیار درباره سطوح متفاوت ذهن، به‌ویژه درباره کنش مغز سمت راست صورت گرفته است. از این سطح از هوشیاری می‌توانیم با خلاقیت و شهودمان تماس و بر شیوه اندیشیدن خود تأثیر نهیم.

اوج کارآرایی در مغز سمت راست از طریق قصد و قاطعیت به دست می‌آید. مغز سمت راست جایگاه امن و قدرتمند برای فعالیت‌های درونی است.

۱۷. بیاموزیم که در صورت نیاز کمک بطلبیم.

منصور می‌گفت: «پس از ناکامی در نخستین ازدواجم، حتی این فکر به ذهنم خطور نکرد که از کسی کمک بطلبم. فکر می‌کردم با دست‌های خودم به این ورطهٔ هولناک افتاده‌ام. پس باید با دست‌های خودم از این وضعیت آشفته رها شوم. اما اگر آن زمان برای طلب کمک آگاهی داشتم، شاید بسیار زودتر و بسیار آسان‌تر حل مشکل می‌کردم. اصلاً اگر دربارهٔ کمک می‌دانستم، شاید از همان نخست پیشگیری و با هوشیاری بیشتر عمل می‌کردم.»

گفتم: «همین که برای بهتر ساختن روابط ازدواج دوم اینجا هستید، جای خرسندی است.» و منصور اضافه کرد لطفاً به مخاطبانتان بگویید: «اگر شما نیز یکی از افرادی هستید که درخواست کمک برایتان آسان نبوده است شاید زمانش رسیده که در نگرش خود تجدیدنظر به عمل آورید. پرورش این توانایی که به هنگام نیاز کمک بطلبید، اغلب برای زندگی‌مان وضوح و روشنایی می‌آورد.»

۱۸. از وابستگی بپرهیزیم.

بزرگ‌ترین مربی و امدادگر درونی خودمان باشیم (متکی به خود خویشتن) که راه معنویت زندگی را با دیدگاه جهان‌بینی وسیعی و روشن آموخته و به عمل دربیاوریم. مراد این است که اگر در جستجوی روشن‌بینی زمین افتادیم، نترسیم که برخیزیم و خاک از تن بتکانیم و دیگر بار آغاز کنیم و به راهمان ادامه بدهیم.

فقط گوش بسپاریم که اشتباهمان را تکرار نکنیم و از آن به‌عنوان منبع عملی و تجربه برای شروع دوباره استفاده بکنیم.

۱۹. برنامه روزانه منظمی داشته باشیم.

در ادامه گفت‌وگو با شقایق و همسرش بهروز مراجع قدیمی‌ام: «اکنون که زندگی‌مان را ساده ساخته‌ایم، می‌بینیم به آسانی می‌توانیم به هنگام طلوع آفتاب حتی پیش از آن بیدار شویم. در سکوت دلپذیر صبحگاهی به یوگا یا تمرین‌های ورزشی دیگری می‌پردازیم. ما می‌توانیم فرصتی برای تنفس عمیق، سکوت و تفکر و تأمل داشته باشیم. گاه همراه با هم به پیاده‌روی سریع می‌رویم. سپس به صبحانه و شروع کار روزانه‌مان. مراقبه کوتاه نیمروز را برای شفافیت ذهن و تنظیم افکار سودمند یافته‌ایم. گاهی روزها به تمرین ورزشی و تنفس عمیق می‌پردازیم. گاهی با خوردن ناهار در فضای باز یا روی نیمکت و یا گردش کوتاه در پارک نزدیک سرکارمان به طبیعت می‌پیوندیم. این اعمال قبل از خواب، بسیار مؤثر یافته‌ایم افکار را منظم و ذهن را برای خواب آسوده آماده کنیم. آنگاه چند دقیقه پیش از خواب، روزی را که پشت سرگذاشته‌ایم به تنهایی مرور کنیم.»

از شقایق پرسیدم: «آیا هر روز این برنامه را انجام می‌دهید» او گفت: «این برنامه انعطاف‌پذیر است. یعنی همگام با تغییر الگو ذهنی‌ام، آن هم عوض می‌شود.» من اضافه کردم که شما به هنگام گسترش و آگاهی جان، به تنظیم برنامه‌ای بیندیشید که رشد درونتان را آسان و سریع نماید.

۲۰. گهگاه عادات جاریمان را تغییر بدهیم.

شکستن عادات جاری، راه آزمون تجربه‌های تازه را می‌گشاید. آنچه امروز برایمان سودمند است لزوماً، ماه بعد یا سال آینده برایمان سودمند نیست.

«رشد درون هم مانند هر رشد دیگر، یک فرایند است. نخست می‌آموزیم که چهار دست و پا راه برویم، آن‌گاه گام برمی‌داریم، و دست آخر دویدن را یاد می‌گیریم. شکستن گاه‌به‌گاه عادات جاری، کمک می‌کند تا در مرحلۀ چهار دست و پا راه رفتن در جا نزنیم.»

در واقع آنچه که در برنامه روزانه‌مان انجام می‌رسانیم، فقط وسیله برای گسترش درون و توانایی‌مان است.

۲۱. روزمان را ارزیابی کنیم.

من در ادامه گفت‌وگو با شقایق و همسرش بهروز که سال‌ها ساده‌زیستی را تجربه می‌کنند پرسیدم: «چگونه آرام جانتان هوشیارانه و با تعمق انجام می‌پذیرد؟»

این بار همسرش بهروز گفت: «با چند لحظه در خلوت کردن با خود به نظاره افکارمان می‌نشینیم با تنفس عمیق و تجسم خلاق و به برنامه‌ریزی زندگی می‌پردازیم. و گاه چند سطری در دفتر روزانه نوشتن و به پیشرفت روزمان نمره می‌دهیم.»

مرور روزانه این فرصت را به ما می‌دهد که از شتاب خویش بکاهیم و از سکوت کام بجوییم. این امر کمک می‌کند که تا در مسیر رشد درون پیش برویم و گره‌های ذهنی و عاطفی را نیز بگشاییم. و مهم‌تر از همه کمکمان می‌کند که شب آرام‌تر بخوابیم.

وقتی که ما هر روز مدتی را با بازنگری روزانه زندگی‌مان بگذرانیم، می‌بینیم این مجال را یافته‌ایم که دقیقاً زندگی دلخواهمان را بیافرینیم.

۲۲. بیشتر لبخند بزنیم.

دوست خوبم فرشته بسیار شاد، متبسم است و به راحتی می‌خندد. او با کاهش

شتاب ساده‌زیستی را در زندگی خویش آغاز کرد. رازش این است که او روزانه زمانی را در طبیعت می‌گذراند و خود را در زیبایی آن احاطه کرده و با خلاقیت وجودی خود هم‌نوا می‌شود و مدام لبخند می‌زند.

وقتی ما خود را از خشم یا نگرانی یا تفکر منفی می‌رهانیم، زندگی‌مان بسیار ساده‌تر و روشن‌تر خواهد شد. وقتی عدم وابستگی و غلبه بر ترس‌هایمان را می‌آموزیم، و یاد می‌گیریم کجا ولی «نه» بگوییم، تنش‌ها و فشارهایمان کاهش خواهد یافت. لزومی برای عذرخواهی و حسرت وجود ندارد. از این فرصت عمر خود به خوبی محافظت کنیم و به تبسم خود ادامه بدهیم.

> هر یک چندی یکی برآید که منم
> با نعمت و با سیم و زر آید که منم
>
> خیام

در زندگی‌مان شادمانی بیافرینیم

چندی پیش همراه همسرم برای پیاده‌روی و تماشای غروب آفتاب به کنار ساحل رفته بودیم. یکی از آن منظره‌هایی که گویی نوری صورتی همهٔ فضا را پوشانده بود... چند تکه ابر سفید در آسمان پراکنده، و خورشید ناگهان در افق فرو می‌لغزیدند. به شرق می‌نگریستیم و ماه بزرگ و کامل و زرین را دیدیم. نشستیم رنگ‌های شکوهمند آسمان را که از نوری به سایه‌ای و از سایه‌ای به نوری می‌تابید؛ تماشا کردیم. از این منظره چنان مجذوب شدیم که فقط می‌توانم آن را شادمانی بی‌کرانه بخوانم.

روز بعد، در یکی از لحظه‌های دشوار کارم حس کردم دارم از پا در می‌آیم. شاید چون این ناهماهنگی چنان با وجدی که از غروب قبل احساس می‌کردم در تضاد بود؛ و شادمانی روز پیش چنان کامل بود؛ که بی‌درنگ آن غروب آفتاب را به خاطر آوردم. و توانسته بودم به طریقی آن شادمانی را به لحظهٔ حال آورم همچنان که روزها و هفته‌ها می‌گذشتند، بارها و بارها دیدم که می‌توانم با آن شادمانی تماس حاصل کنم و آن را به لحظهٔ حال بیاورم.

همه ما در زندگی‌مان لحظه‌های خوشایند داشته‌ایم. و هر روز به درجات کمتر و بیشتر، به سراغمان می‌آیند: یک لبخند ناآشنا، یا وقتی بچه‌ای را در آغوش می‌گیریم، یا در حضور یک دوست، یار و همدم.

به مواقعی از زندگی‌مان بیاندیشیم که از شادی لبریز بوده‌ایم. در آن لحظه‌ها است که دوستدار خودمان و کائنات هستیم و قادریم جهان را فتح کنیم و زندگی خودمان را بیافرینیم. آنگاه بپاخیزیم تا هر چه بیشتر با آنها یکی شویم و آنها را باز آفرینی کنیم.

سم‌زدایی عاطفی[1]

در روان‌شناسی پیشگیری، یکی از تغییراتی که در زندگی ایرانیان در اینجا (بریتیش کلمبیای کانادا) به وجود می‌آید؛ این است که برای همه مقدور نیست؛ از خدمات روان‌شناسی استفاده کنند. برای این منظور تکنیک‌هایی که باعث بلوغ عاطفی در ما می‌شوند را با هم یاد می‌گیریم.

در اثر ورود مواد غذایی یا مصرف الکل و یا استفاده مواد شیمیایی، که جسم و تن ما با آنها همراه و هماهنگ نمی‌باشد. حیات طبیعی بدن را تحریک و بیمار می‌کند. بهتر است بدن در بیمارستان سم‌زدایی شود.

سم‌زدایی جسم و تن[2]

برخلاف سم‌زدایی جسم و بدن که در جامعه بیشتر مورد توجه قرار گرفته، سم‌زدایی عاطفی هنوز به طور عمومی نادیده گرفته شده است. در جامعه ایرانی این موضوع بسیار جدید است. عصب‌شناسی رفتار، حوادث هولناک زندگی، تجربه‌های تلخ گذشته و تلخ‌کامی‌هایی که در زندگی همه ما وجود دارند، تأثیرات عمیقی بر ما می‌گذارند که گاه به شکل ترس‌های جدید بروز می‌کند. گاهی فقط یک بار حادثه‌ای رخ می‌دهد، اما اثرات آن حادثه به دلیل آزارهای گذشته در مخزن حادثه عاطفی مانند سونامی ظاهر می‌شود. با یادآوری آن، بدن ما سردرگم می‌شود، گویی حادثه مکرراً و بارها و بارها تکرار می‌شود و

1- Emotional Detoxification
2- Body Cleansing

این باعث آزار خود خواهد شد، مانند زمانی که یک دوست خوب قلب ما را می‌شکنند. سال‌ها می‌گذرد، اما آن تجربه و حادثه همچنان در بدن ما واکنش‌های شیمیایی مشابهی ایجاد می‌کند. در نتیجه، این تجربه در برابر حیات عاطفی ما سد می‌سازد. این سد باعث می‌شود که روان ما اسیر گذشته و آینده باشد. با سم‌هایی کاملاً متفاوت، این حوادث بیوشیمیایی در مغز دوباره به شکل جدیدی تجربه و ظاهر می‌شوند.

آسیب‌های ناشی از صدمات دوران کودکی[1] که به اسم سم به شکل هورمون استرس در بدن خود را نشان می‌دهند.

در سم‌زدایی عاطفی اصولی است که ما باید از ورود افکار منفی و تأثیر شیمیایی آن در زندگی پیوسته آگاه باشیم و بتوانیم کنترل روی آنها داشته باشیم. هورمون‌ها و تشعشات ناشی از افکار منفی و تکرار مکررات آن و استرس، با متوقف کردن افکارمان منفی‌مان به ترشحات سموم می‌گردند.

برای مثال: ما در آلبوم سیال‌مان فقط روی عکس‌های ترسناک و خاطرات غم‌انگیز را می‌بینیم. یا مثل مرغ کرجی روی رنج افکار حوادث آسیب‌ها جوجه‌های عصبی، ناامید و یأس و خشم بیرون می‌آید. اگر بتوانیم از مرغ افکار خودمان کرچ و کرچ کنیم؛ از تولد جوجه‌های شوم جلوگیری می‌کنیم. و توانمندی ذهنی ما قوی‌تر می‌شوند.

مفید بودن، شاد زیستن و آرامش دل

نازی و نیما بعد از تمرین‌های سم‌زدایی عاطفی از من پرسیدند که چگونه می‌توانیم شاد زیستن و آرامش دل را به خانه و روابط‌مان بیاوریم؟

ما اغلب برای بهبود وضعیت سلامت جسمانی‌مان به دکترها مراجعه می‌کنیم. اما در روان‌شناسی نیز هدف ارتقاء آرامش، شادمانی، استقلال و اعتماد به نفس است. ایده‌آل روان‌شناسی این است که انسان‌هایی پرورش دهیم که وظیفه‌شناس، شاد و دارای روابط سالم باشند. هدف روان‌شناسی ارتقای شاد زیستی و یادگیری

1- Post Trauma Stress Disorder

نحوه ارتباطات سالم است.

نیما پرسید: «رابطه سالم به چه رابطه‌ای گفته می‌شود؟»

در پاسخ گفتم: حفظ حرمت دو طرفه، ایجاد ارتباط شفاف، دلداری دادن، هم‌حسی و اهمیت رشد روان و بلوغ عاطفی، ایثار، محبت و از خودگذشتگی، ویژگی‌های یک رابطه سالم هستند.

افزودم که روان‌کاوی غرب می‌گوید: تولد روانی ما هم‌زمان با تولد جسم نیست. اگر کودک خودشیفته باشد، یعنی تمامی نیازهایش از لحاظ حمایت‌های عاطفی و رفع ترس‌ها و وحشت‌ها توسط پدر و مادر برآورده شود، او قادر به برقراری ارتباط شاد و شوق‌مند با دنیای بیرون خواهد بود این کودک با یک سپرده عاطفی قوی وارد جهان بیرون می‌شود و با سلامت روان رشد می‌کند. او به شخصیتی تبدیل می‌شود که خواسته‌ها و نخواسته‌های خود را می‌شناسد و با همان معیارها به حقوق دیگران احترام می‌گذارد. از این رو، هیچ‌گاه به حقوق دیگران تجاوز نمی‌کند و به حقوق خود نیز اجازه تجاوز نمی‌دهد. این کودک در مسیر رشد خود ادامه می‌دهد و احترام به انسان‌ها، هنر و طبیعت را می‌آموزد.

هدف روان‌کاوی این است که انسان به خویشتن خود برسد و در کمال صلح و آرامش با جهان بیرون ارتباط برقرار کند.

عرفان نیز می‌گوید: «دل انسان در هنگام تولد هنوز ظرفیت رشد ندارد. دل مانند روان یک کودک است که نیاز به سلامت، رشد و بلوغ دارد.»

یک قدم بر فرق خود نه یک قدم بر کوی دوست.

انسان‌ها در مرحلهٔ سلامت روانی توقع ندارند و باید از خودگذشتگی‌ها کرده باشند تا ایثار کامل رسیده باشند. آنهایی که با انتخاب ایثار می‌کنند؛ **پیشاهنگانی که امید، مهر و سقف بلند ارتباطات غیر خودخواهی را بر دیوار هستی حک می‌کنند.**

نازی و نیمای عزیز، انسان‌های بالغ با تحمل کمی دشواری و از خودگذشتگی، سیمای جدیدی از خود در هستی بر جا می‌گذارند.

مؤثرترین راه‌حل برای وصال عاطفی، بازگو کردن تمام حقیقت می‌باشد.

همه ما کوله‌بار سنگینی از گذشته را با خود حمل می‌کنیم. امیدوارم بتوانیم کنترل زندگی عاطفی، احساسی و روابطمان را از کوله‌بار تنش‌ها، برخوردها و درگیری‌های مخرب و ناسالم بیرون آورده و آن را به سمت سلامت و موفقیت هدایت کنیم. ما باید بیاموزیم که در تمام روابطمان «چه با همسر، فرزندان، دوستان و دیگر اعضای خانواده» رفتارهای مثبت و سالم را اتخاذ کنیم. و حتی اکنون می‌توانیم این روش‌ها را به کار ببندیم و از نتایج مثبت آن بهره‌مند شویم.

نخست باید از پیدایش و شکل‌گیری تنش‌های روحی – روانی در خود پیشگیری نماییم. که این مهم به چند روش زیر انجام می‌شود:

۱. بر دیوارها و موانع روحی – روانی خود نیافزاییم.

۲. هنگامی که احساسات و عواطف سرکوب شده و قدیمی به سراغمان می‌آیند برخورد مناسبی با آنها داشته باشیم.

۳. برای جلوگیری از تنش روحی – روانی میان خود و دیگران باید با همه احساسات خود در تماس باشیم و تمام حقیقت را درباره آنها بیان نماییم. یعنی آنها را سرکوب و انکار ننماییم.

۴. بکوشیم احساسات خود را درک کنیم. در درک احساسات خود باشیم و در مورد آنها صحبت بکنیم. و تمام حقیقت را بازگو کنیم. و فقط به بخش‌هایی از آن اکتفا نکنیم.

در طول سالیان متمادی، با تجربه‌اندوزی و مشاهده مراجعینم، به این نتیجه رسیدم که این اشتباه یکی از دلایل عمده بسیاری از مشکلات و درگیری‌ها در روابط زن و مرد است.

ساحل در دفترم به من گفت: «سه‌شنبه هفته پیش، وقتی از خواب بیدار شدم، متوجه شدم که از همسرم متنفرم!» به او گفتم: «بسیار خوب، می‌خواهم از شروع رابطه و اوایل ازدواجتان برایم بگویید.»

ساحل ادامه داد: «در دانشگاه با شوهرم آشنا شدم. همان روزهای اول عاشقش شدم و او را بسیار دوست داشتم. چون نمی‌خواستم در رابطه‌ام با او هیچ تنشی ایجاد کنم، همواره از مسائل کوچکی که بین ما پیش می‌آمد، خودداری می‌کردم و فکر می‌کردم این مسائل اهمیت چندانی ندارد که بخواهم بخاطرشان رابطه‌مان را خراب کنم یا او را از ازدواج با من منصرف کنم. در مورد همه چیز از خودگذشتگی نشان می‌دادم. سال اول زندگی‌مان هم همین‌طور بود، همه می‌گفتند که سال اول ازدواج بسیار سخت است، پس تحمل کردم. بعد از آن اولین فرزند ما به دنیا آمد و سپس فرزند دوم، و چنان مشغول بزرگ کردن بچه‌ها و مراقبت و سرپرستی از آنها و حفظ صلح و آرامش خانواده بودم که وقت نداشتم درباره هیچ موضوعی با شوهرم صحبت کنم. یک دفعه هفته پیش وقتی شوهرم را دیدم، احساس کردم حالم از او بهم می‌خورد، که باعث شد به دفتر شما بیایم.»

به او گفتم: «تمام سال‌هایی که شما احساساتتان را سرکوب می‌کردید و از صحبت کردن درباره آنها با همسرتان سر باز می‌زدید، تنش روانی در ازدواجتان در حال شکل‌گیری و افزایش بود. تا سرانجام یک روز کار خودش را کرد. هیچ‌گاه این‌گونه نیست که یک روز صبح از خواب بیدار شوید و ببینید که از کسی متنفر شده‌اید. این حس تنفر هم یک‌شبه و ناگهانی ایجاد نمی‌شود و هم از بین نمی‌رود. اغلب ماه‌ها یا حتی سال‌ها وقت لازم است تا از کسی متنفر شویم.»

اما حقیقت این است که ابراز احساسات با خالی کردن آنها بر سر دیگران بسیار متفاوت است. بسیاری از ما احساسات خود را به شیوه‌ای درست و مؤثر با دیگران در میان نمی‌گذاریم و از راه‌های سالم و سازنده برای ارتباط با احساساتمان استفاده نمی‌کنیم.

افزودم: «ساحل، شما در تمام این سال‌ها در رابطه با امیر، مهارت زیادی در سانسور و پوشاندن احساسات خود پیدا کرده‌اید و با سرکوب آنها، تمام این تنش‌های عاطفی را ایجاد کرده‌اید. شما مسئول تمامی مشکلات و درگیری‌هایی هستید که...»

ساحل از من پرسید: «آیا برای توقف دیر شده؟ آیا شما الآن می‌توانید کمکی به

من بکنید؟»

«بله، بهترین راه برای جلوگیری از به جریان افتادن این الگوی مخرب و ناسالم این است که از همان ابتدا احساسات و عواطف خود را سرکوب نکنید. البته این وضعیت اغلب به صورت ناخودآگاه رخ می‌دهد و هیچ‌کس به طور آگاهانه تصمیم نمی‌گیرد که احساساتش را سرکوب کند یا از بیان آن‌ها خودداری نماید. او معمولاً از نتایج مخرب و مهلک این کار بی‌اطلاع است.» سپس پرسیدم: «آیا آخرین باری که از دست امیر رنجیده‌اید را به خاطر دارید؟»

«دو هفته پیش، من و همسرم به یک مهمانی دعوت شده بودیم. در حالی که او برای آوردن نوشیدنی رفته بود، من نگاهی به اطراف انداختم و گروهی را دیدم که مشغول صحبت بودند. به سمت آن‌ها رفتم و با هیجان زیاد شروع به تعریف کردن از سفرمان به هاوایی کردم، گفتم که کجاها رفته‌ایم، چه کارهایی کرده‌ایم و چقدر خوش گذشت. از گوشه چشم دیدم که همسرم برگشته و به صحبت‌هایم گوش می‌دهد. من همچنان با شور و هیجان ادامه می‌دادم، تا اینکه یک دقیقه بعد متوجه شدم که شوهرم در حال مسخره کردن من است. او با شوخی و مزه‌پرانی حرف‌هایم را قطع می‌کرد، به برخی از جملاتم می‌خندید و برخی دیگر را تصحیح می‌کرد. وقتی مهمانی تمام شد، احساس بسیار عصبانیت و ناراحتی داشتم. نمی‌دانستم باید چه کار کنم و چگونه احساساتم را با او در میان بگذارم. آیا باید روزم را خراب می‌کردم و دعوا راه می‌انداختم؟

در واقع، هیچ‌کدام از ما تا آن لحظه تمام حقیقت احساسات خود را با دیگری در میان نگذاشته بودیم.»

لایه احساسی یکی از بنیادی‌ترین و مهم‌ترین مفاهیم است که بخش جدایی‌ناپذیر زندگی روزمره ما را تشکیل می‌دهد. این لایه احساسی معمولاً در زیر لایه‌های خشم و انزجار مدفون می‌شود. یکی از روش‌های ساده و بسیار مؤثر برای کمک به درک بهتر احساسات خود و همسرمان، بیان صریح و صحیح احساسات است. بیان درست احساسات، از خشم و انزجار که واکنشی به رنجش و غم، یأس و سرخوردگی است عبور می‌کند و ما را به درک متقابل و عشق و دوستی

می‌رساند.

«شما خانم ساحل، برای اینکه احساساتتان را به طور درست و شایسته و با روشی مؤثر با امیر در میان بگذارید، بهتر است این‌طور شروع کنید: «امیر، حقیقت این است که می‌خواهم بگویم، وقتی جلوی دیگران مرا مسخره کردی، دلم را شکستی و رنجاندی. از اینکه نمی‌توانیم مانند دو زوج خوشبخت، دو بازیکن تیمی که برای رسیدن به هدفی مشترک و یکسان تلاش می‌کنند، از تعطیلاتمان برای دیگران تعریف کنیم و بگوییم چقدر خوش گذشت، غمگین شدم.»

حقیقت احساسات شما همین است. در زیر رنجش و غم، ترس و ناامنی پنهان است. این لایه احساسی همان جایی است که زخم‌ها و لطمه‌های دوران کودکی در آن ضبط و نگهداری شده‌اند. لایه احساسی ترس، همان کوله‌بار احساسی ـ عاطفی است که همیشه زیر رنجش، غم و اندوه پنهان است. اگر بخواهیم با همسرمان صادق باشیم و تمامی حقیقت را درباره احساساتمان با او در میان بگذاریم، باید بگوییم: «می‌ترسم هرگز نتوانم احساساتم را به‌طور صحیح و مطابق میل تو در حضور دیگران بیان کنم. می‌ترسم هیچ‌وقت از حرف زدن من راضی و خوشحال نباشی. می‌ترسم همیشه دعوایمان شود. می‌ترسم تو مرا دوست نداشته باشی و برای همیشه تو را از دست بدهم.»

اغلب این همان لحظه‌ای است که «فلاش‌بک‌های احساسی» به سراغمان می‌آید و احساسات قدیمی دوباره در ما بیدار می‌شود. این ترس دیدی واقع‌بینانه‌تر و کامل‌تر از کل ماجرا به ما می‌دهد. در اینجا می‌توانیم مسئولیت خود را در آنچه پیش آمده بپذیریم و از خود بپرسیم که شاید من هم اشتباه کرده باشم. زمانی که باور می‌کنیم که ترسیده‌ایم، در حقیقت با خودمان صادق‌تر می‌شویم و واقع‌بینانه‌تر به مسائل نگاه می‌کنیم. هنگامی که با ترس خود در تماس باشیم، دیگر واکنش‌های نامناسبی که اغلب ریشه در لایه احساسی خشم و انزجار دارند نشان نمی‌دهیم. در این لحظه است که احساس مسئولیت، پشیمانی و افسوس داریم و می‌توانیم برای احساسات همسرمان ارزش قائل شویم و آن‌ها را بهتر و

شفاف‌تر درک کنیم.

در چنین شرایطی، کنترل اوضاع دیگر به دست خشم و انزجار نخواهد افتاد. ما باید از همسرمان معذرت‌خواهی کنیم. «از اینکه تو به جمع ما وارد شدی و من تو را معرفی نکردم و با خودخواهی به حرف زدن ادامه دادم، متأسفم. می‌توانم درک کنم که احساس جداافتادگی و نادیده گرفته شدن چقدر بد است. اگر من هم جای تو بودم، هم می‌رنجم و هم احساس ترک شدگی می‌کردم. البته قصد نداشتم به تو این حس را بدهم که مهم نیستی یا احساساتت اهمیتی ندارد. این‌طور نبود که دوست نداشتم با تو حرف بزنم یا تو را نادیده بگیرم. از اینکه اجازه ندادم تو هم حرف بزنی، متأسفم و معذرت می‌خواهم.»

ساحل از من پرسید: «آیا هنوز هم می‌توانم این موقعیت را اصلاح کنم؟»

گفتم: «بله، به امیر بگویید: «عزیزم، اصلاً دوست ندارم این اتفاق دوباره بین ما بیفتد. همیشه دوست دارم تو را هم در صحبت‌هایم شریک کنم و هر دو احساس کنیم که در تیم واحد بازی می‌کنیم. دوست دارم دفعه بعدی که دیدی بی‌وقفه به حرف زدن ادامه می‌دهم، یواشکی پشتم را نیشگون بگیری یا یک‌طوری متوجه‌ام کنی. یا به شوخی بگویی: می‌شود من هم چیزی بگویم؟ آنجا متوجه می‌شوم و نوبت صحبت کردن را به تو خواهم داد. قول می‌دهم تو را بیشتر در نظر داشته باشم و در صحبت کردنم با دیگران، تو را نیز در نظر بگیرم.»

اینجا رفتار نمایشی از عشق، بخشش، تشکر و قدردانی است. احساساتی که در اعماق قلب شما نهفته است.

در حقیقت اگر کسی را دوست نداشته باشید، هرگز این‌قدر از دستش عصبانی نمی‌شوید. خشم، رنجش، غم، اندوه و ترس شما را از عشق، بخشش و دوست داشتن دور می‌کند و به‌طور موقت تماستان را با این‌گونه احساسات قطع می‌کند. با صحبت و ابراز کردن آنها و با عشق درون خود مجدد تماس برقرار کنید و همه حقیقت را در مورد احساسات خود بازگو کنید. مثلاً این امر (وقتی جلوی همه مرا مسخره کردی، احساس کردم برایم ارزش و احترام قائل نیستی. خیلی شرمنده و خجالت‌زده شدم. احساس کردم تصویر بسیار بدی از ازدواجمان به دیگران نشان

داده‌ایم. گویی زن و شوهر بدبختی هستیم. که مدام با هم دعوا می‌کنیم.

احساس دست‌وپاچلفتی و ناتوانی کردم. احساس کردم هیچ‌وقت مطابق میل تو نیستم. احساس کردم مرا قبول نداری و همیشه تو را دلسرد می‌کنم. از اینکه نمی‌توانی به من افتخار کنی، رنجیده بودم. می‌ترسم که همه چیز را خراب کنم و تو از دستم خسته شوی. این احساس مرا بیاد دوران کودکی‌ام می‌اندازد، وقتی پدرم هیچ‌یک از کارهایم را قبول نمی‌کرد. وقتی این اتفاق بین ما می‌افتد، همان احساسی به من دست می‌دهد که هر وقت پدرم سر من داد می‌زد. وقتی جلوی دیگران با من این‌طور رفتار می‌کنی، مثل یک کودک بی‌دست‌وپا احساس بی‌عرضگی می‌کنم. کودکی که پدرش او را دوست ندارد و فکر می‌کند یک احمق بی‌عرضه است. به همین دلیل خیلی ناراحت و عصبانی شدم. از اینکه تو را معرفی نکردم و نگفتم در مورد چه موضوعی صحبت می‌کنم، متأسفم. فکر می‌کنم چنان درگیر صحبت شده بودم که همه چیز را فراموش کرده بودم و تو احساس طردشدگی و جدا‌افتادگی کردی.

دوست ندارم این اتفاق دوباره برایمان تکرار شود. دوست دارم تو را هم در صحبت‌هایم و هم در تمام مسائل زندگی‌مان سهیم کنم. دوست دارم به من و به کانون گرم خانواده‌مان افتخار کنی. دوست دارم دفعه بعد که مرتکب این اشتباه شدم، مرا متوجه کنی. چون تو را خیلی دوست دارم و تو مهم‌ترین فرد زندگی من هستی. در این سفر با تو، خیلی خوش گذشت و چنان هیجان‌زده بودم که می‌خواستم هر چه زودتر آن را برای دیگران تعریف کنم. چون ازدواج با تو برایم باارزش‌ترین اتفاق زندگی‌ام بوده است.

چنانچه متأهل هستید، این تمرین را با همسرتان انجام دهید. اگر شریک عاطفی یا دوستی دارید، احساسات ناخوشایندتان را با او بازگو کنید. این مطالب را در ذهن خود تازه و شفاف نگه دارید.

شما لایه‌های احساسی را یکی پس از دیگری می‌پیمایید. در این مراحل، حضور فعال شما باید در پروسه تخلیه هیجانی ـ احساسی به‌عنوان دریافت‌کننده و شنونده باشد. به یاد داشته باشید که صحبت‌های یکدیگر را قطع نکنید.

اجازه دهید احساساتتان را یکی پس از دیگری تجزیه، لمس و تجربه کنید. وقتی به مرحله ترس احساسی رسیدید، از کوله‌بار احساسی ـ عاطفی و زخم‌های دوران کودکی خود صحبت کنید. می‌توانید این‌طور شروع کنید: «این مرا بیاد زمانی می‌اندازد که... وقتی بچه بودم، هر بار که این کار را می‌کردم، مادرم... یا پدرم...»

اگر بیان تمام حقیقت احساساتتان مؤثر و کارآمد بود، ابتدا احساسات قدیمی و سرکوب‌شده خود را تخلیه کنید و با آنها تماس برقرار کنید تا بتوانید آنها را التیام بخشیده و موانع مربوط به آنها را از بین ببرید. این روش به شما کمک می‌کند تا تنش روانی ناشی از آن را از بین ببرید و تنش روانی جدیدی که با همسر یا دوست خود تجربه می‌کنید را تخلیه نمایید. با این کار از متوسل شدن به مراحل بعدی مانند مقاومت، انزجار، پس زدن و سرکوب کردن جلوگیری می‌کنید...

بیان تمام حقیقت به ما کمک می‌کند که اقتدار شخصیتی و اعتماد به نفس خود را بازیابیم و بتوانیم ابراز وجود کنیم.

ما انسان‌ها به‌طور طبیعی گرایش داریم به الگوهای قدیمی خود بازگردیم. این رفتار، همان چیزی است که کمک می‌کند مطالب به صورت طبیعت ثانویه‌مان درآیند و ملکه ذهن‌مان شوند و تحولات شگرفی در ازدواج‌مان به‌وجود آورند.

بعد از تخلیه احساسی ـ عاطفی، نمونه خلاصه‌ای از تمام حقیقت را با خود مطرح کنید تا کدورت‌های ایجادشده را حل و فصل نمایید.

ممکن است با کسی ازدواج کرده باشید (زن یا مرد) که از نظر احساسی عاطفی گشوده و راحت نیست و به‌راحتی نمی‌تواند افکار و احساسات خود را بیان کند. گاه مقاومت نشان می‌دهد و حتی حاضر نیست در مطالعه این مباحث با شما همراه شود. او احتمالاً تماس واقعی با احساسات خود ندارد و نمی‌داند چگونه آنها را ابراز کند. اما او حق ندارد رنجش‌های خود را در درونش دفن کند. این روش به طرف مقابل کمک می‌کند تا با همان لایه احساسی رفتار کند.

مثلاً در لایه خشم و انزجار می‌توانیم از همسر/ دوست بپرسیم:

کتایون شیرزاد

چرا از دست من عصبانی هستی؟
کاری کردم که عصبانی‌ات کردم؟
حرفی زدم که عصبانی شدی؟

برای لایه غم، اندوه، رنجش و سرخوردگی:

چه کار کردم که تو را رنجاندم؟

برای خواسته‌ها، راه‌حل‌ها، آرزوها:

* آیا برای تغییر مسائل راه‌حلی به نظرت می‌رسد؟
* چه پیشنهادی برای بهبود اوضاع داری؟

در برقراری احساسات تماس با همسر و یا دوستتان گاهی خودتان را به جای او بگذارید. و احساساتش را از زبان او برایش بگویید.

به این روش می‌گویند: «تغییر نقش»

برای مثال: عصر دوشنبه گذشته، شوهر شری، بهزاد، وقتی به خانه برگشت، بسیار افسرده به نظر می‌رسید. او قراردادی را که مدت‌ها منتظرش بود از دست داده بود و حتی هیچ چیزی از ناراحتی‌اش نمی‌گفت. ساکت روی مبل نشست و از احساساتش کوچک‌ترین حرفی به زبان نیاورد. شری که از شدت نگرانی نگران شده بود، با من تماس گرفت. صدای او بسیار غمگین و درمانده به نظر می‌رسید. پیشنهاد من به شری استفاده از روش «تغییر نقش» بود.

شری به پیشنهاد من اگر که خودش را به جای بهزاد بگذارد و به او بگوید: «عزیزم بهزاد، باید خیلی عصبانی باشی چون هفته‌ها روی آن قرارداد کار کردی، اما در نهایت آن را به کس دیگری دادند. اگر جای تو بودم، خیلی عصبانی می‌شدم. خیلی ناراحت‌کننده است که با تمام وجود از خودت مایه بگذاری، اما دیگران قدر زحمت‌های تو را ندانند. می‌دانم این موضوع احتمالاً ترس‌هایی را در تو زنده کرده است. چون کاملاً طبیعی است که روی درآمد آن حساب کرده بودی. حالا که آن را از دست داده‌ای، احساس ناامنی می‌کنی و شاید نگران باشی که چطور دخل‌وخرج را جور کنی. چون تو مرد پرکاری و مسئولیت‌پذیر هستی و همیشه به فکر خانواده‌ات می‌کنی.»

این روش به شری کمک کرد تا بهزاد احساس کند که او نه تنها درد و ناراحتی‌اش را درک کرده، بلکه به طور مؤثری با احساساتش هم‌ذات‌پنداری می‌کند.

حالا شری می‌تواند به احساسات خود برگردد: «خیلی متأسفم که چنین اتفاق بدی افتاد. عزیزم خیلی دوستت دارم خیلی تو را قبول دارم. و همیشه در نظرم

مردی مسئول‌پذیر خواهی بود. اتفاق پیش آمده هیچ تأثیری بر احساساتم نسبت به تو نخواهد گذاشت.» یکباره شری می‌بینید که چهره بهروز تغییر کرده و از عمق و شدت احساسات ناخوشایندش کاسته شد. و درحین صحبت‌های شری بهزاد سرش را به علامت تأیید تکان می‌داد و به این دلیل که احساساتش را از زبان شری شنیده احساس بهتری دارد.

وقتی به جای همسرتان احساساتش را بیان می‌کنید او احساس می‌کند که درکش کردید و این امر به او کمک می‌نماید. نقشه احساسی و بیان کردن تمامی حقیقت درباره احساسات را در عمل ببینید و اثر مثبت و مطلوب آن را تجزیه نمایید حتماً در آینده تمایل بیشتری از خود نشان دهید.

سفر عشقی، سفری به دوران کودکی

چنانچه می‌توانیم احساسات خود را حس و ابراز نماییم پس می‌توانیم آنها را التیام بخشیم.

ابتدا به این مهم خواهیم پرداخت که چگونه زخمی شدیم و به لحاظ احساسی عاطفی آسیب دیدیم. زخم‌ها و آسیب‌هایی که ما را بر آن داشت تا دیوارها و موانع روحی عاطفی ازدواج ما را متأثر ساختند. و فرصتی به ما داده خواهد شد تا برای اولین بار با همان بخش آسیب‌پذیر درون خود یا به عبارت دیگر کودک درونمان آشنا شویم. و به او اجازه دهیم صحبت کند. و خود و احساساتش را ابراز نماید. شاید این اولین فرصتی است که طی سال‌ها به او داده شده است.

برای اینکه به روش ارتباط با خویشتن کودک درون آشنا بشویم تا کنترل روابط ازدواجمان آسان‌تر گردد به مثال زیر توجه می‌کنیم:

از بابک که در زندگی با همسرش به نقطه بن‌بست رسیده بود خواستم که به درون خود توجه کند و تمرکزش را به سمت قلب و ذهن خود معطوف سازد. از او خواستم که شانه‌هایش را شل کند و در وضعیتی راحت و آرام قرار گیرد. هر نفس عمیق که می‌کشد، آرامش را به درون خود دعوت کند و تنش‌هایی که در بدنش احساس می‌کند، همراه با بازدم رها سازد.

به او گفتم که به عمق وجود خود فرو برود، جایی که پاسخ تمامی پرسش‌هایش

نهفته است. اینجا زمان خاصی برای التیام یافتن است، سفری به گذشته، به زمانی بسیار دور، زمانی که همه چیز از آنجا شروع شد.

کم‌کم بابک را هدایت کردم تا به دوران کودکی خود، به اتاقش، به محیطی که در آن رشد کرده، بازگردد. از او خواستم که به چشم‌های آن پسر بچه (بابک کوچک) نگاه کند و بگوید که چه می‌بیند. آیا شاد است یا غمگین؟ آیا احساس دوست‌داشتنی بودن دارد یا از درون احساس پوچی و تنهایی می‌کند؟ آیا او تشنه عشق و محبت است؟ خوب به چشم‌های او نگاه کن، نترس، چه می‌بینی؟

یکباره، همان‌طور که در ذهن بابک به گذشته فرو می‌رفتیم، ابرهای سیاه شروع به پوشاندن آسمان کردند و آذرخش‌های درخشان از آن‌ها فرو باریدند. پیش از آن، بابک در هق‌هق گریه‌ای انفجاری و آرام‌کننده فرو رفت.

گفتم: «بگذار صدای طبیعی دوران کودکی‌ات دوباره در ذهنت زنده شود. این صداها را به دقت به خاطر بیاور.»

از بابک پرسیدم: «آیا می‌توانی زمانی را به خاطر بیاوری که کاملاً احساس امنیت، عشق و دوست‌داشتنی بودن می‌کردی؟ آن زمان که اولین دیوارها را پیرامون قلبت ساختی، چه زمانی و کجا بود؟ اولین ترس‌هایت چه موقع شکل گرفتند؟ چند ساله بودی؟ چه اتفاقی باعث شد که این دیوارها را دور خود بسازی؟ چه چیزی در آن زمان درباره عشق و زندگی یاد گرفتی؟»

پس از هق‌هق گریه‌ای انفجاری و آرام‌کننده، مدت دراز خیره ماند. وقتی جواب‌ها را از بابک یکی‌یکی شنیدم، از او خواستم که از کودک درون خود که به معرفتی عمیق و کهن دست یافته، تشکر کند. از او خواستم تا با دیوار قلبش که مصادف با در بستن اتاق مادرش بود، خداحافظی کند؛ زیرا تمام این خاطرات یکی پس از دیگری از ذهنش پاک می‌شوند.

در نهایت از او خواستم تا بابک کوچولو را که ترسیده بود، در آغوش بگیرد و کودک را به سینه خود بفشارد. سخنانی به او بگوید که او را آرام کند، سپس نفس عمیقی بکشد و با صدای کودک درونش ارتباط برقرار کند.

در واقع، این رویکرد به او کمک کرد که دیوارها و موانع روحی-عاطفی را فرو بریزد؛ دیوارهایی که همواره مانع از تجربه عشق و دوست داشتن نسبت به خود و عزیزترین‌هایمان می‌شوند و ما را در درون خود محصور می‌سازند.

خیام:

امروز تو را دسترس فردا نیست   و اندیشه فردات بجز سودا نیست

این روش ارتباطی و آموزشی در تحقیقات روان‌شناسی مدرن بسیار مورد استفاده قرار می‌گیرد و توانسته روابط را در یک قدم فرو پاشی به روابط بسیار صمیمی و عاشقانه بدل سازد.

عرفان می‌گوید:

خاک نیازمند بذر است و بذر نیازمند خاک. این دو، تنها با یکدیگر معنا می‌یابند. همین بر انسان‌ها رخ می‌دهد. آنگاه که معرفت نرینه با «استحاله» مادینه یگانه می‌شود، وحدت عظیم جادویی خلق می‌گردد. که فرزانگی نام دارد. فرزانگی معرفت و استحاله است.

پائولو کوئیلو، عارف برزیلی، پیرو مکتب عشق، که از یک بستر کهن، عشق تازه‌ای برآورده است؛ می‌گوید: انسان نو به تعابیر نو نیاز دارد. عرفان او عرفان مردمی است از نگاه او حرکت به سمت مقصود دشوار نیست؛ میل قلبی و اراده می‌خواهد.

او در کتاب «بریدا» می‌گوید: فراتر از هر چیز، مسئول آنیم که در هر زندگی دست کم یک‌بار، با بخش دیگر خود که در راه ما تجلی خواهد کرد، یگانه شویم. حتی اگر فقط برای چند لحظه باشد؛ چون این لحظات عشقی چنان عظیم به همراه خواهد داشت که بقیه روزگار ما را توجیه می‌کند.

جوهره آفرینش مفرد است. و این جوهره، عشق نام دارد. عشق نیرویی است که ما را بار دیگر به یکدیگر می‌پیوندد تا تجربه‌ای را که در زندگی‌های متعدد و در مکان‌های متعدد جهان پراکنده شده است؛ بار دیگر متراکم سازد.

و زوجین می‌توانند:

در جستجوی معنا برای همه چیز، می‌توان همچون زنان کهن به جهان نگریست؛ زنانی نیرومند که گویی نگاهشان آکنده از معرفت بسیار کهن بود. فرزانگی و عزم آن‌ها بی‌تأثیر از فشارهای اجتماعی و حکومتی بود. این همان چیزی است که بقا و استمرار زندگی را میسر می‌سازد.

چون ماه، که در بدن خود دوره کامل طبیعت را از سر می‌گذراند: تولد، زندگی و مرگ، «چرخه ماه». و همچون عطیه‌ای روحانی، بیدار عشق یا یگانه زبان مؤثر «سنت خورشید».

در تعریف «سنت خورشید» که آن را عشق می‌نامد، می‌گوید: در روابط زوجین، دادن عشق همان آزادگی است که مانند روح جهان در حال دگردیسی است. ما مسئول جهان هستیم، زیرا خود ما جهانیم.

- **ارزش‌ها و معیارهای زن و مرد در فیزیولوژیک و نحوهٔ تفکر**

تحقیقات جامع و کامل جدید نشان داده‌اند که شباهت‌ها بیش از تفاوت‌ها بوده و تفاوت‌ها نیز خود عمدتاً ریشه در باورهای فرهنگی، تاریخی، اجتماعی و خانوادگی داشته است.

مغز ما متشکل از میلیاردها مدار عصبی است و الگوی این مدارها است که تعیین کننده نحوه تفکر، احساسات و شخصیت افراد است. به دلیل همین ویژگی شگفت‌انگیز است که هیچ انسانی کاملاً شبیه انسان دیگری نخواهد بود (حتی دو قلوهای یکسان) و هر فردی دارای ویژگی‌های منحصربه‌فرد است.

قسمتی از ناحیه مغز که مسئول ارتباطات است، در زنان وسیع‌تر و گسترده‌تر از مردان است. به‌طوری‌که اگر در مردان، در برابر یک موضوع خاص، چهار ناحیه مغزی همزمان فعال شوند، در زنان همان موضوع باعث فعال شدن ۱۶ ناحیه مغزی می‌شود. به عبارت دیگر، برای زنان هر موضوعی به نوعی دارای بار احساسی و عاطفی است، در حالی که برای مردان، مسائل بیشتر به عنوان یک موضوع صرفاً منطقی و خاص مطرح می‌شود.

کتایون شیرزاد

مردان، در طول تکامل خود، به انسان‌های هدف‌گرا، حسابگر و جدی تبدیل شده‌اند. در حالی که اندازه یا حجم مغز مردان به طور کلی بزرگ‌تر از زنان است، اما در مقابل، زنان دارای میزان بیشتری از ماده سفید مغزی هستند، که مسئول انتقال اطلاعات میان نواحی مختلف مغز است. این تفاوت‌ها منجر به تفاوت‌های محسوس در بهره‌هوشی و ضریب هوشی بین مردان و زنان می‌شود.

ممکن است در آینده این تفاوت‌ها بین زنان و مردان کم‌رنگ‌تر شوند و خصوصیات جدیدی در هر یک از دو جنس در طول زمان شکل گیرد. یکی از تفاوت‌های بیولوژیکی قابل توجه این است که پیام‌آورهای عصبی در مغز که توسط نوروترانسمیتر سروتونین، معروف به «ماده خوشحالی»، منتقل می‌شوند، در مردان ۵۰ درصد بیشتر از زنان است. این تفاوت می‌تواند یکی از دلایل شایع‌تر بودن افسردگی در زنان باشد.

ممکن است در آینده این تفاوت‌ها بین زنان و مردان کم‌رنگ‌تر شوند و خصوصیات جدیدی در هر یک از دو جنس در طول زمان شکل گیرد. یکی از تفاوت‌های بیولوژیکی قابل توجه این است که پیام‌آورهای عصبی در مغز که توسط نوروترانسمیتر سروتونین، معروف به «ماده خوشحالی»، منتقل می‌شوند، در مردان ۵۰ درصد بیشتر از زنان است. این تفاوت می‌تواند یکی از دلایل شایع‌تر بودن افسردگی در زنان باشد.

تفاوت در نحوه تفکر در روابط زنان و مردان
- غالباً مغز و ذهن مردان تک کاره و طبقه‌بندی شده است.
- غالباً ذهن زنان چند کاره و پیچیده عمل می‌کند.

برای مثال، مغز مردان به‌طور معمول به گونه‌ای طراحی شده است که برای هر موضوعی مانند کار، خانه، همسر، بچه، تفریح، مطالعه، پول و غیره، قفسه‌ها و پرونده‌های مخصوصی دارد. در هر زمان خاص، فقط کشو و پرونده‌ای که مرتبط با آن لحظه است، باز و بسته می‌شود. به همین دلیل، وقتی از همسرتان می‌خواهید که هنگام برگشت به خانه چیزی بخرد، ممکن است آن را فراموش کند. این نه به این دلیل است که شما برای او اهمیت ندارید، بلکه به این دلیل

است که در آن لحظه، ذهن او تماماً درگیر کار یا موضوع دیگری بوده است. به عنوان مثال، هنگام تماشای برنامه محبوبش (مثلاً فوتبال)، ذهن او بیشتر متمرکز بر آن است تا بر وظایف یا درخواست‌های دیگر.

تفاوت نگرش زمان در مردان و زنان

- مردان به ندرت با گذشته زندگی می‌کنند.
- ولی در زنان، گذشته با زندگی حال درهم آمیخته است.

حوادث و وقایع گذشته در ذهن مردان در گوشه‌ای از مغزشان محبوس (مکانیسم دفاعی‌شان به حساب می‌آید و در واقع باعث التیام درونی می‌شوند) و از ضمیر خودآگاهشان خارج می‌کنند.

ولی زنان به دلیل یادآوری مکرر حوادث (این روش هم نوعی مکانیسم دفاعی‌شان به حساب می‌آید که باعث التیامشان می‌شوند) در ذهنشان (توانایی مؤثرشان در انجام چند کار در یک زمان) حوادث و وقایع گذشته (حتی از دوران کودکی) در سطح ناخودآگاه باقی مانده و با کوچک‌ترین جرقه به ضمیر خودآگاه آنها وارد می‌شوند و ذهن و روان آنها را مشغول کرده و تأثیر می‌گذارد.

تفاوت نگرش زنان و مردان در ارزش‌ها و معیارها

- هویت و ماهیت مردان در توانایی‌شان در انجام کارها، دستاوردها و دستیابی به اهدافشان بوسیله خودشان به منزله قابلیت معنی‌دار می‌شود. برای مردان ثروت، قدرت و جاه و مقام در الویت قرار دارند.
- ماهیت وجودی زنان به واسطه احساساتشان و کیفیت روابطشان با دیگران معنی‌دار می‌شود. زنان بیشتر حالت حمایتگر، پرورش‌دهنده و کمک‌کننده دارند. احساس رضایت خاطر در زنان از طریق مشارکت، گفت‌وگو، همیاری، دوستی و همدلی به دست می‌آید. برای زنان درخواست کمک نشانه نزدیکی، محبت و انسانیت است. برای زنان روابط انسانی، مهر و محبت و عشق و زیبایی در صف مقدم هستند.

کتایون شیرزاد

❖ تفاوت در بیوشیمی مغز زنان و مردان

هورمون اکسی‌توسین که به «هورمون عشق و محبت» معروف است، نقش عمده‌ای در کاهش تنش‌های روحی و ایجاد احساس صمیمیت دارد. در زنان، تأثیر این هورمون به دلیل وجود هورمون استروژن، بیشتر و قابل توجه‌تر است. در مردان، با توجه به بالا بودن سطح تستوسترون و اثر معکوس آن با اکسی‌توسین، نقش این هورمون در ایجاد ارتباط عاطفی و کاهش تنش‌های روانی کمتر است. به همین دلیل، در مواقع تنش، برقراری ارتباط عاطفی مانند در آغوش گرفتن، نوازش کردن، یا ابراز همدردی، باعث افزایش ترشح اکسی‌توسین می‌شود و در آرامش و تسکین تنش‌ها بسیار مؤثر است.

❖ ٭ تفاوت در نحوه برقراری ارتباط

- زنان در بیان مسئله معمولاً از جزئیات شروع کرده و در پایان به موضوع اصلی می‌رسند. اما برعکس، مردان ابتدا موضوع را بیان کرده و آنگاه در صورت لزوم به جزئیات خواهند پرداخت.

- زنان از طریق برقراری ارتباط، احساس موجودیت و خرسندی خواهند کرد و این امر از سه طریق گفت‌وگو، نگاه چشم در چشم و مجاورت و تماس حاصل می‌شود.

- برای مردان فقط حل مسئله بسیار مختصر، کوتاه شفاف و صریح مهم است ولی برای زنان طرح و شرح مسئله و ابراز همدلی و همراهی و یک ارتباط دو طرفه فعال مهم‌تر است.

- زنان در موقع احساسی از حربه گفت‌وگو و بحث (درد دل) استفاده می‌کنند ولی مردان یا دست به اقدام می‌زنند (مکانیسم حمله یا فرار) و یا در خود فرو می‌روند.

دکتر ماهیار آذر و دکتر ساداتیان در کتاب زندگی عاشقانه بسازیم می‌گویند

«قانون زندگی قانون باورهاست. باورهای عالی سرچشمه همه موفقیت‌های بزرگ است. توانمندی یک انسان را باورهای او تعیین می‌کند. انسان‌ها هر آنچه را که باور دارند خلق می‌کنند. باورهای شما دستاوردهای شما را در زندگی می‌سازند. زیرا باورها تعیین کننده کیفیت اندیشه‌ها، اندیشه‌ها عامل اولیه اقدام‌ها و اقدام‌ها عامل اصلی دستاوردها هستند.»

توصیه‌هایی به مردان در رابطه با نیازهای زنان:

۱. به زبان بیاورید چقدر دوستش دارید.

امروزه ازدواج بدون محبت، علاقه و عشق محکوم به شکست است. عشق ابتدا همچون نهالی جوان و بسیار حساس است که با مراقبت و نگهداری فراوان در نهایت به درختی تنومند و استوار تبدیل می‌شود. برای بقا و شادابی نیازمند آبیاری، و ابراز عشق و محبت به منزلهٔ آب و غذا برای حیات و شاداب نگه داشتن آن می‌باشد. اکثر خانم‌ها بعد از چند سال ازدواج به عنوان مهم‌ترین مشغله فکری در ذهنشان از خود می‌پرسند «آیا همسرش هنوز او را دوست دارد؟» تبدیل خواهد شد. در صورت عدم در یافت پاسخ مناسب به مرور حداقل نتیجه آن طلاق عاطفی خواهد بود.

۲. احساس عدم امنیت

مردها غالباً تصور می‌کنند که وفاداریشان به همسر و تلاش و کوششان برای تأمین مایحتاج خانواده برای نشان دادن علاقه و محبتشان به همسر و خانواده کافی است. این‌ها نشانه تعهد و مسئولیت‌پذیری تلقی می‌شود. نه عشق و محبت. عشق یعنی دوستی و محبت بی‌قید و شرط و ابراز عشق و محبت یعنی بوسیدن، در آغوش گرفتن، بیان کلمات عاشقانه و دوستانه و تعریف و تمجید، رعایت حرمت معشوق و... نه فقط کمک در کارهای خانه و کادو گرفتن. به عبارت دیگر زن‌ها نیاز دارند نه تنها به صورت منطقی و عقلانی بلکه به صورت احساسی و عاطفی نیز دریابند که مورد محبت و علاقه هستند.

عوامل اصلی که باعث بروز شک و تردید در مورد علاقه و عشق همسر می‌شوند عبارتند از:

۱. **اختلاف و مشاجره:** سرپوش گذاشتن بر روی مشکل و اختلاف و یا سکوت باعث آتش زیر خاکستر می‌شود در زمان‌ها و مواقع بحرانی ریشه و بنیان زندگی اشتراکی را سوزانده و نابود می‌کند.
۲. **کاهش ذخیره روانی:** هسته‌های اصلی حرمت ذات یا عزّت‌نفس، احساس ارزشمند بودن است.
۳. **غیبت‌های مکرر:** از دل برود هر آنچه از دیده برفت.
۴. **موضوعات حل نشده گذشته:** چه در سطح ناخودآگاه (مسائل دوران کودکی) یا خودآگاه، با کوچک‌ترین تلنگری درد و ناراحتی آن تازه و شکوفا می‌شود. راه‌حل، روان درمانی مؤثر می‌باشد.
۵. **نیاز زنان در مواقع ناراحتی به همدم:** آغوش گرم و صمیمی نیاز دارند نه کنج خلوت.
۶. **زن‌ها می‌خواهند که شما او را بشنوید:** مردها بدون اینکه موضع دفاعی بگیرید، همچون یک دوست صمیمی عمل کرده او را با نگاه کامل و با حرکت سر و صورت بشنوید.

کلماتی مثل: با کی، کجا و چطور او را بشنوید. اشتیاقتان به شنیدن با کلماتی چون: آره می‌فهمم چی میگی و معلومه که از او خیلی ناراحتی و دلگیر شدی، و یا بچه‌ها درست و حسابی خسته‌ات کرده‌اند و یا آره حق با تو! یا ولش کن اون نمی‌فهمه و یا اون قدیمی فکر می‌کنه و این‌جوریه شما سخت نگیر. تصمیم برای منحرف کردن موضوع و سرپوش گذاشتن روی آن نگیرید. زنان نیاز دارند که حس و حالت و موقعیت آنها درک بشوند. شاید برای آقایان اصل و عمق مشکل و مسئله بسیار ساده و ناچیز بیاید ولی برای همسر او همه چیز است. وقتی او گله دارد حداقل در ابتدا از شما پند و اندرز نمی‌خواهد، بلکه می‌خواهد او را درک کنید. شنونده خوب و فعال بودن (با گوش جان شنیدن به او) خود یک راه حل است.

۷. **ذهن زنان در هر لحظه در گذشته، حال و آینده زندگی می‌کند.** شما همسرتان را به یک کوه انفجاری می‌بینید و سر یک مسئله آن‌چنان به هم‌ریخته که موجب شگفتی و هاج‌وواج شما شده باشد و شما غافل از آن

هستید که آن یک موضوع بسیار کوچک برای او یک چاشنی انفجاری عمل کرده. او در واقع کوه دینامیتی از مشکلات و ناراحتی‌های گذشته (ممکنه دلخوری یا بی‌احترامی در گذشته از مادر یا خواهر شما به شکل آگاه یا ناخودآگاه) و حل نشده را منفجر نموده است.

می‌گویند: «آقایان نگران این هستند که همسرشان چیزها را به خاطر بیاورد. و خانم‌ها نگران این هستند که همسرشان چیزها را فراموش کند.»

به‌عنوان یک همسر آگاه و مهربان شما بایستی این توانایی را به دست آورید. تا تغییرات روحی روانی همسرتان را به سرعت تشخیص داده و با برقراری ارتباط مؤثر و مفید و حمایتگرانه تنش‌های او را به حداقل برسانید.

۸. **محاسن و زیبایی‌های او را تحسین کنید:** تحسین، تشویق و تعریف عامل بالا رفتن حرمت ذات و عزت‌نفس بخصوص زیبایی او می‌گردد. و یک مرد آگاه و عاقل بایستی قادر باشد حتی کوچک‌ترین تغییرات همسرش را شناسایی (جزئیات نوع آرایش و لباس) و به آنها اشاره و تعریف واقعگرایانه و دور از اغراق بکند. عدم توجه شما می‌تواند آسیب‌پذیر و شکننده باشد. همچنین بایستی تلاش همسر در جهت تغییرات مطلوب و مناسب مورد حمایت و تشویق قرار گیرد. طاووس عارفان، بایزید بسطامی:

کمند شوق را بر کنگره کبریای   درانداز و آتش عشق را در نهاد خود برافروخت

۹. **ارتباط جنسی در زنان بیشتر جنبه عاطفی دارد تا فیزیکی:** زنان تا زمانی که از نظر روحی، احساسی و عاطفی در وضعیت مناسب و مطلوبی قرار نگیرند تمایل به برقراری ارتباط جنسی نخواهند داشت. برخلاف بسیاری از مردان که ارتباط جنسی یک عمل تقریباً فیزیکی لذت بخش است. (همچون غذای خوشمزه خوردن)

۱۰. **تاریخ ماهانه همسرتان را یادداشت کنید:** زنان به دلیل تغییرات هورمونی مرتبط با سیکل یا چرخه قاعدگی (عادت ماهانه) دچار مشکلات روحی روانی متعددی می‌شوند که به آنها تغییرات یا تنش‌های قاعدگی **(ضعف،**

خستگی، تحریک‌پذیری، تند مزاجی، خلق‌وخوی متغیر حملات و گریه بی‌اختیاری، دوری و گریز از جمع، کاهش و قدرت تمرکز، افزایش یا کاهش میل جنسی و تغییرات فیزیکی. و تغییرات مثبت آن احساس شادابی، افزایش انرژی، افزایش میل جنسی و قدرت خلاقیت نیز رخ می‌دهد.) گفته می‌شود.

کتاب مجموعه شناخت بیماری‌ها و توصیه‌های پزشکی، از انتشارات ما و شما «مشکلات جسمی روحی روانی پیش از قاعدگی[1]»: به علائم آن نشانگان یا سندرم پیش از قاعدگی گفته می‌شود.

۱۱. **در پول درآوردن زیاده‌روی نکنید:** این فکر که هر چه وضعیت اقتصادی بهتر باشد؛ زندگی اشتراکی بهتر و موفق‌تر خواهد بود؛ کاملاً اشتباه است زیرا لازمه چنین موقعیتی کاهش زمان با هم بودن خواهد بود. و امنیت روانی برای زنان مهم‌تر از امنیت اقتصادی است. جاده خوشبختی جاده اعتدال است. دیرتر به اهداف اقتصادی رسیدن بهتر از تخریب بنیان احساسی عاطفی زندگی مشترک است.

زنان و مردان همچون دو میوه مختلف دارای ویژگی‌ها و خصوصیات‌های مخصوص به خود بوده و هیچ یک نه امتیاز است و نه نقص، بلکه فقط از رنگ تفاوت هستند. تفاوت‌ها را بپذیرید و سعی در تغییر آنها در طرف مقابلتان نکنید. مسئولیت ما در درجه اول تغییر و اصلاح خود و در درجه دوم کمک و فراهم نمودن شرایط لازم برای تغییر زوج خود می‌باشد.

وقتی تو پیروز می‌شی من با غرور به همه می‌گم: "اون دوست منه" اما وقتی شکست می‌خوری، کنارت می‌نشینم و می‌گم "من دوستت هستم"

توصیه‌هایی به زنان در مورد مردان

۱. **احترام:**

حس ارزشمندی و کفایت، ارج و قرب و لیاقت در مردها بیش از محبت و

---

[1] - Premenstrual Tension, Premenstrual Syndrome (PMS)

علاقه قرار گرفتن، اهمیت دارد (درست برعکس خانم‌ها). به همین دلیل آقایان به ندرت حاضرند اشتباه یا ناتوانایی خود را به صراحت بپذیرند.

به عنوان یک همسر آگاه و عاقل بایستی مراقب بود تا از سرزنش یا به رخ کشیدن و نشان دادن اشتباهات و نقص‌های او (خصوصاً در جمع) و مقایسه او با دیگر مردان جداً خودداری نمود. در انتقاد و یا مخالفت در خلوت و مستقیم با او در میان بگذارید.

۲. احساس تأمین‌کنندگی:
در بسیاری از خانواده‌ها زن و شوهر هر دو تقریباً به یک اندازه حتی گاهی زن‌ها بیش از شوهرشان درآمد دارند. ولی این حس در مردها و باور آن در زن‌ها همچنان قوی بوده که درآمد زن به عنوان یک موضوع فردی و درآمد مرد به عنوان یک موضوع خانوادگی تلقی می‌شود. درحالی‌که در سایر زمینه‌ها می‌خواهیم رابطهٔ برابر داشته باشیم. ولی این را مستثنی می‌کنیم. (نقش اقتصادی مادر حداقل در چند سال اول زندگی کودک کم‌رنگ می‌شود به دلیل عامل اصلی پرورش و تربیت کودک در نظر گرفته می‌شود). ارزش معنوی پرورش درست کودک، صدها برابر بیش از پولی است که پدر خانواده درمی‌آورد.

رسیدن به این باور که زندگی زناشویی ایده‌آل یک رابطه برابر بر پایه همکاری، مشارکت، مسئولیت، دوستی و محبت است نیازمند یک فرآیند و کوشش فرهنگی گسترده و طولانی مدت است.

۳. مردها نیز رمانتیک هستند: به دلیل نقش مردها در طول تاریخ به عنوان شکارچی تأمین‌کننده مایحتاج، آموزه‌های فرهنگی و یا عدم آگاهی لازم، یا از ابراز حس خود، خودداری می‌کنند. به قول همسرم «نمی‌دانیم چگونه رفتار کنیم و نیاز به کمکتان داریم» یا به دلیل ترس از خرابکاری اشتیاقی به آن نشان نمی‌دهند. خوشبختانه این تفکر که مرد بایستی جدی، خشک، سرد باشد تا حدود زیادی کم‌رنگ شده است.

به عنوان همسر خوب شما بایستی، هر نوع تلاش و رفتار عاشقانه و از روی محبت شوهرتان را مورد تأیید و قدردانی نمایید. تا او در این مسیر پخته‌تر و

کامل‌تر گردد.

٤. **ارتباط جنسی:** تمایل زن به برقراری ارتباط جنسی موجب تقویت حس توانمندی، ارزشمند بودن و اعتمادبه‌نفس در شوهرش می‌شود.

به علت تغییرات هورمونی و مسائل روحی روانی، ارتباط جنسی در مردان باعث کاهش بسیاری از استرس‌ها می‌شود.

٥. **آراسته باشید:** آقایان افراد دیداری هستند و به ظاهر همسرشان اهمیت می‌دهند برخلاف خانم‌ها که شنیداری می‌باشند.

اساساً آقایان به دلیل ویژگی دیداری، مقایسه‌ای و رقابتی بودنشان، اکثراً حس کنجکاوی در دیدن دیگر خانم‌ها را دارند و این نگاه‌ها لزوماً مفهوم جنسی نخواهد داشت. اگر شما از این رفتار شوهرتان ناخرسند هستید، بایستی آن را با او در میان بگذارید. تا او نیز آن را رعایت کند.

٦. **حفظ متانت و حرمت:** برحسب ارزش‌های اجتمایی و باورهای فردی، برای اکثر مردان هیچ چیز بالاتر از حفظ متانت و وقار در ظاهر و رفتار همسرش خارج از حریم خصوصی خانه و در مجامع عمومی نیست.

فن برقراری ارتباط

آنچه برای یک رابطه زناشویی سالم و خوب بیش از همه به حساب می‌آید این نیست که اختلاف و مشکلی وجود نداشته باشد بلکه مهم این است که طرفین چگونه با هم بحث و گفت‌وگو و ارتباط برقرار می‌کنند.

و تفاوت‌های همدیگر را به خوبی درک می‌کنند و در رفع مسئله و مشکل صادقانه می‌کوشند. در واقع کشمکش و اختلافات می‌تواند فرصت‌های بسیار خوبی برای آموختن و مستحکم کردن پیوند زناشویی و افزایش صمیمیت باشد. فن بر قراری ارتباط: گفت و شنود درست خود یک راه حل است. همانند بسیاری دیگر از رفتارها و اعمال، برقراری ارتباط نیز یک علم و هنر آموختنی است. و با تمرین بایستی در آن مهارت پیدا کرد برای مثال:

- اشکال عمده آقایان در شنیدن در واقع درک طرف مقابل است.

اشکال اصلی اکثر خانم‌ها در گفتن در واقع اظهار خود می‌باشد.

فن شنیدن، با تمام وجود شنیدن:

یک شنونده خوب به تمامی علایم و پیام‌های گوینده (حرکات چهره، دست، تن، صدا...) دقت و توجه داشته و تمامی احساساتش را درک می‌کند. حتی در زمان گفت‌وگو و طرح مشکل، تلویزیون و رادیو را خاموش کنید و شستن ظرف و غذا پختن را فراموش کنید و تمام حواس خود را به گوینده اختصاص دهید و به چشم‌ها و حالت چهره، حرکات و لحن گفتار او توجه کنید. تنها زمانی که می‌توانید صحبت‌های همسرتان را قطع کنید زمانی که در درک نظر و صحبت‌های او شک دارید و می‌خواهید مطمئن شوید که منظور او چیست (نه برای مخالفت یا قضاوت).

بدترین کاری که می‌تواند از شنونده و گوینده سر بزند رفتارها و واکنش‌های تمسخر و یا تحقیرآمیز همچون نیشخند زدن، چرخاندن چشم‌ها، پوزخند زدن و بی‌اعتنایی کردن است.

توهین و بی‌احترامی نشانه‌های شومی در ارتباط زناشویی است که مستلزم بررسی زیاد و اصلاح و ترمیم زخم حاصل از آن است. ما تفاوت‌های نگاه دو جنس زن و مرد را می‌توانیم؛ از شعر معروف که دکتر ناصرالدین در کتاب «راز کرشمه» آغاز می‌کند؛ بخوانیم:

تو مو می‌بینی و من پیچش مو!

تو ابرو، من اشارت‌های ابرو!

تو قد می‌بینی و من جلوهٔ ناز!

تو دیده و من نگاه ناوک انداز!

کتاب راز کرشمه از دکتر ناصرالدین: رفتار سالم و دلپسند و ناسالم را به شکل

عشوه‌گری‌های آفرینش، طنازی‌ها بیان کرده و مجموع عمل کرد حس و عواطف را راز کرشمه می‌نامد.
او معتقد است با آموزش سالم، روح انسان برابری هایی مناسب در «جان‌شناسی» و «نفس‌شناسی» و «ذهن‌شناسی» که همان روان‌شناسی است پیدا می‌کند.

برای تأیید نظر و گفتار خود از دیگران استفاده نکنید: دیگران را پایه مقیاس قرار ندهید بلکه استدلال و منطق خود را پایه بحث و گفت‌وگو قرار دهید.

برای مثال: فلانی هم میگه تو... ببین فلانی با همسرش چه جوری؟ این نوع برخورد بدترین شیوه استدلال و بیان مسئله است.

جداً از رفتار و گفتار تحقیرآمیز، توهین آمیز پوزخند زدن، یا بکار بردن کلماتی نظیر تنبل، کودن، دست‌وپا چلفتی و... خودداری کنید. همچنین هیچ‌گاه انگشت روی نقطه ضعف همسرتان نگذارید علاوه بر غیراخلاقی بودن نشان دهنده ضعف و ناتوانی خود گوینده می‌باشد. و نه قدرت فرد و باعث تخریب صمیمیت‌تان می‌شود.

احساس همدلی درست[1]:

مهم‌ترین هدف از گفت‌وگو، فهمیدن دقیق طرف مقابل و حس همدلی است. یعنی بتوانیم داخل پوست و غالب او شویم و به دنیا و مسائل از دید او بنگریم و او نیز متوجه این مسئله شود. در چنین وضعیتی است که نیمی یا تمام راه را برای حل مسئله رفته‌ایم.

همسر یا دوست نه تنها احساس شرم و اضطراب نمی‌کند بلکه به عنوان پناهگاه، یار و همدم به سوی ما جذب خواهد شد.

نتیجه‌گیری: از میزان همدلی یک فرد می‌شود ارزیابی کرد درجه‌بندی و شناخت افراد را.

عدم احساس همدلی:

۱- Emphatic listening

۱. **پاسخ و واکنش نامناسب و منحرف کننده.**
۲. **تغییر موضوع مطرح شده،** همسر شما می‌گوید سردرد دارد و شما بدون هیچ واکنش، می‌گویید: راستی هفته دیگه باید بریم... عجب بوی غذای خوبی می‌آید...
۳. **من بهتر از تو می‌دانم،** پیام این است که تو متوجه نیستی و من از تو باهوش‌تر و فهمیده‌تر هستم.
٤. **قضاوت کردن،**
۵. **نصیحت کردن،** تا زمانی که فرد به‌طور مستقیم و آشکارا خواستار نظر و پیشنهاد شما نباشد، هر نوع اظهار نظر و پیشنهادی به منزله نصیحت کردن تلقی می‌شود.
٦. **تجزیه و تحلیل روانشناسانه کردن،** اگر روانشناس و تراپیست فرد نیستید، از تجزیه و تحلیل روانی رفتار فرد خودداری کنید. (هر چند ممکن است نظر شما درست باشد به خاطر داشته باشید که او برای تشخیص و درمان با شما درد و دل نمی‌کند).
۷. **بیاد آوردن و ذکر خاطره و داستان خود،** مسئله اصلی فرد کم‌رنگ می‌شود.
۸. **سؤالات بی‌مورد و بیش از حد،** به دلیل کنجکاوی خود ذهن و فکر گوینده بهم می‌خورد. و اجازه نمی‌دهد داستان و موضوع را آن‌طورکه فرد می‌خواهد بیان کند (سؤالات کنترل‌کننده مختص مشاور و تراپیست است نه دوست یا همسر).

برقراری ارتباط و گفت و شنود سالم برای افزایش صمیمیت

طبق آخرین آمار روان‌شناسی بر روی ۱۵۰۰ زوج مشخص شد که ۷۰٪ مشکلات و اختلافات زناشویی ریشه در ارتباط و گفت‌وگوی ناسالم دارد. برقراری ارتباط یک فن و هنر آموختنی است. با آموختن و تمرین سالم به مهارت لازم در ارتباط می‌رسیم.

برای مثال تمرینی که برای اکثر مراجعینم مفید بود را با هم مرور می‌کنیم.

با همسرتان قرار بگذارید هفته‌ای یک بار یا دو بار با هم یک ساعت یا بیشتر

جلسه خصوصی داشته باشید. در هر نشست هر یک از زوجین نیم‌ساعت وقت دارد تا حرف‌های خود را بزنند. در اوایل جلسه زوجین فقط در مورد:

زندگی، نیازها، امیدها، آرزو، خصوصیات ویژگی‌های شخصی، خودشیفتگی و سرمست و بی‌خبری، یأس‌ها دلشکستگی‌ها، سلامت و عزت نفس، خود را برتر ندیدن، تک روی، لذت‌ها برنامه و اهداف و.... صحبت می‌کند و حق ندارد هیچ حرفی در مورد زندگی مشترک و همسرش بزند و یا پاسخی بدهد و یا دیگری را متهم کند. تا سه روز بعد که جلسه دوم ادامه ناگفته‌ها گفته می‌شوند هیچ یک از زوجین راجع به جلسه و مطالب گفته شده در آن جلسه صحبتی در زندگی عادی مطرح نمی‌شود. چنین نشستی باعث می‌شود که هر یک از طرفین خود را کاملاً ابراز کرده نه تنها خودشان را بلکه همسر خود را تا حدود زیاد بشناسد.

در هر جلسه همسر باید درخواستی مبنی بر صمیمیت و دوستی از طرف مقابل بخواهد برای روابط برابر. مثل همه با همه بودن و انتقادپذیر بودن تشنه تحسین و عشق دادن بهم. مثلاً همیشه منو دوست داشته باشی یا یک احساس غیرقابل کنترل نظیر «منو به‌خاطر دیشب ببخش» باشد.

درخواست باید در قالب یک رفتار باشد.

مثلاً: بریم با هم قدم بزنیم یا پشتم را ماساژ بده یا نوازشم کن. درخواست باید برای پیوند مهرآمیز باشد نه مشمئزکننده و یا آزاردهنده باشد. در مورد برخی مسائل مثل: ارتباط جنسی می‌توان با تفاهم قبلی حد و مرزی برای آن گذاشت

کتاب «زندگی را عاشقانه بسازیم» تألیف از دکتر ماهیار آذر و دکتر ساداتیان می‌گویند: زندگی زناشویی، بدون اختلاف وجود ندارد زن‌ها و مردها هر دو زمینی هستند. ایشان در رابطه با هنر برقراری رابطه و تمرین‌های آن این‌طور اشاره می‌کنند:

تمرین زمانی مفید و ارزشمند خواهد بود که زوجین صداقت داشته و هدف و نیت واقعی‌شان بهبود رابطه و زندگی زناشویی باشد. و نه رسیدن به اهداف خود و رسیدن به حق به‌جانب بودن یا برنده شدن یکی از دو زوجین.

بنابراین اگر ما اهمیت و عزت‌نفس«خویش و رابطه خود» را آن‌چنان که هست، نشناسیم و این همه بزرگی و ارزش را آنسان که سزاوار است نستاییم خویشتن را دریافته‌ایم.

بوف کور صادق هدایت می‌گوید:

فقط می‌ترسم که فردا بمیرم و هنوز خودم را نشناخته باشم... اگر حالا تصمیم گرفتم بنویسم فقط برای این است برای سایه خودم که جلوی چراغ به دیوار افتاده است؛ باید خودم را بهش معرفی کنم.

عشق ساختن و شدن است و نه داشتن

آیا آنچه که داریم عشق واقعی است؟

۱. آیا به معشوق‌مان به عنوان یک انسان نگاه کرده و برخورد می‌کنیم؟ اگر عامل کشش و علاقه ما ثروت، ظاهر و شهرت بود؛ با از دست دادن این ویژگی‌ها هنوز می‌توانیم عاشق باشیم؟

۲. آیا زمانی که هر دو با هم هستیم به همان اندازه با دوستان و خانواده هستیم راحت و خوش هستیم؟ اگر برای خوش بودن نیازمند حضور دیگران هستیم (رفتن به سینما یا پیک‌نیک دو نفره حال نمیده...) پس ما به احتمال قوی عاشق نیستیم.

۳. اگر پیوسته سر هر چیز کوچکی با هم کشمکش داریم و یا رفتار و گفتار انتقادگرانه و یا تحقیرآمیز داریم باید مراقب باشیم که این خصوصیات مخالف عشق است.

٤. آیا هنوز به دیگران فکر (خواستگارهای قبلی) می‌کنیم؟ و یا همسرمان را با دیگران مقایسه می‌کنیم؟ اگر اعتمادبه‌نفس و حرمت نفس بالا نسبت به همدیگر نداریم، باید بدانیم که این خصوصیات مخالف عشق است.

۵. ارزش داشتن حس واقعگرا، این حس قابلیت پذیرش مشکلات احتمالی آینده را پیش‌بینی می‌کند و دال بر تعجب نمی‌شود و به تداوم زندگی ما با نگاه عمیق‌تر می‌نگرد.

٦. زندگی با معرفت بین دو ارتباط سالم، داشتن بده‌بستان متعادل و رفتار متعادل، حس متعالی و حس متعهد را می‌طلبد این چنین ارتباط، احساس رضایتمندی و خرسندی و عشق را در بردارد.

۷. آیا به سلامتی، نیاز و خوشی‌های خود نیز فکر می‌کنید؟ زیرا اولین شرط عاشق بودن دوست داشتن به خود است.

۸. آیا زندگی بدون معشوق برای ما پوچ و بی‌معنی و پایان کاراست؟ اگر این‌چنین است ما عاشق نیستیم.

تمرین عملی:

بر روی یک ورقه کاغذ ده خصوصیات، رفتار و یا ویژگی که همسرتان به آنها بها می‌دهد و آنها را دوست دارد؛ لیست کنید.

مثلاً: مسئولیت‌پذیری، محترمانه رفتار کردن، پوشش مناسب، نظافت، اختصاص زمان برای با هم بودن، ابراز علاقه و محبت و... شما دو مورد از آنها را انتخاب کنید و هر روز برای مدت یک ماه و بعد دو مورد دیگر را به آنها اضافه کنید و ماه بعد دو مورد دیگر را به‌طور صمیمیانه برآورده کنید و ماه بعد دو مورد دیگر و الی آخر. در مدت کوتاهی نتایج خیره‌کننده آنها را خواهید دید که: (عشق ساختن و شدن است و نه فقط داشتن).

باورهایمان از ازدواج

- ازدواج، امروزه نه یک هدف، بلکه وسیله‌ای برای تکامل و از من در آمدن و به ما تبدیل شدن است.
- اگر فردی دچار هر نوع اختلال روحی روانی (افسردگی، بی‌مسئولیتی، انزوا، خشم، شک، حسادت، و یا خوش‌گذران) ازدواج نه تنها دارو نخواهد بود؛ بلکه سمی است که شما، و حتی زندگی دیگری را نیز به خطر می‌اندازد.
- اولین شرط لازم برای یک ازدواج موفق و خوب، داشتن سلامت روحی روانی خوب است.

برای مثال: داشتن بلوغ جسمی، عقلی و احساسی عاطفی همراه با توانمندی نسبی اقتصادی است. در غیر این‌صورت مشکلات زندگی دو چندان خواهد شد و صدمات ناشی از آن چند صد برابر ناگوارتر از مجرد ماندن خواهد بود (چه برای خود فرد چه برای همسر و برای جامعه).

- تفکر اینکه بچه باعث تقویت رابطه زناشویی و گرم کردن زندگی می‌شود بسیار نادرست است. مطالعات نشان داده است که بچه فاصله میان زن و شوهر را بیشتر می‌کند، نه کمتر. ثانیاً پرورش سالم یک کودک نیاز به محیط آرام و عاری از تنش و همکاری و هماهنگی پدر و مادر است.فرزند زمانی باعث گرمی زندگی می‌شود که زوجین پیوند عاطفی و عمیقی با یکدیگر

داشته باشند.

- پیشرفت‌های علمی روان‌شناسی و تحولات فرهنگی اجتمایی این امکان را فراهم کرده است تا با آگاهی به مشاوره قبل از ازدواج دست به انتخاب درست و جفت و همسر مناسب خود بزنیم. اگر چه اولین شرط لازم یک ازدواج خوب و موفق وجود عشق رمانتیک، داشتن شوق و هیجان و کشش احساسی و جنسی به طرف مقابل است ولی برای تداوم و پایداری زندگی اشتراکی کافی نیست.

مهم‌ترین بخش پایداری زندگی زناشویی: آگاهی،همدلی، همراهی، صمیمیت ارزش‌های یکسان و تعهد هستند.

چالش‌های انسان‌های مهاجر و ابعاد مختلف

از تئوری با تجربیات عملی و مشاهدات عینی

Me, I and myself

ازدواج مشارکت برابر(۵۰-۵۰) است.

اگر چه به‌طور کلی و طولانی مدت ازدواج یک مشارکت و همکاری برابر است؛ اما واقعیت‌های زندگی و افراد آن‌چنان پیچیده و غیرمترقبه هستند که در بسیاری از موارد پیروی از این اصل غیرممکن می‌نماید. مانند موارد بیماری یا مسافرت یکی از زوجین بیش از ۹۰٪ مسئولیت زندگی را بدوش می‌کشد و در زمان دیگر طرف مقابل هم چنین.

به همین ترتیب در مشکلات زندگی ممکن است فرد بر این باور باشد که من یک قدم خود را برداشته‌ام و حال نوبت طرف مقابل است. یا اینکه من چنین و چنان کارهایی را انجام داده‌ام و حال او باید جبران کند. اصل کلی در این باره این است که ما بایستی در هر موردی کار درست و خوب خود را با توانی صددرصدی انجام دهیم. و منتظر جبران و حرکتی از طرف مقابل نباشیم. ممکن است کار خوب و درست ما این باشد که حتی اگر همسر ما حاضر نباشد، ما خود به تنهایی به مشـاوره رفته و اگر به این نتیجـه رسیدیم که راه دیگری باقی نمانده، آنگاه خود را نجات دهیم.

نتیجه در میان نگذاشتن مشکلات زناشویی

متاسفانه بدلیل سیستم فکری بسیاری از آقایان (یعنی اینکه همه چیزدان هستند و مسائل خانوادگی و خصوصی نبایستی با کسی در میان گذاشته شود.) و نیز بسیاری از خانم‌ها (ترس از آبرو یا خجالت کشیدن و یا اینکه مشکلات به مرور زمان کمرنگ خواهد شد)، زوجین زمانی به دنبال چاره و راه‌حل می‌گردند که یا دیر است و یا بسیار مشکل.

هرگاه با مشکل و مسئله روابط روبه‌رو شدید، بهترین فرد برای این کار مشاوره ازدواج با فرد مجرب و منصف در این راه است.

مهم‌ترین اصل برای موفقیت در این موارد توجه به موضوع و مشکل است نه طرف مقابل و پیدا کردن مقصر. بایستی رقابت و برنده شدن را از ذهن خود خارج کرد. در واقع بایستی با این امید و احساس قلبی به دنبال حل مسئله بود که حق با همسرتان باشد. چنین خواسته قلبی خودبه‌خود در بسیاری از موارد به زوجین کمک خواهد کرد. تا با دید بهتری به مسئله نگاه کنند و اساساً محبت و عشق چیزی جز این نیست .

مهم: مطرح کردن و درد و دل مسائل خصوصی و خانوادگی با دوستی که آگاهی و تخصص و از تجربه کافی برخوردار نیست نه تنها مفید نیست بلکه تجاوز به حریم خصوصی همسرتان می‌باشد و معمولاً بیشتر زیان‌بار خواهد بود تا مفید و کمک کننده. زیرا ممکن است از آن سوءاستفاده شود، توصیه‌های غلط داده شود، و در نهایت جانب‌داری و منصفانه برخورد نشود.

ویلارداف هالی دکتر روانشناس در کتاب «**عاشق شوید و در عشق باقی بمانید**» می‌گوید: زوج‌ها را تشویق می‌کنم برای شاد کردن یکدیگر هر کاری که می‌توانند انجام بدهند و از هر اقدام که یکدیگر را ناخشنود می‌کند دست بردارند. ازدواج شما بستگی به عشقی دارد که شما نسبت به یکدیگر دارید. انتظار دارم بیش از اهمیت عشق به زندگیتان پی ببرید. و این عشق را بازآفرینی کنید. آن را حفظ کنید تا افزایش و افول عشق در زندگیتان را شناسایی کنید من اسم این را بانک عشق گذاشته‌ام.

عشق ساختن و شدن است و نه داشتن

وقتی فروغ از رابطه دائم قهر و آشتی و ناسالم رفتاری، خود را با بیداری و هوشیاری بالاخره بیرون کشید در واقع از صندلی جان بدر برده تا مهلکه تجربیات تلخ بلند شده و حیاتی دوباره پیدا کرد.

می‌گفت: من و منصور خیلی با هم فرق می‌کنیم با عدم درکمان یا او مرا می‌آزرد یا من او را!!! در واقع فهمیده‌ام که اشکال از رابطه است نه از من یا او!! امروز با تداوم کار کردن با خود و با کمک به مشاوره با شما، متوجه شده‌ام که گذشته تلخ باعث بالا رفتن از نردبان من شد.

از او پرسیدم چه خصوصیاتی را از خود دور کردی که به این مرحله از رشد و بلوغ عاطفی رسیدی و به یافته‌های نوین دست پیدا کردی؟

❋ نشخوار افکار گذشته[1]
❋ نگه‌داشتن آزردگی
❋ وسواس رفتاری
❋ مخالفت دائمی و جدال و بحث
❋ کشش خود کار به مخالفت رفتارهای اعتیادی
❋ خصوصیات عدم انعطاف پذیری
❋ گرفتار یبوست رفتاری
❋ حمله‌های اضطرابی
❋ پیش‌بینی‌های منفی
❋ از کوچک‌ترین مخالفت به هراس آمدن
❋ غمگین شدن که چرا من ندارم و حسادت
❋ احساس گناه و شرم

از فروغ خواستم چند نمونه از تغییر اعمال مثبت را اشاره کند:

+ انعطاف‌پذیری و سازگاری
+ همراهی و توان همکاری

1- Automatic Negative thought

+ جنبه مثبت را دیدن
+ قدرت بخشیدن گذشته
+ به گذشته سپردن آزردگی‌ها
+ آینده را مثبت انگاشتن
+ از اعتراض وحشت نداشتن
+ تن آرامی
+ مهرورزی پیشه کردن

فروغ می‌گوید: «من دیگر آن فروغ قدیمی نیستم، علیه خوشبختی خود زندگی نمی‌کنم، نگاهم سازنده است نسبت به اشتباهات گذشته شد و بند ناف‌ام را از آن خاطره‌ها بریده‌ام و معنایی به زندگی‌ام بخشیدم و در ترازنامه زندگی به یک نوع ساده‌زیستی و کنترل افکار با بلوغ عاطفی به تعادل رفتاری رسیدم».

در واقع فروغ دارد به ما می‌گوید که گاه زخم‌هایی که داریم زیر و بم زندگی را به ما می‌آموزد. باید در دوران توانمندی اندیشید و مشتاق عمر مفید و اصیل بود.

در خاتمه مقاله: «**عشق ساختن و شدن است و نه داشتن**» در آنجا فروغ و منصور با کمک مشاور تصمیم گرفته بودند که مشکلشان «رابطه‌شان» است و قبل از اینکه بیشتر باعث آزار همدیگر بشوند از هم جدا زندگی کنند.

در اینجا به مطالبی بپردازم که اگر در شرایطی ما قرار گرفته‌ایم که جدا شدن موقت تنها راه انتخابی ما است چه راه کارهایی برای بهبود آینده رابطه باید در نظر بگیریم؟

چرا لازم است مدتی از هم دور باشیم؟

طبیعی است که ما امیدوار باشیم که همسرمان بازگردد. و همه چیز دوباره به شکل قبل در بیاید. اما خواسته ما فقط این نیست؛ بلکه می‌خواهیم رابطه‌ای بهتر از قبل بین ما باشد. به همین سبب ضروری است از زمانی که دور از یکدیگر هستیم، به شکل سازنده استفاده نماییم.

وقتی که از همدیگر جدا می‌شویم، حتماً باید مشکلات اساسی مربوط به خود،

همسر و رابطه زناشویی‌مان را به دقت مطالعه و بررسی کنیم.

در وهله اول، شاید این مسئله به قدری حاد و وحشتناک به‌نظر برسد که ما بی‌اراده دلمان بخواهد به همان عادت‌های قدیمی رابطه خود که ظاهراً مطمئن به نظر می‌رسد، برگردد. وقتی غم‌وغصه جدایی ما را در برمی‌گیرد، خیلی آسان می‌توانیم خشم و ناراحتی، رنجش و سایر احساسات منفی را که داشتیم، فراموش کنیم. ترس برای همیشه از دست دادن همسرمان، تنها ماندن، پیدا نکردن کسی دیگر که دوستش بداریم یا ترس از اینکه نتوانیم... ما را بر آن می‌دارند که در پی آشتی کردن زود هنگام باشیم. اما اگر می‌خواهیم شانسی برای این رابطه وجود داشته باشد؛ باید از هم فاصله بگیریم. جدایی برای ما فرصتی فراهم می‌کند که قدمی به عقب برداریم و با دیدی واقع‌بینانه‌تر به همه چیز نگاه کنیم. برای شناختن مشکلات مهم و زیربنایی و کار کردن در جهت حل مسائل بزرگ‌تر باید وقت بگذاریم.

صادقانه ببینیم چه اشتباهاتی صورت گرفته و باید دلایل اصلی و مهمی که باعث جدایی شد را پیدا کنیم. اگر روی مسائل سرپوش بگذاریم و تصمیم بگیریم بی‌توجه از کنارش بگذریم، سروکلّه آنها دوباره پیدا خواهد شد.

ما همه حوادث دردناک، جرّوبحث‌ها، خصوصیات اخلاقی ناراحت‌کننده و دلخوری‌هایی را که در این رابطه زناشویی وجود داشته است به یاد داریم.

فاصله داشتن احتمالاً به ما کمک می‌کند که در این زمان پر هیجان صدمه بیشتری به روابط خود وارد نکنیم. فاصله به ما کمک خواهد کرد بیابیم چه چیز باعث جدایی شده و آنگاه می‌توانیم روی آن تمرکز نموده و در رفع آن برنامه‌ریزی کنیم. این عمل هم چنین به همسرمان اجازه می‌دهد که ما را با چهره جدیدی ببیند. خلاصه اینکه باید هدف‌گذاری کرده و مدتی با حفظ عشق و مهر از هم فاصله بگیریم.

منوچهر در واکنش به این پیشنهاد که باید تا مدتی خودش را از این ارتباط بیرون بکشد، اقرار کرد: «من از اینکه به خانه بیایم وحشت دارم بدون سیما آپارتمان کاملاً سرد و خالی به‌نظر می‌رسد. وقتی وارد خانه می‌شوم فقط روی کاناپه

می‌افتم و تلویزیون را روشن می‌کنم و آن را فقط برای صدایش روشن می‌کنم. می‌خواهم صدایی در خانه باشد.

با همکارانم هفته‌ای چند بار ورزش می‌کنم اما از آن تیپ آدمهایی نیستم که خیلی راحت دوست پیدا کنیم. به همین دلیل کسی را ندارم که با او حرف بزنم. از این همه احساس تنهایی بیزارم. درعین‌حال می‌ترسم که سیما کسی دیگر را پیدا کند و ما هرگز فرصت نیابیم که به حل مسائل خود بپردازیم».

* شاید ما هم مثل منوچهر نگران اینکه همسرمان کسی دیگر را انتخاب کند بترسیم؟
* آیا با همسرمان در مورد حد و حدود این جدایی حرف زدیم؟
* آیا می‌دانیم چه چیزی در انتظار ماست؟
* آیا قرار بر این است که در این مدت جدایی طرفین به هم وفادار بمانیم؟
* آیا می‌توانیم با افراد دیگر معاشرت کنیم؟
* آیا مشخص کرده‌ایم که در این مدت چه کسی پول وام مسکن، آب و برق را بپردازد؟
* اگر بچه هم داریم، چه مسئولیت‌هایی قرار است طرفین داشته باشند؟
* اگر در موارد این‌گونه مسائل با هم صحبت کرده و به تفاهم‌هایی رسیده باشیم، به ما کمک می‌کند تا ثبات احساسی بیشتری داشته باشیم و از بلاتکلیفی آینده ترس نداشته باشید. اگر این موردها انجام نشد بوسیله مشاور پذیرفتنی است.

ترس احساسی است که انسان را ناتوان می‌کند. ممکن است ما را به انجام کارهایی وا دارد که به نفع ما نیست و امکان دارد ما را مضطرب و فلج کند.

ما به زمان نیاز داریم تا تعادل احساسی و ثبات رفتاری خود را باز یابیم و بهبود یابیم. این زمان به ما کمک می‌کند تا خود را بهتر بشناسیم، نیازها و خواسته‌هایمان را شفاف کنیم و بفهمیم چه چیزی برایمان اهمیت دارد. اگر وقت کافی صرف کنیم و با کمک مشاور، به خودشناسی و بازنگری در رفتارها و نیازهایمان بپردازیم، شانس بیشتری برای جلب توجه همسرمان و ایجاد دوباره پیوند عاطفی با او خواهیم داشت. همچنین می‌توانیم با همسر خود تجدید پیمان کنیم، اما در عین

حال به استقلال و خودکفایی‌مان احترام بگذاریم. این فرآیند به ما این امکان را می‌دهد که آدم‌های جدید و جذابی پیدا کنیم و راه‌های خلاقانه‌ای برای برطرف کردن چالش‌های زندگی ابداع نماییم. با مواجهه موفق با این چالش‌ها، اعتماد به نفس‌مان به طور قابل توجهی تقویت می‌شود و می‌توانیم در روابط و زندگی فردی‌مان پیشرفت چشمگیری داشته باشیم.

اگر ما دوستانه از هم جدا شویم، از نقش ترس در کنترل کردن اعمال خود می‌کاهیم. در اصل به همسر خود می‌گوییم: «من تو را دوست دارم و برایت ارزش قائل هستم به خواسته‌های تو احترام می‌گذارم و میل به کنترل کردن تو را رها می‌کنم. می‌خواهم مدتی از تو دور باشم تا روی اعمال خود تمرکز کنم و کارهایی را انجام دهم که برای من و در نهایت برای رابطه زناشویی‌مان مفید باشد.» این یک هدف کوتاه‌مدت است. هدف بلند مدت این است که خودمان را تقویت کنیم تا هر دو نفرمان بتوانیم طوری پیش هم برگردیم که پیوند قوی‌تری میان خود برقرار کنیم.

تندیس خانواده
نام اثر: یک روز برفی
خالق اثر: کتایون شیرزاد

دکتر بتی یانگ و دکتر ماساگوئتز در کتاب «با هم آشتی کنیم» می‌گویند:
به تعداد زوج‌ها دلایل زیربنایی فراوانی در مسائل زناشویی وجود دارد که زوج‌ها را درگیر می‌سازد.
آنها عموماً به دلایل زیر دچار مشکل و اختلاف شده‌اند:

* انتظارات برآورده نشده دارند
* عدم توانایی در برقرار کردن ارتباط دارند
* فقدان صمیمیت

کتایون شیرزاد

* تعادل احساسی
* سلامت جسمانی
* بچه ها
* امور مالی
* شغل
* سیستم حمایتی
* فعالیتهای اجتماعی
* امور معنوی

وقتی ما تمرکزمان را از روی همسرمان برمی‌داریم و به آنچه که در حال حاضر روی می‌دهد معطوف کنیم، بیشتر می‌توانیم خودمان و ترس‌هایمان را مهار کنیم. که به آشتی زود هنگام می‌انجامد.

به سه مرحله زیر توجه کنیم:

۱. آگاهی و دانستن اینکه هیچ قدرتی روی همسرمان نداریم.

ما نمی‌توانیم همسر خودمان را مجبور کنیم که احساسات خود را عوض کند یا ما را دوست بدارد.

بلکه فقط می‌توانیم روی خود و احساسات خویش کنترل داشته باشیم. ما هر چقدر هم بخواهیم و تلاش کنیم نمی‌توانیم کنترل شخص دیگری را به دست بگیریم. به جای اینکه در مارپیچ نزولی این تفکر گرفتار شویم، به جای اینکه بگوییم: «من به تو احتیاج دارم و باید با تو باشم.»

بگوییم «من به تو توجه دارم و تو را حمایت می‌کنم» و اطمینان دارم که می‌توانی بهتر برای خودت تصمیم بگیری و من هم می‌توانم برای خودم همین کار را بکنم.

وقتی علی، بالاخره توانست جدا شود و رها کند، احساس کرد که باری از روی دوشش برداشته شده است. او به من گفت: من فرشته را دوست دارم، اما در این مورد که او می‌خواهد چه کند، هیچ اختیاری ندارم.

شجاعت و ایمان فوق العاده‌ای می‌طلبد که به کسی بگویید آنقدر دوستش دارید که همان چیزی را برایش می‌خواهید که او را خوشحال می‌کند، به او

احترام می‌گذارید و اطمینان دارید که بهترین تصمیم را برای خودش خواهد گرفت، حتی اگر تصمیمش این باشد که دیگر به این رابطه باز نگردد! گرچه کاملاً متناقص به‌نظر می‌رسد، اما این برای شما یک موفقیت برنده برنده است. وقتی شما به‌قدری به خودتان اعتماد دارید که حمایت خود را با این گفته بیان می‌دارید، برای همسرتان خواستنی‌تر از زمانی می‌شوید که نیازمند و مستأصل جلوه می‌کنید.

علی می‌گوید: که احتیاج دارم حتی با اظهار خواهش و تمنا عشق خود را ابراز داشته تا همسرم را به زندگی برگردانم.

به علی گفتم: متأسفانه، این‌گونه حرکات فقط بیانگر احتیاج شماست و این ممکن است باعث روگرداندن همسرتان از شما شود. وقتی صادقانه نشان می‌دهیم که بهترین چیز را برای طرف مقابل می‌خواهیم، و دل مان می‌خواهد که بهترین انتخاب‌ها را برای خودش بکند، او خود را عزیزتر و دوست‌داشتنی‌تر می‌بیند. و برای ما احترام خاصی قائل می‌شود.

۲. ما فقط مسئول فراهم کردن رفاه و سعادت خودمان هستیم.

درست همان‌طورکه علی نمی‌توانست همسرش را وادار کند احساسات مورد علاقه او را داشته باشد؛ او هم نمی‌تواند علی را خوشحال یا ناراحت کند. اگر نمی‌توانیم احساسات خود را مهار کنیم و برای این کار دچار مشکل می‌شویم، با کمک مشاور این دوران سخت را به‌طور مستمر و پیگرانه جلسات را شرکت نماییم و همچنین در یک برنامه ورزشی شرکت کنیم.

۳. مرحله سوم تمرکز روی خود و مراقبت از خود می‌باشد.

علی می‌گوید: بیشتر اوقات خود، صرف فکر کردن به همسرم می‌کنم و مردد هستم که برای برگردان او چه کاری باید انجام بدهم. و تمرکز علی روی فرشته همسرش است به صراحت انرژی‌های گفتم خود را روی خویش متمرکز کن و بسنج کجاها می‌توانید مؤثر باشید. ببینید چه توانایی و استعدادهایی در وجود شما هست که می‌توانید آنها را تقویت کنید. شما به نیازها و هسته وجودی خودتان توجه و آن را پرورش و تقویت نمایید. در این برهه از زمان، گفتن همه

این‌ها آسان و انجامشان البته سخت است. شما ممکنه قبلاً مراقب خودتان بودید، اما بعد از ترک همسرتان دیگر هیچ کاری برای خودتان انجام نمی‌دهید. این را بدانید که انتهای تونل حتماً روشن است و مشکلات کنونی‌تان رفع خواهد شد

آگاهانه به خودتان بگویید: «حالا من تنها هستم. اما این فقط موقتی است. من می‌خواهم بار دیگر با همسرم زندگی کنم. با متمرکز شدن روی رشد خودم، می‌خواهم امکان آشتی را فراهم کنم. و هدف نهایی من برگشتن پیش همسرم است.» آمادگی روحی برای خود فراهم کنید در راستای رشد فردی نتیجهٔ دیگری هم حاصل شود.

اقدام‌های عملی مراقبت از خود شامل:

درست غذا خوردن، یکی از موارد بسیار مهم سلامت شماست که در روحیه و رفتار تأثیر خواهد بود.

خوب خوابیدن، بعضی شب‌ها از فکر اینکه نیمی از رختخواب شما خالی است؛ بی‌خواب می‌شوید ولی بر این غلبه کنید.

اگر به همین شکل ادامه دهید، به مرور زمان از نظر جسمی ضعیف خواهید شد و این می‌تواند باعث شود که تعادل احساسی شما نیز به سختی برقرار شود. بنابراین مهم است که با خودتان مهربان باشید. شما برای رسیدن به اهداف خود به توان جسمی و روحی قوی نیاز دارید. تأکید می‌کنم که ورزش یکی از بهترین کارهایی است که می‌توانید انجام دهید تا استرس خود را کاهش دهید و بدن و ذهن‌تان را در وضعیت بهتری قرار دهید.

جایزه شما این است که نه تنها بدن‌تان را در وضعیت بهتری قرار می‌دهید، بلکه اندام ظاهری جذاب‌تری پیدا خواهید کرد. احتمالاً با این کار افراد جدیدی را ملاقات می‌کنید و روابط اجتماعی خود را گسترش می‌دهید. بدن‌تان به مرور زمان روی فرم خواهد آمد و احساس بهتری خواهید داشت. همین لحظه بهترین زمان برای شروع است!

تکنیک‌های ریلکس کردن، تکنیک‌های متعددی برای کاهش استرس و ریلکس

کردن وجود دارد. اما غالباً مانند کشیدن نفس‌های عمیق، شل کردن عضلات و استفاده از تصویرهای ذهنی است. که اثرات آرامش بخشی روی شما دارد. به کتاب‌های مدیریت استرس مراجعه نمایید.

* **ارتباط با دیگران،** به افراد فامیل و دوستان تلفن بزنید و با کسانی که حرف‌های شما را بدون قضاوت گوش می‌دهند و به شما روحیه می‌دهند و سر ذوق می‌آورند و می‌خندانند و کمکتان می‌کنند که در طول سفری که در پیش دارید نقاط قوت خود را پیدا کنید.

مقاومت در برابر فشار عوض کردن تمام زندگی

بازنگری‌های که در این دوره بازآفرینی ما به عمل می‌آوریم، تا جان تازه‌ای بگیریم و احساس بهتری نسبت به خودمان پیدا بکنیم.

اقدام‌های جدید کمکمان خواهد کرد که اعتمادبه‌نفس و عزت‌نفس خود را بالا ببریم. این رشد و تولد دوباره خودمان را که وضعی بهتر پیدا کرده‌ایم برایمان «معنادار» می‌شود جشن بگیریم. خانه‌ای تازه بسازیم و تغییرات اساسی در زندگی به وجود آوریم. هدف این است که بفهمیم در حال رشد هستیم و آن را بطـور محسوسی در زندگی خودمـان جلوه گر سازیم. تا روحیه‌مان تقویت گردد.

خاطرات خود را هر روز یادداشت کنیم

هر روز افکار و احساسات خود را از مغزمان بر روی کاغذ ثبت نماییم. این کار به پیشرفت و نیازهایمان پاسخ داده و کمک شایانی خواهد کرد.

برای مثال، داریوش به من می‌گفت که بعد از پنج ماه جدایی هنوز آن‌قدر گریه می‌کند تا به خواب برود و نمی‌تواند روی کارهای روزمره خود تمرکز کند. به داریوش پیشنهاد دادم که به یادداشت‌های روزمره‌اش با دقت و صداقت توجه کند و آن‌ها را جدی بگیرد. این یادداشت‌ها می‌توانند اسناد بسیار ارزشمندی باشند که به او کمک می‌کنند پیشرفت‌های خود را ارزیابی کند. به این ترتیب، او می‌تواند روند بهبودی خود را اندازه‌گیری کرده و در جلسات مشاوره از آن‌ها برای سنجش وضعیت خود استفاده نماید.

داریوش در جلسه بعد گفت که نوشتن و شروع برای او بسیار کار دشواری بوده است! من توجه داریوش را به چند طرح کمکی که به شکل چندین سؤال بود جلب کردم:

ارزش دادن به خود: «من چه کسی هستم؟»، «چه هویتی دارم؟»«چه چیزهایی در زندگی من واقعاً اهمیت دارند؟» «چه چیزهایی در زندگی به من معنا و مفهوم می‌دهند؟» «چه چیزهایی برای من مقام و منزلت و احترام می‌آورند؟»

سر و وضع ظاهری: «ظاهر شما به چه شکلی است؟» (کاملاً با جزئیات آنها را توصیف کنید؟ وزن، نوع هیکل، جذابیت‌ها، و چیزهایی که دلتان می‌خواهد آنها را بهبود ببخشید؟)

شخصیت: «شما چه جور آدمی هستید؟» (درونگرا، جدی، دیرجوش، خجالتی، صمیمی، شوخ‌طبع، متین و آرام، برونگرا، آیا راحت و آزادانه حرف می‌زنید؟) برای تعادل شخصیت، چه نیازهایی را لازم می‌بینید؟

- با مردم بودن - شغل و حرفه - سرگرمی‌ها

* **محیط خانه:** آیا محیط خانه جایی است که بتوانید در آن استراحت کنید؟

از استرس کار رها شوید؟

اگر بخواهید چیزی را در محل زندگی خود تغییر بدهید، چه چیزی بیش از همه الویت دارد؟

برنامه‌ریزی فعالیت‌ها

برای جدا شدن از همسرمان خود را سرزنش نکنیم و بابت چیزهایی که فکر می‌کنیم «باید» انجام می‌دادیم یا ندادیم، خود را مقصر ندانیم. در حال حاضر به خودمان سخت نگیریم. فراموش نکنیم که داریوش هنوز در مراحل ابتدایی جدایی است. در این مرحله فقط باید روی جبران احساسات سرکوب شده و افراطی خود تمرکز کنیم، بدون آنکه به خود فشار بیاوریم. به دوستان، خانواده و همکاران خود اطمینان دهیم که جدایی ما موقتی است و به زودی وضعیت به حالت عادی باز خواهد گشت. یادداشت‌های تأکیدی خود را در اتومبیل، روی یخچال و در محل کار قرار دهیم و به‌طور مرتب کارهای خود را کنترل کنیم.

من خود ای ساقی از این شوق که دارم مستم.

سعدی

ضروری است که روز خود را علاوه بر کارهای روزمره با فعالیت‌های لذت‌بخش یا مفید پر کنیم. به نمایشگاه هنری برویم یا کارهای داوطلبانه انجام دهیم، چرا که این کارها می‌تواند احساس بهتری به ما بدهد. وقتی با نیازهای دیگران درگیر می‌شویم، ممکن است مشکلات خود را کمتر جدی بگیریم. همچنین، دعوت از دوستان برای شام یا ناهار یا رفتن به سینما می‌تواند راهی برای پر کردن اوقات فراغت باشد. اگر سرگرمی‌هایی مثل عکاسی، بافتنی، سفالگری یا نقاشی داریم، می‌توانیم کارهای خود را به جاهایی ببریم که امکان مبادله آن‌ها با دیگران وجود داشته باشد.

به باشگاه ورزشی، پیاده‌روی، گروه‌های رقص محلی یا سازمان‌های خیریه که در روزنامه‌ها اعلام شده‌اند بپیوندیم. این فعالیت‌ها می‌توانند به ما کمک کنند تا کاری را که دوست داریم انجام دهیم و در عین حال با مردم ارتباط برقرار کنیم. اینگونه می‌توانیم تعطیلات آخر هفته خود را به شکلی مفید و لذت‌بخش سپری کنیم.

انتهای تونل روشن است

جدایی هیچ‌گاه کار آسانی نیست؛ در واقع شاید یکی از سخت‌ترین تجربیات زندگی باشد. اما وقتی که تصمیم به جدا شدن می‌گیریم، این ممکن است بهترین

گزینه برای ما، همسرمان و به ویژه برای رابطه زناشویی‌مان باشد. این روزهای تاریک و دشوار موقتی هستند و گذرا خواهند بود. باید نسبت به خودمان صبور باشیم و ترس‌هایمان را رها کنیم. مهم است که روی خودمان کار کنیم و این جدایی می‌تواند نقطه عطفی برای بهبود رابطه‌مان باشد. «با جدا شدن و رها کردن، همراه با عشق و مهر»، می‌توانیم نیروهای پنهان درون خود را کشف کنیم. اگر جدایی را فرصتی برای بازسازی در نظر بگیریم، خواهیم توانست با بهترین وضعیت ممکن به زندگی زناشویی‌مان بازگردیم. درست است، انتهای تونل روشنایی است.

نقشه عملیاتی

یادتان نرود هدفمان فقط آشتی نیست بلکه ایجاد رابطه سالم است.
نسیم به امیر می‌گفت: که چقدر دوستش دارد و شدیداً به او احتیاج دارد؛ در واقع این کار باعث می‌شد امیر کنار بکشد. چون نسیم خود را مستأصل و محتاج، بیچاره و در چرخهٔ خطرناک و مخرب و گاهی با سماجت و پرخاشگری نشان می‌داد. احساس ضعف و ناتوانی نسیم این باور را به امیر می‌دهد که کنترل روی زندگی ندارد. نسیم نیاز به آموزش برای کنترل احساسات و روش‌های مثبت و سازنده در تعادل بودن با نقشه عملیاتی داشت. نسیم باید احساسات خود را در اختیار بگیرد، و برای از بین بردن درد تنهایی خود، درصدد آشتی زود گذر برنیاید و به یک تجدید پیوند زود هنگام دست نزند.

هر چقدر نسیم فکر می‌کند که امیر تنها کسی است که می‌تواند تعیین کند چه اتفاقی خواهد افتاد. ممکن است نسیم فکر کند در سرنوشت ازدواج کنترل خیلی کمی دارد؛ اما نسیم هم کسی هست که اختیار زندگی خودش را در دست دارد.

داشتن یک نقشه عملیاتی، ابزار لازم و پلی برای آشتی را برای به دست آوردن کنترل مجدد زندگی‌مان دراختیارمان قرار می‌دهد.

ابزار دیگر شامل:

تعادل خودمان را به دست آوریم: نیازهای جسمی، احساسی، اجتماعی و معنوی که حتماً تا حدودی نادیده گرفته شده است.

* **اهدافی را تعیین کنیم که برای ما مفید است:** برای رسیدن به اهدافی که برایمان آرامش‌بخش و مفید هستند، باید آموزش ببینیم و تمرین کنیم. این اهداف باید معنای خاصی برای ما داشته باشند و ما را به انسانی بهتر و قوی‌تر تبدیل کنند. در نهایت، این تغییرات تأثیر فوق‌العاده‌ای بر همسرمان خواهد داشت؛ چرا که او ما را در چهره‌ای جدید و مثبت می‌بیند. این تحول، می‌تواند به آشتی و تقویت رابطه‌مان با همسرمان کمک کند.

موانعی را که بر سر راه اهدافمان قرار گرفته‌اند، شناسایی کنیم:

* **منفی و مأیوسانه حرف زدن:** صدای منفی و تهی از انرژی و امید باعث می‌شود تلاش‌هایمان ضایع شوند.

* **ترس از اینکه نتوانیم به اهداف متعهد بمانیم:** تعهد ما عامل محرکی است که به ما امکان می‌دهد بر نقشه‌مان تمرکز کنیم و شرایط موفقیت را فراهم کنیم. برای اینکه به توانایی خود باور داشته باشیم، باید به خود اعتماد کنیم و مطمئن باشیم که قادر به رسیدن به هدف‌هایمان هستیم.

* **بی‌صبری:** همه چیز یک شبه خراب نشده است. برای اصلاح وضعیت، باید وقت بگذاریم. اگر بخواهیم فوراً آشتی کنیم یا کار را یکسره کنیم، ممکن است نتیجه معکوس بگیریم. بنابراین، باید قدم‌های سازنده و تدریجی در جهت هدفمان برداریم.

* **ترس از مورد تمسخر واقع شدن:** مهم نیست دیگران چه فکر می‌کنند، به‌ویژه اگر همسرمان به ما ظلم یا بی‌وفایی کرده باشد. این زندگی ماست و باید با نگرش مثبت به آن نگاه کنیم، بدون آن که تحت تأثیر عقاید دیگران متزلزل شویم.

تا راه قلندری نپویی نشود   *رخساره به خون دل نشویی نشود*

خیام

این کوزه چو من عاشق زاری بوده ست　　در بند سر زلف نگاری بوده ست
این دسته که بر گردن او می بینی　　دستی ست که بر گردن یاری بوده ست

خیام

نام اثر: کوزه عاشق

خالق اثر: کتایون شیرزاد

ترس از شکست: ما هر چه از دستمان برآمده است انجام داده‌ایم چه بهتر اینکه روی خودمان سرمایه‌گذاری عاطفی هنگفتی کرده‌ایم.

پاداش آن بالا رفتن احساس خود ارزشمندی، و افزایش اعتمادبه‌نفس و عزت‌نفس گردید. و تلاش‌ها ما را به سطح بالاتری ارتقا داده و از ما انسانی قوی‌تر و بهتر برای قدم نهادن به پیوند بعدی ساخته است.

مهتاب می‌گوید: دو سال بعد از اینکه منوچهر به‌خاطر زن دیگری از من جدا شد؛ با اظهار پشیمانی و افسوس فراوان برگشت و اقرار کرد که بزرگ‌ترین اشتباه زندگی‌اش را مرتکب شده است. گفت که دلش می‌خواهد که ازدواجمان از نو سر بگیرد و امیدوار است که من هم به این امر راضی باشم. گرچه من هنوز هم او را دوست داشتم. ولی از کاری که کرده بود به شدت خشمگین بودم. علی‌رغم همه موانع که من سر راه او می‌گذاشتم، منوچهر از هدفش برای برگرداندن من برنمی‌داشت. او به آرامی هر نیازی که من داشتم مثل یک دوست خوب بدون هیچ توقع انجامشان می‌داد.

بعد از چندین مدت مشاور با شما، روزی به او گفتم: «فکر می‌کنم که می‌توانیم بار دیگر با هم زندگی کنیم به خانه برگرد.» و هرگز هم از این تصمیم پشیمان نشدم. پیوند ما حالا از هر وقت دیگر محکم‌تر است. من واقعاً به رابطه زناشویی جدیدی که برای خودمان ساخته‌ایم اعتماد دارم.

هر دلی به زمان خاص خودش نیاز دارد تا التیام پیدا کند. علی‌رغم عشقی که مهتاب به منوچهر داشت، اما می‌دانست که خشم زیادی در وجودش بود که اول آن را باید با مشاور حل می‌کرد؛ خوشبختانه همکاری منوچهر با مشاور مهتاب و صبر و حوصله او برای برگرداندن مهتاب کارساز بود. و به مهتاب زمان و فرصت التیام و بخشش را داد و ضمناً با نشان دادن وفاداری خود در این مدت، لطمه‌ای را که به ازدواجشان وارد کرده بود با حوصله جبران کرد. برای ترمیم رابطه باید از پس گذراند بحران برای آشتی موفق بیش از پیش فراهم کرد. وقتی ما کانون قدرت خود را پیدا کنیم، در موقعیت بهتری برای ایجاد یک تجدید پیوند قرار می‌گیریم.

ارتباط در وصال عاطفی

ارتباط اساس یک رابطه است که ما مجموع افکار، احساس‌ها، امیدها، ترس‌ها، آرزوها و انتظارات خود را بیان می‌نماییم. زبان بدن، مثل: حالات صورت، وضع قرار گرفتن بدن، لحن صدا و همه آن چیزهایی که ما هنگام تعامل با دیگران از خودمان نشان می‌دهیم. وقتی که ما با همسرمان ارتباط برقرار می‌کنیم، آنچه در

دل داریم با او در میان می‌گذاریم، به این امید که حرف‌های ما شنیده شود، مورد قبول قرار بگیرد و درک شود.

وقتی ارتباط قطع می‌شود، احساس می‌کنیم چیز مهمی را گم کرده‌ایم.

چیزی که برای شریان یک رابطه زناشویی ضروری و حیاتی است.

در ازدواج خوب ارتباط یک بند اتصالی است که زوج‌ها را محکم بهم پیوند می‌دهد و در آن رابطه زناشویی که نیاز به اصلاح دارند، برای مثال کمبود ارتباط، یکی از نخستین علائم بشمار می‌رود. توانایی بیان شفاف و روشن حرف‌ها، گفتن چیزهایی که ما را دوست‌داشتنی‌تر می‌کند.

محدود کردن چیزهایی که برای ما قابل تحمل هستند یا نیستند، در هر رابطه زناشویی جنبهٔ حیاتی و ضروری دارد. اهمیت این مورد برای آن زوج‌هایی که تلاش می‌کنند اختلافشان را از میان بردارند و آشتی کنند، دو چندان است.

ارتباط خوب می‌تواند ما را به سطوح عمیق‌تر شناخت و صمیمیت برساند که هرگز تصورش را هم نمی‌کردیم. آنچه ما حالا نیاز داریم کسب مهارت‌های جدید برای باز کردن راه‌های ارتباطی است تا امکان بهبود رابطهٔ زناشویی و از نو ساختن میسر شود.

برای مثال: وقتی ما از صمیم قلب حرف می‌زنیم، هیچ نوع تظاهر، سرزنش، مخفی کاری و لاپوشانی در کار نیست. وقتی خیلی ساده آنچه را خودتان درست می‌دانید به زبان می‌آورید، و به مطالب خوب گوش می‌کنید، می‌توانید عکس‌العمل صادقانه‌ای را هم از طرف مقابلتان انتظار داشته باشید. حتی اگر در حال حاضر همسرمان کاملاً بی‌پیرایه و راحت نمی‌تواند ارتباط برقرار کند، ما برای آینده پی‌ریزی داشته باشیم تا همسرمان آمادگی پیدا کند.

ایجاد ارتباط مؤثر و یار همیشگی شدن

شهلا بارها در مورد ارتباط خود با بهرام می‌گوید: «ما حتی یک کلمه حرف هم نداریم با هم بزنیم.» مثل اینکه من می‌دانم او در چه فکری است یا او می‌داند من در چه فکری هستم. مثلاً یک شب داشتیم با هم فیلم تماشا می‌کردیم؛ اما مدام

ذهن من درگیر مادر بیمارم بود. در همین حین بهرام رو به من کرد و گفت: «تو داری به مادر بیمارت فکر می‌کنی، مگر نه؟ شاید بهتر باشد یک بلیط هواپیما بگیری و به دیدنش بروی.» چیزهایی مثل این مرتب برای ما اتفاق می‌افتد. این که او مرا به این خوبی می‌شناسد باعث می‌شود که بیشتر دوستش داشته باشم.

این دلشدگان چنان همدیگر را درک می‌کنند و با هم صمیمی هستند که پیوندی عمیق و عاشقانه میانشان به وجود آمده است.

مصدق گوش که خورشید زاید از نفست

حافظ

چرا برای بسیاری از مردها و زن‌هایی که حسن نیت هم دارند، رسیدن به این درجه از صمیمیت این قدر مشکل است؟

نگاهی به برخی از موانع بیندازیم:

از آنجایی‌که همه ما آدم‌های منحصربه‌فرد و با پیشینه‌ای هستیم، انتظارات و عقاید خاص خودمان داریم، گفته‌ها را و رویدادها را به گونه‌ای متفاوت تفسیر می‌کنیم. و این باعث بروز واکنش‌های مختلفی می‌شود. ارتباط فقط حرف زدن نیست گوش کردن همدلانه یعنی این که نه تنها به کلمات بلکه به احساس‌ها و منظورهایی که در بطن کلمات وجود دارد گوش کنیم. به همسرمان اجازه بدهیم حرفش را خوب بزند و سعی کنیم خودمان را به جای او بگذاریم تا نقطه نظر او را درک کنیم. بپذیریم که دیدگاه او برایش ارزشمند است.

دنیا به پیش چشمت کبود می‌نمود

مولوی

حتی اگر ما باهاش موافق نباشیم. مثل:

← چه‌طور حرف بزنیم که همسرمان گوش کند.

← چه‌طور گوش کنیم تا همسرمان حرف بزند.

←ما چیزی می‌گوییم که منظورمان آن نیست؛ با مثال روشن حرف بزنیم.

ما از سه طریق مفاهیم را درک می‌کنیم:

۱. **آدم‌های دیداری:** خیلی سریع آنچه را می‌شنوند، فراموش می‌کنند. چیزی که جلوی دید نباشد، بی‌اغراق خارج از ذهن آنان است. مثلاً اگر تلفن می‌کنید و از همسرتان چیزی می‌خواهید یادش نمی‌ماند سعی کنید یادداشت جلوی چشمشان بگذارید.

۲. **آدم‌های شنیداری:** در قالب کلمات فکر می‌کنند، نه تصاویر و احساس‌ها. دوست دارند بارها با شما تماس کلامی برقرار کنند و آن چیزهایی که می‌گویید از یاد نمی‌برند. اگر می‌خواهید به مقصودتان برسید با همسر کلامی خود مکالمات دراز مدت ترتیب بدهید.

۳. **آدم‌های لمسی:** ترجیح می‌دهد دست شما را بگیرد و در سکوت احساسش را به شما منتقل کند. تا این که با کلام به شما بگوید.

چقدر برایش ارزش دارید. برای این دسته از آدم‌ها، صدای اعمال بلندتر و رساتر از کلمات است.

یکی از مهم‌ترین کارهایی که ما می‌توانیم بکنیم تا ارتباط میان خود و همسرمان را بهبود ببخشیم، این است که بدانیم از چه سبک برقراری ارتباط برخوردار هستیم: آیا بیشتر دیداری، شنیداری و یا لمسی می‌باشیم؟

شما به چه شیوه‌ای ارتباط برقرارمی‌کنید؟

پژمان باید چیزها را ببیند تا درکشان کند.
برای مریم ظاهر اهمیت دارد.
علی می‌تواند حرف بزند و درعین حال کار کند.
نسرین اغلب، وقتی می‌خواد هر تصمیم بگیرد، با خودش حرف می‌زند.
شمسی وقتی می‌خواهد در مورد چیزی حرف بزند دوست دارد که همه جزئیات را بیان کند.

صنم احساساتش خیلی زود جریحه‌دار می‌شود.
برای سارا آسان‌تر است که هر کاری را با انجام دادنش یاد بگیرد.
سینا وقتی حرف می‌زند از دستانش استفاده می‌کند.
پژمان می‌تواند با کسی که نزدیک است بدون حرف زدن ارتباط برقرار کند.
به‌راستی شما با چه سبکی ارتباط برقرار می‌کنید؟

بهسازی درون رابطه

تنها شروع کار حفظ یک رابطه شادمانه در کنار یکدیگر، یک جریان تا آخر عمر است و به فعل در آوردن بالقوه‌هایش.

برای پایبندی پیوند ناگسستنی همراه با عشق و صمیمیت با استفاده از نکات زیر ما در نظر داشته باشیم:

۱. به رابطه زناشویی خود را الویت قرار دهیم.
۲. خطوط ارتباطی را باز نگهداریم.
۳. اخم‌هایمان را باز کنیم بگوییم و بخندیم.
۴. بارها و بارها به همسرمان بگوییم که دوستش داریم.
۵. یک سیستم حمایتی به وجود بیاوریم که ریشه‌های رابطه زناشویی ما را پایدارتر نماید.
۶. بهترین دوستان همدیگر باشیم.
۷. با هم برای آینده نقشه بکشیم.

این ده نکته را به منزله بخشی از نقشه ازدواج سعادتمندانه خود در آوریم.

۱. رابطه زناشویی خود را الویت قرار بدهیم:

رابطه زناشویی باید الویت شماره یک ما باشد. در ذهن خود آسایش و سلامت این رابطه را مقدم بر هر چیز دیگر به شمار آوریم. درباره تصمیمات و تأملاتمان علاوه بر چطور و چگونه روی روابط تأثیر می‌گذارد، فکر کنیم. شاید احساس اینکه سپری کردن زمان بسیار اندک با یکدیگر و حتی برآورده نشدن نیازهایمان کنار بیاییم اما آیا رابطه زناشویی ما هم دوام خواهد آورد؟ اگر می‌خواهیم ازدواج پایدار داشته باشیم، رابطه زناشویی ما باید در الویت قرار بگیرد.

کتایون شیرزاد

گر عاقل و هوشیاری، وز دل خبرداری

سعدی

برای مثال: به سارا ارتقاء رتبه پیشنهاد شده بود که مستلزم قبول سفرهای بسیار بود؛ سارا باید در نظر بگیرد که این کار چطور روی زمانی را که با همسرش می‌گذراند، اثر خواهد داشت.

علی از من پرسید نمی‌دانم خواهرم برای گذراندن دوران دانشگاه در منزل ما ساکن شود یا نه؟ فکر می‌کنید چه تأثیری روی کیفیت زندگی زناشویی ما خواهد گذاشت؟

چنین مسئله‌ای وقتی که برای سارا و علی بروز می‌کند، بنشینیم و با هم بحث کنیم که این مسئله چطور روی زندگی زناشویی آنها تأثیر می‌گذارد. اغلب اوقات، نیازها و انتظارات متفاوت میان زنان و شوهرها به چشم مبارزانی دیده می‌شوند. که دارای دو طرف برنده بازنده هستند.

به جای این تفکر که، «اگر تو به مقصود خود برسی، من به مقصود خود نمی‌رسم.» سعی کنیم رابطه زناشویی خودمان را در مقام برنده قرار بدهیم. اگر ما رفاه زندگی زناشویی خود را مقدم بر نیازهای دیگران قرار بدهیم، هیچ اشکالی ندارد. ما برای آشتی کردن به شدت تلاش کردیم. پس همچنان به کارمان ادامه بدهیم تا زندگی زناشویی بسیار خوبی برای خودمان به وجود بیاوریم.

سینا می‌گوید: «گرچه من نسیم را خیلی دوست داشتم، اما همیشه کارم در الویت قرار داشت، ضمناً فکر می‌کردم نباید از زیر وظایف خانوادگی و اجتماعی خودم شانه خالی کنم. اما وقتی بعد از جدایی دشوار و آموزنده، ما پیش هم برگشتیم، به اتفاق تصمیم گرفتیم که زندگی زناشویی خودمان را مقدم بر هر چیز دیگر قرار بدهیم. من خیلی از فعالیت‌های بیرون از خانه را که تراکم پیدا کرده بودند، کنار گذاشتم. حالا به‌طور منظم، اوقاتی را در نظر می‌گیریم که بنشینیم و با هم حرف بزنیم. با هم قرار می‌گذاریم بیرون برویم و کارهایی را که دوست داریم، انجام دهیم. اگر هر دو نفر ما تا دیر وقت کار کنیم، حتماً با هم تماس تلفنی می‌گیریم. و حرف‌هایمان را می‌زنیم. دیگر هیچ‌وقت به خودمان اجازه نمی‌دهیم

که وظایف خود را مقدم بر حفظ رابطه زناشویی‌مان در نظر بگیریم.»

۲. خطوط ارتباطی را باز نگهداریم:

برقراری یک ارتباط خوب، مهم‌ترین عامل در ایجاد یک تجدید پیوند موفق و حفظ یک زندگی زناشویی دوستانه و بادوام است. ما باید یاد بگیریم که نگذاریم مسائل روی هم انباشته شوند. هر روز وقتی را به خود اختصاص بدهیم تا در مورد جریانات زندگی خود با هم حرف بزنیم. فقط مسائل بزرگ و مهم را با هم در میان نگذاریم، بلکه در امورکوچک روزمره هم با یکدیگر صحبت کنیم. هیچ‌کس نمی‌تواند ذهن دیگری را بخواند. خیال نکنیم که طرف مقابلمان می‌داند ما به چه فکر می‌کنیم. با هم حرف بزنیم، گوش کنیم و مسائل خود را مطرح نماییم. چنانچه مسائل را نادیده بگیریم فقط بر وخامت آنها می‌افزاییم. ارتباط خوب یک خیابان دو طرفه است. مستلزم داشتن این توانایی است که نیازهای خود را شفاف و به گونه‌ای بیان کنیم که به همسرمان کمک کند تا ما را به خوبی درک نماید. این امر شامل گوش کردن فعال نیز می‌شود. که علاوه بر حرف‌هایی که همسرمان به زبان می‌آورد، به احساسات نهفته در پشت آن کلمات نیز به دقت توجه کنیم.

صنم بدلیل عدم صداقت گذشته شوهرش سیاوش هنوز به اندازه کافی احساس امنیت نمی‌کرد. سیاوش فکر کرد که اگر صنم در مورد اوضاع و شرایط شغلی او اطلاعات بیشتری داشته باشد؛ از میزان نگرانی‌اش کاسته می‌شود. و در مورد کارهای طول روز بیشتر با صنم حرف می‌زد. علاوه بر آن با او قرار می‌گذاشت گاه‌گاهی به محل کارش برود و او را ببیند. وقتی صنم با همکاران سیاوش آشنا شد و عادی بودن آنها را دید، کمتر احساس تهدید کرد. و وقتی سیاوش تصمیم گرفت بیشتر وقتش را با صنم سپری کند آنها به هم نزدیک شدند و اعتماد صنم به سیاوش افزایش یافت.

وقتی سیاوش یاد گرفت که از تجربه کاریش با صنم حرف بزنند، کم‌کم پله‌پله از آن هم بالاتر رفت. و در مورد چیزهای دیگر هم خواهان بحث و گفت‌وگو شدند. آنها حالا در مورد همه چیز با هم حرف می‌زنند. و مسائل را پیش از این

که حاد شوند برای مطرح می‌کنند.

۳. اخم‌هایمان را باز کنیم و بگوییم و بخندیم:

شادی و تفریح را به زندگی زناشویی خود برگردانیم. رابطه زناشویی فقط صحبت‌های صمیمانه و لحظات جدی نیست. بخشی از لذت با هم بودن ما این است که شوخی و تفریح کنیم. بیشتر وقت‌ها زوج‌ها فقط به کار و وظایف خود توجه می‌کنند و شور و نشاطی را که زندگی زناشویی آنها را سرزنده و سرحال نگه می‌دارد، از دست می‌دهند. بازیگوشی و خنده، آن خاطرات خاصی را زنده می‌کنند که در طول زمان‌های سخت و اجتناب‌ناپذیر زندگی، ما را روی پا نگه می‌دارند. همان‌طورکه برای تعهدات کاری و سایر وظایف خود برنامه‌ریزی می‌کنیم، برنامه‌های منظمی را برای مسائل تفریحی برای زندگی خود بگنجانیم. ما آنها را باید آگاهانه در زندگی به وجود بیاوریم.

در واقع ناخودآگاه را به کنترل آگاه خود دربیاوریم و فعالیت‌هایی برای خودمان در نظر بگیریم که ما را از روزمرگی‌های دائم زندگی برهاند. و به ما فرجه‌ای بدهد تا خنده و شادی و تفریح را به زندگی خویش بیاوریم.

صبا می‌گفت: یکی از دلایلی که باعث شد من عاشق پیروز بشوم این بود که هر وقت با او بودم، همیشه با هم می‌گفتیم و می‌خندیدیم. اوقات خوشی را با هم داشتیم. و کارهای زیادی می‌کردیم. بعد زندگی واقعی به میان آمد و چیزی نگذشت که هر دو ما بیشتر به کارمان چسبیدیم. اما وقتی دو باره با کمک (شما) متوجه شدیم که نیاز داریم آن دورانی را که برای لذت بردن با هم داشتیم، به زندگی خودمان برگردانیم. یعنی بازی و تفریح داشته باشیم. حالا ما هر ماه فعالیتی را برای ماه آینده خود در نظر می‌گیریم. و از تدارک دیدن و آماده شدن برای آن لذت می‌بریم. خوش گذراندن ما با هم باعث صمیمیت بیشتر ما شده است.

۴. بارها و بارها به همسرمان بگوییم که دوستش داریم:

همان‌طور که در هنگام مشکلات هیچ‌کس نمی‌تواند ذهن دیگری را بخواند، وقتی که هم نوبت به لحظات خوب می‌رسد، ذهن دیگری را نمی‌توان خواند. ما

همسرمان را دوست داریم و برایش ارزش قائل هستیم، پس بگذاریم خود او هم این را بداند. هر روز، عشقی را که میان ما هست به او و خودمان یادآور شویم

مهم‌ترین مسئله ایشان:
ارتباط برقرار کردن در وصال عاطفی

همان‌طور که پیش‌تر اشاره شد، ارتباط اساس یک ازدواج است. جایی که ما افکار، احساسات، امیدها، ترس‌ها، آرزوها و انتظاراتمان را بیان می‌کنیم. زبان بدن، حالات صورت، وضعیت قرار گرفتن بدن، لحن صدا و تمامی جنبه‌های دیگر ارتباطی به گونه‌ای است که در هنگام تعامل با دیگران، آنچه در دل داریم را با آنها به اشتراک می‌گذاریم، با این امید که حرف‌های ما شنیده شود، مورد پذیرش قرار گیرد و به درستی درک شود.

عشق، بر خلاف آنچه که بسیاری می‌پندارند، یافتنی نیست بلکه بافتنی است. عشق تجربه‌ای است که نیازمند بنیه عاطفی، احترام، یگانگی، صداقت، شفافیت، امنیت، هم‌حسی، هم‌دلی و گفتمان مؤثر و هیجان‌آفرین است. بنا بر تجربه ایشان، این نوع عشق در زندگی‌شان کم‌رنگ بوده است. بنابراین، برای تجربه چنین عشقی، آموزش و آگاهی لازم است؛ اینکه فرد بتواند تمامی این ویژگی‌های ارزشی و عاطفی را ابتدا به خود اهدا کند. من با ایشان از طریق مثلث درمانی (دارو درمانی، روان درمانی به روش شناخت‌درمانی) و انتخاب سبک زندگی ساده و سالم همراه با ورزش کار می‌کنم.

بگذاریم صبح اول همسر ما چهره خندان ما را ببیند. و از زبان ما بشنود که می‌گوییم: «تو را خیلی دوست دارم چون....» همین یک تعریف همین یک اطمینان خاطر، می‌تواند حال و هوای همه روزمان را عوض کند. وقتی همسرمان به ما می‌گوید چقدر دوست‌داشتنی و باارزش هستیم، حتی بدترین روزها هم رنگ دیگری پیدا می‌کند. این چیزها ممکن است پیش پا افتاده به نظر برسند، اما می‌تواند به هر دومان یادآوری کند که داریم این سفر را با هم طی می‌کنیم که در هنگام خوشی و ناخوشی در کنار هم باشیم. اینکه ما زندگی را به این شکل می‌خواهیم، کارهای کوچکی که از روی علاقه انجام می‌گیرند، در واقع اظهار می‌دارند: من می‌خواهم تو خوشحال باشی دلم می‌خواهد که تو را خوشحال

کنم.

(اما اگر ما تجربه رنجش و آسیب از همسرمان داریم، و اندوخته عشقمان در حساب بانکیمان کم کرد، مبادا با گفتن آنها، آسیب بیشتری به خود وارد کنیم. آنها را به تعویق بیاندازیم و مطرح نکنیم. این امر یعنی شناسایی کردن که خیلی هم مهم است و لازم به آن است که در حضور مشاور مطرح گردد.)

ویلارد اف هارلی در کتاب روان‌شناسی **عاشق شو و در عشق بمان**[1] می‌گوید: «دوست داشتن یکدیگر در زندگی زناشویی ایجاب می‌کند که ما و همسرمان به مهم‌ترین نیازهای یکدیگر توجه داشته باشیم.»

تجربه من به اغلب زوج‌ها نشان می‌دهد اگر تلاش کنیم پنج نیاز اولیه خود را شناسایی کنیم، و دو نیاز عاطفی اولیه را برآورده سازیم، می‌توانیم به عشق رومانتیک برسیم. اگر زوج‌ها با تلاش سنجیدهٔ خود بتوانند سه نیاز خود را هم برآورده سازند، ازدواجشان را بیمه می‌کنند.

اقدام عملی: توافق کنیم که مهم‌ترین نیازهای عاطفی یکدیگر را برآورده سازیم. لازم است همه ساله به نیازهای نوشته شده خود و همدیگر نگاه کنیم و بدانیم که نیازها به مرور تغییر می‌کنند، گاه ترتیب نیازهایمان هم تغییر می‌کنند. ما مسئولیم در قبال اولویت‌های تهیه شده‌مان، نیازهای عاطفی یکدیگر را حمایت کنیم و با هم گفتگوی منصفانه داشته باشیم.

مثلاً: محبت کردن، گفتگو کردن، نیازهای جنسی و نیازهای اقتصادی و...

از نسیم پرسیدم: شما چطور توانستی به جای عادت‌های مطلوب گذشته عادت‌های جدیدی را جایگزین کنی؟

«از تمام توانایی‌ها و مهارت‌هایم بهره بردم و تکنیک‌های عملی که در جلسات مشاوره یاد گرفته بودم را به‌کار گرفتم. به همین دلیل، عادت‌های کهنه و بی‌فایده با عادت‌های مفید و جدید جایگزین شدند. در تلاش برای برآورده کردن نیازهای عاطفی همسرم، تمام دقت و ظرافت خود را به کار بردم. بخش مهم این فرآیند هم در حمایت متقابل از یکدیگر بود. زمانی بود که در برطرف کردن

1- Fall in Love Stay in Love

نیازهای عاطفی همسرم موفق نبودیم، اما مهم این بود که این موضوع را با یکدیگر در میان بگذاریم. در واقع، ما باید قادر به بیان رضایت یا عدم رضایت خود به همدیگر می‌بودیم.»
ما باید نیازهای همسرمان به شکلی برآورده سازیم که برای خودمان هم خوشایند باشد. و هرگز نباید از همسرمان توقع داشته باشیم که به خاطر راضی و خوشحال کردن ما رنج و دردسری را متحمل گردد.
مثل برآوردن نیاز جنسی دو طرف به رضایتمندی دو طرف بستگی دارد.

مرد و زن موقعی از عشق‌بازی لذت می‌برند که بدانند همسرشان هم از این کار لذت می‌برد. بنابراین مهارت‌هایی که برای برطرف کردن نیازهای عاطفی همسرمان می‌آموزیم باید احساسات ما را هم در نظر بگیرد و برای ما هم لذت‌بخش باشد. مثل برنامه‌های تفریحی، بنابراین شادی و خوشبختی متقابل ماست که ازدواج ما را موفق می‌کند.

۵ . با هم برای آینده نقشه بکشیم.

این اهمیت زیادی دارد که با هم در مورد آینده‌مان فکر کنیم. زمان‌های خوبی که در پیش داریم را در ذهن‌مان مجسم کنیم. به هفته‌ها و سال‌های آینده بی‌صبرانه فکر کنیم و هیجان‌زده باشیم که با همسرمان چه کارهایی خواهیم کرد. به فکر بازنشستگی و روزهایی باشیم که با هم به اینجا و آنجا سفر می‌کنیم. آیا در رویای داشتن فرزندی هستیم؟ یا به روزی فکر می‌کنیم که نوه‌هایمان دور و بر ما را خواهند گرفت؟ ما چیزهای زیادی را به این زندگی زناشویی ریختیم و حالا از آن انتظار چه ثمراتی داریم؟ چه تصاویری در عالم خیال برای لحظات ساکت و آرام کنار هم داریم؟ ساختن این رویاها، هدف‌های مشترکی را پیش روی ما قرار می‌دهد تا برای رسیدن به آن‌ها تلاش کنیم و انرژی‌مان را صرف ساختن تجاربی کنیم که بتوانیم آن را با هم تقسیم کنیم.

مانی می‌گوید: همان شبی که من به نازی پیشنهاد ازدواج دادم، در مورد آینده‌مان تصمیم گرفتیم. خودمان را در یک شهر کوچک دیدیم که سرگرم بزرگ کردن بچه‌های خود هستیم. در بحبوحه تمام آن مسائل، ما جدایی موقت را تجربه کردیم. خیلی ناراحت بودیم که به رویأهای خود نخواهیم رسید. اما حالا که

پیش هم برگشته‌ایم، حتی بیشتر از قبل در مورد آن حرف می‌زنیم. این چیزی است که هر دوی ما در آن سهم داریم. چیزی که می‌توانیم در جهت رسیدن به آن کار کنیم. داشتن یک هدف مشترک ما را به هم نزدیک‌تر می‌کند.

نکات مهم: حالا که ده نکته‌ی کلیدی برای حفظ یک رابطه زناشویی سالم و موفق را یاد گرفته‌ایم، وقت آن رسیده که در مورد وضعیت خود و همسرمان فکر کنیم. چقدر این نکات را در زندگی خود به کار برده‌ایم؟ در کدام زمینه‌ها نیاز به پیشرفت داریم؟ به عنوان مثال، اگر احساس می‌کنیم که یادگیری‌مان در زمینه‌ی ایجاد یک رابطه زناشویی خوب متوقف شده، باید ذهن خود را از مسائل روزمره جدا کرده و با تفریحاتی مثل تماشای فیلم‌های شاد یا خوردن پاپ‌کورن، انرژی جدیدی برای تقویت رابطه‌مان بگذاریم. نگذاریم که تلاش‌های ما از غفلت و بی‌توجهی بی‌ثمر بماند.

میترا، چیزی که من در مورد خود یاد گرفتم (با کمک مشاورم)

«احتمالاً مهم‌ترین نکته‌ای که در مورد خودم یاد گرفتم این بود که انسان قوی هستم و آنچه برای زندگی کردن نیاز دارم، دارم. پیش از این هرگز به درستی نمی‌دانستم که چنین قدرتی در خودم دارم. به همین دلیل اعتماد به نفس لازم را نداشتم. همیشه فکر می‌کردم دیگران بهتر از من می‌توانند کارها را انجام دهند یا از من باهوش‌تر هستند. اما حالا می‌دانم که توانایی حل مسائل را دارم. اکنون عزت نفس بیشتری دارم. همچنین متوجه شدم که از یادگیری چیزهای جدید لذت می‌برم. همین حالا هم کتاب‌های زیادی خریده‌ام که در حال خواندنشان هستم.»

در وهلهٔ اول یاد گرفتم که خود من مسئول سعادت خودم هستم نه همسرم. یکی از کارهای نیم‌تمام من این است که درس و تحصیلات را به پایان برسانم. با گرفتن مدرک برای مقام مدیریت واجد شرایط می‌شوم. این کار مدتی طول می‌کشد و من احتیاج به کمک همسرم دارم. و میترا با لبخند ادامه داد که همسرم کیان هم به اندازه من به اهمیت این کار واقف است.»

وقتی جدایی موقت به‌عنوان تنها راه‌حل برای کیان و میترا به‌نظر رسید، در عین حال فرصتی برای رشد و بازنگری به زندگی‌شان به وجود آورد. این فاصله به

آنها اجازه داد با نگاهی جدید به خود و رابطه‌شان بنگرند و راه‌های تازه‌ای برای حل مشکلاتشان پیدا کنند. این فرآیند به آنها کمک کرد تا به آن سعادت و عشق دلخواه‌شان برسند، چیزی که همیشه خواهان آن بودند.

وقتی به منابع و قدرت‌های درونی خود پی می‌بریم، دیدگاه‌مان تغییر می‌کند. باید به این قدرت‌ها تکیه کنیم و فراموش نکنیم که چرا روی خودمان کار می‌کنیم. این بهترین فرصت است که زندگی‌ای مستحکم، پر از مهر و فوق‌العاده را که سزاوار آن هستیم، بسازیم. به گفته بتی یانگز و مازا گوتز در کتاب «چگونه با همسر خود آشتی کنید و همیشه در کنار هم باقی بمانید»:

«دادگاه‌های خانواده پر از زوج‌هایی است که ناآگاهانه می‌خواهند پیمان ازدواجشان را بشکنند. اما هنوز کسانی هستند که می‌خواهند با همسر خود آشتی کنند و در کنار هم زندگی کنند، اگر بدانند چگونه...»

تأکید من به زوج‌هایی با تجدید پیوند:

بیاییم تا از نزدیک نگاه بکنیم و ببینیم که زوج‌هایی که به شکلی موفق با هم تجدید پیوند داشته‌اند، چه چیزهایی را می‌توانند در مورد از نو ساختن رابطهٔ زناشویی به ما بیاموزند.

* یاد گرفتیم که هویت و حس ارزشمندی برای خودمان به وجود بیاوریم. به وجود آوردن هویت فردی و احساس فردیت برای رسیدن به شادی و سعادت در زندگی اهمیّت بسزایی دارد. ما باید خودمان و احساساتمان را باور داشته باشیم.
* نگاه واقعی به خود کردن و با اعتمادبه‌نفس بالا، بار دیگر توانستیم به همسر خود علاقه‌مند شویم.
* روی رابطه زناشویی خود سرمایه‌گذاری کنیم. آن را در حکم هدف زندگی خود بشمار بیاوریم.
* به رابطه زناشویی خود متعهد بمانیم. ازدواج خود را بالاترین الویت زندگی در نظر بگیریم. هنگام تصمیم‌گیری‌ها از خود بپرسیم: «این روی رابطه زناشویی من (ما) چه تأثیری خواهد گذاشت؟» تعهد نماییم که هر روز، در

خصوص روی رابطه زناشویی خود کار کنیم. به نیازهای خود توجه کنیم و آن را با شریک زندگی‌مان در میان بگذاریم.

* کانال‌های ارتباطی را همیشه و در همه حال باز نگه داریم. تصمیم بگیریم که دیگر به الگوی سابق خود، یعنی پنهان کردن افکارمان و خودداری کردن از بحث و گفت‌وگو برنگردیم.

* مسئولیت‌ها را تقسیم کنیم. به جای اینکه یکدیگر را سرزنش کنیم، بگوییم: این چیزی است که ما با هم باید به دنبال رفع آن باشیم.

بهسازی درون رابطه، صداقت کامل

صداقت یکی از مهم‌ترین نیازهای عاطفی است که در ازدواج شناسایی شده است. وقتی این نیاز برآورده می‌شود می‌تواند منجر به عشق گردد. نقطه مقابل یعنی عدم صداقت یکی از مهم‌ترین عوامل تخریب کننده عشق است. صداقت تنها شیوه و راهی است که زن و شوهر به کمک آن می‌توانند یکدیگر را درک کنند. بدون صداقت آنچه لازمهٔ سازگاری در ازدواج است حاصل نمی‌شود. زیرا وقتی صداقت در کار نباشد، نمی‌توانیم به اندازهٔ کافی یکدیگر را درک کنیم و به راه‌حل‌های مورد نظر طرفین برای مشکلات دست یابیم. برای اجتناب از تعارض و اختلاف ممکن است گهگاه به عمد اطلاعات لازم را به یکدیگر ندهیم. ممکن است احساسات، سوابق مربوط به گذشته و فعالیت‌ها و برنامه‌های خود را با یکدیگر درمیان نگذاریم. این امر سبب می‌شود که نتوانیم نیاز عاطفی مهمی را برآورده سازیم. این‌گونه از اندوخته‌های حساب ما در بانک عشق برداشته می‌شود و در نتیجه نمی‌توانیم بسیاری از اختلافات خود را حل‌وفصل کنیم.

ویلارد اف هارلی، بیش از چهل سال در شغل مشاورت خانواده، در کتاب عاشق شوید و در عشق باقی بمانید[1] موضوعی را به نام «سیاست صداقت رادیکال» معرفی می‌کنند. ایشان معتقد هستند که صداقت رادیکال در برگیرنده شرایط زیر است:

1- Fall in Love Stay in Love, Willard F. Harley

۱. صداقت عاطفی ۲. صداقت تاریخی
۳. صداقت جاری ۴. صداقت آتی

۱. **صداقت عاطفی:** واکنش‌های عاطفی چه مثبت و چه منفی، به حوادث زندگی، و به خصوص رفتارهایمان به همسرمان، نشان می‌دهد.

برای مثال: اگر می‌خواهیم نیازهای عاطفی، یکدیگر را برآورده سازیم و اگر می‌خواهیم بر عوامل تخریب کنندهٔ عشق فایق آییم، از جمله کارهایی که می‌توانیم بکنیم این است که واکنش‌های عاطفی را به رفتارهای یکدیگر بروز دهیم.

از من جدا مشو که توأم نور دیده‌ای   آرام جان و مونس قلب رمیده‌ای

حافظ

سارا و سینا می‌گویند: شرایطی به هنگام ازدواج ما وجود داشت و تا حدودی هر دو ما مسئولان عشقی بودیم که نسبت به یکدیگر داشتیم. این شرایط به ما امکان دادند که نیازهای عاطفی یکدیگر را برآورده سازیم. و تخریب کنندگان عشق را از میدان بدر کنیم.

اما اگر مانند: نیما، مریم و مانا و علی این شرایط بعد از ازدواج تغییر کردند و تا به امروز به این تغییر ادامه داده اند. اگر خود را با این تغییرات تطبیق نداده باشند نسبت به سازگاری با یکدیگر دچار توهم و مشکل خواهند بود. آنچه در آغاز به تلاش نیاز داشت، حالا کارشان به دشواری کشیده است.

صداقت به معنای بی‌احترامی کردن، متوقع بودن و خشمگین شدن نیست.

اگر همسرمان کاری می‌کند که ما از آن ناراحت می‌شویم راه درست طرح موضوع است و ابراز و بیان احساسات و باورهای ما. اگر رفتار همسر ما مغایر با باورها و اعتقادات ماست، به رفتار او احترام بگذاریم.

جان کلام اینکه ابراز نکردن احساسات منفی، منجر به برداشته شدن یا کاهش از اندوختهٔ حساب در بانک عشق می‌شود و مانع از آن می‌شود که تعارض‌ها و اختلافات زندگی زناشویی از بین برود، علتش این است که این تعارض بیان نمی‌شود.

۲. **صداقت تاریخی:** اطلاعاتی در مورد گذشتهٔ خود، به‌ویژه حوادثی که در زندگی ما وجود داشته و ناامنی‌ها و نقطه ضعف‌هایی را برایمان سبب شده، دراختیار همسرمان قرار دهیم.

* هیچ بخشی از زندگی‌مان نباید برای همدیگر مخفی بماند.
* اطلاعات در مورد گذشتهٔ خود و به‌خصوص نقطه ضعف‌ها و شکست‌های را که داشته‌ایم با همسرمان در میان بگذاریم.
* وقتی اطلاعات درست می‌دهیم شرایط را برای ایجاد درک و تغییر کردن فراهم می‌سازیم.

من به شما پیشنهاد می‌کنم که به خود و همسرتان فرصت برابری بدهید تا گذشته همدیگر را بررسی کنید. در ضمن به شما توصیه می‌کنم که هر کدام خلاصه‌ای از تاریخچهٔ زندگی خود را بنویسید

۳. **صداقت جاری:** حوادث روزانه و فعالیت‌های مربوط به آن را با همسرمان در میان بگذاریم.

برای مثال: اطلاعات دربارهٔ حوادث روزمان را با همسرمان در میان بگذاریم. فعالیت‌های روزانه خود را با او مطرح سازیم. به‌خصوص روی فعالیت‌هایی که روی همسرمان تأثیر بیشتری می‌گذارد تأکید کنیم. و در خاتمه مطرح نکردن فعالیت‌های روزانه، ناسازگاری را دامن می‌زند. و تماس و ارتباط را خدشه‌دار می‌کند یا از بین می‌برد.

۴. **صداقت آتی:** اندیشه‌ها و برنامه‌های مربوط به فعالیت‌ها و هدف‌های آتی را با همسرمان مطرح کنیم.

در ظاهر ممکن است بپرسیم کی دوست ندارد که صادق باشد؟ و یا کی می‌گوید که نباید صادق بود؟ اما واقعیت این است که من طی سال‌ها مشاوره زناشویی، به کسانی برخورده‌ام که قویاً معتقدند بی‌صداقتی ممکن است در ازدواج کار درستی باشد؛ که این البته بستگی به شرایط دارد. از آن گذشته بسیاری از روانشناسان و مشاوران به مراجعان خود که اقدام نامناسبی انجام داده‌اند توصیه می‌کنند که این موضوع را با همسرانشان درمیان نگذارند. البته من قبول دارم که بی‌صداقتی ممکن است؛ در کوتاه‌مدت راه‌حل مناسبی برای احتراز از مناقشات

زناشویی باشد و ممکن است؛ چند روز یا چند ماه سود ما کار کند اما در بلند مدت یک راه‌حل وحشتناک است. اگر می‌خواهیم همیشه با همسرمان در عشق زندگی کنیم باید بدانیم که بی‌صداقتی اقدامی به شدت نابودگر است.

در ازدواج‌های خوب، زن و شوهر فعالیت‌های روزانهٔ خود را به یکدیگر اطلاع می‌دهند. اندیشه‌ها و برنامه‌های آتیه خود را با همسرشان در میان می‌گذارند و با تبادل نظر هماهنگ می‌کنند. آری! به این انگاره عادت کنیم که باید کاری کنیم که باعث رنجش همدیگر نشده و امیدها و رویاهایمان را با هم در میان بگذاریم

چگونه می‌توانیم به این رویاهایمان تحقق بخشیم. حتی اگر برنامه‌هایمان هرگز تحقق پیدا نکند، بحث در مورد آنها به ما کمک می‌کند که همدیگر را بهتر بشناسیم. چه موانعی، مانع از آن می‌شود که برنامه‌های خود را با یکدیگر در میان نگذاریم. چگونه می‌شود از این موانع اجتناب کرد؟

شناسایی و از میان برداشتن تخریب کنندگان عشق:

آیا عالی نیست از حالا به بعد ما و همسرمان هرگز از عمد و قصد همدیگر را آزار ندهیم؟

و یا اگر به اشتباه و ندانم کاری یکدیگر را آزار دادیم بلافاصله از هم عذرخواهی بکنیم؟
و اقدامی صورت دهیم که دیگر چنین اتفاقی نیفتد؟

اگر نتوانیم به‌خاطر عادت‌های خودخواهانهٔ خود به همسر خود حمایت کنیم به ازدواجمان لطمه می‌زنیم. وقتی همسرمان را می‌رنجانیم یا او را آزار می‌دهیم، میل او برای برآورده ساختن نیازهای عاطفی ما از بین

می‌رود. وقتی کسی در رنج و تألم باشد؛ نمی‌تواند نیازهای عاطفی دیگران را برآورده سازد.

هر دلیل و بهانه‌ای که برای وجود تخریب کنندگان عشق داشته باشیم، هرگز آسیبی را که به ما می‌زنند توجیه نمی‌کنیم. انفجارهای خشم، داوری‌های نامحترمانه، عادت‌های ناراحت کننده، رفتارهای مستقل، توقعات خودخواهانه و

عدم صداقت، به روابط زناشویی ما آسیب می‌زنند، زیرا سبب رنجش و آسیب می‌گردند.

وقتی تخریب کنندگان عشق با تمام قدرت به ما حمله‌ور نمی‌شوند، ممکن است احساس کنیم که خطری را متوجه زندگی زناشویی ما نمی‌کنند.

اما وقتی مدتی در این شرایط زندگی بکنیم، مطمئن هستم با نظر من موافق می‌شوید. که این‌ها ازدواجمان را تخریب می‌کنند.

توصیه من به شما این است که اول تخریب کنندگان عشق را شناسایی کنید. هیچ زمانی مناسب‌تر از این لحظه نیست که تخریب‌کنندگان عشق را از در خانهٔ خود بیرون نماید.

دکتر ویلارد اف هارلی، مشاور خانواده و نویسنده در دو روابط سالم می‌گوید: «برای شناسایی و از میان برداشتن تخریب‌کنندگان عشق ابتدا با درک نیازهای یکدیگر به عشق برسیم و بعد برای باقی ماندن در عشق از عادت‌های مخرب و ویرانگر اجتناب نماییم.»

برای برداشتن تخریب‌کنندگان عشق به چهار مرحله ما نیاز داریم:

۱. شناسایی تخریب‌کنندگان عشق.
۲. تخریب‌کنندگان عشق در زندگی زناشویی خود را درجه‌بندی کنیم.
۳. برای از میان برداشتن تخریب‌کنندگان عشق به توافق برسیم.۱ بر تخریب‌کنندگان عشق غلبه کنیم.

۱- شناسایی تخریب‌کنندگان عشق:

اغلب اوقات ما زوج‌ها متوجه نیستم که کدوم عمل ما به یکدیگر آزار می‌رسانند. چون عادت شده است. حتی به یاد نمی‌آوریم چه زمانی آن عادت تخریب کننده رفتار شده است. به همین دلیل است که کسی که آماج حمله تخریب کنندهٔ عشق قرار می‌گیرد باید این‌ها را شناسایی کند. زیرا اوست که درد و رنج را تحمل کرده است. باید به یکدیگر بگوییم از چه رنج می‌بریم؟

کسی دوست ندارد که مورد انتقاد قرار بگیرد، و زمانی که از ما انتقاد می‌شود اغلب با حالت تدافعی عکس‌العمل نشان می‌دهیم. ممکن است گاهی با حالت خشم و بی‌احترامی به همسرمان واکنش نشان می‌دهیم. این امر به‌خصوص زمانی اتفاق می‌افتد که نتوانیم به تخریب‌کنندگان عشق در روابط زناشویی خود غلبه کنیم زمانی اتفاق می‌افتد که نتوانیم به تخریب‌کنندگان عشق در روابط زناشویی خود غلبه کنیم.

۲. تخریب‌کنندگان عشق در زندگی زناشویی خود را درجه‌بندی کنیم:

در ازدواج‌ها ضمن شناسایی عوامل تخریب‌کنندگان عشق ما مسئول هستیم که بلافاصله برای برخورد با تخریب‌کنندگان عشق در زندگی زناشویی خود کاری صورت دهیم. بلافاصله روی بدترین تخریب کننده عشق متمرکز شویم.

توصیهٔ من این است که روی یک یا حداکثر دو تخریب کنندهٔ عشق دقیق شویم، که بیشتر تأثیر بر روی ما می‌گذارند. و شناسایی دشمنان روابط زناشویی خود را شناسایی کنیم و بر آنها غلبه شویم. اگر بخواهیم در آن واحد به تخریب‌کنندگان متعددی بپردازیم نمی‌توانیم به موفقیت برسیم.

۳. برای از میان برداشتن تخریب‌کنندگان عشق به توافق برسیم:

اگر همسرمان برای حمایت از ما درصدد تغییر برآمده است. و ما هم برای کمک به همسرمان تغییر دادن را امری ضروری باید ببینیم. توصیه هم می‌کنم که زن و شوهر با کمک و یا بدون کمک از مشاور یک توافق نامهٔ بین همدیگر تنظیم کنند.

این دی که گذشت دگر از او یاد مکن
فردا که نیامده است فریاد مکن
خیام

٤. بر تخریب‌کنندگان عشق غلبه کنیم:

در مواقعی تصمیم‌گیری برای غلبه بر تخریب‌کنندگان عشق کفایت می‌کند، که فعالیت‌های تخریب‌کنندگان عشق از بین بروند. بعضی‌ها از نظم و تربیتی برخوردارند که می‌توانند با یک تصمیم‌گیری آنها را برطرف نمود اما اغلب اشخاص برای از بین بردن این رفتارها احتیاج به یک برنامه ریزی دقیق دارند. باید برنامه ای تدارک دیده شود که جای عادت های با عادت‌های جدید تغییر پیدا کند.

شروع امنیّت دو رابطه با کلمه‌ای بنام اعتماد:

انجام‌پذیر است. ما می‌توانیم این کلمه را که مخفّف چند واژه است را جداگانه توضیح دهم.

T= Transparency، شفافیت
R= Respect، احترام
U= Unity، یگانگی
S= Safety & Security، امنیت
T= Tolerance، مدارا و بردباری
E= Effective Communication، گفتگوی مؤثر

شفافیت، احترام، یگانگی، امنیت، مدارا و بردباری، و گفتگوی مؤثر است.

به قول معروف هر آنچه از دل برآید بر دل لاجرم نشیند.
داشتن تجربیات اعتماد و امید در کودکی.

توضیح اینکه: هم حسی و همدلی، درک حسی عاطفی، حضور عاطفی گرم و

مهربان، تجربه محیط امن، گرم، محافظ و حساس از نیازهای کودکی ما نشأت می‌گیرد. نه اینکه دل من زغصه خون شد دل تو خبر ندارد. یا همسرهای بیگانه بودن.

زیرا آن‌هایی که باد می‌کارند، قطعاً طوفان درو می‌کنند. در چنین شرایطی باید سعی کنیم از چسبندگی و وابستگی‌های عصبی به سمت وابستگی‌های امن و استقلال حرکت کنیم. کسانی که دچار استفراغ عاطفی هستند، مشابه مسمومیت‌اند؛ زمانی که احساس تهوع می‌کنند، تنها راه درمان برگرداندن محتویات معده است تا آرام شوند. تمام این رفتارها ناشی از ذهن بیمارشان است. افراد ناامن به ما این وحشت را منتقل می‌کنند که اضطراب و تشویش دوباره به سراغمان می‌آید، مانند روابطی شکننده که روی یخ نازک بنا شده‌اند.

زیرا آن‌هایی که باد می‌کارند، قطعاً طوفان درو می‌کنند. در چنین شرایطی باید سعی کنیم از چسبندگی و وابستگی‌های عصبی به سمت وابستگی‌های امن و استقلال حرکت کنیم. کسانی که دچار استفراغ عاطفی هستند، مشابه مسمومیت‌اند؛ زمانی که احساس تهوع می‌کنند، تنها راه درمان برگرداندن محتویات معده است تا آرام شوند. تمام این رفتارها ناشی از ذهن بیمارشان است. افراد ناامن به ما این وحشت را منتقل می‌کنند که اضطراب و تشویش دوباره به سراغمان می‌آید، مانند روابطی شکننده که روی یخ نازک بنا شده‌اند.

در صورتی که فرد دلبستگی‌های اجتنابی، ناامن یا غیرامن را تجربه کرده باشد، ممکن است در رفتارهای خود تضادهایی نشان دهد. گاهی اوقات ویژگی‌های مثبت و حضور عاطفی گرم دارد، اما در مواقع دیگر می‌تواند سرد و بی‌تفاوت باشد یا حتی رفتارهای خشونت‌آمیز از خود نشان دهد.

گفت‌وگوی مؤثر[1]

فرض کنیم که ما و همسرمان بر سر موضوعی توافق نداریم. این موضوع می‌تواند هر موضوعی باشد که میانمان اختلافی ایجاد کرده است.

1- Effective Communication

ما به یکی از سه طریق زیر روبه‌رو می‌شویم:
۱. از خواستهٔ خودمان گذشته‌ایم تا دوست/همسر خود را خوشحال کنیم.
۲. به احساس همسرمان بها نداده‌ایم.
۳. اصولاً از کنار مسئله عبور کرده‌ایم.
نکته: گفت‌وگوی سالم و مؤثر به چیز کاملاً متفاوتی احتیاج دارد. باید به‌طور هم زمان به احساس خودمان و همسرمان توجه داشته باشیم.
برای نمونه:

* قوانینی وضع کنیم که گفت‌وگوی ما خوشایند و بی‌خطر باشد.
اغلب زوج‌ها فکر می‌کنند که گفت‌وگو در حکم رفتن به اتاق شکنجه است. علتش این است که تلاش‌هایمان معمولاً بی‌فایده و بی‌ثمر است. در این حالت زوج هر دو دلگیر صحنهٔ مذاکره را ترک می‌کنند. در این حالت از گفت‌وگو و مذاکره اکراه پیدا می‌کنند.

پس ما بهتر است که مقرراتی وضع کنیم که مطمئن شویم گفت‌وگوی ما مؤثر هستند باید موارد زیر رعایت شود:

۱. در تمام مدت گفت‌وگو سعی کنیم خوشایند و بشاش ظاهر شویم. وقتی روحیه خوبی داریم، مطمئناً صحبت در مورد مسائل ساده می‌شود. اما مذاکره می‌تواند مشکلاتی را به وجود آورد یا آشکار نماید. بنابراین دقت کنیم که با واکنش‌های منفی و احساسی برخورد درستی داشته باشیم.

۲. به ایمنی و سلامتی بها بدهیم. متوقع نباشیم، بی‌احترامی نکنیم. به هنگام مذاکره عصبانی نشویم. حتی اگر همسرمان رفتار متوقعانه دارد؛ یا بی‌احترامی می‌کند و یا عصبانی می‌شود، ما این کار را نکنیم و مقابله به مثل نداشته باشیم. وقتی به یکدیگر می‌گوییم که از چه موضوعی رنج می‌بریم و یا چه می‌خواهیم، به یکی از دشوارترین بخش‌های مذاکره رسیده‌ایم. که علایم خوب آن یعنی به درک و شناسایی مسئله مان نایل شده‌ایم.

۳. اگر به بن‌بست رسیدیم و یا با بی‌احترامی و عصبی شدن روبه‌رو شدیم، دست از مذاکره بکشیم و راه‌حل را در حضور مشاور خانواده انجام بدهیم.

* مسئله را با توجه به چشم انداز هر دو نفرمان بررسی کنیم پس از آنکه متعهد

شویم که گفت‌وگوی خوشایندی داشته باشیم برای گفت‌وگو حاضر شویم. اما از کجا شروع کنیم؟ باید هم مسئله را از دید خود وهم از دید همسر خود بررسی کنیم. یکی از مسئولیت‌های مشاور در امور زندگی زناشویی به زوج‌هاست تا بدانند که چه اختلافاتی میان آنها وجود دارد.

در بسیاری از مواقع وقتی موضوع اختلاف مشخص می‌شود مشکل به‌خودی خود برطرف می‌گردد. رعایت احترام عامل مهم رسیدن به موفقیت در گفت‌وگو می‌باشد. وقتی مشکل شناسایی شود هر دو از دیدگاه و نظرات یکدیگر آگاه می‌شوند. بسیار مهم است که بدانیم هدف رسیدن به توافق مشتاقانه نه متوقعانه پس باید نظرات یکدیگر را درک کنیم.

ذهنمان را خلاق و آزاد بگذاریم تا بتوانیم راه‌حل‌های پردوام پیدا کنیم. اما هدفمان را در هر حال فراموش نکنیم باید راه حلی پیدا کنیم که هر دو به آن علاقه داشته باشیم. مثلاً فرض کنیم بعد از کار به اتفاق دوستان بخواهیم به سینما برویم و به همسرمان می‌گوییم تو بچه‌ها را امشب نگهدار و من هم بعداً بچه‌ها را نگه می‌دارم و ما با دوستان به سینما برویم این راه‌حل خوبی نیست. زیرا هرکدام ما برای شاد کردن یکدیگر از خودگذشتگی نشان می‌دهیم. اشکال این روش این است که ما هر کدام برای شاد کردن یکدیگر خودمان را ناراحت می‌کنیم.

ممکن است وقتی موضوع را با همسرمان در میان می‌گذاریم، او بلافاصله با تصمیم ما مخالفت کند. ممکن است همسرمان این را منصفانه نداند که ما با دوستان خوش بگذرانیم و او مجبور شود از بچه‌ها مراقبت کند.

ممکن است همسرمان بگوید ما باید به اتفاق برنامه تفریحی داشته باشیم.

اگر ما و همسرمان بتوانیم در این خصوص به توافق برسیم پدر و مادرمان چند ساعتی از بچه‌ها مراقبت کنند و ما و همسرمان به اتفاق دوستان به سینما برویم. و اگر قرار باشد بیرون رفتنمان ادامه‌دار باشد؛ با یک مهد کودک تماس بگیریم و بچه‌ها را ساعاتی از روز نزد آنها بگذاریم.

راه‌حل‌های خوب آنهایی هستند که ما هر دو آنها را راه‌حل‌های مطلوب

می‌دانیم. و سیاست توافق مشترک را حاکم باشد. در این صورت است که احساسات یکدیگر را در نظر گرفتیم.

راهنمای گفت‌وگوی مؤثر و موفقیت آمیز بالا، به نظر می‌رسد که مشکل باشد ادامه دهیم زیرا بسیار خشک و رسمی به نظر برسد. اما اگر بتوانیم به آنها عادت ابداً کار دشواری نیست. یادمان نرود که هدف ما پیوند مهرآمیز عشق و بهسازی درون رابطه است.

دوست بداریم که در عشق بمانیم

در تلاش شغلی‌ام (مشاوره) برای نجات پیوندها به این نتیجه رسیدم که بهترین کار این است که بیاموزیم که چگونه به هم عشق بورزیم و چگونه در عشق باقی بمانیم.

دکتر هارلی، در این زمینه با ابداع فرمولی به نام «بانک عشق» می‌گوید: از این راه می‌شود به زوج‌ها کمک کرد که تا بدانند هر کاری که می‌کنند به‌طور مثبت یا منفی روی علاقه‌شان به یکدیگر تأثیر می‌گذارد. این آگاهی سبب می‌شود که بسیاری از پیوندها حفظ می‌شوند. در وجود هر یک از ما بانک عشقی وجود دارد که با اعمالمان بر اندوخته‌های حساب آن یا می‌افزاییم و یا کم می‌کنیم.

مولانا نیز می‌گوید: او بندهٔ دلبرش شده، یعنی بنده زندگی به دلش است در ذهنش تمرکز دارد و فکرش باردار است و عشق و زیبایی را می‌بیند او یکتا و از جنس زندگی می‌شود. وقتی موجودی حساب عشقش به حدی برسد، احساس عشق ایجاد می‌کند.

غرایز و عادت‌های ما می‌تواند بر موجودی حساب ما در بانک عشق بیافزایند. از این رو مهم است که این عادت‌ها را بیاموزیم. مانند رفتارهای خشمگینانه، که از موجودی حساب ما در بانک عشق می‌کاهد زیرا وقتی این اتفاق می‌افتد موجودی در حساب بانک عشق را متوقف می‌سازد. باید به شکلی جلوی عادات و غرایز ویرانگر را بگیریم. زیرا تأثیر ارزش‌های یک عادت خوب و زیان بر موازنه بانک عشق در اثر تکرار چند برابر می‌شوند.

زویا و محمد از آن جهت عاشق یکدیگر شدند که می‌توانند یکدیگر را شاد کنند. آنها توانستند بخشی از نیازهای عاطفی همدیگر را شناسایی و برآورده کنند.

آنها وقتی مهم‌ترین نیازهای احساسی عاطفی یکدیگر را برآورده ساختند توانستند بیشترین منبع خوشبختی برای یکدیگر شوند. از این رو علاوه بر در برآورده ساختن نیازهای عاطفی باید از همدیگر حمایت کنند. حتی وقتی احساس عشق فروکش کند می‌توان عشق از دست رفته را دوباره به دست آورد.

عمل کرد بیوشیمی مغز هنگام رابطه:

هورمون اکسی‌توسین هورمون پیوند مغز و هورمون دلبستگی، وفاداری و مهربانی است که گاهی در رابطه با عشق بازی فعّال می‌شود[1].
مسئله بُعد عاطفی یک رابطه نگه‌داشتن و ماندن در ارتباط است.

گاهی مسئله جنسی مردها و سیستم غیر کنترل خواهندگی‌شان رهبری می‌کند. و هورمون مردانه‌شان یک سیستم شتاب‌زده مثل دلگی جنسی[2] عمل می‌کند آن هم به دلیل عجولانه بودن نیروی خواهندگی[3] که به هدف می‌خواهد برسد.

گاهی از میل خواهندگی به هدفگرا می‌رسد. خوشبختانه انسان موجودی فکور و دارای اختیار است. از مغز پیشانی که دو ویژگی مهم آن:
همدلی و حس باارزش دیگری به نام وفاجویی، وفاخواهی و معنویت رفتاری[4] می‌باشند، قادر است بهره‌مند شود. برای مرد یک چالش تربیتی است که با غریزه حرکت نکند و از هوش اخلاقی[5] خود کمک بگیرد. لذت‌های آنی را به شعف‌های دراز مدت ترجیح می‌دهد مثل اینکه سکه عشق به چیزی گفته می‌شود که در آن وفاداری، وفاخواهی، دل‌سپردگی و اندوه و شعف موج می‌زند.

1- Oxytocin is a Hormone which acts on organs in the body as a chemical messenger in the brain controlling aspects of human behaviour. Sometimes referred to as the «love hormone,» Oxytocin is a powerful hormone that is experienced when we are intimate with a loved one. It also acts as a neurotransmitter in the brain.

2- Testosterone highjack

3- Impulsive behavior

4- Empathic & Spiritual

5- Moral intelligent

به قول شاعر عشق که از اول سرکش و خونین بُوَد...
مادران امروز مسئول هستند که پسران ما را در بخش نیم کره راست که مرکز ارتباط، تماس با احساسات است فعال کنند.

عادات عشق برای همهٔ مدت عمر:

من همه امیدم به زوج‌هایی که به هم عشق بورزند و در عشق باقی بمانند و از مصیبت بار طلاق فاصله بگیرند است.
به خصوص اگر به این نکته فکر کنیم که با رعایت مفاهیم اصولی و ابتدایی ازدواج تا چه اندازه می‌توانیم خوشبخت باشیم.
چقدر تأسف‌انگیز است که زوج‌ها نتوانند بر اندوخته‌های حساب عشق خود بیفزایند. آنها فکر می‌کنند با همین عشقی که به هم احساس می‌کنند خواهند توانست همهٔ مدت عمرشان با آن سر کنند. اغلب آنها متوجه نیستند که اگر عادت به مراقبت و حمایت از یکدیگر نداشته باشند، عشقشان از هم فرو می‌پاشد.
اکنون ما به ابزار اولیه‌ای مسلط هستیم که تنها معدودی از زوج‌ها به آن مجّهز هستند. این همان عشقی است که باید عمری دوام بیاورد.

عشق هم تنها چیزی نیست که به آن دست پیدا می‌کنیم. ما متوجه می‌شویم وقتی عاشق یکدیگر هستیم، فرزندانمان شادتر و موفق‌ترند، کار و شغلمان شکوفا می‌شود. سلامتی بیشتری به دست می‌آوریم. و برداشتمان از زندگی خوش‌بینانه‌تر است. عشق داشتن زن و شوهر به یکدیگر فواید گوناگونی دارد و به همین دلیل باید به آن بیشترین اولویت را بدهیم. خود و همسرمان را تشویق کنیم که در استفاده از این مفاهیم به مهارت و استادی برسیم تا عمری از مهر و عشق برخوردار باشیم.

بهسازی درون،

ما در روان‌شناسی انسانی (شناخت‌درمانی)[1] یا روشی به نام مثلث درمانی داریم

1- Cognitive Behavioral Therapy)

که یکی از اضلاع آنها دارو درمانی، دیگری روان درمانی و رفتار درمانی[1] و ضلع سوم آن ورزش و گردش کردن و«نوع انتخاب زندگی»[2] می‌باشد.

البته تغذیه یکی از مهم‌ترین‌های «نوع انتخاب زندگی» در این بخش است.

ساده‌زیستی[3]

در روان‌شناسی پیشگیری، ساده زیستن و سادگی درون یکی از بهترین راه‌های درمان استرس، اضطراب و افسردگی در جهان سخت و پریشان امروز خواهد بود.

ساده‌زیستی هرگز فعالیت‌های ما را کم نخواهد کرد، بلکه به سمت و سوی سلامت هدایت خواهد کرد.

آگاهی روان‌شناسی ساده‌زیستی، و آشنایی با نیازهای طبیعی و جدا کردن از خواهندگی عصبی هدف ما در روان‌شناسی ساده زیستن است.

انسان‌ها تحت فشار سخت استرس‌زا، نیاز به کارآیی و خلاقیت بیشتری دارند.

مطالب پیشین به روش‌های گوناگون ساده‌زیستی پرداخته‌ام اما این بار به مسائلی مثل: اعتیاد به بعضی از غذاها، خوردن تغذیه مناسب و وابستگی‌ها به اشیاء در روش ساده‌زیستی می‌پردازم.

غذاهایی که مانع پیشرفت می‌شوند.

نیما که در مسیر کاوش درونی پیش می‌رفت از من پرسید: شما در مسیر رشد روحی به من یاری رساندید. من برای ضلع سوم، بهداشت تغذیه و.... نیاز به کمک شما دارم.

پیشنهاد من توجه به واکنش بدن نیما نسبت آنچه که می‌خورد است.

اگر بدن ما عملکرد سالمی ندارد، اگر مرتباً دچار سردرد، دردهای عضلانی، ناراحتی معده و دیگر مشکلات جسمانی می‌شود، بهتر است چیزهایی بخوریم و بنوشیم که مفید باشند و زیانی به سلامتی جسم ما وارد نکنند. زیرا ممکن است همین‌ها موجب ناراحتی روحیمان گردند.

برای مثال: چندی پیش امیر به من گفت که تغذیه خود را محدود به سبزیجات

1- Alternative Behavioral Therapy
2- Life style
3- Inner Simplicity

خام کرده و نوشیدن مشروبات الکلی، قهوه و دیگر نوشیدنی‌های کافئین‌دار را ترک کرده است با این روش قبلاً در راه آزادی درون و ساده‌زیستی پیش رفته بود او از این طریق سالم‌تر خواهد بود قبلاً چند ماه دچار مشکلات گوارشی شده بود.

بسیاری افراد وقتی که مراقبه، تفکر عمیق و درونگری را آغاز می‌کنند، درمی‌یابند چیزهایی را که می‌خورند و می‌نوشند بر آرامش ذهنشان اثر می‌گذارد. تصمیم‌گیری دربارهٔ این که کدام یک از علایق خود را می‌خواهیم کنار بگذاریم و با چه سرعتی می‌خواهیم این کار را انجام دهیم، یک انتخاب شخصی است.

غذای مناسب در مسیر رشد روحی

همان‌طور که امیر تجربه کرد، بهتر است که به واکنش‌های بدنمان نسبت به آنچه می‌خوریم توجه کنیم.

یک برنامه غذایی را به دیگر برنامه تغییر دادن، هر یک از ما نه تنها در زمان‌های مختلف زندگی، در نظر داشته باشیم حتی در زمان‌های مختلف یک سال، به مواد غذایی متفاوتی نیاز داریم. یک برنامه ساده و مشخص به ندرت می‌تواند پاسخی به همهٔ نیازهای خاص باشد.

امیر متوجه شد که بدنش قادر نیست مواد غذایی را از طریق غذاهای خام جذب کند. پس شروع کرد به پختن سبزیجات و مشکلاتش بدین طریق خیلی سریع از بین رفت.

انسان در غلبه انسان سالاری و ملودی عشق خود می‌تواند و می‌باید هادی و حاکم محض ستاره بخت خویش باشد.

بنابراین نیاز غذایی در هر شخص و در هر فصل متفاوت است. اینکه چه بخوریم، در واقع گوش دادن و توجه کردن به نیاز بدن ما است؛ که این کار به زمان، حوصله و تجربه نیاز دارد. ولی هر چه بیشتر به واکنش‌های جسم خود توجه کنیم، راحت‌تر می‌توانیم غذای مناسب خود را شناسایی و تناول کنیم که ما را در مسیر رشد روحی یاری کند.

از بین بردن وابستگی‌ها به اشیاء:

در تعریف ساده‌زیستی به امیر اشاره کردم که تصور کنید فقط سی دقیقه وقت دارید تا خانه خود را تخلیه کنید و فقط به اندازه صندوق عقب اتومبیل‌تان می‌توانید وسایلی را با خود ببرید. چه چیزهایی را برمی‌دارید؟

اگر مجبور می‌شدید همه چیزها را دوباره از اول شروع می‌کردید؛ این بار خانه خود را با چه وسایل و چگونه پر می‌کردید؟

ما مجبور نیستیم با دخالت طبیعت مثلاً: منتظر گرد باد هولناک یا سونامی باشیم. مسئولیت زندگی خود را به عهده بگیریم و هم اکنون، همین امروز شروع کنیم به دور ریختن وسایلی که مانع آرامش درونی ما هستند، وابستگی به آنها را هم از خود دور کنیم. این برای ما گام بزرگی برای رهایی خواهد شد.
کارشناسان بهداشت روان برای فرهنگ‌سازی روان‌شناسی سالم از روش‌های زیر برای پیشگیری سموم روابط زناشویی اقداماتی در پیش گرفتند که اشاره می‌شود:
۱- روان‌شناسی درمان شناختی ـ رفتاری[1]
۲- روان‌شناسی مثبت گرا[2]
۳- رفتار درمانی عقلانی- هیجانی[3]

زندگی پر از آسایش، اما دریغ از آرامش (با استفاده از سموم رفتاری):

زندگی مشترک با هزار امید و آرزو شروع می‌شود ولی اگر در شروع به پایان آن نیاندیشیم به یک روزمرگی حال بهم زدن تبدیل می‌شود.

روز اول زندگی مشترک این دو جوان با کلماتی مثل:

مهرداد از لیلا می‌پرسد: همیشه عاشقم می‌مانی؟ و لیلا پاسخ می‌دهد: اگر اینه که الان هستی، باقی بمانی آره... در واقع لیلا یک اصل روان‌شناختی را مطرح می‌کند، آدم‌ها در گذر زمان با تغییر رشد می‌کنند، خوب‌تر یا بدتر می‌شوند. اگر همراه با آگاهی، دگرگونی را دستخوش تغییرات ارتباطی دهند در روابط مشترکشان موفق هستند. مهرداد و لیلا در اثر عدم گفت‌وگو و ارتباط، درگیر

1- Cognitive Behavioral Therapy)

2- Positive psychology

3- Rational Emotive Behavioral Therapy

روزمرگی شدن، و پرداختن به مقوله‌هایی مثل احساس امنیت آن فقط اقتصادی دارند و نمونه‌هایی از این قبیل که لیلا را به نقطه جدایی رسانده است. اینکه تو چون قول دادی باید انجامش بدهی! تعهدی ایجاد نمی‌کند. ما حتی وقتی یک قرارداد برای خرید خانه می‌بندیم می‌توانیم آن را لغو و باید زیان طرف مقابل را بپردازیم.

باور عملی: زندگی را نمی‌توان روی یک خط صاف ادامه داد. بعضی‌ها اهل چالش هستند. اگر بیش از اندازه یکنواخت زندگی کنند، پژمرده خواهند شد. حرف‌هایی که آن زمان زده است برای همان زمان مفید و درست بوده‌اند. نه برای الان...

* ایجاد دگرگونی رابطه بین مهرداد و لیلا دلایلی است که برطرف نشده است.
* آنها حق دارند که از هم جدا شوند، اما باید تلاششان را برای شرکت جلسات با یک مشاور بکنند.
* ماجرای رابطهٔ سالم بامرام و معرفت پیش نمی‌رود. منطقی که در پس هر ارتباط وجود دارد از اهمیت به سزایی برخوردار است.

ما باید نظر همدیگر را قبول و اجرا کنیم (سموم):

بسیاری از ما خواسته‌ها، سلایق و بایدهایمان را در قالب یک سری جمله‌ها و واژه‌های قشنگ مانند من خیر و صلاح تو را می‌خواهم، من مرد هستم یا زن هستم و... به یکدیگر تحمیل می‌کنیم. گاهی این کار برایمان آن‌قدر بدیهی شده است که ناخودآگاه این کار را می‌کنیم. اما ماجرا اینجاست که این قبیل برخوردها احساسات و عواطف طرف مقابل را خدشه‌دار خواهد کرد.

ما می‌توانیم به یک توافق کلی برسیم مثل:

* تو صدای خوبی داری اما من دوست ندارم خواننده بشی.
* لطفاً کمی بسته‌تر لباس بپوش.
* این لباس برای آنجا به نظر کمی نامناسب است.

و...

ما باید با طرف مقابلمان مشورت کنیم و نظر بدهیم. نباید انتظار داشته باشیم او حتماً نظر ما را بپذیرد. لزومی ندارد که او حتماً مثل ما فکر و یا رفتار کند او شاید سلیقه‌ای کاملاً متفاوت با ما داشته باشد. هنگامی که ما انتظارات خود را به او تحمیل می‌کنیم، این اجازه را که او خود فکر کند، رشد کند و معذب نباشد را از او می‌گیریم و اوضاع خانه را به فضای یک جامعه دیکتاتوری بدل می‌کنیم. مثل: من زنم... من مَردَم....

سم‌زدایی رفتار:

* این نظر منه، او حق انتخاب داره.
* بهتره نظرم را به او تحمیل نکنم چون خود من هم خیلی نظرات درست و حسابی ندارم.
* وقتی نظرم را می‌دهم و تحمیل نمی‌کنم آن شب چقدر بیشتر به ما خوش می‌گذرد.
* احترام گذاشتن به نظر دوست/ همسر این است که او حق دارد مثل من فکر و رفتار نکند.

من می‌خواهم در این رابطه حتماً بمانم (اندیشه سمی دیگر).

کتایون شیرزاد

حالا فرناز روی کاناپه اتاق مشاوره‌ام نشسته و هق‌هق گریه سر داده است نه می‌خواهد جدا شود و نه می‌خواهد ادامه دهد. چون همسرش سعید و ماجراجویی‌هایش او را وارد رابطه‌ای فراخانوادگی کرده است که دست بر قضا فرناز هم از آن آگاه شده است. سعید که باور دارد زود ازدواج کرده، تازه به فکر شیطنت‌های ارتباطی افتاده است.

نکته: باور غیرمنطقی فرناز مبتنی بر اینکه «باید تا آخر خط ادامه دهم،» او را لای منگنه قرار داده و قدرت تصمیم‌گیری را از او گرفته است.

چنین باوری یعنی سوختن و ساختن ماندن و فسیل شدن خواهد بود.

تمرکز سالم با عشق به خود:

* من مهم‌تر هستم یا او؟
* رابطه یک‌سویه به هیچ درد نمی‌خورد.
* به آدم‌ها یک بار فرصت بده نه ده بار!
* این وضع اگر با شرکت فعال در جلسات مشاورت و با تعهد درست نشود بسیار فرساینده است. زیرا در نهایت اگر اصلاح‌پذیر نیست رنج جدایی آسان‌تر است.

مانعی بر سر سعادت عاشقانه از این هراس بزرگ‌تر نیست که خود را شایستهٔ عشق ندانیم و بر این اعتقاد باشیم که جز رنج و محنت سرنوشتی انتظار ما را نمی‌کشد.

اما اگر خودم به آن کسی که هستم احترام نگذارم؛ چیز زیادی برای دادن نخواهم داشت. اگر من خود را دوست‌داشتنی ندانم؛ دشوار است قبول کنم که دیگری مرا دوست بدارد. اگر خودم را نپذیرم؛ چگونه می‌توانم عشق تو را به خودم پذیرا گردم؟ محبت و مهر تو را؟

همهٔ ما روند عشق را تجربه کرده‌ایم و می‌شناسیم و از انواع مشاهدات خود تفکیک می‌دهیم. تنها چیزی که به زندگی ما «معنا» می‌دهد عشق است.

نکته:

راستی چرا حافظ شیرازی گفت:

* عشق یعنی: استقلال، آزادی، مهر، امنیت، بهزیستی، معرفت.
* هیچ عاشق سخن سخت به معشوق نگفت.
* لطفاً برای همه غذا نکشید و خودتان گرسنه باشید.

سموم رفتاری:

سارا احساس عدم امنیت با امیر می‌کند چون می‌ترسد نکند که امیر هم مثل آن دیگری به او خیانت کند من سعی می‌کنم به سارا بگویم که رویداد قبلی‌ات را به موقعیت کنونی تعمیم ندهید. زیرا به هم زدن رابطه یا با نگرانی با مسائل برخورد کردن فقط موجب بروز استرس، نگرانی و حتی تصمیمات نادرست خواهد شد. در این میان امیر می‌تواند نقش پررنگ‌تری ایفا کند و موقعیتی را فراهم آورد که سارا احساس آرامش بیشتری بکند. در واقع باید به سارا کمک کرد که طرز فکرش را عوض کند و به جای ترس‌هایش با واقعیت‌ها روبه‌رو شود. سارا به جای پیش‌بینی‌های منفی، می‌تواند زندگی خوبی پر از عشق و وفاداری و مثبت‌اندیشی را پیش بینی کند. بهتر است همسرش را در جایگاه شریک زندگی‌اش بپذیرد و با او در بیان احساسات و عواطف شریک شود. به قول معروف هر گردی گردو نیست؛ از جمله اصول پایه‌ای در روابط است نمی‌توان افراد را با هم مقایسه کرد و تعمیم داد.

این هم غروبی زیبا به امید طلوعی بهتر

نکته:

* بهتر است به جای منفی بافی، انرژی مثبت به کائنات بدهیم.
* ما که نمی‌توانیم آینده را به تعویق بیندازیم، اما دست کم می‌توان جلوی برخی زیان‌ها را بگیریم که شک و تردید و بددلی یکی از آن زیان‌هاست.

به‌طور صادقانه می‌شود گفت:

* همه حق دارند کوشش و خطا کنند تا رشد کنند. من حق ندارم فرصت اشتباه قابل جبران و عدم تکرار را از او دریغ کنم.
* خود من هم خطاهای بسیاری داشته‌ام.
* همسرم کم کاری نمی‌کند من زیاده‌خواهی می‌کنم.

* با تحت فشار قرار دادن او فقط موجب نارضایتی‌اش می‌شوم.

به‌خاطر بچه‌ها:

میترا می‌گوید: خانم دکتر «زندگی کردن با کسی که به شما توهین می‌کنه، برایت ارزشی قائل نیست و به قول معروف: زیر سرش هم بلند شده کار آسانی نیست؛ اما چه کنم پسرم فقط ۷ سال دارد یک بار وقتی پدرش برای یک ماه به ایران رفت از دوری او مریض شد.»

اگر چه جدایی یک فرایند پیچیده است و به همین سادگی... اما گاهی ادامه دادن زندگی معیوب مشترک یک حماقتی فرهنگی و تاریخی است تا یک تصمیم منطقی. وقتی به جای گرفتن تصمیمات مهم زندگی، پشت واژگانی چون بچه‌ها پنهان می‌شویم، خودمان را گول می‌زنیم و گاهی ما فکر می‌کنیم جدا شدن از یک آدم مشکل‌دار و بیمار، کار اشتباهی است.

امّا در واقع ما دشواری چنین کاری را با اشتباه بودن تشخیص نداده‌ایم.

نکته‌های قابل توجه:

* با جنگ‌طلبی اوضاع و احوال ما، بدتر خواهد شد. پس با صلح و آرامش شرایط بپذیریم.
* راه‌های فراوانی هست که ما را از مسیر اشتباه والدینمان برحذر می‌دارد. آیا این راه‌ها می‌شناسیم و آنها را امتحان کرده‌ایم؟
* وقتی ضعیف عمل کنیم، برای بچه‌هایمان هم الگوی مناسبی نخواهیم بود.
* آدم‌های هوشمند تصمیم‌های منطقی‌تر و بهتری می‌گیرند.
* این تصمیم، تصمیم ماست، و فرزندان ما باید اوضاع و شرایط خانواده را درک کنند.
* به خود بگویید داشتن یکی از والدین برای بچه‌ام بهتر از والدینی است که هر دقیقه توی سروکله هم بزنند.
* اگر الان این تصمیم دشوار، اما درست را بگیرم، بهتر از آن است که ده سال دیگر از عمرم را برای این زندگی هدر دهم.
* کسی نگفته از دست دادن عشق کار آسانی است و به قول معروف ناف ما را که به هم نبریده بودند. تازه کلی راهکارها هست که هنوز با او امتحان

نکردم مثل: مشاوره گرفتن از یک متخصص امر که شاید رفتارهایی باشد که بهتر است در من یا حتی او تغییر کند.

نکته: در فراق یار می‌توان سوگواری کرد، گریست و غمگین شد؛ ولی مردن معنایی ندارد.

اهمیّت و ارزش روابط زناشویی؟

تمایلات جنسی پویا و نسیم متفاوت است (پویا پرحرارت‌تر و هیجانات قابل توجهی در رابطه دارد). و به جای مهار کردن میل جنسی خود، به نسیم می‌گوید: رابطه خارج از ازدواجشان اگر چه غیراخلاقی، برقرار خواهد کرد. تهدید پویا ویرانگر یک رابطهٔ خوب است. چون حتی اگر این کار را نکند، اعتماد نسیم از او سلب شده و امنیت خاطرش در زندگی مشترک به خطر افتاده است. که به یقین هیچ کدام از این دو نفر نمی‌خواستند چنین شود.

با برطرف کردن عوامل ایجاد کننده ناخوشنودی مانند انواع اختلال‌های جسمانی که گاهی موجب کاهش این میل و گاهی موجب افزایـش آن می‌شود، می‌توان تعادل رفتار جنسی را بازسازی کرد مانند:

* سلامت زندگی مشترک به کیفیت رابطه زناشویی بستگی دارد.
* با حذف رابطه زناشویی از زندگی، هر دو ما زیان خواهیم دید.
* صرف نظر از اینکه چه کسی پیش قدم می‌شود، به هر حال هر دو به رابطه زناشویی نیاز داریم.
* آیا از همسرم پرسیدم که با رابطه زناشویی من مشکلی دارد؟
* آیا اعتمادبه‌نفس جنسی پایین من ریشه در گذشته دارد؟
* نداشتن رفتار جنسی برای مدت طولانی، طبیعی نیست بهتر است با دید بهتر و بازتری (آزادانه و پویا) به این مشکل نگاه کنم و علت‌های گوناگون چنین وضعیتی را با متخصص در میان بگذارم.

* بهتر است به خواست و نظر همسرم نیز در رابطه زناشویی توجه داشته باشیم.

زندگی مشترک بدون کشمکش و اختلاف‌نظر زندگی نیست؛ هم خانه بودن است. قرار نیست ما با هم اختلاف نظر نداشته باشیم. همین‌طور قرار نیست زندگی مشترک ما یخ بزند و کسل‌کننده شود. امیدوارم که حل مشکلات ارائه شده پیش روی زندگی زناشویی قابل استفاده باشد.

دلدادهٔ واقعی چه کسی می‌باشد؟

* کسی که رابطه پرحرارت خود را دوباره کشف کند.
* تا زمان مواجه شدن با شریک محبوبش شکیبا باشد.
* احساس سعادتمند بودن کند؛ چون هدیه‌ای دلپذیر دارد.
* دلبوش هدیه‌ای انتخاب شده است؛ تا کنارش قدم بزنند.
* او سویهٔ پنهان شخصیت محبوبش را می‌بیند که هیچ‌کس دیگر ندیده است.
* معشوق ما را در جایی که پنهان شده‌ایم؛ جست‌وجو می‌کند و پناهگاه امنی برایمان خلق می‌کند.
* او قادر است ما را با لبخندش، صدایش، عطر خوش وجودش و نحوه حرکاتش خوشحال کند.
* او هر چیز عادی را به سطح عالی ارتقاء می‌دهد.

دل‌باخته بودن چه معنایی دارد؟

دل‌باخته بودن مسلماً چیزی فراتر از ازدواج با یک فرد یا ابراز علاقه به اوست. میلیون‌ها نفر زندگی مشترک دارند ازدواج کردند اما تعداد کمی از دلشدگان هستند.

سینا به همسرش می‌گوید:

* تو بهترین اتفاق زندگی من بودی و هستی.

* و چون شاعر خطّهٔ شمال ایران نیما یوشیج زیر لب زمزمه می‌کنند.

«تو را من چشم در راهم شباهنگام»

* در اوج قدرت و موفقیت در کارهایم، نام تو مرا در بی‌خویشی و خلسه فرو می‌برد که زبان از سلطه اختیار من خارج می‌شود.

همسر او سارا به زبان مولانا می‌گوید: تابش جان یافت دلم،

«اطلس نو بافت دلم، دشمن آن کهنه شدم».

و سارا اضافه می‌کند: «استفاده از گنجینه و شیوه‌های خودیابی و شرکت فعال در جلسات مشاوره، خود رهایی و انتخاب سالم را در عالم معنا یافتم، موجب بلوغ روانی عاطفی و روحانی من شدند. دریافت من این است که رفتارهای من از باورهای من سرچشمه می‌گیرند و باورهای نوین روش و راه‌گشا فکری من هستند.»

حافظ عزیز خوش سرود:

سال‌ها دل طلب جام جم می‌کرد؛

در واقع از حرمت نفسی سخن می‌گوید که جان و جهان سارا و سینا در سرشتشان پنهان است.

گاهی نوع بیداری ما را به یاد داستان شیخ صنعان می‌اندازد که شیخ پیر، مسجد و صومعه و عبادت را رها می‌کند و به میخانه و خرابات می‌رود و بد نام و رند و خراباتی می‌شود. زیرا در راه عشق ننگ و نامی نمی‌شناسد.

* برای یک دل‌باختهٔ واقعی بودن باید چون این دو زوج وفادار بود. آنها در بزم زندگیشان پرشور بودند.
* زمانی که به خاطر هدیه‌ای که همان همسرماست قدردان باشیم و هر روز آن هدیه زندگی‌مان را تحسین کنیم، یک عاشق واقعی هستیم.
* وقتی بیاد بیاوریم که همسرمان امانتی است از طرف هستی، اگر به خوبی از او مراقبت نکنیم از دستش خواهیم داد، حتی اگر که ما را از نظر عاطفی و

یا حتی فیزیکی ترک کند، آن گاه می‌توانیم ادعا کنیم عاشق هستیم.

* هنگامی که درک کنیم هر چیزی که بین ما اتفاق می‌افتد کم اهمیت نیست؛ یا وقتی که پی می‌بریم هر چه در طول رابطهٔ زناشویی به زبان می‌آوریم می‌تواند که باعث شود همسرمان از آن لذت برده یا غمگین شود و بدانیم هر کاری که انجام می‌دهیم می‌تواند ارتباط ما را قوی‌تر یا ضعیف‌تر کند، آن‌گاه عاشق هستیم.
* وقتی همه این‌ها را درک کنیم، هر روز صبح با احساسی سرشار از قدردانی از خواب بیدار می‌شویم و روز دیگری در اختیار داریم که می‌توانیم در دل‌دادگی کنیم و از بودن در کنار همسرمان لذت ببریم.

چطور عاشق بمانیم؟

لحظه‌های واقعی زمانی اتفاق می‌افتد که ما و همسرمان کاملاً روی یکدیگر و عشق میان خودمان تمرکز کنیم. هنگامی که فروغ خورشید عشق بر چهرهمان تابیده است و به قلبمان فرصت مهرورزی داده‌ایم و احساساتمان هر لحظه بارور می‌شود.

یک دلبستهٔ عاطفی نیازمند این است که به همسر خود و رابطه خود توجه داشته باشد. مشکل اینجاست که زندگی عاطفی بسیاری از ما بدون توجهٔ، فکر و احساس، به‌طور خودکار و ناخودآگاه می‌گذرد و به حال خود رها می‌شود.

خیال روی تو در هر طریق همراه ماست
نسیم موی تو پیوند جان آگه ماست

حافظ

برای مثال:

* وقتی کنار هم هستیم به تلفن پاسخ ندهیم.
* وقتی کنار هم هستیم در مورد مشکل بچه‌ها صحبت نکنیم.
* وقتی کنار هم هستیم توجه‌مان را به اطرافیان ندهیم.
* هنگامی که کنار همسرمان یا دلدارمان هستیم ولی توجه‌مان به غیر اوست لحظهٔ حال و ارزش و لذّت آن را از دست داده‌ایم چون بودن درونی و ارتباط

واقعی اتفاق نیفتاده است.

در نتیجه او قادر نخواهد بود ما را درک کند و هنگامی که نتوانیم کاملاً خود را در لحظه احساس کنیم و یا باشیم، غیرممکن خواهد بود که احساس پرشور و عاشقانه‌ای داشته باشیم.

برای اینکه کام جان خود را با احساس عمیق و سرشار از عشق شیرین کنیم، یادی از دکتر باربارا دی آنجلیس، روان‌شناس و نویسنده امریکایی کنیم چه خوب می‌گوید:

«شما و همسرتان احساس عاشق بودن می‌کنید، اگر شور و شوق عشق در درون هر دوی شما موج بزنند فقط آن زمان است که خواهید توانست عشق را در یکدیگر بچشید.»

عشق در رابطه زناشویی:

ما با همسرمان چیزی را قسمت می‌کنیم که خوشبختانه با هیچ‌کس دیگری در آن سهیم و شریک نمی‌شویم. و آن پیوند زناشویی است. هر زمانی که ما و محبوبمان به هم می‌پیوندیم، به مرزهای فیزیکی یکدیگر رخنه می‌کنیم. نه تنها قلب بلکه جسم‌هایمان به عمیق‌ترین روش در هم می‌آمیزند. افراد معنوی معتقد هستند که رابطه جنسی یک آتش مقدس است؛ زیرا از طریق این رابطه است که تمام زندگی آغاز می‌شود. پس انرژی جنسی انرژی زندگی است. که خود را از طریق جسم ما نمایان می‌سازد. و زمانی که می‌آموزیم از این نیرو به عنوان تحسین و ستایش زندگی در رابطه زناشویی استفاده کنیم ما باید آنچه را صرفاً باعث رضایت فیزیکی است به شعف جسمی و عاطفی و روحی تبدیل کنیم.

آری رابطه زناشویی یک مشارکت مقدس است راهی است که روح ما و محبوب ما در آن پیوند می‌خورد و در قالب جسم به شادی و شعف می‌پردازد. رابطه زناشویی همراه با غریزهٔ جنسی در زندگی انسان اساس یک رابطهٔ دو طرفه است. با وجود این بسیاری از ما فقط از طریق تجربیات ناشیانه و اغلب دردناک آن را می‌آموزیم و تجربه می‌کنیم. مثلاً به ما یاد داده‌اند که در مورد آن صحبت نکنیم و از لحاظ جنسی حتی با همسر و اغلب خودمان صادق نباشیم.

کتایون شیرزاد

این نشانه‌ها در جامعه‌ای است که از معلومات جنسی ناآگاه است و مانند زمانی است که از یک چیز بی‌اطلاع باشیم سرخورده، نگران، افسرده و کژ طبع می‌شویم. رابطه زناشویی بیش از اینکه سرچشمه لذت و شعف باشد؛ به یک منبع شوم و ناکام، یا یک ابزار برای مجازات همسر، یا یک اعتیاد برای بی‌حس کردن خودمان در برابر درد یا شاید یک جانشین برای عشق تبدیل می‌شود. و زمانی که از لحاظ جنسی ناآگاه هستیم، نمی‌توانیم لحظه‌های واقعی را در عشق‌ورزی تجربه کنیم و لذّت واقعی ببریم.

هلن فیشر روان‌شناس و متخصص و محقق روابط زناشویی می‌گوید:

«برخی از نیرومندترین و مهم‌ترین لحظه‌هایی که شما و محبوبتان می‌توانید در آن سهیم باشید، زمانی اتفاق می‌افتد که لحظات واقعی را وارد رابطه زناشویی‌تان می‌کنید، لحظاتی که در آن سعی نمی‌کنید چیزی را به دست آورید یا بر **چیزی مسلط شوید،** لحظاتی که در آن آگاهانه در زمان حال حاضر هستید و جسم و احساس و روح محبوبتان را تحسین می‌کنید.»

خلق لحظه‌های واقعی عشق با همسرتان:

فرقی نمی‌کند چند بار در هفته با همسرتان به اوج لذت جنسی می‌رسید، ممکن است قلبتان هنوز تشنه عشق و ارتباط باشد. اگر خوش‌شانس باشید رابطه احساسی خوب خواهید داشت، شعف مشتاقانه‌تان حفظ می‌شود زمانی که جسم، قلب و روحتان هم‌زمان به همسرتان عشق می‌ورزند.

عشق‌ورزی واقعی میان دو عاشق آنگاه آغاز می‌شود که تصمیم می‌گیرند یک لحظه واقعی با همدیگر داشته باشند.

در هم آغوشی سرشار از مهر و پیوندمان معجزه‌ای رخ داده؟ این همان بودن و حضور عشق بین دو همسر است زمانی که در برابر عشق تسلیم هستید.

«یک زن یا شوهر، یک شراکت کامل را رقم می‌زنند با دوستی و همکاری متقابل.»

به خاطر داشته باشیم که حداقل برای مدت زمان کوتاه هر روز، یک عاشق باشیم. به دنبال موفقیت‌هایی باشیم که عشق بورزیم، که رودخانه احساسی را که هم اکنون میان ما در جریان است به جوش‌وخروش درآوریم. اگر عشق را در قلب خود بیابیم و آن را جلوه‌گر سازیم. لحظه‌ای واقعی... عشق‌ورزی ما با یکدیگر همیشگی و لذتمان وصف‌ناپذیر و جاودان خواهد بود.

شهامت ابراز صمیمیت:

عشق ورزیدن صمیمانه به محبوبتان، برای اینکه صرفاً یک زوج نباشید، بلکه دلدادگان حقیقی باشید، و با هم در مسیر رابطه آگاهانه گام بردارید، شهامت و توانایی روحی می‌خواهد.

عشق باشکوه، به شهامت فوق‌العاده نیاز دارد.

حتی اگر نباشی می‌آفرینمت.

این بدان معنی است که همسر شیفتهٔ خود را به جان و قلب و شهر وجودتان دعوت کنید. و به او اجازه دهید همهٔ وجودتان را بشناسد.

همه وجود شما می‌تواند: دارای قدرت، امید، بینش و وحشت باشند. وجود قدرت یا وجه بالغ ما یعنی: بلوغ عاطفی، جنسی، مالی، احساسی و فکری و همچنین شخصیت سالم روحی روانی که قلک قلبتان خاطرات را پس‌انداز کرده که کفایت حرمت ذات و عزت‌نفستان را ساخته‌اند و اطمینان و صداقت را به رابطه تان دعوت می‌کنند. در رابطه عکس آن اگر ناامیدی باشد.

توجه: چند بار پیش آمده که در طول مشاجره با همسرتان به شکایت او درمورد اشتباهاتتان در شیوه عشق‌ورزی یا نحوه ی برقراری ارتباط در رابطه‌تان گوش کرده‌اید؟ **(استفاده نکردن از ترمزهای رفتاری)!**

مهر همسرتان عمیق‌ترین و صادقانه‌ترین عشقی است که دارید، و بیشترین اعتماد را میان خودتان برقرار کرده‌اید، همسر و رابطه‌تان بیشترین اهمیت را دارد ولی رابطه‌تان به جای مهرورزی تعهد داشتن تبدیل به تنش و عدم توافق نکنید

قبل از اینکه دمای رابطه را به نقطهٔ جوش بالا ببریم یا روی یخ نازک راه برویم، باید از همهٔ چیزهایی که در مورد خود و همسرمان نمی‌پسندیم، آگاه شویم. آنگاه در این موارد است که برای ماندن به جای فرار کردن نیاز به شهامت بیشتری خواهیم داشت. شهامت برای حرکت کردن به دل حقیقت و ناب‌ترین تجربه طبیعی حقیقت به جای دور شدن از آن می‌باشد. شهامت برای آزاد ماندن به جای تنگ کردن حلقه محاصره، در واقع شهامت عاشق ماندن است

> «گر هواست که معشوق نگسلد پیوند
> نگهدار سررشته تا نگهدارد»

حافظ

چنانچه عشق‌ورزی صمیمانه نیاز به درجه معینی از شهامت عاطفی دارد؛ پس نگهداری و حفظ آن به شهامت بیشتری نیاز دارد.
هر چه لحظه‌های واقعی ما و همسرمان بیشتر باشد؛ گریختن از آن در رابطه‌مان سخت‌تر می‌شود.
بهتر است رابطه آزادانه و صادقانه‌تر باشد و تظاهر به اینکه همه چیز خوب است درحالی‌که ممکن است نباشد ولی برخلاف آن را از خود نشان دهیم.
برای مثال: متقاعد کردن خودمان که به اندازه کافی مورد علاقه قرار گرفته‌ایم و ممکن است این‌گونه نباشد، نادیده گرفتن بعضی از رفتارها، تاریکی‌هایی می‌باشند که در رابطه‌مان وجود دارند، زندگی را بر ما ممکن است سخت‌تر کنند.

برای مثال: صنم برای داشتن یک بعدازظهر آرام، و یا یک لحظه ناب عاشقانه[1] با همسرش بهادر، که هر دویشان برای داشتن آن لحظه توافق کردند و بدان هم نیاز دارند.

صنم عذر و بهانه می‌آورد و از داشتن این لحظه‌های واقعی خودداری می‌کند

1- Real moments for lovers

چون از احساساتی که ممکن است این لحظه‌ها صنم را با آنها رو به‌رو کند، هراسان است. صنم آزادانه و صادقانه احساسات خود را با همسرش مطرح نمی‌کند. به‌خاطر تجربیات عدم ارتباطات سالم پیش‌بینی[1] که داشته است.

این دو زوج دوره‌ای را تجربه می‌کنند که در آن تنش و عدم تفاهم افزایش می‌یابد. اگر حجاب عاطفی بین این دو فرو ریزد، مسائل بیشتری را می‌بینند.

برای مثال بهادر می‌تواند به صنم کمک کند با گفتن اینکه:

* ما چقدر به حرف زدن در حضور یک مشاور احتیاج داریم!
* صنم امروز تو چقدر احساس ناامنی می‌کنی!
* یا صنم چقدر تو امروز عصبانی هستی!

در واقع واضح است که صنم اشتیاقش را انکار می‌کند چون که با در کنار هم بودن احساس وحشت دارد!

در واقع، «با هم بودن صادقانه یعنی کنار زدن ماسک و آشکار ساختن احساساتتان با محوریت شخصیت اصلی‌تان است.»

علائمی که ما می‌توانیم در محبوبمان شناسایی کنیم:

- به زوج خود نگریسته و تشخیص بدهیم که عالمی از احساسات درون او در جریان است و نمایان نساخته است؟
- از همسرمان بپرسیم که مشکل چیست؟
- آیا تا به حال عاشقانه با قلب گشوده با محبوب خود برخورد کرده و قلبشان را بی‌میل یافته‌ایم؟ اگر این‌طور است حسمان را با او در میان بگذاریم.
- با همسرمان چهره به چهره نزدیکی، معصومیت و آسیب‌پذیری را تجربه کرده‌ایم؟

این‌ها برخی از راه‌هایی است که «جلیقه ضد گلوله عاطفی» را پوشیده و حفظ می‌کنیم که موجب خودداری‌مان از برهنگی لحظه‌های واقعی می‌گردد.

بنابراین اگر هر دومان شهامت پیدا کنیم که لحظات عاطفی خود را کامل نشان دهیم (احساسات) به همدیگر حتماً به گونه‌ای همدیگر را کشف خواهیم کرد

1- Luck of Healthy Communication

که نمی‌توانیم بدون آن لحظه‌های واقعی خودافشایی، زندگی کنیم.

عشق همیشه با ما آغاز می‌شود:

این انتخابی است که ما لحظه‌به‌لحظه انجام می‌دهیم تا به دنبال نکته دوست‌داشتنی در مورد محبوبمان بگردیم.

وقتی منتظر فردی می‌شویم که دوست داریم کاری انجام دهد یا چیزی بگوید که ما احساس عشق بیشتری بکنیم! او را در وضعیتی قرار می‌دهیم که به‌طور اجتناب‌ناپذیر ما را دلسرد بکند.
علاقه، توجه، محبت، دقت و قدردانی خودمان را از طریق کلمات به او نشان بدهیم تا هدیه‌ای برای حضور او در زندگی‌مان ارزش قائل هستیم.
و همین‌طور وظیفه اوست که با ما مهربان باشد و تمام این موارد را برای ما نیز رعایت کند.
زمانی که ما خود و گذشته پشت سرمان را ترک می‌کنیم و تصمیم می‌گیریم توجّه‌مان را به جهان درون خود و رابطه خود معطوف سازیم، از خود می‌پرسیم چطور می‌توانم او را که عشقم است بیشتر دوست داشته باشم؟ خوشبختانه محبوبمان نیز همین سؤال را از خود می‌پرسد! او نیز این آرزو را بیشتر از درون خود حس می‌کند. او پیش قدم نیست؛ اما اگر ما ابراز کنیم، متوجه می‌شویم که او در نهایت بیشتر از ما چنین حسّی دارد.

و این به معنی از خودگذشتگی نیست؛ به معنی فرد کاملاً ضعیفی است که از خود و خواسته‌هایش غفلت می‌کند. اگر ما در عشق ورزیدن به خودمان قدرتی نداشته باشیم در نثار عشق به دیگری دشوار زیادی را متحّمل خواهیم شد.

عشق‌ورزی:

مانند تمام مقوله‌های دیگر در زندگی، باید به صورت متعادل اجرا شود.

باید خواسته‌های خودمان را بدانیم و برای برآورده کردنشان اقدام کنیم و مطمئن باشیم که عشق ورزیدن به زوجمان هرگز به تشخیص و ارزش‌های شخصیمان لطمه وارد نمی‌آورد. همچنین باید با محبوبی روبه‌رو باشیم که به حدی که ما

مشتاقیم، نسبت به رشد خودش و رابطه‌اش متعهد باشد؛ تا که فقط ما عرضه‌کننده نباشیم.

روانشناسان این شیوه را «تصمیم برای مهرورزی» می‌نامند، چون شهامت، «مهرورزی عمیق» به معنی انتخاب عشق‌ورزی مکرر است.

وقتی بالاخره صنم و بهادر در انتظار پیش‌قدم شدن از طرف مقابلشان برای عشق‌ورزی خاتمه می‌دهند و فقط انتخاب می‌کنند پیش‌قدم باشند و دیگری را دوست داشته باشند، آغاز رابطه‌شان شروع به احساس کامل و جاری بودن می‌کند.

این شیوه‌ای است که باید اجرا شود و به دنبال آن حرکت عشق را مشاهده کنیم. ما شهامت برداشتن حرکت اول را پیدا کنیم و ناگهان خود را در حالی می‌یابیم که با همدیگر در حال قدم گذاشتن به درون عشق هستیم. در هر حال به سوی ریتم ذاتی خودمان و تسلیم شدن در برابر یکی شدنی که در انتظار ما است.

پناهگاه عشق

از تمام مکان‌هایی که می‌توان در این جهان برآن قدم گذاشت، هیچ‌کدام امن‌تر از روابط صمیمانه نیست. خانه فیزیکی، احساسی و تغذیه عاطفی‌مان که ما و محبوب‌مان بنا می‌کنیم، در بهترین حالت خود، باید در هنگام چالش‌هایی که زندگی در برابر مشکلات برایمان فراهم می‌سازد، یک پناهگاه باشد. سر پناهی از انرژی مثبت که می‌تواند شهامت، شفافیت، راحتی و حمایت را برایمان به ارمغان بیاورد.

رابطه ما باید مکانی باشد که اغلب به آن پناه ببریم، نه مکانی که از آن فرار کنیم. ما لیاقت آن را داریم که احساس کنیم می‌توانیم روی همسرمان به عنوان یک پناهگاه عاطفی حساب باز کنیم و همسرمان نیز چنین حقی دارد.

مهم این مطلب است که یک پناهگاه عاطفی برای همسر بودن به معنی سر و سامان دادن او یا حل کردن مشکل نیست. این موضوع به انجام دادن کاری اشاره نمی‌کند. فقط به معنی بودن در لحظه واقعی عشق‌مان به محبوب است.

خودآزمایی:

- آیا می‌دانیم چطور همسرمان را بدون این که سعی کنیم به او سر و سامان دهیم، به خاطر غصه و اندوهش دوست بداریم؟
- آیا می‌دانیم چگونه حمایت و آسایش را نثار او کنیم، حتی اگر به‌نظر برسد کمکی نمی‌کند یا تأثیری ندارد؟
- آیا می‌دانیم چطور کنار محبوبمان باشیم، طوری که او می‌خواهد نه طوری که ما از آن لذت می‌بریم؟

این وظایف به ما کمک می‌کنند به خودمان یادآوری کنیم که با زوجمان در لحظه حال به سر ببریم، نه اینکه انتظار چیز دیگری را داشته باشیم.

نتیجه این که: وقتی رابطه‌مان سرشار از لحظه‌های واقعی شد؛ احساس یک تعهد یا مسئولیت سنگین محو خواهد شد و به جای آن احساس یک پناهگاه شفا بخش را خواهیم داشت.

نازی در رابطه خود یک پناهگاه عاطفی نداشت و به دنبال او هم نمی‌گشت؛ به جای آن، به جستجوی چیزهای دیگری‌می‌پرداخت؛ به همین راحتی. او نمی‌توانست منکر نیازهای خود و به‌طور کل، بشر عزیزش گردد؛ نازی نیاز به تسکین دارد؛ پناه داده شود و دردهایش التیام پیدا کند. بنابراین چنانچه به سوی مجبوب خود نرود یا نتواند برود، به چیز دیگری روی می‌آورد که جانشین عشق گردد.

برای مثال: غذا خوردن بی‌رویه، مصرف دارو، کار بی‌وقفه، خرید بی‌وقفه، تلف کردن وقت، ساعت‌ها با صحبت تلفنی یا گشتن در فضای فیسبوک[1] هر چیزی که موقتاً نازی را تسکین داده و سرگرم می‌کند. مشکل همه معتادین این است که اشتیاق و عطوفتی را که روحشان واقعاً آرزو می‌کند ارضاء نمی‌گردد.

بعضی وقت‌ها کار کردن امیر تا نیمه شب کمتر ستیزه‌جویانه به‌نظر می‌رسد تا اینکه به شیما همسرش بگوید: من از این که بیزینسم همچنین وضع بدی دارد

1- Facebook

هراسانم و می‌خواهم بدونم که تو هنوز منو دوست داری؟ در هر صورت به من عشق می‌ورزی؟

نتیجه: لحظه‌های واقعی همیشه لحظه‌های آسان نیستند. اما به روشی شما را تغذیه می‌کنند که فقط از پس لحظه‌های واقعی خلق می‌شوند.

سیما و پیام می‌گفتند: که ما وقتی که می‌خواهیم کتاب‌هایی که شما به ما معرفی کردید را با دقت بخوانیم پشت به پشت هم می‌نشینیم و به یکدیگر تکیه می‌دهیم.

گفته‌های این زوج جوان بازتابی دقیقی از گفته‌هایم است که چه طور بدون اینکه خودشان را در این فرایند گم کنند از محبوبشان برای قدرت و حمایت استفاده کنند.

پناهگاه عشق خود را گرامی بداریم. از رابطه خود به‌عنوان پناهگاه امن و التیام‌بخشی استفاده کنیم که باید باشد. به محبوبمان تکیه کنیم و اجازه دهیم او نیز به ما تکیه کند.

اندرومتیوس در کتاب آخرین راز شاد زیستن می‌گوید:

عاشق واقعی کسی است که معشوق خود را آزاد می‌گذارد تا خودش باشد. در عشق اجباری نیست. عشق یعنی امکان انتخاب به معشوق دادن. برای آنکه کسی یا چیزی را به دست آوری، رهایش کن!

نگاه عاشقانه کدام هستند؟

* یکی از اساسی‌ترین لحظه‌های واقعی که ما و همسرمان می‌توانیم در آن سهیم شویم، زمانی رخ می‌دهد که یک نگاه واقعی درچشمان یکدیگر را تجربه کنیم.
* وقتی محبوبمان با یک نگاه عاشقانه به ما عشق می‌ورزد.
* احساس می‌کنیم بیشتر از زمانی که هدیه‌ای به ما می‌دهد، مورد علاقه قرار گرفته‌ایم.
* چون این سکوت فضای مقدسی را به وجود می‌آورد، که می‌توانیم در آن

عشق او را در ناب‌ترین شکل خود دریافت کنیم.

از طریق چشم‌های محبوبمان که پنجره‌هایی هستند که می‌توانیم از طریق آنها به روح او نفوذ کنیم و ورای چهره آن سوی ترکیب فیزیکی او را ببینیم و به اصل شخصیت او نظری بی‌افکنیم.

چیزهایی در مورد همسر خود می‌آموزیم که نمی‌توانیم از طریق کلمات یاد بگیریم.

مازیار می‌گوید: من نمی‌توانم نگاه مستقیم به همسرم و در چشمان او بنگرم، یا برای اجازه دادن به او برای انجام این کار مهارت کافی ندارم. در فرهنگ ما حتی با افرادی که بیشتر از هرکس دوستشان داریم، ارتباط چشمی بر قرار نمی‌کنیم. برایم سخت است بیش از چند ثانیه در چشمان کسی نگاه کنم، گاهی گویی به مرزهای من تجاوز شده است!!

عسل می‌گوید: این چیست که وقتی کسی در چشمانمان نگاه می‌کند، ما را می‌ترساند! من احساس می‌کنم که دیگران قسمت‌هایی از وجودمان را می‌بینند که ترجیح می‌دهم پنهان باقی بماند!

(من عسل را از وقتی که با بیمار پارانویا (بد گمانی یا همه دشمن پنداری) دست و پا می‌زد تا حالا، که کم‌کم به شناسایی خود و بیان نیازهای رسید مشاورت و با هم کار می‌کنیم.)

عسل وحشت داشت از نفوذ محدودهٔ ایمن خود او فرد مضطرب، عصبانی، نگران و در واقع با مانع نگاه خود ترس از تجزیه تحلیل ما دارد. بی‌خود می‌خندد و بهانه‌ای برای فرار از نگاه کردن به جای دیگری پیدا می‌کند. عسل نمی‌تواند متوجه شود که فرد عاشق وظیفه‌اش نگاه دقیق به چشم کسی است که عاشقش می‌باشد. بی‌تفاوتی همسرش، با زخمی که هنوز پس از صحبت یا کار رنج‌آوری که انجام داده است تازه است. ممکن است وقتی عسل با محبوبش یک نگاه عاشقانه را ردوبدل می‌کنند، احساس ضعف و آسیب‌پذیری کند چون لحظه‌های واقعی به وجود آمدند. وقتی شما با نگاهتان او را می‌بینید؛ هدفتان از بین بردن مرزهای بین شماست. و برای لحظه‌ای روحتان می‌خواهد یکدیگر را لمس

کنند. شما چشم‌هایتان را باز می‌کنید تا او را بتوانید هم زمان نظاره کنید گویی چشم‌هایتان به قلبتان متصل است. که اجازه می‌دهد محبوبتان را ببیند. این چیزی است که من آن را «نگاه عاشقانه» می‌نامم.

تمرین:

حالا با هم تمرینی را انجام بدهیم: به چشم‌های او عمیق‌تر نگاه کنید و به دنبال عشق بگردید. برای محبوب یک پیام بی‌صدا بفرستید «من می‌بینم که هستی و عاشقت هستم.» سپس کانال را درون جسم خود تصور کنید که قلبتان را به چشمانتان متصل می‌کند. و تمام عشقی را که به‌طور خالص از قلب و چشمتان می‌جوشد و به چشمان و اعماق قلب محبوبتان می‌ریزد تجسم کنید. احساس کنید که عشقتان او را مقدس می‌شمارد. احساس کنید که عمل عشق‌ورزیدن به او، شما را محترم می‌سازد. درون این عشق بدمید. به زودی متوجه خواهید شد محبوبتان و شما ناپدید شده و تمام چیزی که باقی مانده عشق است.

دکتر باربارا دی آنجلس، در کتاب روابط موفق و بیست و پنج قانون مهم می‌گوید:

برای اینکه در نگاه عاشقانه ماهر شوید، باید تمرین کنید. اوایل کار ممکن است عصبی یا دست‌وپا چلفتی بودن داشته باشید. حتی ممکن است متوجه شوید که شما و محبوبتان نسبت به پذیرفتن این فرایند و مجوز صادر کردن برای خودتان که لحظه‌های واقعی را با نگاه کردن به یکدیگر تجربه کنید، نوعی مقاومت نشان دهید. به طورکلی هر چه در لحظهٔ حال بیشتر احساس راحتی کرده و خود را درست در آنجا حس کنید، نگاه کردن به پنجره چشمان همسرتان و اجازه دادن به او که به چشمانتان بنگرد آسان‌تر خواهد بود؛ بنابراین می‌توانید حلاوتی را کشف کنید که آن عشقتان است.

گشتن به دنبال زیبایی در محبوب:

هانیه و انوش تجربهٔ لحظه‌هایی واقعی نگاه عاشقانه را با استفاده از این تکنیک شگفت انگیز در جلسه تراپی من بکار بردند. یادگیری طرز نگاه کردن به همدیگر ابعاد جدیدی از نزدیکی و جذابیت را به رابطه‌شان اضافه کرد. من این را

«گشتن به دنبال زیبایی همسر نامیده‌ام.» شمایل انسان یک اثر خیره‌کننده هنری است. وقتی هانیه و انوش برای اولین بار عاشق هم شدند می‌گویند کاملاً از زیبایی هم آگاه بودند. بعداً هر چه زمان می‌گذرد و به دیدن هر روزه زوج خود عادت می‌کنند، فراموش می‌کنند که با چشمانی عاشق به هم نگاه کنند تا همه صفاتی که کامل نیستند، خصوصیاتی که خارج از تناسب هستند را هم ببینند. مثل چربی‌های زیادی دور کمر آری همه ما از نظر فیزیکی کامل نیستیم. فقط اگر چشمان هانیه و انوش به دنبال عیب و نقص بگردند، خواهند یافت.

هلن فیشر روانشناس روابط و خانواده می‌گوید: «وقتی شما روی فقدان زیبایی محبوبتان تمرکز می‌کنید، چشمانتان دشمن رابطهٔ عاشقانه‌تان خواهد شد.» ما در جوامعی زندگی می‌کنیم که ذهن آن به ظواهر فیزیکی مشغول بوده و نسبت به زیبایی معنوی بی‌اعتنا است و نتیجه این است که غالباً به جای اینکه به زیبایی درونی و بیرونی محبوبمان توجه کنیم به چیزهایی که از نظر فیزیکی به بدن او مناسب نیست توجه نشان می‌دهیم.

هانیه و انوش یاد گرفته‌اند که همدیگر را با چشمانشان دوست بدارند. یاد گرفته‌اند که فعالانه، بسته فیزیکی زیبا، جذاب و اعجاب‌انگیزی را که به عنوان زوج معنوی بدنیا آمده‌اند، را جستجو کنند از انرژی چشمانشان برای پرستیدن، و نوازش کردن بهره بگیرند، برای یافتن و قدردانی از همه شگفتی‌هایی که هر روز مالک آنها هستند، آنجایی که هر زمان به آن می‌نگرند، دلایل بیشتری برای عشق عمیق‌تر به او می‌یابند.

عشق روحانی و سلامت در روابط

یک عاشق خوب در برقراری روابط ماهر است. عشق در ارتباط رشد و نزدیکی پیدا می‌کند و نمی‌تواند بدون آن به حیاط و جریان خود ادامه دهد. بسیاری از زن و شوهرها هستند که از طریق تن و ارتباط فیزیکی رابطه برقرار می‌کنند وقتی رابطه جنسی خوب است و پی‌درپی تکرار می‌شود، آنها احساس خوشحالی و عشق می‌کنند. وقتی رابطه زناشویی محدود است؛ آنها احساس دوری و جدایی می‌کنند. و غالباً احساس تمایل به برقراری ارتباط و نزدیک شدن به زوجشان

می‌کنند، خود را در عطش رابطه زناشویی می‌یابند، چون این تنها راهی است که می‌دانند چطور می‌توانند لحظه‌های یکی شدن را یافت. رابطه زناشویی روش شگفت‌انگیزی برای برقراری ارتباط با کسی است که به او عشق می‌ورزید، اما این تنها یکی از صدها راه است. آموختن تجربهٔ لحظه‌های واقعی با محبوبمان مستلزم آموختن برقراری ارتباط عمیق و صمیمانه به هر طریق ممکن است.

باربارا دی آنجلس در کتاب «لحظه‌های ناب برای عشاق» می‌گوید[1]:

«هر چه ارتباط بیشتر شما و همسرتان ارتباط برقرار شود نه فقط میان جسم‌هایتان، بلکه میان ذهن‌ها، قلب‌ها و روح‌های‌تان، بافت رابطه‌تان را قوی‌تر کرده و لحظه‌های واقعی بیشتری را با یکدیگر تجربه خواهید کرد.»

کلمات، پل رابطه‌تان:

کلمات به ما اجازه می‌دهند که از دنیای شخصی خود به دنیای محبوبمان سفر کنیم. این پل‌ها سکوت‌های ما را به هم دیگر متصل می‌کند. بنابراین ما می‌توانیم همدیگر را از درون تا بیرون شناسایی کنیم. این پل‌ها گاهی تصورات اشتباه را از ذهن ما دور می‌کند. استفاده از کلمات ضروری هستند، زیرا انرژی بی‌شکلی به نام عشق را جذب کرده و تزیین می‌کنند.

هر عبارت حاکی از دغدغه خاطر، قدردانی یا سپاسگزاری به وسیله کلمات تبدیل به هدیه زیبایی می‌شوند که به محبوبمان هدیه می‌دهیم.

کلمات امواج انرژی را بین جانِ مان به حرکت در می‌آورند.

دکتر جان سیل فریل در کتاب «در روابط زوج‌های خوشبخت» می‌گوید:

کلمات مانند بادی هستند ما مانند امواج اقیانوس احساسات را که ردّوبدل می‌سازند. آب همیشه در دریاست، اما این باد است که آن را به حرکت در می‌آورد، سکون آن را به نادیده می‌گیرد تا تلاطم خروشان آن را برانگیزد. احساساتمان نیز همیشه در قلبمان هستند، اما این کلمات هستند که آنها را از سکوت به سوی بیان سوق می‌دهند.

1- Barbara De Angelis, Ph.D Psychology, Real Moments for Lovers

نتیجه: کلمات به رقص موزون عشق کمک کرده وآن را تحسین می‌کنند.

افسانه شکایت دارد؛ همسرم ساسان در به کار بردن کلمات خساست به خرج می‌دهد. من بارها کلمات «دوستت دارم»، «بهت نیاز دارم» و «تو منو خوشحال می‌کنی» را به همسرم می‌گویم و از او می‌خواهم که آیا او هم همچون من این احساسات را دارد؟ ولی دریغا او در استفاده از کلمات عشق‌ورزی صرفه‌جویی می‌کند. و آنها را برای مناسبت‌های خاصی مانند تولد ذخیره می‌کند. و مرا همیشه در عطش شنیدن آن رها می‌کند.

وقتی از ساسان پرسیدم که علت خساست کلامی او چیست؟ پاسخ او استدلال تدافعی بود. «اگر همیشه اینو بگم، دیگه بی‌مزه می‌شه...» این طرز فکر به پوچی این باور است که بگویید اگر اغلب لباس زیبا بپوشید، لباستان به زیبایی موقعی که آن را یک‌بار می‌پوشید نخواهد بود. نتیجه این نوع خساست عاطفی ساسان این خواهد بود که محبوب او این چنین دلسرد و رنجیده خاطر می‌شود.

خرج کردن واژه‌های سخاوتمندتر با بلوغ عاطفی

* تکرار از اهمیت واژه‌ها کم نمی‌کند چون اهمیت آنها در هنگام بیان، به درجهٔ حضورتان در لحظهٔ حال بستگی دارد.
* بیان کلمات عاشقانه، مانند چربی یا کلسترل نیست. نیاز نیست که مصرف آن را محدود کنیم. فرض اینکه عشق کمتر، بهتر از عشق بیشتر است؛ منطقی نیست. ساسان، افسانه را در یک «رژیم عشق کلامی» قرار دهد، بدون اینکه او را درک کند. اکثر ما نیاز داریم بیاموزیم که از کلمات عاشقانه بیشتر استفاده کنیم. کلمات عاشقانه به قلب محبوبمان خون می‌رسانند و روحش را تغذیه می‌کنند. چه بسا بیشتر زندگی‌ها عمر طولانی‌تر و شکوفاتری پیدا می‌کنند به شرط آنکه در خرج کردن واژه‌ها سخاوتمندتر باشیم.
* بیان جمله‌های عاشقانه یکی از ساده‌ترین راه‌ها برای عشاق است. تا لحظه‌های واقعی ضروری را به وجود آورد. وقتی کلماتی که با آن خودتان را توصیف می‌کنید، این کلمات محبوبتان را به پناهگاه درونی رؤیاها و تمایلات، احساسات و تصورات شما دعوت می‌کند. او می‌تواند بفهمد چه چیزی آزارتان می‌دهد؛ چه چیزی خوشحالتان می‌کند و چه چیزی احساس

دوست داشتن را در شما برمی‌انگیزد.

* عشق ورزیدن به محبوبتان، به معنی کاربرد عباراتی است که به او کمک کند؛ بیشتر شما را شناخته و بهتر دوست بدارد.

ما مسئول هستیم که نیازهای عاطفی و فیزیکی خود را مطرح کنیم قبل از اینکه او در امتحان دوست داشتن شکست بخورد حقیقت این است که ما راه شکست خوردن را با عدم استفاده از کلمات لازم جلوی پای او گذاشتیم.

برخی از ما چندان با زبان عشق آشنا نیستیم، چون تا با حال کسی با این زبان با ما سخن نگفته است. برای همین دلیل ساسان می‌گوید: «من دوست ندارم راجع به احساسات حرف بزنم!» یا «من همین طوری هستم!» او از بیان احساسات می‌ترسد، احساس ضعف یا بدون دفاع بودن می‌کند. معمولاً اعتراض خود را به این شیوه‌ها بیان می‌کند: «مطمئن نیستم چی باید بگم و گاه می‌دانم چه می‌خواهم فقط نمی‌توانم بیانش کنم» «یا نمی‌خواهم راجع بهش صحبت کنم.»

نتیجه: ترس یا عدم توانایی ما، دلیل مناسبی برای یاد نگرفتن چگونگی استفاده از کلمات به منظور یک عاشق بهتر بودن نیست.

این قدرت در کلمات ما است: کلمات عاشقانهٔ ما گنج‌های ارزشمندی هستند که ارزش آنها هرگز قابل اندازه گیری نیست. ما می‌توانیم قلب همسرمان را با آنها پر، و روحش را ناز و نوازش دهیم و همسرمان هم همین‌طور. می‌توانیم از آنها برای پیوند ناگسستنی میان خودمان استفاده کنیم و بیشتر از همه می‌توانیم از آنها برای خلق لذت و سرمستی در همین لحظه و در همین مکان بهره بگیریم. هر زمانی که کلمات عاشقانه ردّوبدل می‌کنیم. هدیه ای از یک لحظه واقعی را به خودمان تقدیم کرده‌ایم.

عشق روحانی و سلامت در روابط:

زمانی که ما با محبوبمان ارتباط برقرار می‌کنیم، کلماتی که به کار می‌بریم احساسمان را به مغز او منتقل می‌کنیم و این مغز است که تمام مرکزهای لذّت در جسم ما را کنترل می‌کند.

کلماتی که با هم ردّوبدل می‌کنیم به مغزمان رسیده و به آن کمک می‌کند تا روی

جسممان تمرکز کند.

آیا ما تمرین کردیم که:

- چگونه با کلمات عشق خود را به محبوبمان ابراز کنیم؟
- چه طور با او مادامی که صحبت می‌کنیم مانند یک گل شکوفا شویم؟
- چطور زمانی که با اشتیاق مقابلمان قرار گرفته، بگوییم که چقدر او را می‌خواهیم؟

وقتی ما با مهارت کلمات را به جا به کار می‌بریم قلب همسرمان را می‌گشاییم. اگر او هر دیواری را که ممکن است اطراف خود کشیده باشد فرو ریزد، تا در حین رابطه زناشویی نه تنها از لحاظ فیزیکی بلکه از لحاظ عاطفی نیز احساس خوشایند بیشتری داشته باشیم.

این احساس است که ارتباط فیزیکی را به ارتباط عاشقانه معنادار تبدیل می‌کند. ژاله: «رابطه زناشویی برایم ترسناک و ناراحت کننده بوده است؛ من با کمک مشاور (شما) توانستم، از محبوب خود بخواهم تا با استفاده از کلمات مهربانانه به من کمک کند که این احساس را بهبود بخشد. امروز ما نجوا کنیم عزیزم در امان هستی، من هرگز آزاری به تو نمی‌رسانم، من تو را به خاطر باطنت دوستت دارم... بیا با هم از زندگی مشترک لذّت ببریم و یا هر عبارت دیگری که با تصویر ذهنی منفی مبارزه می‌کند و به ما یادآوری می‌کند که داشتن رابطه زناشویی یک تجربه مقدس است که ما استحقاق لذت بردن در آن را داریم[1].»

قدرت در رابطه زناشویی

دکتر رابین استرن، به زوج‌های مراجع خود می‌گوید:

- شما قدرت نشاندن یک لبخند همراه با خشنودی را بر لبان همسرتان دارید.
- شما قدرت دیدن گریه او را که ناشی از خوشحالی است؛ دارید.
- شما قدرت القای حس امنیت و مورد درک قرار گرفتن او که تمام ترس و عدم اعتماد قدیمی‌اش را از بین می‌برد را دارید.
- شما قدرت القای حس عزیز بودن و زیبا و لایق بودن را در او چنانچه دیگر

1- Power in Relationships, How you get it, how you keep it,

هرگز احساس حسادت یا عدم اعتماد نکند، دارید.

این قدرت‌ها در کلمات ما پنهان است. کلمات عاشقانه ما گنج‌های اررزشمندی هستند که اثر استفادهٔ آنها هرگز قابل اندازه‌گیری نیستند.

گشایش آغوش و حسّ جادویی آن:

آغوش کشیدن ساده قدرتی دارد که می‌تواند عمیق‌تر از پرحرارت‌ترین رابطه زناشویی است و معنی دارتر از صادقانه‌ترین گفت‌وگو باشد.

میترا می‌گوید: «هر وقت همسرم مرا در آغوش می‌گیرد، و من به خودم اجازه می‌دهم در برابر عشقی که مرا در برگرفته است؛ تسلیم شوم. حس می‌کنم به مکان مقدس وارد شدم. به‌نظر می‌رسد زمان متوقف شده است. هیچ چیز دیگری وجود ندارد، هیچ چیز دیگری اهمیت ندارد.»

باربارا دی آنجلس در کتاب «لحظه‌های ناب برای عشاق» می‌گوید[1]:

«میان حلقه مقدس بازوان همسرتان، می‌توانید شفا، وحدت و رستگاری را بیابید. میان امنیت آغوش همسرتان، می‌توانید به زمان حال بازگشته و یک لحظه واقعی را تجربه کنید.»

وقتی میان بازوان همسرتان آرام می‌گیرید، یک حس جادویی را تجربه می‌کنید. همه چیزها را به یاد می‌آورید که واقعاً حائز اهمیت‌اند.
وقتی که میترا تجربه در آغوش کشیدن همسرش را تعریف می‌کند می‌گوید: «تا جایی که ممکن است این تجربه را طولانی‌تر کنیم تا از این لحظه برای تقویت صمیمیت میانمان بهره گیریم.»
بغل کردن عمل شگفت‌انگیزی است اما نه به عنوان جانشین برای یک آغوش عاشقانهٔ واقعی.
در اینجا می‌پردازیم به تجربه‌های کودک درونمان که از آغوش حقیقی شفا می‌یابد.
اولین تجربهٔ عشقی ما احتمالاً آغوش مسرت‌بخش مادرمان درست لحظاتی پس

1- Barbara De Angelis, Ph.D Psychology, Real Moments for Lovers

از تولدمان بوده است. هنگامی که خودمان را میان بازوان او جمع کردیم. اولین نفس‌هایمان را کشیدیم، احساس کردیم مورد استقبال قرار گرفتیم. محافظت شده و در امان هستیم. انرژی او ما را احاطه کرد و پناهگاهی مانند رحم برایمان به وجود آورده بود که مشتاقانه به آن پناه بردیم.

این تجربه ما را به اصل خود باز می‌گرداند. این تجربه یک بار دیگر به ما یادآوری می‌کند که چطور فقط اجازه دهیم تا از ما مراقبت شود. و به ما دریافت کردن را یادآوری می‌کند. پرستو بعد از دوره شناخت درمانی با من، می‌گوید «وقتی با عشق در آغوش گرفته می‌شوم کودک درون من می‌تواند ظاهر شود.»

شما شاید فکر کنید که پرستو ممکن بود در بازوان همسرش خود را کوچک و ضعیف بیابد، درست مانند زمانی که کودک بود. وقتی او سرش را روی شانه‌های همسرش تکیه کرده، او را محکم گرفته، و چشمانشان به یکدیگر نزدیک شده است. ترس‌های آشنا و ناآشنا شروع به پرسه زدن در آگاهی‌شان می‌کند، برخی از دوران کودکی باقی مانده‌اند و برخی، از چالش‌ها و شکست‌های اخیرشان سر چشمه می‌گیرد. ناگهان یک حس درونی جریان می‌یابد مانند عشق بی‌صدایی که ردّوبدل می‌شود و روحشان تسکین و قلبشان را مرمّت می‌کند.

در خاتمه یکسال جلسات با نیما و نسیم، برای اثبات درک برابر، نسیم این‌طور تعریف کرد: دیشب وقتی در حال کارکردن با یک وسیله الکترونیکی بودم که خیلی داغ بود؛ انگشتانم را سوزاندم. به اتاقی رفتم که نیما داشت در آن تلویزیون تماشا می‌کرد و جراحتم را به او نشان دادم. اولین کاری که انجام داد، گذاشتن چند تکه یخ روی دستم بود. اقدام بعدی او این بود که مرا بغل کرد. درحالی‌که یک دست را روی شانه‌هایم گرفته بود با دست دیگرش موهایم را نوازش می‌کرد؛ چند دقیقه‌ای کنارم نشست. همان‌طور که به بدن نیما تکیه داده بودم، به خودم اجازه دادم کاملاً در آن لحظه فرو روم... کودک کوچک سه ساله‌ای بودم که زانویم بدجوری خراش برداشته بود؛ اما پدرم هرگز من را در آغوش نگرفت چون آن شب مثل خیلی شب‌ها خانه نیامد. دختر کوچک ده ساله‌ای بودم که از دوچرخه افتاده بودم و احساس سرافکندگی می‌کردم که مثل بقیه بچه‌ها ورزشکار نبودم. زنی بیست ساله، بیست و پنج ساله، سی ساله‌ای بودم که

در روابطم احساس تنهایی عمیقی می‌کردم و در آرزوی همسری بودم که درست مانند نیما من را در آغوش بگیرد.

نسیم و نیما از این راهکار و استفاده از این لحظه‌های واقعی با انرژی عشقی که مجسم می‌کنند، به همدیگر اجازه دادن دردهای قدیمی‌شان شفا بخشد. من، شما و محبوبتان را تشویق می‌کنم که سعی کنید یک آغوش شفابخش را با هم تجربه کنید، شما یا او ناگهان آغوش خود را به سوی هم بگشایید با این کار ارزنده، احساس بهتری پیدا می‌کنید، بدون اینکه دلیل آن را بدانید.

امروز، امشب، فردا را که دوستش دارید در آغوش بگیرید. خودتان را توجیه نکنید، فقط نزد هم بروید و همدیگر را میان بازوانتان نگهدارید، تماماً در لحظه حال قرار بگیرید و به خودتان فکر کنید.

نیما در خاتمه جلسه گفت: من کسی را میان بازوهام نگه می‌دارم که از همه برام عزیزترست، دوست، هم‌بازی و دل‌باختهٔ من توی آغوشمه.
هدیه‌ای از سوی هستی، رو کرد به نسیم و گفت: من با تو خوشبختم.

منصور حلاج درباره عشق می‌گویند: عشق منشأ هستی و سر خلقت عالم است و تمام ذرات در فضای بی‌کران خلقت به نیروی عشق راه جویان مقصد پویان می‌روند تا خویشتن را به اصل واصل گردانند.

زبان عشق

یک عاشق خوب بودن بدین معنی است که بتواند زبان عشق را با ظرافت و بلاغت سخن بگوید. اگر بخواهد زبان عشق را روان صحبت کند، باید آن را مانند هر زبان دیگری یاد بگیرد، تمرین کرده و به آن تسلط یابد.

آزاده می‌گوید: ما هرگز یاد نگرفتیم که چطور از احساس خود به روش عاشقانه و آگاهانه‌ای استفاده کنیم. در عوض با بی‌توجهی کندوکاو می‌کنیم. چنگ می‌اندازیم می‌ساییم مثل دو دکمه قدیمی که به سوی هم پرتاب می‌کنیم بدون توجه به این که به زبان آوردنش چه احساسی را در طرف مقابل به وجود می‌آورد.

اگر تا به حال این چنین مورد احساس قرار گرفته‌ایم، ممکن است به یاد بیاوریم که اون واقعاً فکر می‌کند که این نوع احساس، احساس خوبی است؟ اگر با چنین شیوه همسرمان را احساس کرده‌ایم، شاید دلیل این بی‌علاقه بودن آشکار او، فقدان واکنش مناسب یا سـردرد ناگهـانی ناشی از طی طریق ناخوشایند ما باشد.

متأسفانه موضوع بیشتر آموزش‌های نامناسب و اتفاقی که در هنگام نوجوانی دریافت کرده‌ایم، و همچنین شناسایی قسمتی از وجود طرف مقابل بوده که باید احساس می‌کردیم.

قدرت رندانه و جادویی ما:

برای آغاز یادگیری نحوهٔ احساس کردن عاشقانه، باید رندانه/جادویی را که وجود ما از آن برخوردار است درک کرده و به ارزش آن پی ببریم.

وجود ما فقط تعلّقات فیزیکی نیست. بلکه ناقل ارزش‌های هوشمندانه زندگی است که در سرتاسر بدنمان جریان دارد.

به قول طب شرقی: راهروی پر انرژی وجودی ما بزرگراه‌هایی در سراسر بدن ما جریان دارد که انرژی زندگی در طول این راه‌ها حرکت می‌کنند و با ما در تماس با محبوبمان آن انرژی زندگی را به وجود او می‌فرستیم.

نازی می‌گوید: من دوست دارم که عشق را در وجود مهرداد احساس کنم... نیاز دارم که حضور عاطفی او را با خودم حس کنم... نیاز دارم که به من عشق بورزد، نه اینکه فقط انگیزه مصنوعی دریافت کنم.

این عشق ورای احساس است که طبیعت حساس زن (نازی) را شکوفا می‌سازد، نه خود احساس کردن.

از نازی خواستم که احساس عاشقانه را با همدیگر تمرین کنیم.

قدم اول، نازی عشق را در درون خود بیابد.

قدم دوم، فکر کند که چقدر برای مهرداد که فرد بی‌نظیراست، اهمیّت قائل هست.

قدم سوم، توجه‌اش را بر آنچه که در مهرداد می‌پرستد متمرکز سازد، آن چیزهایی که روی تمام لحظه‌های زیبایی که به زندگی‌اش (به زندگی نازی) آورده است.

تا انتقال انرژی عشق از قلب به تمام وجود نازی منتقل بشوند.
روش گشتالت درمانی برای تمرین عشق ورزیدن سه شیوه را تعریف می‌کند:
رودهای عشق، رودهای آتش و رودهای نور.

رودهای عشق:

عشق به زوجتان را در قلب خود مانند یک اقیانوس نیرومند، تصور کنید. آب را شفاف، خروشان و نقره‌ای تجسم کنید. سپس دو رود پر جوش‌وخروش را مجسم کنید که از مرکز آن اقیانوس خروشان عشق در سینه‌تان به سوی تمام وجودتان مرتعش است؛ هم زمان همسرتان را احساس کنید و آن رودها مملو از انرژی عشق را تصور کنید که از اقیانوسی در قلبتان به سوی تمام وجودتان و محبوبتان در جریان است.

رودهای آتش:

تصور کنید عشق و اشتیاقی که نسبت به محبوبتان احساس می‌کنید مانند آتشی است که داغ و پرحرارت در قلبتان می‌سوزد. شعله‌های دلبستگی و جرقه‌های آرزومندانه آن را در درون خود احساس کرده و آنها را قرمز و گداخته تجسم کنید. شعله‌ها در شما شوروشوق پدید می‌آورند.

رودهای نور:

احساسی که به همسر خود دارید را به عنوان حس کمال در قلبتان تجسم کنید. این احساس را مانند نوری زیبا و درخشان تصور کنید که قلبتان را پر کرده است؛ مانند خورشیدی تابان که سرشار از عشق است. حالا تصور کنید که نوری قدرتمند مانند دو رود در قلبتان جاری می‌شود و به سمت تمام وجودتان گسترش می‌یابد. هنگامی که همسرتان را احساس می‌کنید، این نور را تجسم کنید که از درون شما به او منتقل می‌شود و او را با عشق و درخشندگی خود پر می‌کند.

نازی بعد از انجام تکلیف تمرین‌های بالا، از مهرداد شنید:
«اشتیاق جنبش عشق را در وجود حس می‌کنم؛ دوام آن به شما اطمینان می‌دهد که تنها نیستید.»

ابراز احساس با تحسین

- احساس با تحسین یعنی تمرکزتان روی وجود واقعی همسرتان، عشق ورزیدن به قلب و روح او، که به پیش نوازش پیوند فیزیکی بسیار نیرومندتر و خوشایندتر منتهی می‌گردد. ذهن و قلبتان روی آن نگرش و در حال متمرکز بودن به او می‌شود.

برای مثال: «من دارم کسی رو که عاشقش هستم و بیشتر از هر چیزی برایم عزیزه است؛ نوازش می‌کنم.» به همسرتان اجازه دهید مثل یک اثر هنری مقدس که از پرستیدن آن احساس افتخار می‌کنید خودنمایی کند. همسرتان هم احساس می‌کند تمام وجود او زیبا و مطلوب است. او احساس الهه بودن خواهد کرد. حس خواهد کرد بیش از گذشته مورد علاقه شما قرار گرفته، و احساس خواهد کرد بیش از تجربیات گذشته، از نظر فیزیکی هیجان‌زده، به‌نظر می‌رسد. چون عشق شما از طریق جسمش به او نفوذ کرده، و عمیق‌ترین بخش‌های قلب و روح او را بر می‌انگیزد. به این خاطر که او می‌تواند شما را تمام و کمال در لحظهٔ حال با خود احساس کند.

ـ **باربارا دی آنجلیس:** «دستان شما تعیین کنندهٔ احساس شما نیستند بلکه نیت شما تعیین کننده هستند. چنین تفاوتی را که نیتتان باعث آن است حس کنید و ببینید که لمس عاشقانه چقدر برای همسرتان و همین طور خود شما نیرومند و هیجان‌انگیز است؛ شگفت‌زده خواهید شد.»

دستان ما یک نیروی جادویی/رندانه‌ای دربردارند. آنها می‌توانند به صدای روحمان شور و هیجان ببخشند. می‌توانند از مطالبی صحبت کنند که قابل بیان نیستند. می‌توانند عشقمان را قابل رؤیت کنند. مانند یک هنرمند که پیکره یک مجسمه را از خاک می‌سازد، دستان ما نیز در هنگام **لمس کردن، به عشق و محبتمان شکل و فرم می‌دهد.** تا همسرمان بداند که چقدر مورد علاقه قرار می‌گیرد.

- از احساس خود برای رابطه مقدس بهره بگیرید.
- از احساس خود برای تحسین و تشویق همسرتان استفاده کنید.

* از احساس خود برای گفتن کلماتی که قابل بیان نیستند استفاده کنید.
* احساس خود را برای عشق ورزیدن به کار ببرید.

تقسیم کردن زندگی یعنی نوازش:

وقتی نفستان را با همسرتان تقسیم می‌کنید، مقدس‌ترین و حیاتی‌ترین گنجینه خود را در اختیار او قرار می‌دهید.

نفس، اولین حلقهٔ ارتباط ما با زندگی بوده و آخرین هم خواهد بود. وقتی درون رحم مادرمان بودیم. مادرمان به جای ما نفس می‌کشید. بعد به محض اینکه به دنیا آمدیم، طعم اولین نفس عمیق خود را چشیدیم. ما واقعاً زنده شدیم. این چنین بود که نفس اولین غذای ما شد. و هنوز هم مهم‌ترین غذایمان است. به این دلیل که تقسیم نفسمان یکی از معنی‌دارترین اعمال عشق است. ما غذای واقعی که زندگی را به ما هدیه می‌کند تقسیم می‌کنیم. شرکت در غذا کهن‌رین شکل ابراز عشق و پیوند دو زوج است.

نوازش کردن عمیق به عنوان عملی که در آن هر دو زن و شوهر به یک اندازه بی‌پرده در مقابل هم قرار می‌گیرند، حتی بالاتر از زناشویی، هر کدام از طرفین چیزی را به دیگری می‌دهد که مقدس است. در واقع، ما فقط در حال نوازش نیستیم، در حقیقت روح‌هایمان در حال نفس کشیدن با یکدیگر هستند.

بهداد هرگز از تماس خوشش نمی‌آمد. همسرش پریسا خیلی از این بابت دلخور بود رابطه آنان فقط یک آمیزش بدون نوازش و بدون لمس و بدون ابراز عشق سال‌ها انجام می‌گرفت.

بعد از چند جلسه خصوصی با بهداد و با استفاده ازروش شناخت درمانی، به آسیب‌های کودک درون خود شناسایی و سپس توانستیم راه‌های درمان بازسازی را به کار گیریم. بهداد بعد از چندین هفته تمرین به ارزش تماس پی برد که هدف از نوازش آماده کردن محبوب خود نیست. هدف آن تجربه کردن یکی شدن با پریسا در لحظه حال است. او آموخت که در حال نوازش مراقب باشد که احترام را رعایت کند. همواره زمانی پیش قدم بشود که می‌داند پریسا هم استقبال می‌کند. در این صورت سریع‌تر دعوت شده و همسر با شادی و خرسندی

پیشتری از او استقبال خواهد کرد.

بهداد می‌گوید: «من فقط همسرم را نوازش نمی‌کنم، بلکه قلب و روح او را نوازش می‌کنم و او را از عمق آرزوها به حال برگرداندم.»

شما می‌توانید از رودهای عشق، آتش یا نور، (در صفحه ۱۳۵ با قدرت این تکنیک‌ها آشنا شدیم.) یا شیوه احساس با تحسین برای نوازش و حرارت بیشتر استفاده کنید.

همسرتان را نوازش کنید و اجازه دهید هر نوازش باعث حرکات موزون نفس زندگی در بین شما گردد.

در جلسات بعدی با بهداد و پریسا به جمع بندی زیر رسیدیم:

* نبرد نامبارک و ترمز رفتاری که بین نظام عاطفی زن و شوهر وجود دارد؛ با کنترل رفتار در رابطه قابل ترمیم و درمان است.
* آمیزش باید در عمل آفرینش به اوج خود برسد. باید موجب زایش عشق بیشتر شود. به همین دلیل است که آن را عشق‌ورزی می‌نامند.
* وقتی یاد می‌گیریم که کاملاً در لحظه باقی بمانیم و آغوشمان را به روی انرژی‌هایی که میان ما و محبوبمان در حال جاری شدن است بگشاییم، عشق‌ورزی به یک فرایند لذت‌بخش متناوب تبدیل می‌گردد.
* اگر عجله دارید که در طول رابطهٔ زناشویی به جایی برسید، تجربه فرایندی که در آن هستید را از دست می‌دهید، و لحظه‌های واقعی سرمستی جاودانه را هرگز نخواهید شناخت. لحظه‌های واقعی که تنها زمانی در انتظار شما هستند که همین حالا به آنها توجه نشان دهید.

روابط جادویی

جهان یک جادوست و این وظیفهٔ ماست که با همه کوچکی خود، رمز آن را بگشاییم. هر چه بیشتر آن را کشف کنیم، جادوهای بیشتری ما را شگفت‌زده می‌کنند که برایمان لذت‌بخش خواهد بود. و این، همهٔ آن چیزی است که یک رابطهٔ خوب درباره آن است.

جان گاتمن روان‌شناس می‌تواند ۹۴ در صد پیش‌بینی درست بکند که آیا یک رابطه قادر است به یک رابطه خوب مبدل شود یا نه؟ و این پیش‌بینی را علاوه بر عوامل دیگر، بر اساس نسبت تأملات مثبت به منفی که یک دوره سخت و طولانی بین همسر وجود دارد؛ انجام می‌دهد و با این حال، این حقیقت ذرّه‌ای از نیروی عشاق نمی‌کاهد. زیرا برای هر یک از ما پیدا کردن. و حفظ چنین رابطه‌ای مسئله جادویی هستیم.

هم‌چنان بسیاری از ما از پیش به خوبی آگاهیم، هوش و استعداد فاقد نظام، یا بی‌نظمی و اغتشاش منتهی می‌شود یا به هیچ چیز ختم نمی‌شود. شما ممکن است با استعداد عالی موسیقی متولد شوید، اما اگر هیچ‌وقت مهارت‌ها یا نظمی که برای نوشتن موسیقی نیاز است؛ نیاموزید هرگز آن موسیقی عالی‌ای را که کروموزون‌های شما قرار دارد؛ نمی‌توانید بسازید. اگر نظیر همه انسان‌ها برای داشتن روابط سالم عمیق و عاشقانه تمایلی درونی دارید، اما هیچ‌وقت با ارائه نمونه به شما یاد نداده‌اند که چگونه دارای این نوع روابط باشید، در این صورت دانش به ما می‌گوید که برای داشتن این نوع روابط، اوقات دشواری را خواهید داشت. بنابراین، شنیدن آنکه بسیاری از افراد می‌گویند، «من نمی‌خواهم درباره روابط چیزی یاد بگیرم. ما فقط باید با هم سر کنیم و همین کافی است.» جای بسی تأسف است در جهان ارتباطات، این‌ها آخرین کلمات رایج و تأسف‌بار هستند.

اما این حقیقت همچنان باقی است که در درون مرزهای مبهم رشته روان‌شناسی، برخی از بذرهای بسیار مهم معرفت و خرد قرار دارند.

برای مثال: طی دهه گذشته و در پی مطالعات مستمر، نشان داده شده است که افرادی که تلاش می‌کنند زندگی خود را بر اساس اصول و بذرهای معرفت بنا کنند، کودکانی تربیت می‌کنند که در مدرسه عملکرد بهتری دارند، توانایی کنترل بیشتری روی انگیزه‌های خود دارند و در رویکرد خود نسبت به حل مسائل و اختلافات انعطاف‌پذیرتر هستند. این افراد همچنین قادرند ارتباطات بهتری با دیگران برقرار کنند و به همین دلیل وقتی بزرگ می‌شوند، شادتر و موفق‌تر خواهند بود.

وقتی منوچهر و نیره درباره قربانی بودن در کودکی‌شان برایم صحبت می‌کردند، خودشان بر این باور بودند که باید در هر فعالیت ممکن خارج از منزل که انسان با آن‌ها آشنایی دارد، شرکت کنند. آنها می‌خواستند به شکلی رشد کنند که کودکان سالم و کاملاً سازگار تربیت کنند. اما نتیجه اصلی این نوع پرورش، کودکانی بودند که آنها را به حال خود رها کرده‌اند، یا بیش از حد از آنها کار کشیده و آنها را بسیار تنها گذاشته بودند. این وضعیت یک فاجعه بود که با یک سیستم فکری مخرب، آنها در زندگی‌شان دست و پنجه نرم می‌کردند. منوچهر و نیره از خانواده‌ای پرورش نیافته بودند که در آن مراقبت از خود دارای ارزش باشد؛ اما با مشارکت فعال در مشاوره، تحقیقات، و پیگیری مطالعات کارشناسان ارزشمند، به این نتیجه رسیدند که باید در زندگی خود به تعادل برسند. آنها این نصیحت را با جان دل پذیرفتند و به رغم دشواری‌های موجود، توانستند به آن عمل کنند.

تأخیر در خشنودی:

جا دارد که من با منوچهر و نیره تمرین تئوری والتر میشل را که متعلق به سال ۱۹۶۰ در تحقیقات دانشگاه استنفورد انجام شده است؛ انجام دهیم.

تئوری تأخیر در خشنودی میشل، روانشناسان سراسر دنیا را مجذوب خود کرده است. یافته‌های میشل به این صورت خلاصه می‌شود: اگر کودکان و نوجوانان نتوانند برای دریافت پاداشِشان صبر و انتظار داشته باشند، در واقع توانایی به تأخیر انداختن خشنودی خود را از دست می‌دهند. این امر باعث می‌شود که در مدرسه عملکرد ضعیفی داشته باشند و به دلیل نقص در توجه، نتوانند به راحتی با دیگران کنار بیایند.

تئوری تأخیر در خشنودی میشل، روانشناسان سراسر دنیا را مجذوب خود ساخت. خلاصه یافته‌های میشل بیانگر آن است: اگر کودکان و جوانان برای دریافت پاداشِشان نتوانند صبر و انتظار بکشند در واقع خشنودی خود را به تأخیر می‌اندازند، آنها در مدرسه ضعیف عمل می‌کنند. نقص توجه‌شان این است نمی‌توانند با سایرین به راحتی کنار بیایند

طغیان احساسی:

جان گاتمن در تحقیقات روابط طغیانی نشان می‌دهد به محضِ آن که دو نفر به طغیان احساسی برسند، تأثیرات متقابل و متداوم آنها تقریبا همواره ویرانگر خواهد بود. طغیان احساسی وقتی رخ می‌دهد که احساسات شما از کنترل خارج شوند این پدیده با احساس نیاز و تمایل به گفتن و انجام چیزی یا کاری ناسالم که بعدها افسوس آن را خواهید خورد که معمولا با عصبانیت بیش از حد و غیره تجربه می‌گردد.

در مثال بالا، منوچهر و نیره به یاد می‌گیرند که چگونه مدیریت کشمکش‌های خود را آموخته و به شکلی سالم با مشکلات مواجه شوند. طغیان‌های احساسی و واکنش‌های لحظه‌ای میان همسران می‌تواند ویرانگر باشد، بنابراین باید بیاموزیم که چگونه این طغیان‌ها را کاهش دهیم و با تلاش‌های مداوم برای حل آن‌ها تلاش کنیم. جالب این است که این موضوع به طور غیرمستقیم به «تأخیر در خشنودی» میشل ارتباط دارد؛ چرا که می‌توان در مقابل مشکلات مقاوم‌تر بود. گاهی اوقات افراد آن‌قدر دچار تشویش (ترس) می‌شوند که فکر می‌کنند نمی‌توانند شب را بگذرانند مگر اینکه بحث و جدل پایان یابد. اما وقتی متقاعد می‌شوند که این رویکرد ممکن است به آن‌ها کمک کند، یاد می‌گیرند که تأخیر در خشنودی را تمرین کنند. بدین ترتیب، از طغیان احساسات اجتناب کرده و از آسیب رساندن به روابط خود جلوگیری می‌کنند.

شبیه هم بودن:

در شیرین‌ترین مرحلهٔ هر رابطه‌ای، ما تمایل داریم که چشم‌پوشی‌هایی از روی عشق و علاقهٔ شدید داشته باشیم که طبیعی و خوب است.

جان گاتمن، روان‌شناس و نویسنده، دریافت که وقتی که همسران دیگر نمی‌توانند بسیاری از چیزهایی که در آغاز آنها را به خود جذب و سرخوش کنندهٔ هفته‌های نخست رابطه را به یاد آورند، دچار مشکل می‌گردند.

بنابراین در مرحله پیوند ابتدایی بسیار ضروری است که یکدیگر را تا مقطعه‌ای از پشت عینک‌های خوش‌رنگ نگاه کنیم.

برای دو نفر که رابطه‌ای عاشقانه دارند، بسیار مهم است که یکدیگر را مثل هم ببینند. اما با داشتن دید واقع‌بینانه.

برای مثال: اگر دو نفر بسیار با هم شبیه هم باشند، نمی‌توانند رابطهٔ طولانی با هم داشته باشند.

پیتر کوستنبان فیلسوف در کتاب «تمایلات جنسی هستی گرایانه» نوشت:
«... افراد ضعیف و نابالغ، همان کسانی که آماده عشق‌ورزی نیستند، زیر بار عدم وابستگی افراد مورد علاقه خود خرد می‌شوند، عدم وابستگی هوشیارانهٔ فرد دیگر، دائماً ما را مطمئن می‌سازد که در این جهان تنها نیستیم.»

به عبارت دیگر، اگر ما دقیقاً مشابه یکدیگر باشیم و هیچ‌گونه کشمکش و درگیری در روابطمان وجود نداشته باشد، اگر هر تصمیمی که می‌گیریم دقیقاً همان تصمیمی باشد که همسرمان می‌گیرد، در این صورت هیچ‌گونه پویایی در روابط ما نخواهد بود. بدون وجود کشمکش و پویایی در حل آن، هیچ‌گونه رابطه واقعی ایجاد نمی‌شود. در این حالت، ما با دو نفر مواجه هستیم که کاملاً در هم آمیخته‌اند و هویت و اهمیت جداگانه خود را در این فرآیند از دست داده‌اند

در ذات انسان‌ها چند انگیزه با یکدیگر در رقابتند:

۱. محبوب منحصربه‌فرد است. آمیزش با دیگران و هرگز تنها نبودن. تنش پویا که بین این دو مورد به ظاهر متضاد با یکدیگر، وجود دارد؛ ذخایر انرژی بی‌پایانی را فراهم می‌آورد که از تولد تا مرگ به هم نیرو می‌دهند. در واقع تعریف دو رابطه، برقراری پیوند بین دو موجود مجزا است؛ نه ترکیب دو آمیب که تصمیم گرفته‌اند که به جای دو وجود، یک وجود باشند. لحظه‌ای که آگاهی گسترش یافته از خود با آگاهی گسترش یافته از فرد دیگر که هم‌زمان با آن به وقوع پیوسته است؛ کنارهم قرار می‌گیرند.

۲. محبوب را با خویش تقریباً یکسان دیدن، پیوندهایی را شکل می‌دهد و پیوندی ایجاد می‌کند که بعدها، می‌توان از آن بهره گرفت که به آنها کمک کند هنگام مواجهه با طوفان‌های سخت زندگی در کنار هم باقی بمانند. همسرانی که حکایت دل خود را بارها و بارها با علاقه و گرمی برای یکدیگر تعریف می‌کنند، گرایش بسیار بیشتری به تحمل مشکلات دارند تا آنهایی که این کار را انجام نمی‌دهند، یا بدتر از آن توان انجام آن را ندارند. طرفه این که یکدیگر را تقریباً یکسان می‌بینیم. غذا یکسانی را دوست

داریم، ورزش‌های یکسانی علاقه‌مندیم عقاید سیاسی یکسانی داریم از هنر و موسیقی یکسانی لذت می‌بریم.

۳. کشمکش قدرت، وقتی اشاره به تفاوت‌هایمان می‌کنیم، دوران ماه عسل رابطه ما پایان یافته است. با داستان مسئله زن و شوهری که از دوران ماه عسل گذشتند می‌شنویم:

سیمین می‌گفت که عاشق اسکی است بهروز گفت من هم همین‌طور، در صورتی‌که بهروز گفته بود تمام آخر هفته‌های زمستان را اسکی‌بازی می‌کنیم.

سیمین می‌گوید: در این فصل حتی یکبار هم اسکی نرفته‌ایم.

بهروز می‌گوید: او به من گفته بود که وقتی به خانه مشترک می‌رویم، انتظار دارد که در تزیین خانه، مثل دو شریک برابر، نظرات و علاقه‌های شخصی خود را به‌طور مساوی اعمال کنیم. امشب وقتی به خانه رسیدم، متوجه شدم که دو نقاشی مورد علاقه‌ام از پایین پله‌ها منتقل شده‌اند به جایی که هیچ‌کس آن‌ها را نمی‌بیند. به نظر نمی‌رسد که ما نظر یکسانی داشته باشیم.

در واقع، تمام ازدواج‌ها دچار اشتباهاتی می‌شوند که پس از آن باید برای اصلاح آن‌ها وقت گذاشت و برخی از ما در اصلاح آن‌ها موفق‌تر از دیگران هستیم. ازدواج و کشمکش‌های آن نه تنها اشتباه نیستند بلکه بخش جدایی‌ناپذیر از روابط هستند. بدون اینکه هویت خود را از دست بدهیم، اصلاح کنندگان موفقی خواهیم بود که روابط را به کمال می‌رسانند.

انکار یکی از واژه‌های تحقیرآمیزی است که می‌توان در مورد یک شخص به کار برد و نشان‌دهنده آسیب احساسی است که ممکن است از حد ترمیم و درمان فراتر رفته باشد. در حقیقت، انکار مکانیسمی مثبت است که برای دستیابی به هدفی خاص به کار می‌رود.

برای مثال:

روزبه می‌گوید: روجا هنوز بیشر مواقع تأخیر می‌کند. اما این تأخیر به ندرت

بیش از ۱۵ دقیقه طول می‌کشد. روزبه می‌گوید: من فهمیده‌ام اگر به آرامی در ماشین منتظر روجا بمانم تا وقتی که از اداره بیرون می‌آید با شادی به او سلام دهم، این کار اضطراب ما دو نفر را کاهش می‌دهد. و بقیه روز بسیار عالی می‌گذرد. ما هیچ‌وقت پروازی را از دست نداده‌ایم. احساس می‌کنم روجا طی سالیان سال، تلاش هماهنگ و هم سو با من داشته است و من بی‌اندازه از او قدردانی می‌کنم.

آری وقتی اشاره به تفاوت‌هایمان می‌کنیم، دوران ماه عسل رابطه ما پایان یافته است. با روبه‌رو شدن به مسئله زن و شوهری که از دوران ماه عسل عبور کرده‌اند، شاهد جدال روز اول مشاوره آنها و همسویی‌شان در روز آخر می‌شویم:

فرزیا دوست دارد درجه ترموستاد خانه روی ۷۲ باشد؛ حسین، همسرش دوست دارد روی ٦٧ باشد.

فرزیا می‌گوید: «اگر سردت شده است؛ یک ژاکت بپوش.» و حسین می‌گوید: «اگر گرمت شده است؛ پیراهنت را درآور.» درک نهایت‌ها در اینجا مهم است. اگر فرزیا همیشه تسلیم شیوه‌های انجام دادن امور حسین و یا حسین هم تسلیم. به تدریج قدرت خود را از دست می‌دهند و محو می‌شوند. اگر هیچ کدام از این‌ها تسلیم نشوند، کشمکش‌های حاصل دائمی، و به احتمال زیاد شدید خواهد بود. و زوج مورد نظر به دفعات دچار طغیان احساسی و به معنایی آن شانس به کار بردن سلاح‌های پر خطر احساسی در مورد یکدیگر بسیار بالاست.

جان گاتمن با پژوهش‌های خود ثابت کرده که همسران موفق شیوه‌هایی برای آرام ساختن خود و همسران دارند و بدین‌ترتیب، اغلب اوقات طغیان نمی‌کنند.

فرزیا چنین می‌گفت: «من و حسین هر چند وقت یکبار کشمکش کوچکی با هم داریم و مهم نیست که چقدر در آن لحظه عصبانی باشیم و چقدر بلند و با لحن تند و عصبانی صحبت کنیم، در هر یک از ما بخشی اجرایی وجود دارد که متعهد باقی می‌ماند. طوری که به نظر می‌رسد که هرگز از مرز بین عصبانیت با صدای بلند و توهین با عصبانیت خارج نمی‌شویم.»

وقتی از فرزیا پرسیدم آیا هرگز به چیزهایی فکر کرده است که به حسین آسیب

می‌رسانند؟

پاسخ داد: «البته که فکر می‌کنم».

فرزیا اضافه کرد: هر کس ممکن است به این چیزها فکر کند، آیا تا به حال نشده از کسی که عاشق او هستید چنان عصبانی شده باشید که بخواهید همان لحظه او را ترک کنید یا از او فرار کنید. یا از این بدتر از همه نکات آسیب‌پذیری که طی سال‌ها صمیمیت با او در مورد وی می‌دانید، استفاده کنید و با آنها به او ضربه بزنید، اما اگر چنین کاری می‌کردم رابطه بین ما دو نفر را ویران می‌ساختم و حسین به همان میزان سرگذشت من را در مورد من می‌داند که من می‌دانم. قدرت ما از این نظر تعدیل پیدا کرده است؛ بنابراین به خودمان اجازه نمی‌دهیم عصبانیت قبلی ما افزایش دهد.

گاتمن پنج مورد را شناسایی کرد که بیشتر آسیب را به رابطه می‌زنند عبارتند از:

انتقاد، توهین، حالت دفاعی، سد راه شدن و ستیزه‌جویی.

البته در صورت بروز تنش جایگاه شکایت در هر رابطه‌ای ضروری است. اما پرتاب کردن بمب‌های انتقاد و توهین به سمت همسران رفتاری ناسالم است.

برای مثال: «امیر چون به قدری دیر کردی که اول نمایش را از دست دادیم، واقعاً از دست تو عصبانی هستم.» امیر تو همیشه دیر می‌رسی. تو را چه شده است. من فکر می‌کنم مشکل روانی داری. چرا عیب و ایراد خود را نمی‌بینی و سعی نمی‌کنی آن را بر طرف کنی؟ چنین سخنانی روشی بسیار ناسالم و مخرّب است

فرزیا می‌گوید من فهمیدم که: «توانایی همسو شدن با جهت جریان زندگی و با نیازها خواسته‌های تغییر پذیر خود در درون یک رابطه، چیزها را تازه و زنده نگه می‌دارد. حتی در حین آن که پیرتر و به پایان زندگی نزدیک‌تر می‌شویم.

و بنابراین دفعه دیگری که به خاطر این حقیقت که با همسر خود بر سر همان مسئله کوچک، چندین ماه یا سال جنگیده‌ام، افسوس می‌خورم.»

هم‌زیستی، دست در دست هم:

هم‌زیستی برای دو نفری که مدت طولانی با یکدیگر زندگی کرده‌اند و به این مرحله رسیده‌اند، امکان‌پذیر است. اما همه همسران به این مرحله نمی‌رسند.

توصیف کردن هم‌زیستی که در این مرحله وجود دارد دشوار است؛ زیرا این مرحله مملو از تناقض‌ها و اسرار و رموز است. زمانی که زوج به این مرحله می‌رسد، لایه‌های وجودی کشف شده بسیاری در خود و در روابط آنها وجود دارد که بیشتر احساس سرزنده بودن و کامل بودن می‌کنی که قابل توصیف است.

به قول همسرم: قهرمان زندهٔ (رابطه) عشق است. با همه این‌ها، چگونه شرح دهم که هر چه پا به سن می‌گذاریم، عاقل‌تر می‌شویم، آزادتر می‌شویم و با وجود این، انتخاب‌های کمتری داریم!!
و بالاخره در اواخر جلسات مشاوره، فرزیا به محبوب خود می‌گوید:
«تو تنها کسی هستی که برایم وجود داری و من هم تنها کسی هستم که برای تو وجود دارم و با این حال اگر یکی از ما از دنیا رفت، از تو توقع دارم بیرون بروی و قرار ملاقات بگذارد.»
تحقیقات انجام شده نشان می‌دهد که افرادی که ازدواج‌های کاملاً موفقی داشته‌اند، بیشتر گرایش را دارند که به محیط بیرون بروند و ازدواج کاملاً موفق دیگری را ترتیب داده و تجربه کنند. بر خلاف ازدواج‌های ناسالم.

هم‌زیستی به معنای همراهی در مسیر زندگی، بدون ترس یا وحشت از مرگ است. هم‌زیستی یعنی دلتنگی برای یکدیگر در هنگام جدایی، اما بدون درد و رنج طاقت‌فرسا. این هم‌زیستی است که در لحظه وداع، در کنار هم در فرودگاه حضور داریم و در عین حال هیچ‌کدام از ما نیازی به حضور مداوم دیگری در همه لحظات نداریم. هم‌زیستی یعنی پذیرش تفاوت‌ها و احترام به نیازهای یکدیگر، مثل اینکه هرکدام از ما ممکن است در مسائل سیاسی متفاوت باشیم، اما در نهایت در ارزش‌های کلیدی و موضوعات جهانی نظرات مشابهی داشته باشیم.

تناقض هم‌زیستی:ما در طول سال‌ها درگیری‌هایی داشتیم که گاهی با عزت و

ظرافت و گاهی با بی‌پختگی انجام شده‌اند. اکنون، وقتی که در مقابل یکدیگر ایستاده‌ایم، هیچ‌یک از ما نه پیروز و نه شکست خورده است. در عوض، تلاش کرده‌ایم تا از طریق هماهنگی و مشاوره به جای مقابله، روابط‌مان را غنی‌تر، ژرف‌تر و پیچیده‌تر بسازیم. با عمق بیشتر به یکدیگر زندگی بخشیده‌ایم، و در کنار هم رشد کرده‌ایم، در حالی که هنوز در جهانی با ابعاد مختلف در حال حرکت هستیم.
ما اغلب گفت‌وگوی‌هایی شبیه به گفت‌وگوی مختصری که در ذیل می‌آید، داشته‌ایم.

سامان می‌گوید: «من می‌خواهم رابطه‌ای عمیق‌تر از آن چه ساناز ظرفیتش را دارد داشته باشم. در این مورد چه کاری می‌توانم انجام دهم؟»

می‌دانید من کاملاً از او سالم‌تر هستم. اگر در این رابطه کنار او باقی بمانم و مربی او شوم، آیا نمی‌توانم سرانجام او را به حدی برسانم که از نظر احساسی با من برابر شود؟ به او گفتم: «اگر معتقدی می‌توانی آنچه که اکنون گفتی، انجام دهی، بله ولی بدان که او پیشاپیش از نظر احساسی با تو برابر است.»

افراد بالغ و سالم می‌دانند که نمی‌توانند کسی را فراتر از ظرفیت خود مجبور کنند در سطح ژرف‌تر رابطه داشته باشند. این بدان معنا است که اگر ما دو نفر به‌طور مساوی از سلامت کافی روحی برخوردار باشیم، اما تو به من عشق نداشته باشی، هر چند من عاشق تو باشم، در این صورت آنچه می‌توانی به من بدهی دوستی، آشنایی معمولی یا هرچیز دیگر برای من کافی است. من قادر خواهم بود که به رابطه‌ام ادامه دهم و با آن همان‌گونه که هست، رشد نمایم.

این نوع رابطه هیچ‌گاه از نعمت کندوکاو در ابعاد روانی درون خود برخوردار نبوده است، زیرا از آن زمان تلاش کرده‌اند که زندگی خود را با حداقل امکانات سپری کنند.

هضم این قانون غالباً دردناک هم هست، زیرا درک کامل آن و تمام جزئیات آن به این معناست که ما در آستانه بالغ شدن و پذیرفتن مسئولیت برای خود در رابطه و مهم‌تر از آن در جهان هستیم.

بنابراین هنگامی که به خود می‌گوییم: او تغییر پیدا می‌کند پس من درون رابطه‌ای که با او دارم خوشبخت خواهم بود. قدم بعدی را بر می‌داریم و می‌گوییم: «اوه، این یک نشانه است! چکار می‌توانم بکنم تا در این رابطه، تبدیل به فرد سالم‌تری شوم؟»

هر چه بلوغ احساسی بیشتری داشته باشیم، تجربه‌مان از زندگی غنی‌تر و پیچیده‌تر می‌شود و در عین حال، زندگی ساده‌تر می‌گردد. برای مثال، اگر بیان مسائل عمیق موجب ناراحتی‌های فراوان شود، در این صورت زندگی از جنبه‌ای ساده‌تر خواهد بود.

چندین دهه است که روان‌شناسان به این نتیجه رسیده‌اند که داشتن شخصیتی مستبد و سخت‌گیر، عدم تحمل تفاوت‌ها و الزام به درست عمل کردن در هر شرایطی، به‌ویژه برای زیردستان و در عین حال دست بوسی افراد بالاتر، روش چندان خوشایند یا مسالمت‌آمیزی برای زندگی نخواهد بود.

اگر ما پیوسته نیاز داریم که درست عمل کنیم و تحمل افراد متفاوت از خودمان را نداریم، ممکن است در بخش کم عمق آب اقیانوس زندگی مشغول تلاش باشیم. وقتی نمی‌توانیم به عمق‌تر از سطح حیات خود برسیم، زندگی شبیه به شنا در بخش کم عمق آب است.
وقتی احسان و آناهیتا در سطح عمیق‌تری عمل می‌کنند، متوجه می‌شوند که زندگی بسیار پیچیده‌تر و با ظرافت‌تر است. این دو هنوز در محدوده‌های معینی از زندگی دارای جایگاه‌های محکم اخلاقی و مرزهای مشخصی خواهند بود. اما پذیرش غیرقابل کنترل بودن زندگی و پذیرش انسانیت خود، به آنان این اجازه را می‌دهد که بسیاری از کاستی‌های گیج‌کننده در جهان را بپذیرند و آن‌ها را بهتر درک کنند.

همسران انتخابی ما بدترین ویژگی‌های والدین ما را به دلیل کاملاً مثبت دارا می‌باشند:

هارویل هندیکس، این بینش حیرت‌آور را به یکی از بنیان‌های تصور درمانی خود تبدیل نمود. درحالی‌که انتخاب همسری که فرایند پیچیده‌ای است؛ ما

همسران خود را تا حدودی بر پایه ویژگی‌های افرادی که با آنها رشد نموده‌ایم و نخستین تجربه‌های عشق‌ورزی ما بودند، انتخاب می‌کنیم. وقتی فردی می‌گوید: «تو عیناً شبیه به مادرم یا پدرم هستی.»

حقایقی در این گفته وجود دارد. با رشد نمودن و کشمکش با همسرتان، برای هر دوی شما فرصتی فراهم می‌شودکه آن ویژگی‌ها را به حد کافی تغییر دهید. تا بدین‌ترتیب روند کار را تغییر دهید. ما ممکن است خشن یا ترشرو باشیم، اما اگر ملایمت نشان دهیم و سهم خود را در مسائل مختلف داشته باشیم و در مواقع لزوم عذرخواهی کنیم و بپذیریم که چه کسی هستیم، حتی اگر این مسئله گاهی ما را ناامید می‌کند، در این صورت هر یک از ما زخم‌های بسیار دیرینه در درون خود را التیام می‌دهیم.

ابراز احساسات و خودداری از آنها:

افرادی که معتقدند احساساتشان را هم باید ابراز کنند و هم به‌طور معمول به آنها جامعه عمل بپوشانند، در معرض خطر بسیار شدید آسیب زدن جبران‌ناپذیر به همسران خود و تخریب روابط عاشقانه‌شان قرار دارند. ابراز احساسات بدون توجه به زمان، مکان و نحوه بیان، می‌تواند به درک نادرست و در نهایت به ایجاد فاصله عاطفی میان دو نفر منجر شود. برای داشتن یک رابطه سالم و پایدار، لازم است که علاوه بر ابراز احساسات، توانایی کنترل و مدیریت آنها نیز وجود داشته باشد تا احساسات به شیوه‌ای که به رشد و همبستگی رابطه کمک کند، منتقل شوند.

بله، نیاز است که احساسات بیان شوند بدون آن هیچ پیوند احساسی بین افراد نمی‌تواند وجود داشته باشد؛ اما همچنین نیاز است که به دفعات از بیان احساسات خودداری نمود.

این عقیده که «اگر چیزی را احساس می‌کنم، باید در عمل نشان دهم»، عقیده‌ای خطرناک است مگر آنکه به واسطه ایده‌ای معادل آن مبنی برآن که «من باید بسنجم که چه احساساتی را بیان کنم و چه احساساتی را بر زبان نیاورم» تعدیل پیدا کند. در غیر این صورت، ما چیزی بیش از حیوان وحشی نیستیم که همیشه طبق انگیزه‌های بدوی خود عمل می‌کنیم.

کتایون شیرزاد

این طبیعت بشری ماست که به نزدیک‌ترین کسان خود آسیب برسانیم، زیرا آنان برای ما به نوعی با ارزش‌ترین افراد در زندگی هستند. جمله‌ی «ما تنها به کسانی آسیب می‌زنیم که به آنان عشق می‌ورزیم» درست به همین دلیل است. زمانی که به افرادی که برایمان مهم هستند نزدیک می‌شویم، آسیب زدن می‌تواند به دلیل اشتباهات احساسی، تصورات نادرست یا برخوردهای نادرست با احساسات رخ دهد. وقتی نمی‌توانیم به شیوه‌ای مناسب با احساسات خود مواجه شویم، ممکن است این احساسات را به طرف مقابل منتقل کنیم.

این رفتارها نشان می‌دهند که نیاز داریم تا به مسئولیت‌های خود در برابر احساساتمان توجه بیشتری داشته باشیم. تغییر این الگوها و یافتن شیوه‌های سالم‌تر برای ابراز احساسات به ما کمک می‌کند تا از آسیب رساندن به روابط خود جلوگیری کرده و ارتباطات خود را بهبود بخشیم. با پذیرش مسئولیت در قبال کلمات و اعمال‌مان، می‌توانیم درک بهتری از تأثیرات آنها بر دیگران داشته باشیم و در نهایت روابط سالم‌تر و پایدارتری بسازیم.

رشد عاطفی:

برای ازدواج، به اندازه کافی بزرگ بودن، این مفهوم را دارد که ما به حد کافی دارای یک کالبد احساسی درونی باشیم تا بتوانیم سنگینی روابط بزرگسالان را تحمل نماییم. اگر ساختار احساسی درونی ما بیش از حد شکننده و حساس است که نتواند ما را سراپا نگهدارد، زمان آن است که کمک بگیریم. رشد و پیشرفت هرگز به انتها نمی‌رسند. و این خود دلیل برای آن است که افراد سالم از زندگی بسیار طولانی خود خسته نمی‌شوند. یک اساس زیر بنا برای کارهای بالینی که متخصصین درمان در نظر گرفتند نظریه اریک اریکسون است. ما برای اینکه یک پیوند عاشقانه و با دوام و ارزشمند با فرد دیگر تشکیل دهیم.

باید با آشنایی از این ۵ مراحل بگذریم:

۱. **اعتماد:** ما باید به حد کافی به زندگی و خود اعتماد داشته باشیم.
۲. **خود مختاری:** ما باید به اندازه کافی از دیگران مستقل باشیم و هویت خود را حفظ کنیم. اگر اعتماد به نفس و استقلال کافی داشته باشیم، قادر خواهیم

بود جدایی از محبوب خود را تحمل کنیم بدون اینکه او (زن یا مرد) را پیش از سفر، در طول آن یا پس از یک سفر پنج روزه مجازات کنیم.

۳. **ابتکار عمل:** اگر توانایی ابتکار عمل را داشته باشیم، بدون اینکه مدام احساس تقصیر کنیم، قادر خواهیم بود نیازها و خواسته‌های خود را در رابطه بیان کنیم و همچنین تصمیماتی بگیریم که فضای جدید و تغییرات سالمی را به رابطه وارد کند. به عبارت دیگر، به ندرت در زندگی خود با مشکلات جدی روبه‌رو خواهیم شد.

٤. **صلاحیت:** اگر به‌طور مستمر مهارت‌ها و شایستگی‌های خود را پرورش دهیم، مانند مهارت‌های سیاسی، اجتماعی، احساسی، فرهنگی یا هنری، و اگر فرد شایسته‌ای باشیم (با در نظر گرفتن این که همه ما قدرت‌ها و محدودیت‌هایی داریم)، در آن صورت قادر خواهیم بود از خود مراقبت کنیم، حتی اگر فرد مجرد باشیم. در این صورت عزت‌نفس استوار خواهیم داشت و دوستانی خواهیم داشت که اجازه پیوند و گرمای احساسی را به ما می‌دهند، که این امر همچنین احتمال دوام رابطه را بیشتر می‌کند.

۵. **هویت:** اگر ما هویت استواری داشته باشیم، اگر بدانیم که چه کسی هستیم و اگر ما با عقایدی زندگی می‌کنیم که مدام با مناظره و پرسش پیش می‌رویم، در این صورت قادر خواهیم بود که به‌طور کامل و تمام در یک رابطه وجود داشته باشیم، بدون آن که خویشتن خود را در این روند از دست بدهیم.

با استفاده از رشته‌های جادویی و رندانه خود، می‌توانیم از طریق پیوند یک قلب با قلب دیگر، بر سر مسائل به ظاهر جزئی، عشق را پرورش دهیم و تصاویری شگفت‌انگیز بیافرینیم که ما را به سمت عمق روابط و آن شور و هیجانی که همه ما در روابط به دنبال آن هستیم، هدایت کنند.

صمیمی بودن:

فردی که به این حالت دسترسی پیدا کرده است، از نظر احساسی شفاف و واضح به نظر می‌رسد. او قادر است روابط شخصی نزدیک برقرار کند، به خود و دیگران اهمیت دهد، بی‌ریا و گرم و صمیمی باشد، از مکر و حیله در روابط خودداری کند و حدومرزهای مشخصی داشته باشد. پژوهش‌ها نشان می‌دهند که

افرادی که در این گروه قرار دارند، هویت محکم و کسب‌شده‌ای دارند.

چطور ما می‌توانیم احساس عاشقانه با کسی که شبیه ماست را تجربه کنیم؟ و بعد کسی که احساس متضاد ما را دارد؟ شاید نیاز داریم که با کسی باشیم که نظیر مادرمان عاقل باشد؟ و یا کسی مثل خواهرمان احساساتی است؟

مناظره‌ای با چند افراد موفق که در زمینه «صمیمیت» تجربه داشتند را می‌شنویم:

مهناز می‌گوید: «گر چه کمی خجالتی هستم، وقتی رابطه نزدیکی دارم، از این که من حقیقت خود را برای دیگران آشکار می‌سازم، احساس راحتی می‌کنم.»

آناهیتا می‌گوید: «من با هم رتبه‌های خود، کسانی که زیردست من کار می‌کنند، با احترام و تواضع یکسانی برخورد می‌کنم و کسانی که بالاتر از من هستند، هرگز مرا مرعوب خود نمی‌کنند. هرگز با کسانی که قدرت کمتری از من دارند، گستاخانه و متکبرانه رفتار نمی‌کنم.»

احسان می‌گوید: «من هوش جمعی کاملاً خوبی دارم. من از تأثیر خود بر روی دیگران آگاهی دارم و از چگونگی نگاه آنها به من، احساس خوبی دارم.»

هم چنان که هویت ما در طول زندگی می‌تواند به شیوه‌های مختلف و جزئی‌تر تغییر پیدا کند، ظرفیت ما برای برقراری صمیمیت نیز می‌تواند دستخوش تغییر شود. اما هویت اصلی و توانائی اصلی ما برای داشتن یک رابطه نزدیک و بادوام، بی آنکه خویشتن خود را در این روند از دست دهیم، دستاوردهایی هستند که به محض آنکه آنها را کسب کردیم، از ما دور نمی‌شوند و هیچ یک از آنها بدون خطرات قابل توجه و تلاش قابل توجه و نتایج آن، حاصل نمی‌گردند. بسیاری از کسانی که برای بهبود روابط خود به ما مراجعه می‌کنند، در حقیقت برای کمک گرفتن جهت رشد است؛ چندان عمومیت ندارد که فردی صرفاً مشکلات ارتباطی داشته باشد و مشکل دیگری نداشته باشد.

جالب اینجاست که پس از ملاقات با افراد و گفتگو در مورد بلوغ روانی خود، آنها به تدریج مسئولیت روابط خود را می‌پذیرند و مداخلاتشان را در این

روابط مورد بازبینی قرار می‌دهند. این فرآیند منجر به تغییرات مثبت و مفید در زندگی‌شان می‌شود.

آنکه یافت می‌شودم آرزو:

بزرگ‌ترین فاجعه‌ای که میان سولماز و فریدون رخ می‌دهد، ترس شدیدی است که حتی از فکر جدایی از یکدیگر به آن دچار می‌شوند. این ترس، دلیل اصلی کتک‌کاری‌ها، بدگویی‌ها، فریب دادن یکدیگر، مصرف زیاد الکل، استعمال دخانیات به حدی که به مرگ می‌انجامد و بسیاری از مشکلات دیگر است.

از آنجایی که فریدون و سولماز می‌خواهند؛ توازن پیمانه‌های احساسی‌شان را برقرار نگه دارند؛ آنها شهامت پرورش نیافتهٔ بلوغ عاطفی خویش را پذیرفتند. راه اصلاح این مشکل، گسترش روابط مداوم، صمیمی و غیرجنسی برای آنهاست پیشنهاد دادم که برای مدت زمان نسبتاً طولانی، دوام پیدا کند.

به عبارت دیگر، ما نیاز داریم که خانواده‌ای از انسان‌های عاشق به وجود آوریم که در اثر روند روزمرهٔ تأمل با آنها بتوانیم تاریخچه‌ای درست کنیم. این شیوه‌ای بسیار مهم برای پر کردن پیمانه احساسی عاطفی است.

از پستو و حجاب در آییم:

گوهر داخل صدف که دنبالش هستیم و طلب گمشدگان لب دریا می‌کنیم. مثل عدم شناخت از خود و ندانستن اینکه به اصل خود برگردیم.

مسعود عادتی دارد که ناراحت‌کننده است و سیمین می‌خواهد او تغییر کند، به این معناست که این عادت ممکن است هرگز در جهت رضایت او تغییر نکند مثل اسبی که خاری در زیر زین خود دارد؛ پریشانی و اندوه جمع شده، روی هم انباشته می‌شود تا روزی که مسعود با طغیان فیزیکی و لفظی که نمی‌دانست در او وجود دارد؛ به طرف سیمین حمله‌ور می‌شود. در بسیاری از موارد وقتی آسیب وارد آمده ژرف‌تر و رنج آورتر است؛ حتی غلبه بر میل انتقام جویی دشوارتر می‌شود. مسعود با فرد دیگری رابطه جنسی برقرار می‌کند زیرا احساس تنهایی و غمگینی می‌کند. در این صورت در این مورد به سیمین دروغ می‌گوید

زیرا نمی‌خواهد به او صدمه بزند.

انجام دادن اقدامی اساسی و سودمند در مورد آسیب و خیانت به جای طرح‌ریزی و انتقام‌گیری، راهی است که بعدها عظمت احساسی سیمین و مسعود را تضمین می‌کند. این به معنای چشم‌پوشی از توهین و آسیب و اینکه اجازه دهید بارها و بارها به سیمین آسیب رسد، نیست؛ بلکه به معنای آن است که درحالی‌که شروع به جلسات مشاوره کردند، آموختند که در آینده چطور از مکانیزم دفاعی استفاده کنند. و آموختند که از توهین‌ها و آسیب‌ها چشم‌پوشی نموده و بدین‌ترتیب تمامی آن انرژی‌ای که زاده رنج است را به قدرت شگرف و زیبایی تبدیل کنند.

صمیمیت، عشق و سکس در ازدواج:

قبلاً دربارهٔ صمیمیت و عشق گفته شد؛ این بار به سلامت روابط جنسی می‌پردازیم.

سکس مسئله‌ای احساسی، سالم، محکم، ظریف، ملایم و قدرتمند است. مردم از آن لذت می‌برند، از آن قدردانی می‌کنند، به آن تمایل دارند، از آن می‌ترسند، آن را به کار می‌برند و از آن هم پریشان و آشفته می‌شوند. سکس بخش کاملی از معنویت و روابط است و یک حقیقت زیست شناسی است.

جیمز مادوک و نوئل لارسون روان‌شناسان و متخصصین در سکس تراپی، می‌گویند: شهوانی بودن یک جنبه احساسی از وجود انسان است. این امر یکی از ابعاد اصلی تجربهٔ انسان و در نتیجه از ابعاد اصلی زندگی خانوادگی است.

معمای امروزی روابط بر سر دو راهی:

یک مرد در زندگی، خواهان زنی است که مادر پاک و الگوی رفتاری سالم برای فرزندانش و ستون استوار عملکرد درست اجتماعی باشد ولی این مرد در نهایت ناراحت و عصبانی است زیرا، علاوه بر آن، دوست دارد همسرش بی‌پروا بوده و با بی‌ملاحظگی خود را به او واگذار کند.

یک زن ممکن است خواستار آن باشد که شوهرش نیازهای فرزندانشان را

فراهم کند و پدری خوب برای آنها باشد؛ اما کم‌کم ناراضی می‌شود و نگاهش به اطراف کشیده می‌شود. زیرا در آرزوی داشتن مردی است که شجاع، جذاب، پرخطر و شیک باشد. برخی افراد (چه زن و چه مرد) تخیلات خود را چنان واقعی می‌پندارند که نمی‌توانند هیچ چیز مفیدی از آنها به دست آورند.

راه‌حل امروزی می‌تواند تجربه‌ای پیوسته، مقدس، معنوی، مجلل، صمیمی و عمیق از عشق باشد که در آن دو نفر یکدیگر را گرامی می‌دارند، احترام می‌گذارند، همدیگر را می‌ستایند و عشق ورزیدن به یکدیگر را فراتر از جنبه‌های شهوانی و حیوانی تجربه می‌کنند.

آفرین بر جهان هوشیار هستی که عشق را آفرید و از عشق، نور آمد معجونی پدیدار و نیازمند.

در عالم تصوف شرق ایران واژه رمنتیک عشق نبود و استفاده‌اش در ایران ممنوع بود.

احمد غزالی برادر محمد غزالی از عاشقان خراسان با وسعت نظر خود دل‌سپردگی عشق را برای اولین بار در عالم عرفان ایران آورد. بعد از آن واژه‌هایی چون: مستی، هوشیاری، باده، جام، می‌و دل روشن که اوجش را در اشعار عطار و سپس مولانا مشاهده می‌کنیم.
عشق با تفکیکی به واژه حقیقی و مجازی تبدیل شد.

لغت عشق از ریشه «عشقه» که گیاهی به دور درخت می‌پیچد و به تمام هستی ظاهری شاخه‌ها و سپس به جوهر آن هستی صدمه می‌زند می‌زند و درخت را از بین می‌برد و زبان در بیانش کوتاه می‌شود و سپس عشق واقعی و تمنا را در خود خشک و فنا می‌کند. در واقع باعث فنای خویشتن که همان «نفس[1]»خویش است می‌شود.

در ادامه گفت‌وگوی صمیمیت، عشق و سکس:

برای زن:

1- Ego

کتایون شیرزاد

من می‌خواهم با مردی ازدواج کنم که استوار و محکم باشد؛ کسی که به خوبی مایحتاج خانواده را تأمین کند و پدری مهربان برای فرزندانمان باشد. همچنین می‌خواهم او به اندازه کافی قوی، بالغ و مستقل باشد، اما گاهی اوقات نیاز داشته باشد که به من تکیه کند. این نیاز او به من به معنای تسلط یا کنترل بر من نیست. این موضوع به قلدر بودن یا ضعف هیچ‌کدام از ما ربطی ندارد؛ بلکه او به من نیاز دارد زیرا من به اندازه کافی زن هستم که خواهان لذت و صمیمیت باشم، بدون اینکه هویتم را در این مسیر از دست بدهم. او به من و احساسات عمیق خود نیاز دارد به گونه‌ای که کاملاً در من و در لحظه غرق می‌شود. او این مهربا با آرامش تعامل قلب است می‌بوسد و قدرت او ریشه‌ای عمیق دارد. در نتیجه، می‌شناسم، می‌دانم که چه کسی بدون اینکه او را شکست دهم. من جایگاهم را می‌هستم و به چه کسی عشق می‌ورزم.

برای مرد:

من می‌خواهم با زنی ازدواج کنم که قابل اعتماد، محترم، گشاده‌رو و مادر دوست‌داشتنی برای فرزندان ما باشد. دوست دارم که او همچنان با حفظ هویت بی‌نظیر خود، در اعتماد به نفس خود قوی بماند و از حریم شخصی خود مراقبت کند. همچنین می‌خواهم گاهی اوقات به من نیاز داشته باشد. نیاز او به من نه به معنای بهره‌برداری از من است و نه اقدامی بی‌معنی که برای انجام آن حقیقتا علاقه‌ای ندارد. او می‌تواند در اشتیاق و میل خود به من راحت و مطمئن باشد. این به این معناست که او چنان به من و احساسات عمیق خود نیاز داشته باشد که کاملاً در خود، در من و در لحظه غرق شود. او با آرامش و احساس مرا می‌بوسد، و من خواهان کسی هستم که قدرتش ریشه‌ای عمیق داشته باشد؛ به طوری که بتوانم با او برخورد کنم بدون آنکه او را شکست دهم. من جایگاهم را می‌شناسم، می‌دانم که چه کسی هستم و به چه کسی عشق می‌ورزم.

تمایلات جنسی در مقابل معنویت:

برای افراد سالم، رابطه جنسی گاهی جدی، گاهی شوخی، گاهی آرام، گاهی شهوانی و رهاساز، گاهی مبتکرانه، گاهی تفریحی و گاهی ساده و راحت است.

و گاهی برای لحظه‌ای کوتاه و جاودانی، تجربه جنسی بین دو نفر که واقعاً عاشق یکدیگرند، نوعی تجربه معنوی از اشتراک نفس‌ها را ایجاد می‌کند. اگر این دو نفر در این لحظه که در هم گم می‌شوند، سالم و جدا از یکدیگر نباشند، ممکن است نتیجه‌ای وحشتناک به‌دنبال داشته باشد. این تنش پویا بین گم کردن خود و حفظ هویت است که اجازه می‌دهد دو نفر لذت معنوی از تمایلات جنسی خود ببرند. وقتی شما کمال درونی خود را احساس کنید و هم‌زمان شأن و مقام و شکنندگی یار خود را گرامی بدارید، پس از آن می‌توانید نفس‌هایتان را ترکیب کنید، بدون اینکه هویت خود را از دست بدهید، و در این صورت تجربه معنوی بی‌نظیری خواهید داشت.

افراد سالم و معنوی که با عشق‌ورزی در کنار یکدیگر زندگی می‌کنند، درمی‌یابند که زندگی جنسی آنها به جای آنکه در طول زمان کسالت‌آور شود، بخش مهمی از ارتباطشان و گرامی‌داشت روابطشان است.

بنابراین، مقاربت جنسی و انزال به‌طور فیزیکی استعاره‌ای زیبا از زندگی و مرگ به شمار می‌آیند. ما نزد یکدیگر می‌آییم و از نظر فیزیکی و احساسی به هم وصل می‌شویم، در لذت و شادی احساسی و فیزیکی که در تجربهٔ حسی ما بی‌نظیر است، شریک می‌شویم. در یک تجربه جنسی سالم، ما نسبت به دیگری، خود و جهان آسیب‌پذیر و بی‌آلایش می‌شویم. داشتن تجربه معنوی مستلزم آن است که کنترل خود را رها کنیم و تسلیم نیروی آفرینش شویم؛ سپس با آفرینش یکی می‌شویم. از ناشناخته‌ها شگفت‌زده می‌شویم و از طریق تجربه خود به بی‌نهایت فروتن می‌گردیم. در نهایت، می‌توان گفت روابط جنسی سالم مهارکردن حرص‌های نامبارک و نشانهٔ اثر معنویت و گوهر وجودی ما است.

سکس معقول:

انسان‌ها هرگز مفهوم سکس را نخواهند فهمید مگر آنکه علاوه بر معشوق خود، پذیرای دو نکته زیر باشند:

۱. سکس با احساسات در ارتباط است.

۲. سکس با صمیمیت در ارتباط است.

جان مک‌موری، فیلسوف انگلیسی، در کتاب «منطق و احساس» به اهمیت دنیای

حواس ما اشاره می‌کند و می‌گوید که حواس ما دروازه‌های هوشیاری ما هستند. آنها خیابان‌هایی هستند که ما در طول‌شان حرکت می‌کنیم تا با جهان پیرامون خود ارتباط برقرار کنیم. بدون این آگاهی احساسی نسبت به جهان، هیچ نوع دانشی، حداقل برای انسان‌ها، امکان‌پذیر نیست.

برای اینکه یک فرد عاشق خوبی باشیم، باید بیاموزیم که ببینیم، بشنویم، بو کنیم، بچشیم و لمس کنیم. بنابراین، چه زن و چه مرد، باید توجه کنیم که چه چیزهایی برای ما لذت‌بخش هستند و چه چیزهایی این‌گونه نیستند. ما باید بیاموزیم که با همسر خود به‌طور واضح در مورد شهوانیت، علایق و نفرت‌های جنسی‌مان صحبت کنیم.

برای مثال:

- اگر همسر ما از چیزی عصبانی می‌شوند ولی به ما نمی‌گویند چرا؟ چگونه از آن مطلع خواهیم شد؟
- آیا می‌دانیم او چه می‌خواهد و چه چیزی را دوست دارد؟

ما انسان‌ها موجوداتی احساسی و دارای شهوات هستیم. ما دارای حواس هستیم. بنابراین می‌توانیم پیرامون جهان اطلاعات جمع‌آوری کنیم. برای کسب لذت نیز چنین کاری را انجام می‌دهیم. این چیزی است که روانشناسان «مسرت بخشی به حواس» معنی می‌کنند.

علی عاشق منزلش هست به او گفتم بگو ببینم، چه چیزی هر روز بعد از سرکار، تو را به منزل می‌کشاند؟ او در پاسخ گفت بوی گل گلدان روی میز منزلمان، بوی نان تازه پخته در منزل، ریزش باران تند روی سقف منزل، بوی همسرم و بوی فرزندانمان.

علی اضافه کرد من سعی می‌کنم توازن برقرار کنم از مجموع نیازها، ناراحتی‌ها و لذت‌ها، لذت بردن از تمایلات جنسی هم بخشی از شادی من با همسرم هما است. احساس لذت و شادی هما در کنار من کشش مهم من برای بودن در منزل می‌باشد.

طبق فلسفه جان مک موری، افراد به مرحله‌ای می‌رسند که قدر چیزهایی را که از طریق حواسشان دریافت می‌کنند نمی‌دانند و سپس متحیر می‌شوند که چرا اندام‌های جنسی آنها کار نمی‌کنند؟

با پرورش چشم‌ها، گوش‌ها، غدد بزاقی، بینی و پوست ما می‌توانیم، جهان اطراف خود را کشف و درک کنیم. پس از آن زندگی جنسی ما هم با این فرضیه بیداری، پیشرفت می‌کنند.

ژاله و ساسان دو سال پیش ازدواج کردند، ژاله هنوز باکره است و آنها احساسات ناسالمی مثل: احساس گناه، شرم و تقصیر که به آنها القاء شده است که لذت بردن چیزی بدی است در آنها غالب شده است. اگر گل‌های روی میز و بوی نان تازه پخته شده را به خاطر بیاورید به احساس گناه و تقصیر کمک می‌کند. اگر سکس یک استعاره برای زندگی و مرگ باشد.

بازتابی از سطح صمیمیتی که با دیگران قسمت می‌کنیم نیز هست.

اگر ژاله و ساسان از نظر احساس و بلوغ روانی هنوز بزرگ نشده باشند که قرار ملاقات بگذارند، ممکن است با تمایلات جنسی خود کار متفاوتی انجام می‌دهند. شاید خشم و ناامیدی خود را عملاً نشان می‌دهند یا مقایسه با یار قبلی‌شان که بازتاب تجربه بد است؛ و یا (همچنان با کودک درون خویشتن مانده‌اند) و یا از روش گمراه‌کننده استفاده می‌کنند که از درگیری‌ها و ستیزها بپرهیزند.

ما باید به‌خاطر داشته باشیم که سکس مجموعه‌ای از صمیمیت عقلانی و رفتاری است. که در آن افکار و اعتقادات و دانش خود را با دیگران تقسیم می‌کنیم.

بخش ارتباط احساسی و شریک شدن در احساسات، برای سلامت یک رابطه ضروری است. این نکته اهمیت زیادی دارد که دو نفر بتوانند در احساسات خود با یکدیگر شریک شوند، حتی اگر برخی از این احساسات به راحتی قابل بیان نباشند. به عنوان مثال، اگر ساسان و ژاله در یک روز آفتابی و شلوغ، رو به روی هم ایستاده و به چشمان هم نگاه کنند و به یکدیگر بگویند که از حضور در زندگی همدیگر سپاسگزارند، این اقدام نشان‌دهنده صمیمیت عمیقی است

که آنها به آن دست یافته‌اند.

از اینکه در مواقعی به همسرمان بگوییم که بوی دهانشان ناخوشایند است و نیاز به مسواک زدن دارند، نباید بترسیم. بهتر است پیش از اینکه مسئله به نقطه‌ی انفجار برسد، به شیوه‌ای مؤدبانه و مهربان این نکته را مطرح کنیم تا از ایجاد تنش‌های غیرضروری جلوگیری کنیم. در این صورت، همسرمان می‌تواند بدون احساس آزار، موضوع را درک کرده و اقدام کند.

وقتی با همسر خود به طور واقعی و صمیمانه شریک می‌شویم، این عمل نه تنها به آشکار شدن خویشتن درونی‌مان کمک می‌کند، بلکه نتیجه‌ای از عشق و محبت است که فضای امن و محبت‌آمیز برای ارتباطات عاطفی ایجاد می‌کند. در داستان ژاله و ساسان، پس از چندین جلسه مشاوره، آنها متوجه شدند که اگر نتوانند احساسات روزمره خود را با یکدیگر به اشتراک بگذارند، حتی در زمینه‌هایی چون رابطه جنسی هم ممکن است با دشواری مواجه شوند. چرا که برقراری ارتباط عاطفی درست و سالم، پیش‌نیاز و بنیانی برای هر نوع ارتباط فیزیکی نیز هست.

زوج‌های سالم در نهایت با پذیرش خطر آسیب‌پذیری احساسی در مقابل یکدیگر، به فضایی می‌رسند که در آن گذشته‌های زخمی و دردناک می‌توانند التیام یابند. این روند التیام به شرطی ممکن است که افراد مانند ژاله‌ها و ساسان‌ها، در حین نزدیکی عاطفی و همدلی، خواست‌ها و مرزهای فردی خود را حفظ کنند و به یکدیگر اجازه دهند که با احترام به هویت خود در این مسیر پیش بروند. حفظ این تعادل بین نزدیکی و حفظ هویت شخصی، کلید موفقیت در یک رابطه سالم و پایدار است.

در یک رابطه سالم، فاصله و جدا بودن به همان اندازه اهمیت دارد که نزدیکی و همزیستی. این تفکیک و فاصله می‌تواند به تعمیق رابطه کمک کند، زیرا اجازه می‌دهد هر فرد هویت و نیازهای فردی خود را حفظ کند. وقتی زوج‌ها مخاطرات احساسی عمیق‌تری را می‌پذیرند، تمایلات جنسی‌شان نیز در زمینه‌ای وسیع‌تر و متعالی‌تر قرار می‌گیرد که شامل احترام به شأن و مقام فردی، شفقت

و نزدیکی احساسی می‌شود. به عبارت دیگر، این تمایلات جنسی باید بخشی از چیزی بزرگ‌تر و عمیق‌تر باشد، یعنی بخشی از عشق و پیوندی عمیق که در طول زمان شکل می‌گیرد.

کلید خوشبختی زناشویی:

کلیدهای یک قفل با دندانه‌های متفاوت، هر کدام وظیفه‌ای خاص دارند، اما وقتی همه آنها در کنار هم قرار می‌گیرند، به هدف واحدی دست می‌یابند: باز کردن قفل. این همانند کلید خوشبختی زناشویی است. هر رفتار، تصمیم و اقدامی که در یک رابطه اتخاذ می‌شود، اگرچه ممکن است در ظاهر متفاوت به نظر برسد، اما وقتی به درستی ترکیب شوند، در نهایت قفل مشکلات را می‌گشایند و رابطه را آزاد و باز می‌کنند. این فرآیند نیازمند هماهنگی، توجه به جزئیات و درک متقابل است تا هر بخش از رابطه به هم پیوند خورده و شکوفا شود.

ترکیب‌های نامحدود دندانه‌ها که همگی گرد هم می‌آیند، در نهایت به نیروی جادویی ختم می‌شوند.

این تصور نادرست که اگر واقعا عاشق یکدیگر باشیم، نباید هیچ‌گاه از یکدیگر عصبانی شویم، اغلب برای بسیاری از زوج‌ها به چالشی تبدیل می‌شود. در حقیقت، عشق واقعی به معنای حفظ رابطه در برابر چالش‌ها و دشواری‌ها است. نادیا و جمال و بسیاری دیگر از زوج‌ها که عمیقاً یکدیگر را دوست دارند، ممکن است در مواقعی احساس ناامیدی یا خشم کنند. این واکنش‌ها طبیعی هستند چرا که روابط عاطفی به شدت وابسته به احساسات است و گاهی اوقات این احساسات به اوج می‌رسند.

این که به‌طور موقتی احساس کنیم باید از یکدیگر جدا شویم، به معنای ضعف در رابطه نیست؛ بلکه نشانه‌ای از عمق و پیچیدگی احساسات است. در این مواقع، توجه به درک متقابل، گفتگو و تلاش برای حل مشکلات به زوج‌ها کمک می‌کند تا از این مراحل دشوار عبور کنند و رابطه‌ای محکم‌تر بسازند.

درست است که زوج‌های خوشبخت نیز گاهی احساس تمایل به جدایی

می‌کنند، اما نیرویی در دل این احساسات می‌کوشد تا آنها را از اقدام به جدایی باز دارد. این «نیروی مرموز» همان نیروی درونی و عمیق رابطه است که به آن‌ها کمک می‌کند از نقطه بحران عبور کنند و در نهایت، چیزی عمیق‌تر و پخته‌تر خلق شود. این نیروی جادویی، همان عشق و تعهد به یکدیگر است که به رغم عصبانیت‌ها و دلخوری‌ها، رابطه را تقویت می‌کند.

آنچه که در این فرایند رخ می‌دهد، دقیقاً مانند یک دوره سخت و چالش‌برانگیز در زندگی هر فرد است که می‌تواند به رشد و تحول شخصی و رابطه‌ای منجر شود. در نهایت، زوج‌ها از این مرحله به یک درک عمیق‌تر و یک پیوند مستحکم‌تر دست پیدا می‌کنند که از آن چیزی فراتر از عصبانیت‌های موقت است.

به نادیا و جمال گفتم: «اگر شما در جستجوی کلید دقیق خوشبختی زناشویی هستید، در اینجا یکی از بزرگ‌ترین دندانه‌های روی کلید وجود دارد آن هم پرشی سریع و هیجان‌انگیز به دنیای بزرگسالان است که در این صورت ازدواج‌تان پیروز خواهد شد.»

مناظره جدی در آغاز زناشویی:

در یک رابطه واقعاً عالی، افراد به دلایل زیر تا مرز جدایی پیش می‌روند:

امیر اولاد می‌خواهد ولی لیلی می‌گوید خیر، آناهیتا تجربه افسردگی داشت ولی به علی قبل از ازدواج نگفت. سامان معتاد بود ولی به ساناز قبلاً نگفت، و...

حالا ساناز به سامان می‌گوید: «من تو را از هر چیز دیگری در این دنیا بیشتر دوست دارم، و اگر در مورد این مشکل، از دیگران کمک نخواهی، ناچار می‌شوم تو را ترک کنم یا از تو می‌خواهم مرا تنها بگذاری تا زمانی که موفق شوی این کار را انجام دهی، زیرا مایل نیستم بی‌جهت و منفعلانه کنار تو بنشینم و فرو افتادن تو را تماشا کنم.»

ساناز نیاز دارد تا همسر خود را ترغیب به اقدام بکند.

آنچه که مردان را از پسران و زنان را از دختران جدا می‌سازد آن است که آنها در واقع مشتاق هستند که صرفاً تا مرز جدایی پیش نروند، بلکه از آن مرز، پرشی به

سوی عالم بزرگ ناشناخته‌ها انجام دهند. یک کودک ترسان، ممکن است تهدید کند که رابطه رنج آور را ترک می‌کند، اما وقتی زمان انجام دادن واقعی آن فرا برسد، این کار را نخواهد کرد.

در شرایط دیگرکه ذکر شد؛ از نزدیک شاهد آنها بوده‌ام، وضعیتی وجود دارد که در آن، دو نفر پیش از آنکه بتوانند ازدواج واقعاً موفقی داشته باشند، نیاز به رشد، هوشیاری، بلوغ عاطفی و آموزش بیشتری دارند.

بنابراین سامان و ساناز از این ماجرا به عنوان نمونه‌ای از آن که چگونه خود مسئول زندگی خویش هستند با کمک مشاور تغییر در خود به وجود آوردند.

جانی کارسون در شو تلویزیونی خود خانمی که برعلیه خانواده خود دست به اعتصاب غذا زده بود؛ به صحبت نشست. این مسئله عمومیت دارد مادر خانواده، همه کارهای مربوط به نظافت و شستشو را انجام می‌داد. او تمام خوراکی را می‌پزد و بچه‌ها را به هر جا که نیاز دارد می‌رساند. از همکاران همسر خود پذیرایی می‌کند و از او به نحوی انتظار می‌رود که سر تا پا یک دل‌باختهٔ هوشیار و عالی باشد. او احساس فرسودگی، خشم بسیار که در نهایت آن عمل باور نکردنی را انجام داد، عمل او اعتصاب بود.

ما از این ماجرا به عنوان نمونه‌ای از آنکه چگونه هر یک از ما مسئول زندگی‌ای هستیم که خود به وجود می‌آوریم؛ استفاده می‌کنیم و اگر واقعاً می‌خواهیم که تغییری رخ دهد؛ خود باعث پدید آمدن این تغییر هستیم.

نمونه دیگر مسعود است که با دو شیفت کار و مسئولیت سنگین خانوادگی نقش فعال پدری، او شکایت می‌کند که به دلیل فقدان عدالت در خانواده خود معترض است.

تغییر ما از سیر بودن از چیزی، عبارت از «اشباه شده»، «تمام شده»، «انجام شده»، «به آخر رسیده»، است. اگر کسی واقعاً سیر شده است؛ نمی‌تواند به خوردن ادامه دهد، اگر ادامه دهد، در نهایت مجبور است خوراک را بالا بیاورد و این مسئله نشانه آشفتگی اوست. سیر بودن به این معناست که شخص دیگر نمی‌تواند ادامه دهد. طبق آن وضعیت، دست به عمل می‌زند. گله و شکایت

کردن چیزی را عوض نمی‌کند. خود تغییر باعث عوض شدن امور می‌شود. بنابراین تا مرز جدایی پیش رفتن، خود، یک اقدام ابتکاری است. برخلاف احساس گناه و ترس که فرد را فلج می‌سازد.

روان‌شناسی پیشگیری و مقاومت در روابط زناشویی:

دیوید اسنارچ، روان‌شناس اشاره درستی می‌کند که کسی که خواهان حداقل روابط است. بیشترین قدرت را داراست. ولی در یک رابطهٔ واقعاً عالی و طولانی، دو نفر به یک میزان جذب یکدیگر شده و به یک میزان ترس از دست دادن یکدیگر را دارند.

مانی می‌گفت: مطمئناً زنان جذاب زیادی در دنیا وجود دارند، ولی چرا باید اجازه دهم وقتی همسرم ماندانا در خارج از شهر است؛ مسئله جزئی تنهایی من، ازدواجمان را خراب کند؟ من نمی‌توانم در مورد چنین چیزهایی به او دروغ بگویم. زیرا وقتی سعی کنم چیزی تا آن اندازه مهم را به بخش‌های مختلف تقسیم کنم، اتوماتیک وار شروع به فرسوده کردن پایه‌های ازدواج می‌کند، اگر نمی‌توانم دربارهٔ به آن مسئله دروغ بگویم، بنابراین نمی‌توانم آن را انجام دهم، زیرا در این صورت، باید به او بگویم و ولی نمی‌توانم آسیبی را که به ماندانا می‌رسد، تحمل کنم، زیرا او را بسیار دوست دارم.

در یک حالت نهایی، حتی اگر تصور کنم که می‌توانم بدون خراب کردن رابطه، آن را به چندین بخش تقسیم کنم، باید از دو چیز آگاه باشم:

۱. ماندانا نیز مانند من ظرفیت داشتن روابطی خارج از ازدواج را دارد؟
۲. اگر اوضاع وخیم شود، او نیز مانند من ظرفیت ترک رابطه را دارد؟

به بیان دیگر می‌توان گفت که وقتی ما دارای «قدرت خروج برابر» هستیم، هر دو دارای قدرت بیشتر مراقبت و آمادهٔ عمل هستیم، کمتر رابطه را بدیهی فرض می‌کنیم و یا در مورد آن احساس تیز هوشی می‌کنیم.، و درک واضح‌تر، بهتر و قوی‌تر از آن داریم. نظیر تفاوت بین آسمان شفاف و روشن و آبی پاییزی در یک چمنزار و آسمانی دل‌گیر و خاکستری در شهر بزرگ که در سکوت و افسردگی

پویایی در پیوند مهرآمیز / جلد دوم

زمستانی خفته است.

مقاومت:

مقاومت به ما اجازه می‌دهد که خود، یکدیگر و جهان پیرامون خود را تجربه کنیم. در تمام ابعاد جهان طبیعی چه حس فیزیکی، و روحی روانی حقیقت دارد

ویلیام شکسپیر می‌گوید: «تمام جهان یک صحنه‌ی نمایش است و هر فرد باید نقش خود را بازی کند. در حقیقت، تمام نمایش‌های زندگی روی صحنه مقاومت اجرا می‌شوند. زندگی مستلزم نبرد و نبرد مستلزم مقاومت است.»

همسران، اغلب با مسائل پیچیدهٔ در رابطه با مقاومت به ما مراجعه می‌کنند. برای مثال: ساناز شکایت می‌کند که همسرش به حد کافی قوی و قاطع[1] نیست.

بهروز از همسرش عصبانی است؛ زیرا هر بار که با یکدیگر ستیزه دارند، از او قهر می‌کند و یا او را ترک می‌کند و دور می‌شود. بهروز با ضجه و زاری می‌گوید: «چرا نمی‌توانی گاهی اوقات استوار و محکم باشی و رو در روی من بایستی؟»

پرهام از بی‌ارادگی و ترس خود از ناسازگاری با همسرش در کشمکش بود هر چند او هوشیار است و ارزش خشم و برخورد را در زنده نگه‌داشتن یک رابطه درک می‌کند، به نظر می‌رسد که نمی‌تواند طبق بینش خود عمل کند. هرگاه همسرش مریم از دست او عصبانی می‌شود، چه حق با همسر او باشد و چه نباشد، تنها و تنها پاسخ او تسلیم شدن، و موافقت کردن و یا عقب‌نشینی کردن بود. البته هر چه بیشتر چنین کاری را انجام می‌داد، همسر او بیشتر ناامید و خشمگین می‌گشت. بنابراین، دفعه بعد که مسئله‌ای رخ داد، همسرش بیشتر او را می‌ترساند که باعث شد پرهام حتی بیشتر از همسرش بترسد. بنابراین به نظر می‌رسد هر دو در یک مسیر مارپیچی پایین و بی‌انتها گرفتار آمده‌اند که روان‌شناسان آن را مشکل «مقاومت» می‌نامند. یک نفر خلاقیت‌هایش بیش از حد است و نفر دیگر بسیار کم. ضمن گفت‌وگو سه تایی در چندین جلسات لازم

1- Assertive

دیده شد تا طرف مسلط‌تر را تشویق بکنیم که موقتاً خشم خود را کنار بگذارد که بتواند به آسیب‌پذیری بخش‌های عمیق‌تر روح خود دسترسی پیدا کند.

تشخیص عقاید مربوط به استقلال و مقاومت یک حقیقت اساس رابطه سالم در پویای پیوند مهرآمیز است. دستیابی به این ویژگی‌ها بسیار رنج آور و مشکل است. در حقیقت پذیرش این نکته که نمی‌توانیم کاملاً مالک انسان دیگری باشیم، در وهله نخست، ترسناک است. زیرا ترس طبیعی ترک مردن و رها ساختن را بیدار می‌سازد، ولی تنشی که در حین سعی ما برای ایجاد «توازن» بین وصل و جدایی به وجود می‌آید، چیزی است که روابط ما را طی سال‌های طولانی، زنده و پرهیجان نگاه می‌دارد. این در واقع چیزی است که روابط سست و بی احساس را از روابط پویا جدا می‌سازد.

از پویایی شناسی روابط سالم، مفهوم مقاومت مفید و قابل توجه است. در یک رابطه سالم، مقاومت کلی یک فرد با مقاومت کلی فرد دیگر متفاوت است.

تسلیم شدن متناوب و زیرکانهٔ/ رندانه فردی به فرد دیگر است که آن خانه اشتیاق و علاقه نادیده گرفته مهیا می‌گردد. مریم به سوی پرهام حرکت می‌کند و خواسته خود را اعمال می‌کند و پرهام مشتاقانه تسلیم می‌شود. و پرهام به سوی مریم حرکت می‌کند و خواسته خود را اعمال می‌کند و پرهام مشتاقانه تسلیم می‌شود. و پرهام به سوی مریم حرکت می‌کند و خواسته خود را اعمال می‌کند و مریم منفعلانه و ظاهراً تسلیم می‌شود. این رقص اعمال کردن و تسلیم شدن که هر دوی آنها در آن شریک و خواهان آن هستند و آن را می‌پذیرند، دلیل موجه زیبایی، جاویی و کیمیای عشق آنهاست.

الگوهای پیوند:

در اینجا می‌خواهم به بخش کوچکی از مرحله بالینی و مفید آشنا شویم. قبلاً نقش خانواده را به شکل خلاصه بازسازی و در امر درمان از آن استفاده نمودیم. تلاش گسترده نیاز دارد که به تفصیل شرح دهم که این الگوها واقعاً چگونه عمل می‌کنند. به روی کاغذ آوردن و نقشه و طراحی ریشه خانواده از نظر ژنتیکی

کشیدن به ما کمک می‌کند تا دیدگاه‌ها و آگاه‌های ما درحالی‌که نقشه‌های ژنتیکی در حال رشد کامل شدن و ژرف‌تر شدن پیش می‌روند.

مو یا محمد یک مدیر اجرایی قوی و موفق است که توسط کارفرمای خود به من مراجعه کند، هر چند در همان نخستین جلسه با خیال راحت و به شوخی می‌گفت: «اگر کارفرمایش او را نفرستاده بود؛ همسرش او را می‌فرستاد.» در حقیقت همسر او الهام آماده بود در صورتی که مسائل و مشکلات موجود درخانه تغییر نکند، از طریق دادگاه اقدام به جدایی کند.

می‌گفت که کارفرمای او به دلیل عصبانیتش او را رجوع داد و همسر او هم نیز از همین مسئله شاکی بود. از او پرسیدم که همسر یا فرزندان یا مردم را در سرکار کتک زده است؟ گفت: چنین کاری نکرده است. او بی جهت حالت انتقادی داشت، کمالگرا و فروتن بود. با مردم تند و به‌طور نامناسبی خشن و بد اخلاق بود. محمد آماده بود بپذیرد که مشکلی دارد و اینکه بیش از این نمی‌تواند مشکل خود را انکار کند.

وی بنا به پیشنهاد من بعد از ماها نقشه خانوادگی خود را تکمیل کرد.
او اطلاع چندانی از پـدر بزرگ و مـادر بزرگ مادری و پـدری خود نداشت.

و راجع به این حقیقت فکر نکرده بود که ما انسان‌ها هم‌چنان که رشد می‌کنیم بزرگ می‌شویم، تمایل داریم آنچه را که با آن بزرگ شده‌ایم، به عنوان امر طبیعی بپذریم.

برای مثال مردانی که هنگام کودکی پدرشان آنها را کتک می‌زد، اغلب می‌گویند: «آن زمان بچه‌ها را این‌طور پرورش می‌دادند، همه دوستان من هم پدرشان گاهی اوقات آنها را کتک می‌زدند، این یک مسئله عادی بود.» پدر و مادر محمد هیچ‌وقت از پدر و مادرشان پیش او حرف نزدند. او وقتی که در حال رشد کردن بود؛ مادرش، مادر بسیار خوبی بود. «او همیشه در حال پخت‌وپز، دوخت‌ودوز و اطمینان پیدا کردن اینکه خوب می‌خوریم، خوب می‌پوشیم و در مدرسه به خوبی درس می‌خوانیم. درست مثل یک مادر کاملاً منظم و خوب قدیمی.»

البته هر یک از ما با تعبیر و از تصاویر ذهنی (نقاشی امپرسیونیستی یا مکتب تجسم) مربوط به دوران کودکی خود و والدین مان وارد دنیای بزرگسالی می‌شویم. محمد خواهرش را به عنوان «ملکهٔ باشگاه ورزش» توصیف کرده بود و بیشتر با لحن توهین آمیز او خواهرش را بیش از حد نگران سر و وضع ظاهری خود می‌دید.

محمد می‌گفت: مادرم هم گاهی به نظر می‌رسید ما عروسک‌های نمایش خیمه شب بازی او هستیم وقتی مهمانی می‌رفتیم یا مهمان می‌آمدند، ما برادر و خواهرها باید بسیار آراسته و حتی ماشین ما هم تمیز، کار مادر بی نقص به نظر می‌رسید. تصویر افراطی مادر دلیلی بود که او احساس می‌کرد باید از خانواده خود دفاع کند. به جای آنکه تلاش کند تصویر روشن‌تری از آن برای خود بسازد.

محمد برای لحظه‌ای کوتاه با لحنی غمگین گفت: به خاطر این موضوع بیشتر از او رنجیده خاطر هستم تا آنکه مایل باشم آن را بپذیرم. او مادر بسیار خوبی بود ولی کمبودی احساس می‌شد، فقط آرزو می‌کنم اوقاتی را با او سپری کنم، می‌دانید اوقاتی که بتوانم با او سپری کنم.

پرسیدم: آیا تا به حال از مادر خود پرسیده‌ای، دوران کودکی او چگونه بوده؟ دوستان او چه کسانی بودند؟
بعد از چند هفته که محمد به شهر مادرش سفر کرده بود؛ به دفترم مراجعه کرد صورتش حالتی داشت که من هرگز ندیده بودم. او گفت که این سفر تجربه‌ای بود که زندگی او را تغییر داد که به نقشه ژنتیکی خود اضافه کند. من عصبانی نبودم، کنجکاو بودم، من به ماجرای او به خاطر خود ماجرا علاقه‌مند بودم. به همان طریقی که شما به ماجرای من علاقه دارید. او سبک‌بار شد انگار آمادگی آن را داشت.
من پرسیدم چه چیزی کشف کردی؟
«آنچه مرا تحت تأثیر قرار داد، درد و دل کردن مادر با هق هق گریه بود و گفت که پدرش او و دو خواهرش را در کودکی مورد تجاوز اخلاقی و فیزیکی قرار می‌داده صدای محمد در هم شکست و اشک‌های او از چشمانش سرازیر

شدند: مادر من بسیار پیر، آسیب‌پذیر و بسیار شرم‌زده بود به جای مادر قوی و کنترل‌کننده و کمالگرای من... بسیار بسیار دردناک بود آن صحنهٔ پیش رویم.»
برای هر دوی شما ماجرای بسیار غم‌انگیزی بود. گاهی زندگی در کم‌ترین لحظه به قدری زیبا و به قدری رنج‌آور است که فهم ما از قدرت درک ما خارج است

محمد اضافه کرد: من همیشه در گوشه‌ای از اعماق قلبم احساس می‌کردم که تکهٔ بزرگی از یک تصویر، گم شده است. این مسئله چیزهای زیادی را تشریح می‌کند. من دختری کوچک و ترسیده و شرمسار را دیدم که پدر و مادرش به او خیانت کرده بودند و هر روزی به مدرسه می‌رفت. درحالی‌که راز هولناک را با خود حمل می‌کرد. و می‌کوشید در دنیای آشفته خود ظاهر طبیعی خود را حفظ کند و هر روز و هر روز کرخ‌تر و سست‌تر می‌شد.

تعجب ندارد که ویژگی کنترل از معدود انتخاب سالمی بود که پیش روی او قرار داشت. با آگاهی از این امر وقتی شرم و اضطراب بیش از حد هم زمان با هم غلیان کنند، این رفتار اهمیت دارد.

اشاره کردم تضاد درونی شما و مادرتان بسیار عمیق است. محمد متفکرانه لبخند زد و گفت: همین طور است؛ حالا من ریشه حقایق عصبانیت را می‌فهمم.

و اضافه کرد: از وقتی که من و شما در چند ماه گذشته راجع به مسئله عصبانیت کار کرده‌ایم، می‌توانم تفاوت عمده‌ای را در نحوهٔ رفتار مردم اطراف خود احساس کنم. می‌توانم درک کنم بسیار، احمق و نادان بوده‌ام. از همه مهم‌تر دیداری هم با خواهرم سیما داشتم، او به من چیزی از خویشتن حقیقی خود نشان داد بسیار آسیب‌پذیر بود. همه احساساتی را که زمانی منفی می‌دانستم ترس، آسیب، خجالت، تنهایی، خشم بیرون ریخته شد. من سیما را در حالی ترک کردم که با او یک رابطه همه جانبه برقرار کرده بودم.

گفتم خواهر تو هم هر لحظه از بیداری خود را با این ترس وحشتناک سپری می‌کرد. نتیجه نهایی اینکه آن است که او انسان کم عمق و سطحی بوده و نسبت به کمال ظاهری دچار وسواس و عقدهٔ روحی بوده است. ولی از درون پوچ و تهی است. او مسلماً دومین فرزند خانواده است. و هر پیشامدی، تأثیر این ترتیب

ولادت کاملاً آشکار است.

حالت دفاعی قدیمی محمد بعد از ملاقات با مادر و خواهر درهم شکستند. گفت: من به یک دلیل ناآگاهانه، از مادر خود عصبانی بودم و آشکاراً نسبت به خواهر خود خشمگین. در مورد مادر تا حدی درک و احساس دلسوزی می‌کنم و می‌فهمم که چرا او انتخاب کرد در مورد ظاهر خانوادهٔ خود تأکید بیش از حد داشته باشد او به دلیل آن راز وحشتناک بیش از حد شرمسار بود و بار سنگینی به دوش می‌کشید. او کاری را انجام می‌داد که یک دختر کوچک و قوی جهت بقا انجام می‌داد. او بهترین کاری را که می‌توانست بکند انجام داد. و می‌توان فهمید که چرا چنین کاری کرد و همچنین او دارای قدرت، شخصیت و عشق و علاقه عظیمی بود که به شیوهٔ خود به روش من تفاوت دارد؛ آن را بیان می‌کرد. و من می‌توانم به خاطر آن که از نظر احساسی از من فاصله دارد و شخصی کنترل کننده و کمالگرا است؛ از او عصبانی باشم و می‌توانم از اینکه مادر من است؛ سپاسگزار بوده و به او عشق بورزم. همهٔ این‌ها هم اتفاق می‌افتد.

بله، وقتی همه جنبه‌های زندگی را پذیرا باشیم، زندگی بسیار آسان‌تر و به نوبه خود ارزشمند می‌شود.

از محمد پرسیدم: در رابطه با ازدواج خود چه حسی داری؟ این مورد از همه مورد بهتر است و حالا من می‌فهمم که چرا الهام را در وهله نخست انتخاب کردم. او ملایم‌تر و مهربان‌تر از من بود. و می‌توانستم نسبت به او بی‌احساس باشم و او را آزار دهم. ولی او می‌توانست نسبت به من به حدی گرمی و عاطفه داشته باشد که مادرم نمی‌توانست. ولی در پشت همهٔ این مسائل، الهام قدرت مادر من را دارد؛ زیرا سرانجام در مقابل من سرسختی و لجاجت نشان داد و گفت: «تو باید در مورد عصبانیت خود کار بکنی. در غیر این صورت...» این که خونگرم و عاشق و نگران من بود؛ به من این فرصت را داد تا باور کنم حتی اگر در گفته خود جدی است؛ فرصتی دارم که ازدواجمان را حفظ کنم. این که اگر تغییر کنم، او صددرصد کنار من باقی خواهد ماند.

گفتم به او شما فردی ملایم‌تر نظیر پدر خود ولی مصمم و صریح نظیر مادر خود

را انتخاب کردید. «بله»

* وقتی زندگی مسیرش به سمت دشوارتر شدن عوض می‌شود، ما به سمت قوی‌تر شدن تغییر مسیر می‌دهیم.

تعهد در روابط با خود و دیگران:

اگر ما درگیر افکار خود بشویم، گویی شرایطی را تجربه می‌کنیم که مثل این است که در گوشمان پنبه گذاشتیم و به موسیقی مورد علاقه‌مان گوش می‌دهیم یا عینک آفتابی به چشم می‌زنیم و فیلم مورد علاقه خود را تماشا می‌کنیم. هنگامی که با دست چشم‌های خود را می‌پوشانیم، دیگر دنیای اطراف خود را نمی‌بینیم، اما هنگامی که دستان خود را بر می‌داریم، بر دنیای اطراف متمرکز می‌شویم. اگر می‌خواهیم بیشترین نتایج را در زندگی کسب کنیم، باید کاملاً آماده باشیم. آگاه و هم گام با آنچه پیرامون ما در جریان است. به این مهارت «تعهد» گفته می‌شود. ارتباط ما با دنیای اطراف از طریق آنچه می‌بینیم، می‌شنویم، لمس می‌کنیم و می‌چشیم و می‌بوییم است.

دکتر روس هریس در کتاب اعتماد به نفس گمشده[1]، در مورد قدرت تعهد می‌گوید: «چنانچه می‌خواهید خوب حرف بزنید، در نگارش، مهارت کسب کنید یا در رقابت‌ها برنده شوید، باید از نظر روانی آماده باشید. در حقیقت باید با آنچه در حال وقوع است؛ در ارتباط باشید.» برای مثال در حال تنیس بازی به جای توجه به حرکت توپ، بر افکارمان متمرکز شویم. هنگامی که در مورد اعتمادبه‌نفس فردی نظر می‌دهیم، نمی‌توانیم درباره احساسات و افکارش قضاوت کنیم اما می‌توانیم کاری را که انجام، ببینیم. ما شاهد رفتار این‌گونه افراد هستیم. همان طور که می‌بینیم، تعهد بخشی جدا ناشدنی از اعتمادبه‌نفس است. فراموش نکنیم افکارمان تنها زمانی مشکل ساز می‌شوند که ما را اسیر خود کنند. اگر از آنها رها شویم، می‌توانیم بر انجام کارهای مهم‌تری تمرکز کنیم. یادگیری مهارت‌های فکری در ابتدا ممکن است دشوار به نظر رسد، اما با تمرین آسان‌تر

1- The Gap Confidence

خواهد شد. این یعنی می‌توانیم مهارت‌های خود را کم‌کم تقویت کنیم تا بتوانیم در شرایط دشوار روابط صمیمی خود به کار گیریم.

چگونه حد و مرز خود را محکم کنیم:

اقوام و بستگان کسانی هستند که آنها را صمیمانه دوست داریم. از سوی دیگر همین اشخاص بیشترین تقاضا و درخواست را از ما می‌کنند. به نتیجه رسیدیم که باید همه را همیشه راضی و خشنود نگه داریم. معتقدیم این وظیفه ماست که مسائل و مشکلات آنها را حل کنیم و آرامش را در سطح خانواده حفظ نماییم. اما اگر به این نتیجه رسیده‌ایم که پیوسته باید مطابق میل و خواسته افراد خانواده و بستگان ظاهر شویم، بهتر است در کار و در برداشت خود از زندگی تجدید نظر کنیم.

دکتر سوزان نیومن در کتاب «نه بگویید و مهر طلبی را برای همیشه رها کنید» می‌نویسد: «وقتی پیوسته به دیگران جواب مثبت می‌دهید، به خودتان جواب نه می‌دهید و خود را در درجه دوم، چهارم یا درجه آخر قرار می‌دهید. این‌گونه شما به خود و افراد خانواده‌تان می‌گویید که مهم نیستید. می‌گویید آنها مقدم بر شما هستند.»

چگونه حد و مرز خود را محکم‌تر کنیم[1]؟

با آنکه بستگان و دوستان می‌توانند بسیار خوشایند و لذت‌بخش باشند، در مواقعی خلوت ما را ممکن است با تقاضای بی تناسب و یا با انتظارات بیجایشان بر هم زده و آرامش ما را از بین می‌برند.

بازسازی و دفاع از حدومرز از میزان ناراحتی‌ها و دلسردی‌ها می‌کاهد تا فرصت بیشتری پیدا کنیم و از خشم خود نسبت به کسانی که فکر می‌کنیم، اوقات ما را به هدر می‌دهند بکاهیم.

زمان آن رسیده است که کمی به خود بیاییم و دیگر آن کسی نباشیم که اجازه دهیم تا مورد سوء استفاده قرار گیریم. می‌توانیم موقعیت خوب خود را در سطح خانواده حفظ کنیم و به انتظارات و توقعات غیرمنطقی جواب:(نه) بدهیم. جواب: (نه) سنگ زیر بنای رسیدن به احترام به خود و دروازه عبوری است تا

1- How to keep our Boundaries?

بتوانیم به احساس بهتر برسیم و بیشتر سررشته امور زندگی را به دست گیریم. اگر به راستی می‌خواهیم بر امور زندگی خود مسلط باشیم، باید از خودمان حمایت کنیم و معنای این آن است که در مواردی باید به کسانی که آنها را دوست داریم جواب نه بدهیم.

۱. سناریو: شیرین با خواهرانش هر ماه یکبار جمع می‌شدند، خواهرانش مرتباً اشتباهاتش را به او گوشزد می‌کردند و از کارهایش ایراد می‌گرفتند. شیرین به آنها گفته بود که طرز رفتارشان او را رنج می‌دهد، اما آنها رفتارشان را تغییر ندادند. هر ماه شیرین به خود گفت این بار متفاوت خواهد بود اما آنها کار همیشگی خود را ادامه دادند.

پاسخ من به شیرین این بود: «نه نمی‌توانم شرکت کنم.» او مجبور نیست که توضیحی بدهد یا بهانه‌ای بیاورد و در جمع آنها دیگر حاضر نمی‌شود. زیرا شیرین دختر بالغ و بزرگ است.

۲. سناریو: الهام ممکن است که برنامه غذای گردهمایی افراد خانواده را ترتیب بدهی؟

برنامه‌ریزی غذا برای سی یا چهل نفر، حتی اگر الهام آشپزی نکند مسئولیت بسیار سنگینی است.

افراد خانواده فکر می‌کنند چون الهام آشپزی را دوست دارد مناسب برنامه‌ریزی غذا برای همه می‌باشد.

پاسخ من به الهام این بود: «نه من ترتیب نهار را می‌دهم، اما بقیه کارها را کس دیگری انجام دهد.»

۳. سناریو: «مسعود به خواهرش مهری: می‌دانم باید به تو زودتر می‌گفتم، اما آیا امکان دارد که بتوانی در تعطیل آخر هفته از بچه‌های من مراقبت کنی؟»

نکته: خواهر، برادر، خواهرزاده در لحظه آخر خواسته‌هایشان را با شما در میان می‌گذارند. آنها مرتب این کار را می‌کنند و مهری هم به کمکشان می‌رسد.

از آنجایی که وقتی در آخرین لحظه از شما می‌خواهند از فرزندانشان مراقبت کنید، شما این کار را برای آنها می‌کنید، این بار هم از شما انتظار دارند که این کار را بکنید. در نظر مسعود و خانواده او این بار و هر بار می‌توانند روی تو حساب

کنند.

پیشنهاد من به مهری این بود: «این هفته نمی‌توانم بپذیرم. من همیشه از اینکه با بچه‌ها وقت صرف می‌کنم خوشحال می‌شوم، اما لازم است که در این زمینه به من زودتر اطلاع بدهید.»

٤.سناریو: رابطه با خویشاوندان سببی، همسر و خانواده همسر و هم زمان با آن راضی نگه داشتن پدر و مادر کار بسیار دشواری است.

خانواده همسر ممکن است سلیقه‌های متفاوتی داشته باشند، نقطه نظرهایشان در مورد خانواده و وظایف خانوادگی متفاوت باشد. عروس یا داماد برای خانواده همسر تغییراتی به وجود می‌آورند که ممکن است خوشایند آنها نباشد. در این شرایط بستگان سببی می‌توانند زندگی شما را دشوارکنند و این البته به شرطی است که شما این اجازه را به آنها بدهید. در این موقع پاسخ «نه» می‌تواند به یک ابزار مفید تبدیل گردد.

۵. سناریو: ماندانا: «نه گفتن به شریک زندگیت از همه سخت‌تر است. زیرا معمولاً نمی‌خواهی کسی را که با او زندگی می‌کنی از خود برنجانی و از سوی دیگر ناراحت شدن خودتان را هم نمی‌خواهید. معمولاً نه گفتن به کسی که دوستش دارید و می‌خواهید خواسته‌هایش را برآورده سازید دشوار است و به همین دلیل به او جواب آری می‌دهید. و در نتیجه خودتان ناراحت می‌شوید.

- وقتی در زندگی مشترک مساوات بیشتری حاکم باشد؛ از میزان ناراحتی‌ها کاسته می‌شود.
- مراقبت از فرزندان تمام نشدنی است. اگر می‌خواهیم از فرصت‌هایی برای خود استفاده کنیم، اگر می‌خواهیم نیروهایمان را ذخیره کنیم، اگر می‌خواهیم از منابع خود محافظت کنیم، در جای مناسب جواب «نه» بدهیم احساس گناه هم نکنیم.
- لحن صدای در انتقال پیام‌های«نه» ما بیش از کلماتی که در این خصوص به کار می‌بریم اهمیت دارند. چگونه «نه» گفتن ما اهمیت فراوانی دارد.

تقویت عزت نفس:

عزت‌نفس یعنیً ارزشمند دانستن خود و داشتن تصور بسیار خوب از خود اعتماد که معمولا از عزت‌نفس نشأت می‌گیرد و به معنی مطمئن بودن از خود، زیاد عصبی نبودن، نترسیدن و خجالتی نبودن در تمام موقعیت‌هاست.
برای مثال:
- از آنچه هستیم خوشحالیم.
- به قدرت‌ها و از دستاوردهایمان آگاهی داریم.
- توانایی برای پاسخگویی به خواسته‌هایمان را داریم.
- قادر به بیان احساس خود هستیم.
- توانایی لبخند زدن به خود را داریم.
- خود را به راحتی حقیر نمی‌دانیم و بعید است دیگران را دست کم بگیریم.
- از ایجاد چالش استقبال می‌کنیم.
- می‌توانیم کمک دیگران را بپذیریم.

نیکی هاوس هولد در کتاب «اعتماد و عزت‌نفس» می‌گوید: شخص با عزت نفس، با دیگران راحت است. در برقراری ارتباط با دیگران توانمند است. خودش را دوست دارد. به خودش متکی است. توانایی پذیرش و قبول اشتباهات را دارا است. یگانه و منحصربه‌فرد است. و از اینکه مضحک به نظر برسد نگران نیست.
بنابراین می‌توانیم از لحظات خوشایند لذت ببریم و حمایتی که به هنگام مشکلات نیازمند آنها هستیم با آگاهی و با اشتیاق درخواست کنیم.
برای مثال:

* کمک بطلبیم برای تشخیص اینکه نیازمند، و ارتقای اعتمادبه‌نفس هستیم.
* درخواست کمک از مشاور به وسیلهٔ کسانی و حتی مستقیم خودمان در مواردی که احساس بدی درباره خویش داریم.
* کمک خواستن برای پیدا کردن راهی جهت شناسایی و قدردانی از نقاط قوت شخصیت خود.
* دریافت کردن پیشنهاد و روش‌های عملی برای ارتقاء اعتماد و اطمینان.
* برای دریافت پیشنهادهایی جهت گرفتن کمک های آتی خود بکوشیم.

ایجاد انگیزه در عزت نفس:

باید در نظر داشته باشیم شیوهٔ پشت سر گذاردن مشکلات و درس‌هایی که از آنها می‌گیریم باعث رشد و ایجاد انگیزه ما می‌شوند.
برای ساختن و تقویت عزت‌نفس نیاز به مغزی مملو از پیام‌های مثبت داریم. مانند تشویق در موارد نقاط قوت و توانایی‌هایمان، تشخیص خصوصیات خوب یک جنبه‌ای از شخصیتمان مهمی از ساختمان عزت‌نفسمان به حساب می‌آید.

در تمرین و تکلیفی که با زوج مراجعم داشتم از آنها خواستم بعضی از خصوصیات نقاط قوت دوران کودکی را درخود شناسایی کنند:

* یاد گرفتن لبخند (دوستی) سازگاری.
* یادگیری چهار دست و پا راه رفتن (کنجکاوی).
* یادگیری راه رفتن و دویدن (انرژی).
* یادگیری حرف زدن و خندیدن (ارتباط و شادمانی).
* یادگیری خواندن، نوشتن، نقاشی، آواز و یا رقصیدن (هوش و ابراز وجود).

فهرستی از تمام دستاوردهای زمان تولد و ورود به مدرسه اگر از نقاط قوت آغاز کنیم بهترست شامل: سازگاری، شجاعت، کمک کردن به افراد، ملحق شدن، کسب صلاحیت و...

حالا به این فهرست نگاه کنیم و به خود تبریک بگوییم. ما احتمالاً دستاوردهایی بسیار بیشتر از آنچه که تصور می‌کردیم داشته‌ایم. تشخیص دست آوردهایمان اهمیت زیادی دارد که در انگیزه‌مان به جای «من نمی‌توانم» را به «من می‌توانم» تغییر دهیم. هر چیزی که در ما احساس مثبت و خوبی ایجاد می‌کند انجام دهیم مثلاً:
سیما از فعالیت‌های تازه، توسعه ارتباطات با دوستان و آواز خواندن و ورزش روزانه در باشگاه لذت می‌برد و در او حس خوبی ایجاد می‌کرد.
علی هم از نگاه کردن به برنامه ورزشی تلویزیونی و از خوردن غذاهای دریایی و نواختن گیتار و نوشتن قطعه شعر لذت می‌برد.
پس تشخیص خصوصیات خوب یک بخش مهمی از ساختمان عزت‌نفس ما

است. من هم چندین نقاط قوت زوج اشاره شده بالا را اضافه می‌کنم:

سازگاری[۱]

ماجراجوئی[۲]

با احساس و عاطفه بودن (عاطفی)[۳]

بلند پروازی[۴]

هنرمندانه[۵]

تعادل[۶]

آزاد منشی و آزاد اندیشی[۷]

مسئول بودن[۸]

ملاحظه کاری[۹]

شجاعت و خلاقیّت[۱۰]

کنجکاوی و با اراده[۱۱]

قابل اطمینان و با وفا بودن[۱۲]

پر انرژی و اشتیاق[۱۳]

صمیمیت و شوخ طبعی[۱۴]

بخشندگی و پاک نهادی[۱۵]

1- Adaptable
2- Adventurous
3- Affectionate
4- Ambitious
5- Artistic
6- Balanced
7- Broad Minded
8- Caring
9- Considerate
10-Courageous and Creative
11- Curious and Determined
12- Dependable and Faithful
13- Energetic and Enthusiastic
14- Friendly and Fun
15- Generous and good natured

پویایی در پیوند مهرآمیز / جلد دوم

شادمانی و صداقت[1]
مهربانی و دوست داشتنی بودن[2]
همدلی و مردم‌دار و موقعیت‌شناس بودن[3]
و آگاه، پویا، خوش قلب و متواضع و صدها صفت خوب که در هر فرد وجود دارد. خیلی از این صفات در مورد شما هم صادق است. هر وقت احساس ناامنی و منفی نسبت به خود کردید فهرست دست آوردهای مثبت خود را با جان لطیف، شفاف و روشن بخوانید و اجازه پیام‌هایی را به خود می‌دهید که قاطعانه هر نوع نگاه منفی را در ما خنثی کند.

عرفان عاشقانه می‌گوید: اگر ما آداب و ادب عاشقی بلد نباشیم، از جنس عشق و دارای بنیه عاطفی قوی نیستیم بلکه طلب کاریم. عشق بافتنی نیست بلکه یافتنی و معشوق را نباید بیازارد. دل ما هم مثل روانمان تولد، کودکی، سلامتی بیماری و رشد و بلوغ فراینده دارد.

برای اینکه افکار منفی را به تصدیق‌ها مبدل نکنیم، باید وقتی به خاطر انجام کارهای خوبی که کردیم، برای خود ارزش قائل شویم تا عزت و اعتماد به نفس خود را تقویت کنیم.

به راستی کسی وجود ندارد که صادقانه ادعا کند که مرتکب شکست‌ها و اشتباهات نشده است. مگر اینکه مثل سیاوش که مرتکب شکست عمده‌ای شده، که به شکست خود به گونه‌ای نگاه می‌کند که منجر به عقب نشینی بـزرگ و ناامیـدی به قضـاوت‌هـایی مثـل دیگر:

«مفید نیستم، بیهوده و درمانده‌ام»، آن وقت سیاوش با شدت بیشتر باید تلاش کند که با یک چالش جدید روبه‌رو شود. من با سیاوش در بررسی چالش‌های زندگی‌اش یاد گرفتیم که میزان موفقیتمان را با میزان شکست‌ها بالا ببریم به عبارت دیگر هر شکستی مثل وسیله‌ای برای پیشرفت و قدم گذاشتن بر جاده موفقیت ما باشد.

1- Happy and Honest
2- Kind and likeable
3- Sympathetic and Tactful

دکتر دنیس اس ویتلی می‌گوید: شکست باید معلم ما باشد. شکست تأخیر است؛ ناکامی نیست یک مسیر انحرافی موقتی است؛ رسیدن به بن‌بست نیست. اگر حرفی نزنیم و کاری نکنیم و کسی نباشیم، شکست معنا نخواهد داشت.

حقیقتی است که خوشحال‌ترین آدم‌ها آنهایی هستند که شکست را می‌پذیرند، از آنها درس می‌گیرند و سپس با دلی شاد و مسرور به سمت کار بعدی می‌روند. گاهی ایجاد تغییر و رسیدن به روزهای خوب مستلزم تجربه‌ای تلخ است.

عدم اعتمادبه‌نفس باعث عدم موفقیت در روابط زناشویی نیز می‌شود.

جعبه حقیقت

نیوشن از شوهرش نیما شکایت می‌کرد که اگر منزل ما خیلی آراسته نباشد او کلافه و بدخلق است. وقتی با نیما به گفت‌وگو نشستیم و از او خواستم از کودکی خود بگوید.

او گفت: «من با توقع و انتظارات والدین مشکل‌زا، روبه‌رو بودم. والدین من با فشار زیادشان مرا وادار به کاری می‌کردند که بیشتر از توانایی من بود».

در شناخت درمانی دریافت می‌شود: اگر ما بتوانیم از آنچه که دیگران از ما می‌خواهند منفک بشویم کار مهمی انجام داده‌ایم. مسئله بسیار مهم برای عزت‌نفس، آگاهی از میزان پیشرفت است؛ اینکه تمام تلاش خود را کرده باشیم به جلو پیش می‌رویم.

نیما مرتباً از طریق والدین خود مقایسه، تحقیر و مورد سرزنش قرار می‌گرفت. او حالا یک اخلاق کمالگرا پیدا کرده بود و گاهی دچار احساس شکست می‌شد. نیما باید به هورمون‌های بالای استرس و اضطراب خود که سبب افکار مهاجم نفوذگر مثل سم هستند آگاه و برخورد جدی بکند. در غیر این صورت آن افکار گرفتار به بهترین شکلی به کودکی نیما کمک می‌کرد تا توانایی کمی را تجربه کند. همهٔ این افکار در رفتارها آنها ناشی از کودک پروری ناسالم و عاطفه نابالغ او بودند. نیما باید با فکر نکردن در مورد شکست‌ها و نادیده گرفتن آنها و روی موفقیت‌ها متمرکز بشود و با افراد مثبت‌اندیش معاشرت کند. نیما، توان ارتباط برقرار کردن با خویشتن، هویت من همانی (همه هستی منم) به جوهر وجودی

خودش فضای رشد بدهد. و سلامت عاشقانه را تجربه کند.

لازم است که اشاره کنم که متأسفانه، همیشه نمی‌شود از آدم‌هایی که منفی هستند اجتناب کرد، خصوصاً اگر با آنها همکار باشیم یا جزئی از فامیل یا خانواده ما باشند. اما مهم است که از تأثیرات آنها روی خود، آگاه بوده و تا جایی که ممکن است وقت کمتری را با آنها سپری کنیم. به عبارت دیگر وقتی دورو برمان پراز نگرش‌های مثبت و مردم حمایت‌کننده هستند، احساس بهتری در مورد خود پیدا خواهیم کرد. و این مسئله به رشد عزت‌نفسمان بسیار کمک می‌کند. پس سعی کنیم که شخصیتی از خود خلق کنیم که یک شبکه حمایتی از افراد مثبت که احساس خوبی در ما به وجود آورند. احساس وفاجویی، با بافت عاطفی وفاداری، هم دلی با یک چالش بالغ و با یک اراده معنوی و تلاش انسانی اخلاقی باشند.

نیوشین با همسرش بعد از چندین ملاقات با من، با اظهار رضایتمندی از نتیجهٔ صحبت‌ها و تمرین‌ها، این‌طور اضافه کرد: «وقتی جوان بودم، من هم در اثر کنترل در خانواده و ترس اجازه نداشتم احساساتم را بیان کنم، تدریجاً در اجتماع در سخن گفتن مشکل پیدا کردم. تنها معنایی که در ذهنم از ابراز خود وجود داشت نوشتن بود و آواز خواندن و اینها تنها راهی بود که باعث می‌شد خود را از مشکلات دور کنم. وقتی همه زندگی‌مان دچار مشکل بود. شکلی که مغز من از هیئت روانی گسسته عاطفی منجر به نوعی بی‌حسی و بی‌پرده و حجاب عاطفی که فقط در یک جعبه استخوان امروز دارم متوجه می‌شوم که دست آوردهایی که بعد از تلاش به آنها رسیدم، واقعاً ارزشمند بوده‌اند.»
نیوشین توانست با شناسایی از نکات مثبت خود و با همان مهارت و تئوری: وقتی زندگی مسیرش به سمت دشوارتر شدن عوض می‌شود ما باید به سمت قوی‌تر شدن تغییر مسیر بدهیم.

نیوشین و نیما علامت‌های حسی همدیگر را قادر نبودند بخوانند که موجب فعال شدن هورمون‌های دلبستگی، صمیمیت و وصلت عاطفیشان می‌شد. جان روان رنجور آنها جهان ارتباطیشان را نمی‌توانست به هم وصل کند. برای همین باعث قطع ارتباط حسی و مغزی آنها که در اثر تجربه‌های سخت عاطفی منجمد شده

بودند می‌کشت.

کمک‌های روان‌درمانی و تکنیک‌های آن احساس امن و تجربه‌های تصحیحی بسیار مفیدی هستند. گاهی دوست، همسر و رفیق سالم می‌تواند این کار را با ایجاد فضای احترام، آزاد و امن به وجود آورد.

تونی رابینز درکتاب «غول درون را بیدار کنید» می‌نویسد: تعریف من از تغییر مسیر به موفقیت این است که طوری زندگی کنیم تا احساس لذت فراوان و احساس تألم (دردمندی) اندک بکنیم. کاری کنیم که اشخاص پیرامون ما بیش از آن اندازه که رنج می‌برند، غرق در لذت و شادی شوند.

در اینجا به شناسایی و بازسازی مهارت‌هایمان می‌پردازیم. تنها زمانی باید نسبت به انجام کاری اطمینان داشته باشیم که بتوانیم به خوبی از عهده آن برآییم.
به عنوان مثال سارا تازه درسن ۳٤ سالگی شنا یاد گرفته است. فکر می‌کنید درست است که سارا نسبت به شنا در اقیانوس اطمینان داشته باشد؟
البته که نه. تنها زمانی می‌تواند انتظار چنین احساسی را داشته باشد که به خوبی شناگر باشد.
حال سؤال این است چطور می‌تواند در انجام این کار موفق شود؟
دایره اعتماد:
برای موفقیت در انجام هر کاری باید دایره چهار مرحله‌ای اعتماد را پشت سر گذاشت:

۱. تمرین مهارت، ۲. کاربرد درست آنها، ۳. ارزیابی نتایج،
٤. اصلاح آنها در صورت لزوم.

۱. تمرین مهارت:

اگر می‌خواهیم یک سخنران با اعتمادبه‌نفس باشیم، باید در مورد موضوع مورد بحث به اندازه کافی تحقیق و مطالعه داشته باشیم. ممکن است چند مشکل ذهنی به وجود آید: نداشتن انگیزه، تمایل، احساس خستگی، اضطراب و ترس و غیره...
نکته: با خود مهربان باشیم، انتقاد را به تصدیق‌ها مبدل نکنیم.

وقتی به خاطر انجام کارهای خوبی که کردیم برای خود ارزش قائل نباشیم، عزت و اعتماد به نفس پایینی داریم. زمانی که ما در ارتباط با بچه‌هایمان و یا نزدیک‌ترهایمان مرتکب اشتباه می‌شویم خود را تنبیه نکنیم.

۲. کاربرد درست آنها:

تمرین مهارت‌ها بسیار اهمیت دارد اما برای موفق شدن در کاری، باید استفاده درست از آنها را نیز یاد بگیریم. باید از آسایش و راحتی خود بگذریم و در شرایط سخت زندگی واقعی قرار بگیریم. البته بدون ترس و اضطراب و تردید. آگاهی در کم‌رنگ کردن این نوع احساسات و تمرکز، نقش مهمی ایفا می‌کند.

۳. ارزیابی نتایج:

پس از کاربرد مهارت‌ها، باید نتایج را ارزیابی کنیم. چه کارهایی انجام داده‌ایم که به کسب نتایج بهتر کمک می‌کند؟ بدون سرزنش به خود بلکه از شکست‌ها آموزش بگیریم.

٤. اصلاح آنها در صورت لزوم:

براساس ارزیابی هر کاری، نتایج کارمان را اصلاح می‌کنیم. در طول این فرایند، مهارت‌هایمان را تقویت کنیم.

رویارویی با ترس:

ترس یعنی بی‌قراری، اضطراب، نگرانی، استرس، ناامنی و هراس و غیره... که در واکنش به تهدیدی واقعی یا فرضی، خود را نشان می‌دهد. جنبه فیزیکی ترس یعنی احساساتی که در بدن مان به وجود می‌آید: عرق کردن دست‌ها، تپش قلب ها، لرزش پاها، دلهره ها، به سختی نفس کشیدن، خشک شدن دهان، گرفتگی گردن، و غیره...

پر واضح است که افکار نقش بسیار مهمی را در ایجاد دوام و تشدید ترسمان ایفا می‌کنند. بهترین راه برای غلبه بر آن، رها سازی است. به بیان دیگر هنگامی که فکر، تصویر یا خاطره ترسناک را به یاد می‌آوریم، به آن توجه کنید نامی برای آن در نظر بگیرید و آن را بی اثر کنید.

بیشتر ما در کنترل احساساتی ناخوشایند همچون عصبانیت، ترس و ناراحتی ممکن است ناموفق باشیم. ترس هم یکی از همین احساسات ناخوشایند است. جامعه هم نیز اغلب ترس را بد می‌داند چون در رابطه با اعتماد و عزت‌نفس است بنابراین باید از شر آن دوری کرد.

یونگ نخستین بار واژه «سایه» برای اشاره با آن بخش از شخصیت به کار برد که به دلیل ترس و خجالت و نبود عزت‌نفس حقیر شدند. «سایه» آن کسی است که ما نمی‌خواهیم باشیم. او معتقد بود که یکپارچه شدن با سایه تأثیری والا و بنیادی دارد. که ما را در بازشناسی منشأ عمیق‌تر زندگی معنوی خود توانا می‌کند **یونگ می‌گوید**: ما باید با سایه که همان ترس‌ها هستند روبه‌رو شویم.

تمرین:

با سام بعد از یک ساعت گفت‌وگو به او نگاه کردم و گفتم تو خیلی هفت خطی؟ سام بعد از سکوت طولانی تکانی خورد و گفت: از کجا فهمیدید؟ من خودم می‌دانستم که هفت خطم، اما شدیداً می‌خواستم از این حالت خلاص شوم. بارها تلاش کرده بودم با دلنشین و بخشنده بودن، این ویژگی زشت را جبران کنم.

از سام پرسیدم: چرا از این جنبه خودت بدت می‌آید؟

سام گفت: برای اینکه احساس حقارت و حماقت به من دست می‌دهد و از این جنبه خودم خجالت می‌کشم. زیرا با زرنگی‌هایم موجب درد و رنج خودم و دیگران شده‌ام.

گفتم: «آنچه که مالک نشوی مالک تو می‌شوند.» سام اضافه کرد: آن زمان درک کردم که چگونه زرنگی مالک من شده است. همواره نگران این حالت بودم و نمی‌خواستم آن را داشته باشم. پرسیدم: زرنگی چه فایده‌ای برایت دارد؟ گفت: برای پیشبرد کارهای روزمرّه در این دنیا. گفتم: بله زرنگی نه تنها مفید است؛ بلکه ویژگی مهمی است و موهبتی است و نباید از آن شرمنده بود ما باید سعی کنیم به این جنبه اجازه وجود بدهیم و می‌توانیم از آن بهره‌مند شویم نه آنکه مورد بهره‌برداری آن قرار گیریم.

در جلسه بعدی که با سام و همسرش به گفت‌وگو نشسته بوده‌ایم.

سام گفت: از جلسه قبل تا به حال، زندگی من دگرگون شد. اینک قطعه‌ای دیگر از معما «بهبود» در جای خود قرار گرفته بود. بارها این گفته را شنیده بودم که: در برابر هر چه مقاومت کنی، تداوم می‌یابد. اما هیچ‌گاه به درستی معنای آن را تا به امروز نفهمیده بودم. با مقاومت نمودن در برابر «زرنگی» در واقع آن را در وجودم حبس کرده بودم، اما به محض آن که آن را در جلسه قبل پذیرفتم و به ارزشش پی بردم و دیواری را که کشیده بودم، فرو ریختم، این مشکل حل شد در حضور شما از همسرم پوزش می‌خواهم. از این پس زرنگی، بخش طبیعی و مفید از شخصیت من شده است اکنون دیگر نیاز ندارم زرنگ باشم، اما در صورت لزوم که البته در زندگی در این دنیا گهگاه پیش می‌آید، می‌توانم از این ویژگی بهره‌مند شوم. و خود را حفظ کنم.

معجزه سام این بود که ویژگی‌های مخرب را از زندگی خود طرد نماید و نکات مثبت آن را کشف و در زندگی به کار برد. بنابراین مسئولیت پدیده اصلی و عمده «سایه» را می‌پذیریم و با روش‌های دقیقی که می‌آموزیم به ارزش‌های آن پی می‌بریم.

یونگ می‌گوید: شخص با تجسم اشکال نورانی به روشنایی دست نمی‌یابد، بلکه با آگاه شدن به تاریکی به روشنایی می‌رسد.

برای سلامت روح و روانمان، حوادث ناشی از صدمات کودکی (تروماها) روحی روانی دوران کودکی را شناسایی و بازسازی نموده از طریق روان‌شناسی اقدام و پیگیری شود.

افکار منفی لزوماً ما راعقب نمی‌دارند. لازم نیست آنقدر صبر کنیم تا افکار مثبت جایگزین افکارمنفی شوند. ما می‌توانیم وارد عمل شویم حتی اگر ذهنمان معتقد باشد قادر به انجام این کار نیستیم. همین حالا این کار را بارها تکرار کنیم.

برای مثال: نمی‌توانم دستم را بلند کنم، و در همین حال، دست خود را بلند کنید!!!!!!!

سولمازمی‌گفت: «هیچ انگیزه‌ای ندارم، هیچ برنامه‌ای ندارم، سرم خیلی شلوغ

است؛ خیلی خسته‌ام، وقت ندارم، اصلاً توان ندارم، هفته آینده شروع می‌کنم، می‌دانم که شکست می‌خورم، وقت تلف کردن است؛ من شرایط لازم را ندارم، آماده نیستم، خیلی سخت است؛ باید بیشتر تمرین کنم، باید چند کتاب دیگر در این باره مطالعه کنم، امکانات بیشتری نیاز دارم، خیلی نگران هستم و هر بار سعی کردم تغییر کنم، شکست خوردم. چیزی عوض نشده.»

به این نوع افکار سولماز افکار استدلالی گفته می‌شود که چهار نوع آن شامل:

۱. **موانع:** ذهن ما همه موانع و سختی‌های راه را در نظر می‌گیرد. تلاش کنیم برای ذهن واقع بینانه‌ای که موانع را پیش‌بینی می‌کند، با افکار سازنده و مفید موانع را از سر راه برداریم.
۲. **خود داوری‌ها:** ذهن ما دلایل بسیاری را ارائه می‌کند تا توانایی ما را در انجام آن کار ثابت کند. برای تقویت مهارت از نقاط ضعفمان، به فکرمان اجازه دهیم که اعمالمان را کنترل کند.
۳. **مقایسه‌ها:** ذهن ما به‌طور ناعادلانه‌ای توانایی‌ها و مهارت‌هایمان را با دیگران مقایسه می‌کند. اگر ذهنمان به شکل محترمانه و سازنده ارزیابی کند ما ذهن رشد و پیشرفته‌ای داریم.
٤. **پیش‌بینی‌ها:** ذهن ما شکست، رد شدن و دیگر نتایج ناخوشایند را پیش بینی می‌کند.

اگر به افکارمان اجازه بدهیم که اعمال مان را هدایت کند به جایی که می‌خواهیم می‌رسیم.

برای مثال: پیش بینی درست خطر و برنامه‌ریزی برای رویارویی با آن و یاد آوری این نکته که می‌خواهیم از این اتفاق تجربه کنیم.

سولماز می‌گفت: «خیلی دوست دارم که کتابی بنویسم، اما اگر این کتاب را بنویسم تضمینی نیست که چاپ شود، اگر حتی این اتفاق هم بیفتد، پول زیادی نصیبم نمی‌شود.» وقتی به سولماز گفتم که حداقل یک شانس داری که اگر هم چاپ شود، می‌دانید نهایت تلاش خود را کردی، از این گذشته، مهارت نوشتاری‌ات را نیز تقویت کردی. پس اگر به این افکار اجازه دهیم اعمالمان را

هدایت کند به جایی که می‌خواهیم می‌رسیم. اما اگر ذهنمان فقط شکست را در نظر بگیرد، این افکار نتیجه‌ای جز شکست را برایمان رقم نمی‌زند.
در تمرین عملی که با سولماز داشتم بدین‌گونه بود: «من متوجه شده‌ام که فکر می‌کنم یک بازنده هستم.»

بیشتر افراد با انجام چنین کاری از فکر خود فاصله می‌گیرند و از آن جدا می‌شوند. سولماز با خودباوری منفی خود این تمرین را ادامه داد.

۱. آرام فکر منفی را با خود زمزمه کرد آن را باور کرد و به تأثیری که بر آن گذاشت دقت کرد.
۲. حال این فکر را با ریتم آهنگ تولدت مبارک خواند.
۳. این بار فکر خود را با آهنگی که خود دوست داشت خواند.

از این روش توانست از افکار منفی خود رها شود. هدف از این تمرین شنیدن افکار به شکلی آهنگین، بتوان طبیعت واقعی آن را دید. چون افکار هم مانند آوازها، فقط از کلمات تشکیل شده‌اند.

نتیجه:

برای تقویت اعتمادبه‌نفس، باید کاملاً آماده باشیم و به انجام کارهایی متعهد شویم. و همچنین لازم است کارهای تأثیرگذار انجام دهیم. رهاسازی، این دو شرط را برایمان فراهم می‌سازد. شاید فکر کنید که رهاسازی ابزاری برای کنترل احساسات ناخوشایند است زیرا هنگامی که فرد منفی را غیرفعال می‌بینیم احساس بهتری داریم و آرام و خوشحال‌تر می‌شویم. هدف از رهاسازی آماده شدن برای انجام کار مؤثر است. پس داشتن افکار منفی کاملاً طبیعی است با آنها نجنگیم، آنها را غیرفعال و بی اثرکنیم. چطور؟

به تمرین دیگری که با سولماز انجام دادیم توجه می‌کنیم:

- در حالتی قرار بگیریم که احساس آرامش کنیم، می‌توانیم بنشینیم، یا دراز بکشیم، حتی می‌توانیم چشم‌هایمان را ببندیم یا به نقطه‌ای خیره شویم.
- رودی را در نظر بگیریم که در جریان است.
- برگ‌هایی را تصور کنیم که روی سطح آب شناور است.

- تا پنج دقیقه آینده، هر فکری را که به ذهنمان خطور می‌کند، روی یک برگ قرار دهیم و بگذاریم روی آب شناور شود.
- اگر نمی‌توانیم تصویر بالا را تجسم کنیم، فرض کنیم بادی در حال وزیدن است. هر فکری را که به ذهنمان می‌رسد، به دست باد بسپاریم، تا در فضا ناپدید شود.
- اگر افکارمان تمام شد؛ جریان آب را تماشا کنیم تا چند لحظهٔ دیگر، باز هم افکاری به ذهنمان خطور می‌کند.
- اگر ذهنمان می‌گوید این کار مسخره است یا نمی‌توانم، این افکار را نیز به دست برگ‌ها و جریان آب بسپاریم.
- اگر احساساتی منفی همچون خستگی، بی‌حوصلگی یا اضطراب به سراغمان آمد به خود بگوییم: «به خستگی و به بی‌حوصلگی‌ات توجه کن» سپس این واژه‌ها را نیز به دست برگ‌ها بسپاریم.
- گاهی اوقات ممکن است افکار دیگری نیز به ذهن ما خطور کند: برنامه‌ریزی برای تعطیلات، آخرین بحثی که با همسرمان داشتیم یا فیلمی که دیشب با هم دیده‌ایم. این‌ها کاملاً طبیعی هستند، ذهن ما استاد درگیر کردن ماست. لحظه‌ای که از یک فکر رها می‌شویم، مطمئن باشیم فکر دیگری جایگزین آن می‌شود.

عزت‌نفس و ارزیابی مثبت فرد از خویش، به بیان دیگر عزت‌نفس قضاوت مثبت درباره خود که موجب می‌شود:

* دوست‌داشتنی‌تر باشند و روابط بهتری با دیگران داشته و تأثیر بهتری با دیگران به جای می‌گذارند.
* افراد با عزت‌نفس بالا، مدیریت ذهن عالی دارند و رهبران خوبی هستند.

به دو عوامل مؤثر در عزت‌نفس توجه می‌کنیم:

۱. خویشتن پذیری:

در تقویت عزت‌نفس، خودآگاهی و ایجاد انگیزه بسیار مهم هستند.
خویشتن‌پذیری در عزت‌نفس اهمیت دارد هنگامی که بیرون از محدودهٔ امن و راحت خود قدم می‌گذاریم، گاهی اوقات اشتباه می‌کنیم و همه چیز بهم می‌ریزد. این حقیقت زندگی است و به مهارت و توانمندی ما ربطی ندارد. سرزنش خود به خاطر شکست، هدر دادن وقت است. و ما را ناتوان کرده و درس گرفتن از تجربیات و فرایند رشدمان را دشوار می‌کند درحالی‌که خویشتن پذیری ما را قدرتمند می‌کند.

۲. تنفس آگاهانه:

این تمرین متعلق به هزاران سال پیش است. و در عین سادگی، در تقویت مهارت رهایی، نقش مهمی دارد.

۱. چشم‌هایتان را ببندید و یا به نقطه‌ای خیره شوید.
۲. چند بار به آرامی نفس عمیق بکشید.
۳. به خالی شدن ریه‌هایتان متمرکز کنید.
٤. طوری فرایند تنفستان را در نظر بگیرید که گویی دانشمندی کنجکاو هستید. هوا از داخل سوراخ‌های بینی وارد بدنتان شده و سپس از همان طریق خارج می‌شود. در حال انجام این کار، افکارتان را به برگ‌های روان بر آب جاری بسپارید.
۵. بر تنفستان تمرکز کنید. شما با این کار هر بار به ساختن یکی از مهم‌ترین مهارت‌های خود کمک می‌کنید که به آن مهارت حفظ تمرکز می‌نامیم.

یکی از جالب‌ترین نکات در مورد تنفس آگاهانه می‌تواند در هنگام:

- پشت چراغ قرمز.
- ایستادن در صف.
- هنگام پخش پیام‌های بازرگانی تلویزیون.
- پیش از خواب.
- هنگام انتظار و غیره... انجام گیرد.

بعد از اینکه با منصور و همسرش این تمرین‌ها را انجام دادیم، در جلسه بعدی،

کتایون شیرزاد

آنها اینطور تجربه‌هایشان را مطرح می‌کردند:

«تمرین تنفس آگاهانه برای ما بسیار مفید واقع شده است. در حقیقت این امکان را به ما داد که از مشغله روزانه فاصله بگیریم. و از این فرصت برای تجدید قوای درونی و دستیابی به آرامش استفاده کنیم. و از همه مهم‌تر بعد از تمرین ما نسبت به همدیگر و آنچه در محیط پیرامونمان در جریان است کاملاً آگاه هستیم.»

یکبار دیگر با منصور و همسرش چرخه اعتماد را با همدیگر مرور کردیم:

۱. تمرین مهارت‌ها، ۲. کاربرد درست آنها، ۳. ارزیابی نتایج و ۴. اصلاح آنها

به منصور گفتم: «در زمینه کاری، مهارت‌های فروش و برقراری ارتباط با مشتریانش را تقویت کن. شاید احساس کنی این ناعادلانه است که برخی افراد این مهارت‌ها را به‌طور ذاتی دارند اما شما برای تقویت آنها باید تمرین کنی. فراموش نکنیم که همه انسان‌ها مانند هم نیستند. علاوه بر این آنها هم کمبودهایی داشتند که با تمرین و پشتکار، آنها را برطرف کردند.»

روس هریس می‌گوید: «اولین و بزرگ‌ترین فایدهٔ تفکر آگاهانه این است که درست در نقطهٔ مقابل خستگی به معنای وظیفه بودن به تعهد، قرار دارد. آگاهی به معنای توجه کردن و کنجکاوی نسبت به همه اتفاقات اطراف است. درحالی‌که خستگی به معنای بی‌توجهی و کنجکاو نبودن نسبت به اتفاقات است.»

بنابراین، تفکر آگاهانه نتایج و مسیر رسیدنمان را به بهترین عملکرد هموار می‌کند. اگر می‌خواهیم در تمام نقش‌های زندگی به عنوان یک بشر، همسر هوشمند و شریک زندگی به بهترین شکل عمل کنیم، نه تنها باید مهارت‌های لازم را کسب کنیم، بلکه باید بر انجام آنها متمرکز و متعهد باشیم.

وصال عاطفی، بهسازی درون:
تداوم عشق و رابطه جنسی سالم، متعهدانه و عاشقانه:

یکی رابطه جنسی می‌خواهد و دیگری عشق، این تفاوت‌های بین زن و مرد در اتاق خواب بسیار مشهود و هویدا می‌گردد، ولی با این حال، ممکن است ما به آنها پی نبریم، اما یادگیری مهارت‌های ارتباطی، شناخت و پذیرش این تفاوت‌ها، به صمیمیت عمیق‌تری در رابطه‌مان می‌انجامد. همچنین با تأمل می‌توانیم آتش

عشق، صمیمیت و لذت جنسی‌مان را در رابطه‌ای سالم و متعهدانه افزون‌تر، پردوام‌تر و ژرف‌تر کنیم. آگاهی از این تفاوت‌ها ما را برای برخورداری از یک زندگی جنسی مطلوب نیز یاری خواهد نمود.

طبق نظریات جان گری نویسنده کتاب «مردان مریخی و زنان ونوسی» پر فروش‌ترین کتاب نیویورک تایمز: به رغم تفاوت‌های بسیار میان مردان و زنان از نظر نیازهای زیست شناختی، عاطفی، همسران می‌توانند با تعدیل‌های جزئی در نگرش‌ها، مهارت‌های ارتباطی، رابطه جنسی سالم‌تری داشته باشند.

رابطه جنسی به مردان اجازه می‌دهد که نیاز به عشق را احساس کنند، و حال آنکه زنان از طریق دریافت عشق است که اشتیاق به رابطهٔ جنسی را در خود احساس می‌کنند. پس زنان کمک زیادی می‌توانند به مردانشان بکنند که احساسات عاشقانه و اشتیاق برای عشق را به خوبی تجربه کنند.

رابطه جنسی (سکس) عالی چیست؟

- برای اینکه مشکلات ارتباطی‌مان به‌طور مؤثری حل شود و رابطه‌ای با دوام و سرشار از صمیمیت را تجربه کنیم. با آموختن مهارت‌های اتاق خواب برای ایجاد یک سکس عالی شکل می‌گیرد.

- «سکس عالی» غالباً روش نیرومند برای راه یافتن به قلب همسر است. روشی که مرد و زن را در جهت ابراز احساسات و عواطف نسبت به همدیگر یاری می‌دهد.

- «رابطه جنسی مطلوب» در دل همسران لطافتی ایجاد می‌کند که به واسطه آن همسران می‌توانند بدون هیچ مقاومتی، به حرف‌های یکدیگر گوش کرده و بیشتر و بهتر یکدیگر را درک کنند.

- همچنین هنر اطمینان یافتن از داشتن یک رابطه جنسی سالم و خوشایند را نشان می‌دهد.

- این شیوه رویکردهای جدید ایجاد ارتباط است که در آن خواهیم آموخت که چطور نخستین قدم‌ها را برای رابطه جنسی برداشته شود. به طوری که از خشنودی و ارضای نیازهای جنسی خود و همسر اطمینان حاصل شود.

- این هدیه‌ای خداوندی است برای کسانی که خود را در قبال رابطه

عاشقانه‌شان متعهد می‌دانند.

- در واقع فقط پاداشی نیست که سزاوار و شایسته آن هستید، بلکه احساسی است که می‌تواند بدنمان را دوباره جوان کند و به هیجان ما جان دوباره‌ای ببخشد.
- «سکس عالی» به مانند یک تعطیلات شگفت‌انگیز بعد از یک کار سخت یا به مانند یک پیاده‌روی عاشقانه در فصل بهار یا پاییز در میان بیشه‌زار و در یک روز آفتابی است. یا مانند یک کوه‌پیمایی لذت‌بخش با هم فکر خود می‌باشد.
- وسیله برآورد کردن بخش مهمی از نیازهای هیجانی و احساسی ما است قلب‌های ما را از عشق انباشته می‌کند که شامل:

* مهرورزی.
* سکس همراه با اشتیاق و احساس و عطوفت.

* نکته: سکس طولانی، کوتاه، سریع، همراه با شوخی، تمامی آنها گام‌های رقص‌وار مهمی برای تدوام و زنده نگه داشتن شور و اشتیاق در زندگی می‌باشند.

بهبود مهارت‌های روابط جنسی:

سکس عالی به‌طور یکسان برای همسران در زندگی زناشویی اهمیت دارد. در گذشته سکس جز اولویت‌های زندگی زناشویی بوده است. در جامعه مدرن امروزی، برای آنکه از عهده فشارهای کاری و استرس‌های موجود در جامعه برآییم، علاوه بر نیاز به حمایت و پشتبانی از جانب دوستان (دوستان هم جنس) نیاز به حمایت، عشق و دریافت محبت از جانب همسران نیز وجود دارد. به وسیله آموختن مهارت‌های ارتباطی جدید، مردان و زنان می‌توانند این مشکلات را پشت سر بگذارند.

برای داشتن یک سکس عالی نیاز به نگرش مثبت نسبت به رابطه جنسی داریم. برای آنکه در شخصی احساس علاقه برای داشتن رابطهٔ جنسی با همسرش مداومت داشته باشد؛ می‌بایستی در او این احساس به وجود آید که همسرش

نیز به همان اندازه خواهان آن است. وقتی که مردان بهطور اشتباه این پیام را دریافت کنند که همسران شان هیچگونه علاقهای به داشتن رابطه جنسی به آنها ندارند و یا اینکه به اندازه آنها این احساس و علاقه را در درون خود ندارند، (مردان) احساس شکست و طردشدگی خواهند کرد. بدون شناخت و فهم عمیق و صحیح درباره اینکه چطور مردان و زنان در رابطه جنسی با هم متفاوت هستند، بعد از گذشت مدتی به آسانی این رابطه رو به سقوط و سردی پیش خواهد رفت.

روبهرو شدن با تفاوتها:

آری زنان نیز به اندازهٔ مردان «سکس عالی» را دوست دارند. فقط تفاوت آنها در این است زنان میل شدیدی را برای داشتن رابطهٔ جنسی احساس نمیکنند، مگر اینکه قبل از آن نیاز آنها به عشق (دوست داشتن و دوست داشته شدن) ارضاء شود.

نکته مهم در اینجاست که زن ابتدا نیاز دارد که احساس کند مردش او را دوست دارد. وقتی که قلب زن به این طریق گشوده شد؛ انگیزههای جنسی در او آشکار میشود و در او اشتیاق و تمایل به داشتن رابطه جنسی به وجود میآید. برای زنان، عشق نسبت به رابطه جنسی، از اهمیت بسیار بیشتری برخوردار است. و هنگامی که نیاز به برآورده شدن عشق باشد؛ اهمیت و نیاز احساس رابطهٔ جنسی درک میشود.

عقیده یک از گروه زنان که اخیراً در با من در کنفراسی شرکت داشتند، بهطور خلاصه این بود «**زنان به اندازه مردان رابطهٔ جنسی را دوست دارند، ولی الویت احساس نیاز در آنها متفاوت از مردان است؛ حتی میتوان گفت که زنان بسیار بیشتر از مردان نیازمند آن هستند.**»

نظریهٔ گشتالت (پدر فلسفه شناخت درمانی[1])

برای ادراک تفاوتها، یادگیریها و ادامه خوب[2] تأکید میکند:

1- Cognitive Behavioral Therapy
2- Differentiation, Similarity and Good continuation

تأکید بر بینش و خلاقیت که در آموزش و پرورش هم که کاربرد گسترده‌ای دارد. او معتقد است که در جریان یادگیری مشارکت با تلاش خود و راهنمایی مشاور با کسب اطلاعات و مطالب آموختنی باید در قالبی منطقی و منظم ارائه گردد. گشتالت تأکید دارد بر اینکه یادگیرنده باید بتواند بین خود و دیگری رابطه معناداری برقرار کند.

برای برقراری ارتباط بین زن و مرد، **تداوم عشق و رابطه جنسی سالم، نیاز به برقراری ارتباط** و گفت‌وگوی فعال و هوشمندانه است. همسران برای ایجاد و حفظ عشق و تعهد، برای حل مشکلات با کمک مشاور می‌توانند رابطه سالمی داشته باشند. از آنجایی که انسان در جریان یادگیری، موجودی خلاق و کنجکاو است با گزینش و طبقه‌بندی اطلاعات متعدد می‌کوشد موانع و مسایل زندگی‌اش را حل کند.

در گفت‌وگویی که با مارال و سامان داشتم، مارال شکایت می‌کرد: «هر وقت سامان از مسافرت کاری به خانه برمی‌گردد، دلش می‌خواهد فوراً رابطه جنسی داشته باشد.»

این در حالی است که مارال می‌خواهد مدتی را با سامان به گفت‌وگو و شنیدن خاطره‌ها و آموخته‌هایش بگذراند. حال اگر درک، و شناخت و آگاهی کافی از این تفاوت‌ها در همسران وجود نداشته باشد؛ سامان به خاطر عکس‌العمل مارال، احساس طردشدگی و عدم پذیرش کرده و نیز مارال احساس می‌کند که با او به مانند یک وسیله و ابزار برخورد شده است.

سامان را دعوت کردم به صبر و شکیبایی بیشتر و حمایت عاطفی از مارال و از او خواستم که این کار او بهایی است که او به نیازش برسد. به مارال هم گفتم که سامان در طول روز آن‌قدر سرگرم کارهایش می‌شود که آگاهی‌اش نسبت به احساس عشق و محبت را از دست داده و آن را گم می‌کند. رابطه جنسی به او کمک می‌کند تا احساساتش جان دوباره‌ای بگیرد. و سامان توان مجدد و بیشتری برای ارائه و دریافت عشق، صمیمیت و محبت پیدا می‌کند. زمانی که مارال بتواند این تفاوت‌ها را درک کرده و بشناسد، سامان هم به اندازه خود مارال، خواهان

عشق و محبت خواهد بود.

درک تفاوت‌ها: همان‌طور که یک زن ابتدا نیاز به عشق و محبت دارد تا بتواند به مرحله رابطهٔ جنسی برسد، یک مرد نیز ابتدا نیاز به رابطهٔ جنسی دارد تا عشق و عاطفه‌اش شکوفا شود. در اصل برای یک مرد سکس پیش نیاز عشق و عاطفه است و بالعکس برای یک زن عشق و عاطفه پیش نیاز سکس است.

در یک گفتگو با سیاوش و زویا، سیاوش گفت: «من سکس عالی را وقتی شناختم که حدود پنج سال از زندگی مشترکمان گذشته بود. یک بار بعد از اینکه یک سکس واقعاً عالی داشتم، گفتم اوه این عالی بود؛ من عاشق این هستم. این به همان شیرینی سکس اوایل زندگی‌مان بود.»

من به زویا نگاه کردم ببینم او نظر او چیست. و انتظار داشتم که او هم با تکان دادن سرش حرف مرا تأیید کند و بگوید: «بله، بی‌نظیر بود».

اما در عوض، او با تردید به من نگاه کرد. من گفتم: «خوب، گویا برای تو آنقدرها خوب نبود؟»

او گفت: «حقیقتش را بخواهی به گمانم این از قبلی‌ها کمی بهتر بود.»

به یک‌باره احساس دوگانه‌ای به من دست داد. من گفتم: «داشتم فکر می‌کردم که منظور تو از کمی بهتر چیست؟ با توجه به اینکه تو در ابتدا به شکل دیگری وانمود کرده بودی، پس چطور می‌توانی الان بگویی که این فقط کمی بهتر بود؟ بنابراین آن سکس قبلی نبایستی خیلی هم معمولی بوده باشد؟»

زویا رو به سیاوش ادامه داد: «روابط جنسی ما در اوایل زندگی مشترکمان شگفت‌انگیز بود؛ اما در واقع در آن زمان، شیوهٔ عشق‌ورزی من در سکس آن چیزی که تو می‌شناختی نبود و روش تو آن چیزی که من می‌شناختم نبود. سال‌ها طول کشید تا اینکه ما به یک شناخت نسبتاً درستی از همدیگر رسیدیم. هم اکنون وقتی که تو عشقت را به من ابراز می‌کنی، می‌دانی که من واقعاً چه کسی هستم. تو هم صفات و ویژگی‌های خوب و هم صفات و ویژگی‌های بد من را می‌شناسی و با این حال به من علاقه داری به من عشق می‌ورزی، و در واقع این‌ها هستند که برای من **سکس عالی** را ایجاد می‌کنند.»

از آن لحظه به بعد، من به درستی به چیزی که زویا گفت پی بردم. آن چیزهایی

که سکس واقعاً عالی را ایجاد می‌کنند.
اکثر ما ابتدا یک شناخت نسبی از افراد داریم و سپس صمیمیت و عشق را در ارتباط با آن رشد می‌دهیم. غالباً تجربیات جنسی با شریک زندگی‌مان، به نوعی فرصت رشد، صمیمیت و عشق را برای ما فراهم می‌سازد.

سیاوش اضافه می‌کند: «پس از سال‌ها، تجربهٔ جنسی، در من نیز تغییرهایی در برداشته، البته این امر به تدریج صورت گرفته است؛ برای اینکه من تا قبل از این که زویا این نکته‌ها را به من خاطر نشان کند، توجهی به آنها نداشتم. کلید رابطه ما گفت‌وگوی فعال با هم، این شناخت را به من داد که توجه‌ام را به روی این که چطور رابطهٔ جنسی بهتری ایجاد کنم، متمرکز نمایم.»

رابطه جنسی و عشق

با شنیدن تجربه سیاوش و زویا ما می‌توانیم رابطه جنسی و عشق را این‌طور تعریف کنیم: رابطه جنسی بدون عشق دچار روزمرگی شده و به امر خسته‌کننده‌ای مبدل می‌گردد. از طریق کمک به بهبود مهارت‌های مربوط به عشق‌ورزی، زوجین می‌توان بعد از گذشت سال‌ها، به جای از دست دادن شور و اشتیاق به زندگی، یک عشق عالی و کامل را تجربه نماییم.

به جز به بهبود اطاق خواب، مرد تمایل به انتقال این پیام به همسرش دارد که «تنها عشق او را به سینه دارد و دلش می‌خواهد که همسرش نیز عاشق او باشد.» او به این عشق نیاز دارد.

هلن فیشر می‌گوید: «مردان تمایل به زنان دارند، نه فقط به خاطر اینکه زن‌ها آنها را تحریک می‌کنند بلکه به این خاطر که آن‌ها عاشق همسرانشان هستند. و می‌خواهند با آنها صمیمی شوند. به استثنای برخی روابط با زن‌های با تجسّم خلاقانه (فانتزی)، مردان تمایل دارند بدانند که آنها عاشق چه کسی هستند.» سکس عالی زمانی ایجاد می‌شود که عشق، بخشی از آن باشد. و همین عشق است که باعث دوام و بقای آن می‌شود. یک زن برای داشتن رابطه جنسی کامل، در ابتدا نیازمند حمایت عاطفی است. البته برای مرد داشتن درک درستی از نیازهای متفاوت جنسی در رابطه با همسرش اهمیت دارد.

اغلب مردان و زنان نیازمند اطلاعات جدید و آموخته‌هایی راجع به بدن همدیگر می‌باشند که بشناسند چه چیزهایی در وجود آنها می‌بایست مورد توجه واقع شود. مردان گاهی، به اشتباه تصور می‌کنند آنچه را که آنها را راضی و خشنود می‌کند زن‌ها را نیز راضی و خشنود می‌نماید ولی زمانی که یک زن ارضاء نمی‌شود مرد به جای اینکه فکر کند مشکلی در روش خودش موجود است؛ این تصور را دارد که مشکل از جانب خود زن است. آری بیشتر مردان نیازهایی را که از لحاظ عاطفی در اتاق خواب برای یک زن پدید می‌آید و متفاوت با نیازهای آنان نیز می‌باشد را نمی‌شناسند. و درعین‌حال زنان نیز باید به همسرشان کمک کنند تا در رابطه جنسی با آنها موفق باشند و یا حداقل احساس موفقیت را نمایند.

تمایلات زنان:

زنان غالباً در طی روز مشغول به رسیدگی، دلسوزی و فداکاری نسبت به دیگران هستند و کمتر از وضع خود و تمایلات نفسانیشان آگاهی دارند. در واقع زنان ممکن است که با احساسات دیگران در تماس باشند، ولی تماسشان با خودشان قطع شده است.

زنان بر خلاف آنچه مردها دوست دارند؛ می‌خواهند که به جای تحریک مستقیم در حساس‌ترین نواحی بدنشان، سر به سرشان بگذارند و با شوخی و ملاعبت، نواحی حساسی را که دوست دارند؛ به تدریج لمس شود. آنگاه که مردها پی می‌برند که این روش به راستی چه تأثیر شگرفی بر روی همسرشان خواهد داشت؛ مرد در خودداری از سکس فوری به خاطر مقاومتش در برابر فشار تمایلات شدید جنسی، احساس قدرت خواهند کرد. در همان حال که مهر و محبت در شکل دهی رابطه و ایجاد یک «**سکس عالی**» ضروری است؛ اما اگر یک زن در طی یک ارتباط هیچ‌گاه «**سکس عالی**» را تجربه نکند، زیر فشار و سنگینی مسئولیت‌های یک زندگی خالی از عشق، تبدیل به جسمی بی احساس می‌شود.

آری، زنان بدون وجود یک حمایت عاطفی، عاشقانه و مهرآمیز از جانب همسر،

آنان تمایلات جنسی، و عاطفیشان را فراموش می‌کنند. البته آنان حق دارند گاهی اوقات متعلق به خودشان باشند و به خودشان و نیازها و خواسته‌هایشان توجه کنند. متأسفانه من گاهی با زنانی برخورد می‌کنم که آنها باور و قبول می‌کنند که متعلق به خودشان نیستند، این همان چیزی است سلیگمن آن را «درماندگی آموخته شده، می‌نامد».

هنگامی که یک مرد از طریق محبت، عطوفت، دلسوزی، و مهربانی به همسرش توجه می‌کند در واقع دوباره این فرصت را به همسرش می‌دهد که خود را به یاد بیاورد. در آن هنگام که زن موقتاً از احساس لذت ناشی از محبت به دیگران رهایی یابد، می‌تواند دوباره امیال و خواسته‌های خود را احساس کند. با توجه به جزئیاتی که باعث خشنود شدن زنان می‌شود، می‌توان شرایطی را به وجود آورد که توان زنان برای آشکارسازی و احساس خود ارزشی و توانمندی جنسی، اشتیاق، تمایلاتشان به صورت خود کار افزایش یابد.

برای مثال سینا متوجه شد و آموخت که روش مؤثر در هنگام لمس بدن سارا و تحریک نواحی حساس او با آهنگ منظم که رفته‌رفته باعث افزایش تمایلات جنسی سارا شود انجام دهد. یک موضوع اساسی که سینا به او اشاره می‌کند، صرف کردن زمان بیشتر است.

بنابراین سینا متوجه شد که سارا نیاز به تمدد اعصاب، آرامش روانی و حرکت تدریجی به سمت آن دارد. گاهی اوقات استفاده از شوخی و نوازش می‌تواند باعث ایجاد آرامش در زنان شود.

طُرفه این است که آنچه رابطه جنسی را برای مرد ارضاء کننده، خاص و به یاد ماندنی می‌کند، ارضاء شدن شریک جنسی‌اش است.

بیشتر هیجان‌هایی که یک زن با آنها در تماس است بر روی همسرش نیز تأثیر می‌گذارند با افزایش لذت زن، شریک جنسی‌اش نیز لذت می‌برد.

می‌توان گفت در همان حالی که مرد با جسم زن تماس برقرار می‌کند، با هیجان‌ها و عواطف همسرش نیز تماس برقرار می‌کند. و واقعاً می‌توان ارضاء جنسی همسرش را به عنوان ارضاء خودش تجربه و احساس نماید.

اگر زن ارگاسم، نداشته باشد و بروز ندهد مرد به اشتباه فکر می‌کند که او (زن) ارضاء شده است. این مشکل می‌تواند با آگاهی مردان برطرف گردد.

در سمیناری که داشتم اکثر زنان خواهان نکات زیر بودند:

* «من نیاز ندارم که در هر رابطه جنسی لزوماً ارگاسم داشته باشم. اگر من ارگاسم ندارم، به این معنا نیست که حتماً مشکلی وجود دارد.»
* «گاهی اوقات برای ارضاء شدن فقط نیاز به نوازش دارم. من از اینکه همسرم ارگاسم دارد خوشحال می‌شوم.»
* «من گاهی داشتن ارگاسم را دوست دارم، اما گاهی اوقات چیزی که بیشتر از همه دوست دارم، نوازش و آغوش گرم همسرم است.»

همان‌طورکه من یادآوری کرده‌ام، ارضاء جنسی زنان، خیلی پیچیده‌تر از مردان است. زن برای تجربه کردن یک «سکس عالی»، حداقل نیازمند این فاکتورها است:

- مردی که در تحریک و لمس کردن ماهر باشد.
- زمان کافی داشته باشد.
- نگرشی عاشقانه و محبت‌آمیز از جانب شریک جنسی دریافت کند.

تمایلات مردان:

هنگامی که مرد به این آگاهی دست یابد که چطور برای ارضاء نیازهای اساسی همسرش مقاربت جنسی‌اش را به تعویق بیندازد، این مشکل به آسانی حل می‌شود. هنگامی که زن به این شکل به ارضاء جنسی دست یافت، در دیگر زمان‌ها، اگرگاهی مرد بنا به دلایلی نخواهد زمان زیادی را برای رابطه جنسی‌شان صرف کند، همسرش با حداقل مقاومت، او را نزدیک شدن به ارگاسم حمایت خواهد کرد.

به راستی که زن و مرد به شایستگی در خور یکدیگرند.

اگر گاهی مرد بتواند بر حسب غریزه خودش عمل کرده و بدون فکر کردن مستقیماً به سراغ ارضای نیازهای خودش برود، در مواقع دیگر که نیازهای

همسرش فوریت دارند، راحت‌تر می‌تواند برای همسرش زمان صرف نماید.

فوریت برای هم‌آغوشی:

امیر احساس می‌کرد که داشتن رابطه جنسی، بدون انجام «**پیش‌نوازی**» برای شیما خودخواهانه بوده و به این معنا است که او همسرش را دوست ندارد. شیما می‌دانست پیش نوازی باعث دیر رسیدن او به محل کارش می‌شد، تلاش کرد که این مشکل را حل کند.

شیما می‌توانست بگوید: «خوب من فقط چند دقیقه وقت دارم، چون بایستی بروم سرکارم. اجازه بده قبل از اینکه بروم سکس داشته باشیم.»

شیما حس همکاری خیلی خوبی داشت و امیر می‌توانست بدون داشتن احساس ناخوشایندی از یک سکس فوری لذت ببرد. مدت‌ها گذشت و احساس امیر در مورد سکس فوری تغییر نکرد. در نهایت برای اینکه مشکل بهتر حل شود من پیشنهاد کردم که امیر و شیما درباره آن با هم گفت‌وگو کنند.

امیر به شیما گفت: «بعضی اوقات من دوست دارم بدون آنکه **پیش‌نوازی** انجام بدهم رابطهٔ جنسی داشته باشم. من می‌دانم دلخواه من، چیزی را که تو خواهان آن هستی به تو نمی‌دهد، لذا من می‌خواهم مطمئن شوم که احساس خوبی نسبت به من داری.»

من از شیما پرسیدم: «امیر چه کاری می‌تواند برای شیما انجام دهد تا شیما احساس خوبی نسبت به او داشته باشید و او را در داشتن سکس فوری حمایت کند؟»

شیما گفت: «من مطمئن نیستم، من خیلی به این مسئله فکر کردم و نگران هستم برای داشتن یک سکس فوری با امیر اشتیاق داشته باشم، به آن عادت خواهیم کرد و بعد از آن فقط به فوریت آن بسنده نماییم.»

امیر گفت: «آره، خوب. این احساس طبیعتاً به وجود می‌آید. اما اگر من به تو قول بدهم که اغلب مواقع، سر فرصت و بدون عجله، درست همین قدر که الان با هم داریم، با تو رابطه جنسی داشته باشم چطور؟»

شیما گفت: «خوب است. چیزی شبیه یک سکس واقعاً خاص یا درجه‌ای به سوی یک رابطه عاشقانه در هنگام عصر، و حداقل یک یا دو بار در ماه.»
من از شیما پرسیدم: «آیا لازم است که امیر در ازای **سکس فوری** که به او ارائه می‌دهد، کار دیگری برای شما انجام دهد؟»

شیما گفت: «همه این‌ها خیلی‌خوب به نظر می‌رسد، ولی احساس می‌کنم که هنوز با ایده **سکس فوری** راحت نیستم.»

امیر گفت: «اون فقط هدیه‌ای است که تو به من می‌دهی.»
شیما خندید و فهمید که معامله بزرگی را دارد انجام می‌دهد اضافه کرد: «اگر تو می‌خواهی به‌طور منظم سکس فوری داشته باشی، پس من هم، آغوش تو را می‌خواهم. من می‌خواهم بدون آنکه لزوماً رابطهٔ جنسی داشته باشیم، اشتیاق تو را برای در آغوش گرفتنم، برای چند دقیقه احساس کنم.»
امیر گفت: «مشکلی نیست. فقط کافی است به من بگویی که می‌خواهی بغلت کنم، من مطمئناً آماده‌ام. من خودم را کنترل می‌کنم و فقط محبت و گرمای آغوشم را به تو می‌دهم.»
شرایط تفاهم:

۱. فکر می‌کنم کاری که امیر و شیما انجام دادند، یک توافق خیلی عالی بود. داشتن سکس کامل به شکل منظم.
۲. داشتن سکس کامل و عالی یک بار یا دو بار در ماه.
۳. نداشتن هیچ‌گونه انتظار در طول سکس فوری.
٤. داشتن هم‌آغوشی منظم .

شیما گفت: «به نظر می‌رسد، یک نکته باقی مانده است. من نمی‌خواهم طوری شود که اگر گاهی اوقات خیلی خسته هستم یا به هر دلیلی سرحال نیستم، برای پذیرش نیاز تو احساس اجبار کنم. امیر با شادمانی موافقت کرد.»

چطور جاذبهٔ جنسی را افزایش دهیم؟

این تفاهم جدید بین امیر و شیما زندگی جنسی آنها را کاملاً بهبود بخشید. به‌طوری که اصلاً آنها تصورش را نمی‌کردند. که جاذبهٔ جنسی امیر و شیما

به‌صورت شگفت‌انگیز شکوفا شود.

امیر و شیما با جملاتی مثل:

* من دلم برایت تنگ شد بیا لحظاتی را با هم به طبقه بالا برویم.
* بیا امروز از ساعت ٦ تا ٧ را به عشقبازی اختصاص دهیم، مهارت‌های ارتباطی، آتش عشق و صمیمیت و لذت را در رابطه‌ای سالم و متعهدانه به منصهٔ ظهور در آوردند.

تلقین رسانه گروهی امروز بر زوج‌ها:

تعداد زیادی از مردان و زنان خواهان رابطهٔ جنسی هستند ولی وقتی که آنها ازدواج می‌کنند، بعد از چند سال چیزهایی دیگر اهمیت بیشتری پیدا می‌کنند و رابطهٔ جنسی مورد غفلت واقع می‌شود. دلیل اولیه برای این فقدان، آن است که مردان احساس طردشدگی می‌کنند و زنان نیز عشق و عاطفه‌ای احساس نکرده و آن را در رابطه‌شان پیدا نمی‌کنند. معمولاً یک زن نمی‌داند که همسرش چقدر حساس است؛ وقتی که می‌بیند برای رابطه عاشقانه سرحال نیست و حوصله ندارد. یک مرد هم به‌طور معمول نمی‌داند که همسرش برای حوصله داشتن، سر حال بودن و گشودگی برای رابطهٔ عاشقانه، تا چه حد به عشق، محبت و رابطه صمیمانه نیاز دارد.

به چند نکته مهم توجه کنیم:

- زوج‌ها نیاز به پیشقدم شدن در یک رابطه راحت و گشوده، مثبت هستند.
- اظهار دوست‌داشتن و بیان کردن، و دادن پیام‌های اطمینان بخش، مبنی بر تمایل به داشتن رابطهٔ جنسی، زوجین را برای، روابط سالم و قوی باقی نگه می‌دارد.
- آموزش مهارت و حمایت از رابطه، اهمیت تمایلات جنسی را تازه و سالم حفظ می‌کند.
- ایجاد ارتباط خوب و موفقیت در رابطه جنسی همسر نسبت به یکدیگر حائز اهمیت است.

دوباره زنده کردن عشق:

۱. دروازه‌های عشق:

یکی از ساده‌ترین و قوی‌ترین راه‌های تجدید حیات عشق، خارج شدن از خانه گذراندن یک شب در هتل، لذت بردن از مناظر متفاوت، دور شدن از محیط عادی و شناخته شده روزمره است. دور شدن موقتی از تمامی مسئولیت‌های خانه و خانواده، نمونه‌هایی از این **دالان‌های عشق** است. هر چه محیط جدید، زیباتر و قشنگ‌تر باشد؛ بهتر است. سعی کنیم حداقل یک شب در ماه، خانه را ترک کنیم. اگر نمی‌توانیم به شهرهای مجاور برویم و یا اگر نمی‌توانیم در تعطیلات و مرخصی‌مان جایی را پیدا کنیم، به یک هتل محلی برویم. بعضی اوقات حتی رفتن به یک رختخواب متفاوت می‌تواند باشد.

مخصوصاً زنان برای برانگیخته شدن غالباً نیاز دارند که محیطشان را تغییر دهند. این تغییر آنان را از احساس مسئولیت خانه و خانواده، دور و رها می‌کند. وقتی محیط زیبا و روح‌بخش است؛ آنان متوجه زیبایی‌های درونی خود شده و نسبت به آنها شکفته و برانگیخته می‌شوند.

زنان برای احساس کردن عشق، شهوت، محبت و صمیمیت نیاز به گریز به سمت «**دروازه عشق**» دارند، آنان می‌توانند احساسات عاشقانه‌شان را مجدداً به دست بیاورند.

مردان هم بایستی به یاد داشته باشند که گاهی اوقات قبل از اینکه همسرشان بتواند عشق را احساس کند، نیاز به صحبت کردن دارند. اگر یک رانندگی طولانی را برای رسیدن به محل گذراندن تعطیلاتمان در پیش دارید، او می‌تواند کل مسیر را برایتان صحبت کند. زنان به‌ویژه برای اینکه استرس‌ها و فشارهایشان را از خود دور کنند، نیاز به صحبت کردن دارند. تا برای دیدن اتاق خواب جدیدشان فوق‌العاده خوشایند خواهند بود. در این حالت، احساسی کاملاً جدید پدیدار می‌شود که شما قبلاً در خانه خودتان نمی‌توانستید آن را تجربه کنید.

۲. نوشتن یک نامه عاشقانه:

راه دیگر برای باز گرداندن احساسات عاطفی، عشقی و جنسی، نوشتن یک نامه

عاشقانه به شریک جنسی‌مان است.
وقتی از همسرمان دور هستیم حس برانگیختگی‌مان را احساس می‌کنیم بهتر است یک صفحه نامه عاشقانه را که در آن احساسات و هیجان‌های عاطفی، عشقی ابرازی توصیف کنیم.

۳. در موقعی که نویسنده ماهری نیستیم:

البته بسیاری از مردم ابراز احساسات مطبوع برایشان دشوار است. یک کارت پستال، می‌تواند به طرز شاعرانه‌ای احساسات ما را نشان بدهد.
خیلی طبیعی است که ما احساسات عاشقانه داشته باشیم ولی ندانیم که چگونه آنها را ابراز کرده و به صراحت بگوییم.

وقتی که زن احساس می‌کند که همسرش در رابطهٔ جنسی تبحر دارد و همچنین او را در رابطه‌شان حمایت کرده و به او اهمیت می‌دهد، تمایلات جنسی‌اش تازه و سالم باقی می‌ماند. حمایت عاطفی، مهم‌ترین برای یک زن هستند. یقیناً ارتباط خوب برای مرد نیز حائز اهمیت است؛ ولی بیشتر اوقات چیزی که برای یک تغییر بزرگ ایجاد می‌کند، موفقیت در رابطه حسی، عاطفی و جنسی با همسرش است.

وقتی با عزت‌نفس خود درگیر باشیم، سؤال‌های خاموش‌کننده می‌کنیم:
مهتاب با ناراحتی می‌گفت: «شوهر من به علایم دعوت کننده جنسی من پاسخ نمی‌دهد!!!»
پرسیدم: «خوب شما فکر می‌کنید دلیلش چی می‌تواند باشد؟»
مهتاب گفت: «من همه چیزهایی که دیشب وقتی، به درخواستم پاسخ رد داد به او گفتم به شما بازگو می‌کنم».
مهتاب
- چه مشکلی پیش آمده؟
- مشکلی باید باشد!
- دیگر نمی‌خواهی با من سکس داشته باشی؟
- تو قبلاً همیشه سکس می‌خواستی!
- فکر می‌کنی من خیلی چاق شدم؟

- نمی‌دانم هنوز نسبت به من کشش جنسی داری؟
- شاید نسبت به من تحریک نمی‌شوی!
- شاید هنوز من را دوست نداری!
- شاید باید درباره آن با هم صحبت کنیم!
- با این وضعیت آیا باز ما سکس خواهیم داشت؟
- احساس می‌کنم امشب زن دیگری را جستجو می‌کنی و دیگر نمی‌خواهی با من باشی!
- شاید من کاری انجام دادم که باعث دلسردی تو شدم!
- چرا... چرا مشکلی پیش آمد؟ که من نمی‌دانم!!!

به مهتاب گفتم: مطمئناً در فرصت‌های مناسب این سؤال‌ها باید پرسیده شود، اما به‌طور قطع در آن هنگام که مهتاب لباس‌هایش را جلوی همسرش درمی‌آورد و همسرش با خستگی رو به آن طرف می‌کند پرسیدن این سؤال‌ها توصیه نمی‌شود. به مهتاب گفتم به جای این افکار او را به نوعی سؤال پیچ کردن است شما بایستی نوعی واکنش نشان بدهید که گویی هیچ اتفاقی نیفتاده و همه چیز مرتب است. آن زمان، زمان مناسبی نیست. شما با بی‌تفاوتی موفقیت بیشتری خواهد داشت می‌توان پیام به جز خواهندگی خود را مبنی بر اینکه اگر شوهرم از قضا سرحال باشد؛ به او خوشامد می‌گوید. با این آگاهی که به زودی رابطه خواهند داشت. ولی اگر مهتاب خیلی سرحال و مشتاق بود می‌توانست خود این کار را انجام دهد. خیلی مهم است که همسرش برای انجام چنین کارهایی مهتاب را حمایت کند.

بدین‌منظور که اگر از قضا در بعضی مواقع بدنش خواهان ارگاسم باشد ولی همسرش سرحال نباشد؛ به‌هیچ‌وجه برای داشتن ارگاسم احساس محرومیت نکند.

این درک مشترک به مانند افسون بر روی زن اثر می‌گذارد. اگر مرد بداند که همیشه برای پیوستن به همسرش و یا برای رفتن به رختخواب، خیلی ساده به او خوشامد گفته می‌شود؛ تمایل خواهد داشت که منتظر بماند.

کتایون شیرزاد

چطور خلق جنسی زنان تغییر می‌کند؟

با کاهش حالت ماشینی مرد و در نتیجه غیر قابل پیش‌بینی شدن او در رابطهٔ جنسی، همسرش (زن) فرصت کشف و ابراز احساسات و خلقیات جنسی‌اش را به دست می‌آورد. در این حالت زن توانایی بیشتری را برای خودانگیختگی و پاسخ به نیازهای درونی‌اش پیدا می‌کند.

هنگامی که زن همواره برای تغییر کردن و عوض شدن، احساس آزادی کند، احساس جنسی او نیز به مانند تغییر وضع آب و هوا، همیشه قابلیت تغییر خواهد داشت. مهیج بودن و یا حفظ هیجان ماندن رابطهٔ جنسی، تأثیر بسیار زیادی در تغییر خلق زنان دارد.

فصل‌های رابطهٔ جنسی:

درست همان‌گونه که فصل‌ها تغییر می‌کنند، رابطهٔ جنسی نیز به منظور جذاب ماندن و دوام پیدا کردن، تغییر می‌کند. برای اینکه این تغییر به صورت طبیعی رخ دهد، اشتیاق و ارضاء جنسی زن و مرد باید مورد حمایت و پشتبانی هر دو قرار گیرد.

فعالیت جنسی برای زن فرایندی است که در پی داشتن احساس زیبا و بی‌نظیرش در آن لحظه‌ها، کمک می‌نماید. زن نمی‌خواهد که همسرش یک نقشه و طرح انعطاف‌ناپذیر و برنامه‌ریزی شده را دنبال کند. او بیشتر دوست دارد که هر دفعه، رابطه جنسی‌شان خلاقیت خودانگیخته و در خور احساسات هر دو آنها داشته باشد.

نتیجه:

مانند یک هنرمند، رابطه می‌بایستی رنگ‌های اصلی را به خوبی بشناسد و سپس چگونگی ترکیب آنها را برای آفرینش یک اثر جدید هنری به گونه‌ای رقص‌وار، آزمایش کند. به مانند یک موسیقی‌دان بایستی از نت‌های اصلی آگاهی داشته باشیم و برای ایجاد یک قطعه زیبا در موسیقی، آنها را با آکورد مناسب ترکیب نماییم.

برقراری ارتباط برای رابطه جنسی:

مرد و زن هر دو برای اینکه بدانند چه چیز یا چیزهایی همسرشان را به بالاترین سطح رضایت و خرسندی و رضایت جنسی می‌رساند، نیاز به دیدگاه مثبت و روشن دارند.

توصیه می‌کنم هر از چند گاهی، به خصوص در مواقعی که در رابطه پیوند عاطفی، روحی، روانی و جنسی احساس منفی نداریم حداقل نیم‌ساعت را برای این کار صرف کنیم. درباره تجربیاتمان با هم صحبت کنیم. در حقیقت این روش بسیار خوبی است که می‌تواند باعث به روز شدن رابطه ما در هر چند سال گردد

ضمن کار کردن با زوج جوان (نسیم و سهراب)، لیستی از سؤال‌ها را استفاده کردیم که آنها باعث ایجاد مکالمه‌هایی آموزنده برای آنها شدند:

نسیم به سهراب می‌گوید:

- در رابطه هم‌آغوشی و ارگاسممان چه چیزی را دوست داری؟
- آیا مایلی رابطه جنسی بیشتری داشته باشیم؟
- دوست دارید هر هفته چند بار رابطه جنسی داشته باشیم؟
- در مورد پیش‌نوازی چه نظری داری (کمتر یا بیشتر)؟
- آیا چیز خاصی وجود دارد که تو دوست داشته باشی که من در طول رابطه جنسی‌مان انجام بدهم؟
- آیا روشی است که تو دوست داشته باشی من به آن روش‌ها...، اگر هست مایلی به من نشان بدهی؟
- آیا از بین کارهایی که من قبلاً انجام می‌دادم چیزی وجود دارد که تو دوست داشته باشی من آنها را بیشتر انجام دهم؟

درست همین سؤال‌ها را سهراب هم از نسیم متقابلاً پرسید.

نسیم و سهراب، که مدت‌ها بود که رابطه جنسی‌شان یا ناقص ارضاء می‌شدند و گاهی حتی متوقف کرده بودند. انجام این گونه، مکالمه برایشان مفید واقع شد. توصیه من به آنها این بود که باید بسیار مراقب باشند که در هنگام مکالمه حتماً احساسات منفی، نارضایتی‌ها، گله‌ها و انتقادها را کنار بگذارند. به یاد داشته

باشند که صحبت کردن درباره رابطه جنسی بسیار بسیار حساس است.
آنچه که صحبت کردن ما درباره نیازهای جنسی‌مان را با مشکل مواجه می‌کند این است که ما نمی‌خواهیم به هیچ‌وجه همسرمان را مأیوس و ناامید کنیم، اما هم‌زمان توقع داریم کارهایی که احساس راحتی و خوشایندی را برای ما ایجاد نمی‌کند، رخ ندهند. هنگامی که این سؤال‌ها را مطرح می‌کنیم، روشن کردن این موضوع مهم است که ما توقع بیشتری نداریم.
یک روش برای کمک به همسرمان به منظور آگاهی از چیزهایی که واقعاً برای ما اهمیت دارد؛ این است که گاه و بی‌گاه به آرامی و مهربانی با یک نوع سماجت دوستانه و بدون توقع این نوع محاوره‌ها را دربارهٔ رابطه جنسی با همسرمان داشته باشیم.
یکی از رازهای «**سکس عالی**» شکیبایی و تمرکز نکردن بر روی مشکلات و چیزهای از دست رفته است.

بعد از به کار بردن تمرین‌ها، نسیم و سهراب توانستند تدریجی، و خودجوش با ایجاد عشق به رشد خود و تعهد و وفاداری جنسی که باعث افزایش اشتیاق و اطمینان و دوام رابطه‌شان شد؛ تا حدی از عقاید خشک و زاهدمآبانه‌شان درباره رابطه جنسی، رهایی یافته و به راستی در کنار هم لذّت خواهند برد.

اهمیت تک همسری برای «سکس عالی»:

آثار کنترل‌هایی که مرد بر روی شهوت خود اعمال می‌کند فقط محدود به رختخواب نمی‌شود، بلکه در همه جا گسترش می‌یابد. هدایت انرژی جنسی مرد بر روی همسرش، باعث افزایش احساس اطمینان و اعتماد او به زنش می‌گردد

مردان می‌توانند از طریق زیاده‌روی نکردن در تخیل درباره زنان دیگر بیاموزند که انرژی جنسی خودشان را کنترل کنند.
اگر چه به کار بردن مهارت‌های مربوط به قطب‌های جنسی می‌تواند به یک مرد در به تأخیر انداختن اشتیاق جنسی‌اش کمک نماید، اما به واسطه سال‌ها عشق. لذت تک همسری، او (مرد) به صورت خودکار، به کنترل بیشتری دست خواهد یافت.

دوام سحرانگیز عشق:

وقتی مردان مشتاق «**سکس عالی**» هستند. زنان مشتاق **عشق** هستند.
وقتی زن هدف‌گرا، واقع‌گرا، و دارای مدیریت ارزش بیشتری برای عشق باشند، آن وقت، عشق تأثیر جادویی دارد.

برای اینکه یک مرد بتواند همسرش را از لحاظ عشق ارضاء نماید، او ابتدا باید بداند که عشق چیست؟

دادن یک شاخه گل، یک هدیه کوچک، قدم زدن با او در شب‌های مهتابی، تصمیمات خودانگیخته، و غذا خوردن در بیرون، همگی می‌تواند معنی و مفهوم عشق را القا می‌کند.

منظور این نیست که مردان تمایلی به عشق و عشق ورزیدن ندارند، بلکه موضوع این است که آنها غالباً به اهمیت تأثیر آن بر زنان پی نمی‌برند.

مرد رابطه‌اش را عاشقانه و با شادمانی، به بیان اینکه چقدر زندگی‌اش برای او ارزشمند است؛ شروع می‌کند. اما ممکن است به شکل بدآموزی و عدم الگو رفتاری سالم، نمی‌داند که، چرا وقتی عاشقانه رفتار کرده باید آن را ادامه دهد؟ احتمالاً اگر مرد مکرر شاهد ابراز عشق از جانب پدرش به مادرش بوده باشد؛ دیگر نیازی به آموختن این مهارت ندارد.

امیر به شوکا گفت: وقتی از فروشگاه می‌آیی چند شاخه گل بخر. امیر اضافه کرد که: «من می‌دانستم که خانم‌ها گل را دوست دارند، ولی بعد از کار کردن با شما (مشاور خانواده)، فهمیدم من می‌بایستی آن را خود می‌خریدم و می‌آوردم. من بی‌اعتنا و ناآگاه به این موضوع، گمان کردم چون همسرم برای خرید بیرون می‌رود، به راحتی می‌تواند چند شاخه گل هم بخرد. اما برای او این نوع استدلال مسلماً عاشقانه نبود. بدین‌ترتیب، در نهایت، به اهمیت خرید گل برای او پی بردم. و همچنان توانستم به اهمیت اعمال و تشریفات عاشقانه نیز پی ببرم.»

یک زن نمی‌خواهد بوسیله خریدن چند گل برای خودش احساس عشق کند، در واقع نمی‌تواند. او می‌خواهد که معشوقه‌اش (با همسر) این کار را انجام دهد. او حتی نمی‌خواهد آن را از معشوقه‌اش درخواست نماید، چرا که این کار ارزش عاشقانه ندارد، و اگر زن چنین درخواستی بکند، دیگر برایش عاشقانه

محسوب نمی‌شود. هنگامی که یک مرد به شکل خودانگیخته و بدون درخواست همسرش، برای او گل می‌برد، با این کار به همسرش نشان می‌دهد که به او اهمیت داده و نیازهای او را درک می‌کند. این نوع از نمادها، اهمیت بسیار زیادی در ایجاد عشق دارند.

چگونه یک زن می‌تواند به «عاشق ماندن» همسرش کمک کند؟

گاهی اوقات که احسان فراموش می‌کند گل بخرد مژگان می‌تواند به او در به یاد آوردن آن کمک کند. مژگان به جای این که خودش برود و گل بخرد و یا به جای اینکه از احسان درخواست خرید آن بکند. گلدان‌های خالی را می‌تواند بیرون بگذارد. به این ترتیب، احسان متوجه می‌شود و قول می‌دهد دفعه بعد با گل خانه بیایم.

با انجام این کار نه تنها احسان، احساس شادابی سرزندگی می‌کند بلکه همسرش مژگان نیز بیشتر احساس «مورد توجه و مهم بودن» می‌نماید. احسان هم احساس صمیمیت بیشتری با همسرش خواهم کرد. پس از آن که احسان فهمید گل‌ها چقدر همسرش را خوشحال می‌کند، دقت می‌کرد که خریدن آنها را فراموش نکند.

برای اینکه مرد دوباره عشقش را نسبت به همسرش نشان دهد جواب ساده است. بعد از پنج روز گل‌های گلدان پژمرده می‌شوند و بهترین فرصت برای تداوم رابطه عاشقانه در پیوند و وصال عاطفی پر کردن گلدان است.

در نتیجه مردان وقتی احساس می‌کنند که مورد نیاز هستند احساس قدرت می‌کنند. زن‌ها هم وقتی احساس می‌کنند که عزیز و ارزشمندند انگیزه می‌یابند. و وقتی زنان و مردان به تفاوت‌های خود پی می‌برند و به یکدیگر احترام می‌گذارند، عشق میانشان شکوفا می‌شود.

آگاهانه عشق بورزیم:

عشق از لحاظ فیزیکی در دو مسیر محبت و رابطهٔ جنسی خودش را نشان می‌دهد. علاقه جنسی بوسیلهٔ انگیزش بیولوژیکی و فعالیت‌های موجود در بدن ما به وجود می‌آید و بی‌شک یکی از قوی‌ترین نیروهای موجود در این دنیا

می‌باشد. وقتی ما محبت خود را بروز می‌دهیم، در حقیقت گذشته خود را فراموش کرده و فکر در مورد آینده را رها کرده و در نتیجه زمان حال برای ما تبدیل به یک کُلیت می‌شود. در چنین وضعیت مرز بین ما و یار ما از بین رفته و ما از تمامی احساسات و رفتارهای هم آگاه می‌شویم.

در کتاب «ده قانون شاد زیستن» چنین آمده:

* یک تصمیم قاطع بگیرید و از این پس آگاهانه عشق بورزید. به خود اجازه دهید تمام تمرکزتان به زمان حال انتقال یابد و زمان حال را به خوبی درک کنید.

عشق در یک قدمی است

زندگی آب تنی کردن در حوضچه «اکنون» است

سهراب سپهری

* باید توجه داشت که توانایی جنسی بالقوه است و مانند تمامی نیروهای قدرتمند موجود دیگر در این جهان، دارای پتانسیلی برای خلاقیت می‌باشد، تا زمانی که در محدودهٔ خود از آن نگهداری شود. هر چه بیشتر به کمال خود نزدیک و قدرت این رابطه به صمیمیت بیشتر بین زوجین خواهد شد.
* با اینکه می‌بایست به رابطه جنسی به عنوان یک موضوع اخلاقی و معنوی نگاه کرد، و از سوی دیگر باید توجه داشت که این رابطه باعث می‌شودکه با یک انسان دیگر رابطهٔ نزدیک‌تر و صمیمی‌تر برقرار کنیم.
* با به وجود آوردن مرزها و خط قرمزها مناسب و تصمیم برای حفظ خانواده می‌توانیم هر چه بیشتر از این موهبت الهی موجود در خود کمال استفاده را ببریم.

دیپاک چوپرا در رابطه با پیوند مهرآمیز می‌گوید:
می‌توانیم ماسک دوگانگی را از روی صورت خود برداریم و آن انسجام موجود در خود را در آغوش گرفته و پرورش دهیم. که برای ما امنیت، عشق، محبت و

رسیدن به تار و پوت زندگی را تضمین می‌کند.

اهمیت عشق در ارتباط:

امروزه عشق و لحظه‌های عاشقانه، اهمیت شایانی در زندگی‌های زناشویی پیدا کرده‌اند. چرا که این‌ها به زنان در بازگشتن به سمت جنبه‌های زنانه‌شان کمک نموده است.

هنگامی که یک مرد با رفتارهای محبت آمیر و عاشقانه به ارضاء نیازهای همسرش توجه می‌کند، زن توانایی رها شدن از تمایلات درونی‌اش، که در جهت محافظت و مراقبت از دیگران است؛ را به دست می‌آورد.

برای رشد و بالنده شدن عشق توجه روز افزون برای احساس کامیابی در عشق ضروری است.

مصاحبت و معاشرت یکی از نیازهای اصلی زن و مرد برای ارتباط سالم و عاشقانه و ابراز مهر و محبّت با آیین‌های عاشقانه‌ای چون:

«من دوستت دارم»

«می‌خواهمت»

«تو برای من خیلی مهم هستی»

«بسیار دل‌انگیزی»

راه بلند ایجاد عشق را کوتاه می‌نماید.

تحسین عاشقانه:

به گفت‌وگویی که با دو زوج موفق مراجع قدیمی‌ام کردم توجه فرمایید:

رائین دفتر کارش در منزلش بود وقتی متوجه شد که نیلوفر به خانه برگشته است؛ فوراً کارش را متوقف کرده و از جایش بلند شد و با در آغوش گرفتن او به آمدنش اهمیت داد. چنین استقبالی نیلوفر را با طراوت و بشاش است و لبخند شیرینی بر لبانش نشاند. بدین‌ترتیب احساسی به نیلوفر داد که فهمید که مورد علاقه او است و ارزش و قدر او را می‌داند.

رائین اضافه می‌کند: «اگر هم گاهی فراموش کنم به استقبالش بروم، او خودش فوراً مرا پیدا کرده و درخواست می‌کند که مرا در آغوش بگیرد. سپس من به راستی او را تحسین کرده و سپاسگزاری می‌کند.»

مسلماً اگر «**در آغوش گرفتن**» پیشنهادی از جانب رائین (مرد) باشد؛ عاشقانه‌تر خواهد بود. ولی اگر گاهی مرد، آن را فراموش کرده، «**درخواست در آغوش گرفته شدن**» از جانب زن یک هدیه عاشقانه است. نیلوفر برای موفقیت و توانایی در دوست داشتن و عشق‌ورزیدن به رائین کمک می‌کند. این‌ها جزء مهارت‌های ارتباطی پیشرفته و خیلی مهم هستند.

آزاده می‌گفت: «از کار به منزل رفتم، از شدت خستگی لحن صدایم عوض شده بود؛ گفتم کامی ممکن است مرا بغل کنی؟»

کامی در پاسخ گفت: «حتماً به سمت آزاده رفته و به شدت او را در آغوش گرفت. آزاده آهی بلند کشید و از کامی بخاطر در آغوش گرفتنش تشکر کرد.»

و کامی گفت: «همیشه و همه زمان این آغوش از آن توست.» آزاده لبخند زد و خندید. کامی گفت: «چی شده؟» آزاده گفت: «احساس شرم می‌کنم، چون احساس می‌کنم که عشق را گدایی می‌کنم. من دوست دارم احساس کنم که تو هم به اندازه من، تمایل به آغوش داری.» کامی گفت: «از حالا به بعد من سعی می‌کنم نسبت به این موضوع توجه بیشتری نشان بدهم. و از تو درخواست به آغوش کشیدن داشته باشم. دوست دارم که اگر من گاهی باز هم متوجه نشدم و فراموش کردم که به تو پیشنهاد بدهم، تو این کار را به خاطر من انجام بدهی.»

عشق آگاهانه و تحول وجودی:

وقتی با دقت بیشتر به وجود خود بنگریم زمانی که لایه‌های وجودی و تصویر شخصی ما شفاف‌تر شد؛ به این نتیجه خواهیم رسید که این وجدان آگاه درونی همین اسانس اصلی وجودی ما می‌باشد و این همان حقیقت ماست. وقتی که به این واقعیت درونی پی بردیم، دیدن چیزهایی که توسط دیگران برای ما پنهان شده‌اند راحت‌تر خواهد شد و در این زمان است که دید ما نسبت به زندگی تغییر می‌کند. به محض اینکه ما بُعد حقیقی خود را بروز دادیم، احساس داشتن هویت برای ما روشن‌تر و واضح‌تر می‌شود.

مُونا به جای اینکه در هنگام رویارویی با مشکلات جملهٔ «چگونه می‌توانم از شرش خلاص شوم؟» استفاده کند، این سؤال را می‌تواند بپرسد که «**چگونه**

می‌توانم با تصمیم‌گیری صحیح، بیشتر و بهتر به آرامش و ارزش والای خود برسم؟» عشق زمانی فعالیت خود را شروع می‌کند که محیط اطرافمان، محیط امن باشد. کما این که ما شایسته عشق ورزیدن و مورد عشق قرار گرفتن مثل نور خورشید هستیم.

مُونا باید بداند که رضایت درونی و توانایی وصل شدن به دیگران باعث به وجود آمدن ارتباط می‌شودکه از همه لحاظ به برآورده شدن نیازهای ما کمک می‌کند. قلبی که با محبت و دلسوزی پر شده باشد؛ از آرامش درونی و امنیت بر روی موج‌های بلند عشق غوطه‌ور است.

تحول درونی و روبه‌رو شدن با ترس:

ما به راحتی می‌توانیم در موقعیت امن و راحت خود بمانیم و تغییری را تجربه نکنیم. ولی اگر این تصمیم ما است؛ باید به این نکته توجه داشته باشیم که به همان راحتی ماندن در محیط امن، بزرگ‌ترین فرصت‌ها برای پیشرفت کردن را نیز از دست می‌دهیم. برای اینکه از مرزهای معمول خود، پا فراتر بگذاریم، باید ریسک و خطر را پذیرا باشیم. بدان معنا که روبه‌رو شدن با ناشناخته‌ها، زمینه‌های خوبی را برای رشد و شکوفایی شخصی و درونی ما را فراهم می‌کند. ولی از سوی دیگر باعث برانگیخته شدن ترس ما نیز می‌شود. زمانی که ما عاشق می‌شویم.

نیما می‌گفت: «از زمانی که با شیما آشنا شدم، من تبدیل به یک فرد جدید شده‌ام. مدل موهایم را تغییر دادم، لباس‌های متفاوت می‌پوشم، از موسیقی کلاسیک متنفر بودم حالا با شیما به کنسرت می‌رویم و با هم به موسیقی‌های کلاسیک گوش می‌دهیم. من که در گذشته از آب و قایق متنفر بودم خودم را در میان یک قایق می‌یابم که در سواحل در حال شناور است.»

عشق بعُدی از وجودی ما را گسترش می‌دهد که، زمانی که گسترش یافت، دیگر به اندازه دو شکل قبلی خود باز نمی‌گردد.

با تغییر مرجع درونی خود از سوی جسم به طرف روح، ما احتیاج به کنترل کردن را از دست می‌دهیم. و به جای آن بیشتر با آنچه که در زندگی در پیش پای

ما قرار دارد؛ کنار خواهیم آمد. این گفت‌وگوهای درونی که برای قبول شرایط موجود ذهنمان شکل می‌گیرد، مبانی یک زندگی «عشق محور» می‌باشد، همانا جزء مبانی قبول کردن شرایط موجود می‌باشد.

آمادگی برای پذیرای شرایط جدید[1]

تنها زندگی‌ای که همراه با عشق باشد؛ ارزش ادامه دادن را دارد. بدون عشق، علم و نیکوکاری معنا و ارزشی نخواهند داشت. در میان درستکاری، امید و عشق، عشق بلندترین و بزرگ‌ترین مرجع برای انسان می‌باشد. پس از این تصمیم بگیریم که به عشق در همهٔ نمودهای آن توجه کنیم.

در خاتمه، نیما برای موفقیت با تلاش جهت سلامت رابطه با همسرش شیما می‌گوید: من تصمیم خودم را برای رسیدن به عشق این‌گونه عملی می‌سازم:

۱. در مقابل توجه، محبت و مهربانی، تقدیر و قبول کردن وضع موجود خودم، سخاوت نشان داده به آنها بها می‌دهم.
۲. سعی می‌کنم تمام روابطم را آگاهانه و با یک بینش زیبا و خاص پرورش دهم.
۳. سکوت را به وجدان آگاه خودم برای افزایش ظرفیت بعُد وجودی‌ام با پذیرش مهر و محبت، هدیه می‌کنم.
٤. ماه را نشانه می‌گیرم، حتی اگر به هدف نزدیک شدم به ستاره فرود می‌آیم.
٥. برای عالی بودن نیازی به کامل بودن ندارم.
٦. محدودیت مؤثر، مهارت انتظار داشتن به اندازه از خویشتن است.

اینکه نه بیش از اندازه به خود سخت بگیرم و نه بیش از اندازه فروپوشی کنم. این‌گونه می‌توانم به حداکثر خواسته‌های خود برسم.

دیر خوابیدن قند و چربی خون را بالا می‌برد و تبدیل به هورمون استرس و افسردگی می‌شود. چون کورتیزول را فعال می‌کند.
در کوهستان آذربایجان شوروی انسان‌ها ۱۸۰ سال عمر می‌کنند چون آنها روز بیدار و شب‌ها خوابند.

1- Raising our Coping Mechanism

کار هورمون سروتونین، تفکر درست، خوش‌بینی تمرکز در جنبه‌های مثبت زندگی است. سازندگی همه تحولات خوب خاصیت سروتونین است.

دخانیات کُورتیزون را بالا می‌برد و سروتونین را پایین. در نتیجه موجب بروز تشدید افسردگی و کاهش اکسیژن و موجب کمبود ویتامین ث می‌شود. در نتیجه اضطراب را بالا می‌برد.

الکل باعث خواب عمیق و اختلال و کاهش قند خون می‌شود.

تحقیقات نشان می‌دهد سه لیوان شراب در هفته این علائم را ندارد.

استفاده از قهوه و ماده موثر کافئین به بیولوژی فرد اثر گذاشته و باعث تپش قلب و بی‌قراری می‌گردد.

اگر افسردگی در خانواده ارثی است بیشتر از ۱ یا ۲ بار کافئین به‌خصوص از قند و شکر استفاده نکنید.

ویکتور فرانکل می‌گوید: در ادیان و باورهایی که خداوند ترسناک نیست انسان‌ها راحت و شادتر هستند. روش‌های زیادی برای آرامش اعصاب وجود دارد مانند پیاده‌روی در طبیعت با طراوت و گرفتن اکسیژن کافی. دوچرخه سواری، اسب‌سواری، رقص فعالیت‌هایی که نیم کره مغز را تحریک کند مثل نقاشی، ماساژ کورتیزول را پایین می‌آورد. طب سوزنی مدیتیشن یوگا ده دقیقه سه بار در روز تأثیر زیادی در افسردگی دارد. در یوگا اول باید تنفس را یاد بگیریم. خواب منظم بسیار مهم است، اگر خواب به هم بخورد استرس بالا می‌رود، سروتونین پایین می‌آید و کورتیزول بالا می‌رود. تا وقتی که خیلی کسل نیستیم به رختخواب نرویم. چای بابونه و یا اسطوخدوس کمک می‌کند. خواندن رمان بسیار کمک می‌کند. همین طور اگر روز طولانی داشتیم ۱۰ دقیقه قبل از خواب دوش بگیریم.

رژیم غذایی برای افسردگی کمک می‌کند به جای سه وعده در روز پنج وعده بخوریم. بعد از ساعت ۷ میوه‌های خیلی شیرین نخوریم.

جعفری، رازیانه، کرفس، سیب زمینی شیرین، لوبیا سبز، تخم کدو، تخم آفتاب گردون و سنجد بسیار به آرامش ما کمک می‌کند.

گوشت‌های فرآوری شده و آماده مثل سوسیس، کالباس، غذاهای رنگی نخوریم

غذاهای کمکی با کمک پزشک مثل: مولتی ویتامین، ویتامین ث ۵۰۰-۱۰۰ میلیگرم ویتامیت ب. روزی ٤۰۰ میلیگرم روغن فلکسید (کتان) و ویتامین ب۱۲.

وقتی زیر فشار استرس هستیم ویتامین ث برای ما مفید هستند ویتامین ب همچنین کمک می‌کند، البته باید صبح‌ها خورد. ما بین ۷ تا ۹ ساعت خواب نیاز داریم.

داروهای گیاهی در درمان افسردگی بسیار موثر است:

۹۰۰-٤۰۰ میلی‌گرم در روز به شکل کپسول و ژلاتین لوندر یا اسطوخدوس آرام بخش است.

گل نارنج، عرق بهار نارنج، بابونه، شاتره، مخمر آب جو، زعفران از جمله گیاهان شادی آور هستند.

هل، دارچین، شاهدانه، جینجر، نعناع، ریحان، زیره، گلپر، هویج، میوه های شادی بخش، انگور، گلابی و پرتقال.

عشق آگاهانه در مسیرهای معنوی:

برای اینکه در مسیرهای معنوی قدم برداریم، و سعی در تکمیل بُعد وجودی خود بکنیم. در واژه لاتین به معنای «بالا رفتن در امواج» است.

حقیقت، تجربه کردن در اقیانوس زندگی می‌باشد. که در واقع در امواج بلند و قدرتمند عشق، انرژی و اشتیاق است.

افراد بسیاری را دیده‌ام که ثروت آنها بیش از میلیون‌ها دلار است ولی احساس می‌کنند که به اندازه کافی ندارند و درعین‌حال افرادی را می‌شناسم که خیلی کمتر از دسته اول ثروت دارند، ولی در یک حالت برخورداری و فراوانی زندگی می‌کنند.

دیدگاه ما نسبت به حقیقت:

برای رسیدن به حقیقت، احتیاج است به‌طور مدام تمام عقاید خود در مورد این دنیا و مسائلی که با آنها در ارتباط هستیم را در ذهن خود مرور کنیم و از همه مهم‌تر ظرفیت خود را برای دریافت نقطه نظر خودمان افزایش دهیم. زمانی که ما از پافشاری بی‌دلیل بر روی چیزی که از دید ما حقیقت است دست برداریم،

یک نوع هماهنگی و توانایی در ما به وجود می‌آید که بوسیلهٔ آن قادرخواهیم بود که به نظرات مخالف خود احترام بگذاریم.
و از آنها کمال استفاده را ببریم.

موقعی که با کمال میل به صحبت‌های دیگران گوش می‌دهیم و بدون تعصب نکات مثبت را جدا می‌کنیم، تأثیر باور نکردنی و اعجاب‌انگیزی در روابط انسان دارد که شامل هرگونه ارتباط شخصی اداری و حتی بین المللی.

تأثیر فلسفه حقیقت در پیوند عاطفی:

بیشتر درگیری‌های عاطفی که در افراد به وجود می‌آید، و باعث نگرانی می‌شود، افسردگی به همراه دارد؛ نتیجهٔ ناتوانی ماه در ایجاد نوعی آشتی میان حقایق است یعنی ترتیب دادن نوعی یگانگی در خود اتفاق نیفتاده است.

لیدا سی و هشت ساله، در یک اداره دولتی کارمند است به خاطر مشکلات عاطفی و افسردگی به من مراجعه کرد. او هر هفته چندین بار دچار بیماری میگرن می‌شود. در طول یکسال گذشته نتوانسته به خوبی بخوابد.

باتوجه به سخنان لیدا، شوهرش برای حفظ رابطه‌شان، تلاش زیادی کرده است ولی لیدا هیچگاه رابطه خوبی با او نداشته و سعی در ترک کردن او دارد.

لیدا می‌گوید که شوهرش بسیار درگیر کارش است و به نوعی حقیقت این حس به لیدا منتقل می‌شود که او، اصلاً برای شوهرش اهمیت ندارد. و می‌گوید که هیچ احساس عشقی بین آن دو موج نمی‌زند. البته او اضافه کرد که شوهرش، پدر خوبی برای کودکانش بوده و هیچگاه رفتار ناپسندی در قبال او و فرزندانش نشان نداشته است.

زمانی که من در مورد وفاداری او نسبت به همسرش سؤال کردم، پس از یک سکوت نسبتاً طولانی، شیشهٔ سکوت را شکست و گفت: «در طول سال گذشته با فردی دیگری رابطه داشته است.»

بدون اینکه ما شروع به بحث کردن در مورد اخلاقیات و رابطهٔ مخفیانهٔ او کنیم، به این موضوع توجه کردیم که چگونه صادق نبودن او و در حقیقت کمبود عشق

در زندگی، باعث به وجود آمدن ناآرامی و پریشانی او و اطرافیانش شده است. او به این نتیجه رسیده بود که تنها راه باقی مانده برایش، به منظور رهایی دادن خود از احساس افسردگی و اضطراب این است که اولاً با خودش صادق باشد و بعد سخنان و رفتار خود را در راستای همان عقاید و حقیقت واقعی خویش پیش رو قرار دهد.

لیدا می‌بایستی راه خود را در زندگی مشخص کرده و آن چیز را که به نظرش حقیقت می‌رسد، عملی سازد. همان گنجی که در یک صحرا مدفون شده است؛ شن‌های زمان در نهایت کنار می‌روند و حقیقتی که پنهان شده بود را آشکار خواهند کرد.

روح و جان ما همواره سعی در جستجوی پیدا کردن آرامش و امنیت می‌باشد. با وجود اینکه ذهن با ساختار پیچیده خود، توانایی توجیه کردن همه چیز را دارد در واقع احساس پریشانی بیشتر در این نوع توجیه‌ها خواهیم داشت.

لیدا به همسر خود وفادار نبوده با توجیه اینکه همسرم مرا درک نمی‌کند، یا نمی‌تواند احتیاجات مرا برآورده سازد...

علی سعی در انکار اعتیاد به مشروب الکلی داشت. این قضیه را این‌طور توجیه می‌کند که من مدام مصرف نمی‌کنم و یا برای رهایی از بند مشکلات... از مشروب الکلی استفاده می‌کنم. ولی باید در نظر داشته باشد که حقیقت روشن است. نمی‌توان آن را به بهانه‌های ذهنی توجیه کرد.

برای اینکه به خودتان برسید باید خودتان باشید. بهترین کسی که می‌توانید باشید وقتی اشتباهی می‌کنید، از آن پند بگیرید. خودتان را جمع و جور کنید و به حرکت خود ادامه دهید.

هر موج فکری که در دریای ذهن ما به حرکت در می‌آید و هر عملی که ما انجام می‌دهیم، برای خود پیامدهایی را به همراه دارد. تأثیر افکاری که در ذهن ما جریان دارند، تقریباً اساس و بنیاد بوجود آمدن مولکول‌هایی را تشکیل می‌دهند که در بدن ما در حال تولید می‌باشند. افکار ناآرام و پریشان، باعث به وجود آمدن مولکول‌های ناآرام و غیرطبیعی شده، همین امر نظم موجود در بدن را بهم می‌زند

و آرامش ما را با به همراه داشتن مشکلاتی چون: کم خوابی، ناسالم خوردن، درد عضلات، سردرد های مزمن و میگرن، عدم تعادل در سیستم‌های دفاعی بدن و غیره... ایجاد می کند از همه مهم‌تر تأثیرات سخنان و اعمال ما به اطرافیان و باعث ناآرامی و پریشانی دیگران هم می‌شود. حالا برعکس سخنان و رفتاری می‌توانیم انتخاب کنیم که برای اطرافیان نشاط و آرامش به ارمغان بیاورد.

«اگر در صدد پنهان کردن حقیقت باشید، علی‌رغم اینکه این پنهان کردن می‌تواند جریمه را به تعویق بیاندازد. ولی این امید را در دل شما به وجود می‌آورد که شاید بتوانید کاملاً از شر آن خلاص شوید. انکار خطا باعث به وجود آمدن نتایج و عواقب بدتری در مقایسه با عواقب خود خطا می‌شود.»

اگر از دید روان‌شناسی به قضیه نگاه کنیم در «وصال عاطفی» تصمیمی برای نشان دادن و عمل به حقیقت تقریباً همیشه بهترین کار است.
ممکن است در زمان‌هایی متوجه شویم که ممکن است حقیقت از سوی دیگران به خوبی درک نشود، و یا آمادگی شنیدن آن در فرد یا جمع مقابل وجود نداشته باشد؛ در این مواقع ممکن است پنهان کردن واقعیت بهترین راه باشد که نشان داده شود. به جهت جلوگیری از بد فهمی و تنش‌های احتمالی.

دروغ مصلحت آمیز به از راست فتنه انگیز

سعدی

برای مثال:
شیوا، میترا را به عنوان محرم اسرار خود می‌داند. شیوا از تجربه‌های تلخ و ناخوشایندی که داشته، درد دل می‌کند. در این موقع میترا نباید این اسرار را با صحبت‌های خود پیش دیگران آشکار کنند و این نشانه ظرفیت بالای میترا می‌باشد.
وقتی که همسر ما لباس جدیدی را بر تن می‌کند و نظر ما را در مورد آن می‌خواهد، اگر بخواهیم در مقابل نظر خود کاملاً رُک باشیم، ممکن است نتایج

مطلوب را مشاهده نکنیم. نگفتن حقیقت می‌تواند بهترین راه برای مواقعی باشد که گفتن حقیقت و آشکار شدن آن باعث صدمه شدن جدی به دیگران شود.

به یاد داستان کتاب‌هایی می‌افتم که دخترم مرتباً از کتابخانه‌ها می‌گرفت و می‌خواند. داستان‌هایشان واقعی و غم‌انگیز بودند. راجع به دختر بچه‌هایی یهودی در آلمان که از دست سربازان نازی آلمان فرار کرده بودند. مأموران نازی به خانه‌ها برای دستگیر کردن بچه‌ها می‌رفتند. صاحب‌خانه‌ها که بچه‌ها را در منزلشان مخفی می‌کردند؛ در آن موقع پنهان کردن حقیقت بهترین کاری بود که آنها انجام می‌دادند.

فردی که در زمینهٔ روحی و معنوی پیشرفت می‌کند، بسیار ماهرانه در وقت‌شناس است و با زیرکی لازم رفتار شایسته‌ای دارد.

تصمیم برای رسیدن به حقیقت، زمانی زمینه‌ساز یک زندگی موفق است که ما یاد بگیریم کی حقیقت را پنهان کرده و چه زمانی آن را آشکار سازیم.

با جمع بندی این مطلب به این نتیجه می‌رسیم:

۱. با تمرین انعطاف‌پذیری خود دامنهٔ پذیرش حقایق را در زندگی خود گسترش بدهیم.

۲. اگر به دنبال موقعیت‌ها و شرایطی باشیم که در آنها بتوانیم حقیقت واقعی خود را بروز دهیم و با این کار، خودبه‌خود به افرادی که با ما در ارتباط هستند، آزادی و نشاط را هدیه کرده‌ایم.

۳. اگر در اعمال، رفتار و سخنان خود هوشمندانه و وقت‌شناسی خاصّی داشته باشیم تا بدین وسیله شادی‌ای را که از آنها می‌آید؛ به بیشترین حد خود برسانیم؛ از ناراحتی احتمالی جلوگیری خواهیم کرد.

۴. تصمیم‌هایی در زندگی بگیریم که ما را در مسیر حقیقت مطلق راهنمایی کنند و تمام کارهای خود را با آرامش روحی و گسترش آگاهی و امنیت کامل، همراه کنیم.

در مسیر درونی کردن آرامش خود و خانواده:

هر کدام از ما انسان‌ها تمام تلاش خود را برای دستیابی «آرامش خود و روابطمان» به کار می‌بندیم. بیشتر ستمگران در طول تاریخ، اعمال خود را با

توسل به این عبارت توجیه می‌کردند اعطای آزادی و... متأسفانه «آرامشی» که با ظلم و خشونت حاصل شود، با گذشت زمان، به غم، افسردگی وخشم خودشان را نمایان می‌سازند.

تمایل برای رسیدن به آرامش در ریشه‌های تمامی خواسته‌ها و تمایلات انسان قرار دارد. زمانی که ما برای به دست آوردن چیزی لحظه شماری می‌کنیم و منتظر هستیم، پیش‌بینی این است که با رسیدن به آن هدف و اشتیاق درونی، تمامی احساس نارضایتی و نگرانی در ما فرو می‌نشیند و راحت خواهیم شد.

طبیعت و ذات ما، کاملاً در آرامش و صلح به سر می‌برد، ولی این خود ما هستیم که با افکار و اعمال خویش، احساس ناقص بودن و پریشانی می‌کنیم. این احساسات منفی است که باعث فوران تمایلات ما می‌شود و آنها را برمی‌انگیزد

حرکت خودشکوفایی، از کم بودن به زیاد شدن، از جدایی به یگانگی، از ترس و وحشت به سوی خودآگاهی و آرامش خواهد بود.

بهسازی درون از طریق یافته‌های همدیگر:

* از آموخته‌ها، برداشت‌ها و دریافت‌های خود با همسر خود صحبت نماییم.
* خود را متعهد کنیم که از آموخته‌هایمان استفاده نماییم. و آنها را بکار ببندیم. به خود و به همسر خود قول‌ها و تعهدهایی بدهیم و خود را پایبند آنها سازیم. برای مثال با خودمان عهد ببندیم که در مورد جزئیات، بیشتر با همسرمان حرف بزنیم. سپس آن را به مدت یک هفته تمرین کنیم و ببینیم چه تأثیراتی بر روی زندگی ازدواج ما می‌گذارد.
* همسرمان را به خاطر تغییراتشان تحسین کنیم. و او را تأیید کنیم که تغییرات کوچک می‌توانند تفاوتی بزرگ را رقم بزنند. از همسرمان به خاطر این تغییر بزرگ تشکر کنیم.
* از قدم‌های کوچک او همواره قدردانی نماییم. با همین قدم‌های کوچک است که مسیر زندگی تغییر می‌کند.
* در پایان از شما مردان می‌خواهم که به چشم‌های همسرتان نگاه کنید و به او بگویید که چرا برایتان عزیز است. و چرا این قدر دوستش دارید و عاشقش هستید.

* و از شما زنان می‌خواهم رو به همسرتان بکنند و به او بگویید که برای چه چیزی در زندگیتان از او متشکر هستید و به سبب کدام یک از کارهایش به او افتخار می‌کنید.

سولماز و بهنام «روابط» خود را بعد از چهار سال دیدن‌های پی‌درپی با من این‌طور عنوان کردند:

«ما به راستی در این کهکشان هستیم که از یکدیگر بیاموزیم و در آینه یکدیگر بنگریم و حقیقت خود را در آن بنگریم و رشد کنیم و تفاوت‌های خود را با یکدیگر محترم بشماریم. آنها را درک کنیم، از آنها بیاموزیم و در جهت رشد و تعالی شخصی روحی و معنوی خود استفاده کنیم. در عشق و عشق ورزیدن موفق باشیم و احساس خوشبختی کنیم.»

معشوق از عاشق پرسید که خود را دوست داری یا مرا، گفت من از خود مرده‌ام و به تو زنده‌ام از خود و از صفات خود نیست شده‌ام و به تو هست شده‌ام.

آرامش روح و روان:

بیشتر ما در آرزوی آرامش فکر، روح و روان هستیم. این تلاشی است که یک عمر طول می‌کشد و کاری است که دست کم در آغوش کشیدن و پذیرفتن تمامیت وجودمان را می‌طلبد.

ویکتور فرانکل «در جستجوی معنا» می‌گوید: پی بردن به موهبت‌ها حتی نفرت انگیزترین ویژگی‌هایمان روندی خلاق است که به خواسته‌ای عمیق برای شنیدن و آموختن، اشتیاق به رها کردن پیش داوری ها و باورهای معیوب و آمادگی برای «حال بهتری داشتن» نیاز دارد.

و او در کتاب «فریاد ناشنیده برای معنی» هم اشاره می‌کنند: «تعالی خویشتن نه تنها به معنی تلاش برای تحقق خویشتن است؛ بلکه به معنای یافتن انسان دیگری برای عشق ورزیدن نیز هست.»

خویشتن حقیقی پیش داوری نمی‌کند، فقط منیّت است که تحت‌تأثیر ترس و برای حفظ ما پیش داوری می‌کند. شگفت آن که این حفاظت، ما را از خودشناسی دور می‌نماید. باید آماده باشیم که هر آنچه ما را ترسانده، دوست

بداریم. که باعث خانه تکانی عاطفی ما می‌شود، که بنیه عاطفی ما را قوی‌تر می‌کند.

در نتیجه پیوندی بر پایهٔ اعتماد با وجود اصیل خود برقرار خواهیم کرد.
هنگامی که نداهای جنبه‌های مطرود را به آگاهی خود راه می‌دهیم، تعادل ما با طبیعت وجود ما باز می‌گردد. این نداها ما را از نو تواناتر می‌سازد تا مسائل خود را بهتر حل کنیم و اهداف زندگی‌مان را روشن نماییم. این پیام‌ها ما را هدایت می‌کنند تا عشق و همدلی حقیقی و اصیل را کشف کنیم.

عشق ورزیدن:

علی و رامش بدون شناخت کافی و تجربه زندگی با هم، ازدواج کردند. آنها برای تفاهم و درک برابر تصمیم گرفته‌اند ده جلسه دوره مشاورت بعد از ازدواج را با من بگذرانند. در درک اصول هفتگانه وصال عاطفی با بلوغ عاطفی، دو اصول مهمشان شامل:

طریقی که ما بحران‌ها را حل می‌کنیم و یا باهاش کنار می‌آییم.[1]

اگر از زن و شوهری بپرسید از روز نخست تا آن لحظه‌ای که زیر سقف زناشویی دوام آوردند گرفتار تعارض ماجرا و بحران نبودند، شما به آنها جایزه دروغ بدهید. ولی اینکه ما با مشکل چطوری برخورد کنیم مهم است. از مسائل نهراسند، به بنیه عاطفیشان بستگی دارد. حمله به مسئله معمولاً مسئله را بزرگ‌تر می‌کند. انکار با مسئله زیر فرش گذاشتن و پشت گوش گذاشتن معمولاً مسئله را بزرگ‌تر می‌کند.

تعهد[2] نسبت به رابطه بسیار همه است و همیشه باید در نظر بگیریم که رابطه نه منم نه تویی. هم منم و هم تویی. واینگونه است که رابطه یک هویت مستقل و یک موجودیت مستقل پیدا می‌کند، که دو نفر از آن رابطه یک برداشت، یک خـواسته ویک هدف مشترک دارند. زن و مـردی که برای اختلاف آمدند و اینکه

1- Conflict Resolution
2- Commitment

مرد فوتبال دوست دارد، و دوست دارد با دوستان وقت بگذارند و سفر برود. زن معترض است. یکی ۱۰۰٪ تعهد زمانی، مکانی، جنسی، حسی ـ عاطفی و مالی می خواهد و یکی ۳۰٪ یا ۵۰٪ یا ۷۰٪ تعهد به همسرش لازم می داند.

بعد از پشت سر گذاشتن گفت‌وگوها و تفاهم‌ها، رامش و علی احساس امنیّت و حس همدلی کردند و همه ترس‌های کهنه و عدم اعتمادبه‌نفس آنها از بین رفت. و احساس عزیز و زیبا بودنی را در رابطه خود ایجاد و حس کردند.

رامش و علی دارای بنیه عاشقی بودند که توانستند در نوآوری پیوند رابطه خود به شکوفایی برسند.

شخصیت فرعی ما کدام هستند؟

سیمین می‌گوید: پیش از آن که بدانم چطور شروع به گفت‌وگو با شخصیت‌های فرعی خود کنم، برای کشف کاستی‌هایم به دیگران متکی بودم. از یک روان درمانگر به سراغ روان درمانگر بعدی می‌رفتم و به فالگیرها، طالع‌بین‌ها و پیشگوها مراجع می‌کردم تا پاسخ‌های مورد نیازم را بشنوم. هنگامی که دچار اندوه، خشم و یا حتی شادمانی می‌شدم، گمان می‌کردم ایرادی دارم و مجبور بودم به کسی تلفن کنم یا پولی بپردازم تا به من بگویند جریان از چه قرار است. به راستی که چه زندگی‌ای داشتم! اگر آنها آنچه را که می‌خواستم بشنوم، به من می‌گفتند، گمان می‌کردم فوق‌العاده‌اند، اما اگر سخنانی که مایل به شنیدنش نبودم می‌گفتند، به افراد دیگر مراجعه می‌کردم تا پاسخی را که می‌خواستم بشنوم. می‌دانستم که باید شیوه دیگری برای زندگی کردن وجود داشته باشد. تا با شرکت در جلسات شما و بعد به شکل گفت‌وگو خصوصی خودم برای خودم روشن شدم. اما اکنون به این درک رسیده‌ام که ما چنان عالی طراحی شده‌ایم که خود می‌توانیم، خود را التیام بخشیم. و به یکپارچگی کامل باز گردیم. البته گاهی اوقات مفید است که برای سرعت بخشیدن به حرکتمان از عوامل دیگر مثل این نوع راهنمایی خود یاری بگیریم.

کتایون شیرزاد

شناسایی و بازسازی شخصیت‌های فرعی؟

گفت‌وگو با شخصیت‌های فرعی خود یکی از روش‌های بسیار عالی برای پیشرفت در راه کمالات زندگی است. بررسی شخصیت‌های فرعی در ما، می‌تواند ابزار مفید در راه باز پس‌گرفتن بخش‌های گمشدهٔ وجودی‌مان باشد. ابتدا باید این بخش‌ها را مشخص کنیم، سپس نامی بر آنها بگذاریم و آنگاه این توان را می‌یابیم تا خود را از آنها آزاد نماییم. این نام‌گذاری سبب می‌گردد بین ما و آن ویژگی‌ها فاصله‌ای ایجاد شود.

روبرتو آساگیولی[1] بنیان‌گذار شیوهٔ (تلفیق روانی) یا به بیان ساده آراستن روح و روان می‌گوید: ما تحت سلطهٔ تمامی چیزهایی هستیم که خود ما با آنها مشخص می‌شود، اما می‌توانیم بر تمامی چیزهایی که خود را با آن یکی نمی‌دانیم، مسلط باشیم.

مثالی می‌زنم: مهناز می‌گوید شما که می‌دانید «من آدم گیجی هستم» اگر ما این عنوان را یکی از جنبه‌های نامطلوب او در نظر بگیریم، و آن را «کم‌حافظه» بنامیم بهتر به‌نظر می‌رسد.

به محض اینکه نامی بر خصوصیات روانی خود بگذاریم، به طرز جالبی نسبت به آنها علاقه‌مند می‌شویم و در نتیجه می‌توانیم از آنها فاصله بگیریم، واقع‌بینانه نگاهشان کنیم، این رفتار زندگی ما را از سلطه این ویژگی‌ها بیرون می‌آورد.

تجربه‌ها:

سیمین و ده‌ها مراجعین‌ام می‌گویند: «در هنگام آموزش التیام احساسی زمانی که نوبت به آموختن شیوهٔ التیام بخش **تلفیق روانی** رسید زندگی ما متحول شد. زیرا با جنبه‌های گوناگون وجود خود که شخصیت‌های فرعی می‌نامند، گفت‌وگو برقرار کردیم و کم‌کم متوجه شدیم که آنها هستند و برای کل و کامل شدن به چه نیازمندیم.»

ما اگر سعی کنیم که موهبت این ویژگی‌ها را دریابیم به هر حال آن را بپذیریم و با هدیهٔ عشق، مهر، همدلی، پیوند درونی با همسر خود بچه‌ها و با همه انسان‌ها

1- Roberto Assagioli

و با عطوفت به چشمان همه‌شان بنگریم تا آرام بگیریم وجود خود را به‌طور کامل ببینم. آشکار را همراه خود حمل و به تدریج با دیدن سویه‌های مثبت، ویژگی‌های منفی وجودی و پذیرفتن آن خصوصیات، زندگی‌مان از آنها خارج کنیم. در واقع شناسایی و بازسازی این ویژگی‌های منفی آموزگاران بزرگ روان ما می‌شوند. که احیای عشق و یکپارچگی را در ما غنی می‌کنند.

شخصیت‌های فرعی آنچه را نمی‌توانیم در خود بپذیریم آشکار می‌کنند. ما رفتاری را که نمی‌توانیم بپذیریم یا نمی‌خواهیم بپذیریم در خود زندانی می‌کنیم و در نتیجه نمی‌توانیم با همهٔ وجودمان مرتبط باشیم. با نگریستن به جهان درون خود جنبه‌های طرد شدهٔ درونمان برای جلب توجه فریاد می‌کشند. به این ترتیب آنها ما را به مرحله بعدی تحولمان هدایت می‌کنند.

سپهر می‌گفت: «در هر جلسه‌ای شناسایی و بازپروری من حداقل با یک چهره جدید، صدای جدید و پیام جدید را در خود کشف کرده‌ام.»

حتی تاریک‌ترین شخصیت‌های فرعی ما هدایایی دربردارند. فقط کافی است مشتاق باشم. برای هر کدامشان وقت بگذارم و ندای حکیمانه آنها را بشنویم.

در شناسایی و بازسازی شخصیت‌های فرعی آموختیم که:

با نگریستن به جهان درون خود جنبه‌های طرد شدهٔ درونمان که را برای جلب توجه فریاد می‌کشند و به این ترتیب آنها ما را به مرحله بعدی تحولمان هدایت می‌کنند بازپروری نماییم.

در کتاب گفت‌وگو با جهان هستی نوشته نیل دونالدوالش، هستی به ما یادآوری می‌کند که: «اگر به درون نروید، دست خالی بیرون می‌آیید.» با جدی گرفتن این پیام، می‌توانیم زندگی خود را دگرگون کنیم. هنگام که به درون می‌رویم با تمامی وجود خود رابطه برقرار می‌کنیم. متوجه می‌شویم که این توان را داریم تا زندگی‌مان را در مسیر دلخواه پیش ببریم. هیچ هدیه‌ای با ارزش‌تر از این نیست که به خود بدهیم.

هنگامی که با نداهای درونی خود گفت‌وگو آغاز می‌کنیم؛ با پخش موسیقی

ملایم نیم‌ساعت در روز خود را رها کنیم و به حرکات موزون بپردازیم. پس از آن بنشینیم؛ چشمانمان را ببندیم و تنفس عمیق خود را دنبال کنیم.

مونا می‌گوید: به علت اشتیاق زیادم برای زندگی، اضطرار دارم که به مورد بعدی بپردازم و این حالت به صورت نامرتب بودن ابراز می‌شود. من زیاد هیجان دارم و نمی‌توانم به جزئیاتی چون قرار دادن چیزهایی در جای خود بپردازم، شوق و ذوق هدیه‌ای است که برای مونا و «نامرتب بودن» نوعی بازی است که من از طریق آن کودک وجودم را ابراز می‌کنم. با پذیرفتن مسئولیت این جنبهٔ خودم می‌توانم به امور مهم‌تر بپردازم.

همچنان که به پذیرش جنبه‌های مطرود خود ادامه می‌دهیم خوب است گام‌به‌گام به گذشته بازگردیم تا به رویدادی برسیم که موجب شده برای نخستین بار معتقد شویم جنبه‌ای بد است. بازگشت به زمانی که نخستین بار یکی از جنبه‌های وجودمان مسلّط شده است این عمل شما را توانا می‌سازد تا منشأ پیش‌داوری ذهنی خود را پیدا کنید.

با رویارویی تا رویدادهای دوران کودکی، ناتوانی‌ها را بیابیم. سپس آن جنبهٔ خود را در آغوش بگیریم، و احساس رحم، عطوفت، و درک عمیق نسبت به ناتوانی‌های گذشته خود که منبع شخصیت پرتحرکش بوده است را بپذیریم. احساس ضعف، ناتوانی و تمایلی شدید در شخص به وجود می‌آید تا شخصیتی دوست‌داشتنی و پرتحرک برای خود ایجاد کند.

آموزش التیام احساسی:

مازیار می‌گوید: «به تدریج با دیدن نکته‌های مثبت، ویژگی‌های منفی وجودم را پذیرفتم. سعی کردم خصوصیات خود را شناسایی و بازسازی کرده و سپس این ویژگی‌های منفی روان خود را بشناسم.» مازیار اضافه می‌کند: «بزرگ‌ترین تحولات من که همسرم خیلی با اشتیاق متوجه آن شد؛ کمک گرفتن از روان درمانگر برای رشد در هنگام نوازش با همسرم بوده است.»

شناسایی و بازپروری من که از من یک چهره جدید، صدای جدید و پیام جدید ساخت، را با نوازش کردن تجربه کردم. هنگامی که همسر خود را که عاشقش هستم و اصلی‌ترین جواهر زندگی‌ام را با او تقسیم می‌کنم در نوازش‌ها و ارتباط عاشقانه‌مان یک اندازه شریک می‌شویم و روح‌هایمان با یکدیگر نفس می‌کشند

در شناسایی و بازسازی شخصیت‌های فرعی آموختیم که:

امیر نمی‌توانست ناتوانایی خود را بپذیرد همواره راه دشوارتری را انتخاب می‌کرد تا ثابت کند که بسیار قدرتمند است. او برای اینکه قدرت خود را به دنیا نشان دهد، مجبور شده بود در زندگی برای خود ناکامی‌ها، انتخاب‌های اشتباه و فرصت‌های از دست رفتهٔ فراوانی ایجاد کند.

من به امیر گفتم: «اگر شما درس‌ها را بیاموزید و ناتوانایی خود را بپذیرید، می‌توانید زندگی راحت‌تری را در پیش داشته باشید. تازگی مژده‌ای به من دادند که امیر به آهنگسازی پرداخته است. همان کاری که همیشه آرزوی آن را داشت، اما گمان نمی‌کردم به عنوان حرفه، کارآیی داشته باشد. امیر بر خلاف سابق که هر شش ماه یکبار رابطه و کار جدیدی آغاز می‌کرد؛ اکنون انرژی خود را بر آهنگ‌سازی و تهیه نوار آثارش معطوف کرده بود. امیر می‌آموخت که جهان بدون رنجی را برای خودش بیآفریند. جهانی که در آن ابراز احساسات و خلاقیت و امنیت وجود دارد.

اگر ما نگرش خود را نسبت به وجود حقیقی خود دگرگون نکنیم، گرفتار تکرار رفتار پیشین خواهیم شد. شخصیت‌های فرعی می‌توانند به ما بگویند که چه کارهایی را نیمه تمام گذاشته‌ایم، و چه باید انجام دهیم تا الگوهای تکراری کنار

بروند. آنها به ما می‌گویند، چه کنیم تا درس خاصی را بیاموزیم. اگر آماده شنیدن باشیم، متوجه خواهیم شد که شخصیت‌های فرعی ما شوخ طبع، مبتکر، صادق و بخشنده هستند و از آنجا که پاسخ‌های آنها از درون خودمان برمی‌خیزند، خردمندترین افراد هستی برای ما به شمار می‌آیند.

چنانچه عشق‌ورزی عمیق نیاز به درجهٔ معینی از شهامت عاطفی دارد؛ پس قسمت کردن لحظه‌های واقعی با همسرمان احتیاج به شهامت بیشتری خواهد داشت.

همان‌طور که پیش‌تر آمد گفت: «هر چه لحظه‌های واقعی که من و همسرم در آن سهیم هستیم، بیشتر باشند، گریختن از واقعیت رابطه‌مان سخت‌تر خواهد بود.»

هر چه لحظه‌های آزادی که ما و همسرمان با ارتباط و پیوند قلب‌هایمان سپری می‌کنیم صادقانه‌تر باشد یعنی: ایجاد یک جلسه عشق بازی که هر دو ما به‌خاطرش توافق کردیم و نیاز داریم، نه تنها از لحاظ شهامت عشق‌ورزی عمیق و تقسیم کردن لحظه‌های واقعی بلکه از لحاظ فیزیکی و عاطفی نیز آشکار می‌گردد.

با هم بودن صادقانه یعنی کنار زدن ماسک، حجاب و آشکار ساختن احساساتمان با محوریت ماهیت اصلی‌مان است.

سمیرا پس از درگذشت پدرش، هنگامی که غمگین بود و سوگوار هجران و فقدان پدرش پیش من آمد و اظهار داشت: «من به شدت غمگین هستم که پدرم فرزند من را هرگز نخواهد دید.» از سمیرا خواستم تا چشمان خود را ببندد و تجسم کند که پدرش با فرزندش بازی می‌کند.

سمیرا می‌گفت: «درست مانند آن بود که پدرم در برابر من ایستاده است و به پسرم بابک می‌گوید که همواره مراقب او خواهد بود.» سمیرا گفت: «پدرم به بابک می‌گفت که چقدر از موسیقی خوشش می‌آید و امیدوار است که بابک نیز از موسیقی لذت ببرد، زیبایی آن را درک کند و بتواند یکی از آلات موسیقی را که او از خود به جا گذاشته است بنوازد. تجربه‌ای بسیار ارزشمند و تکان‌دهنده بود که احساس مرا نسبت به فقدان پدرم دگرگون ساخت.»

از آن پس سمیرا گفت: «مطمئن بودم پدرم همواره برای هدایت و تسلی من حضور خواهد داشت. و می‌توانم از طریق سخن گفتن با بابک درباره علاقهٔ پدرم به موسیقی، آن دو را به هم نزدیک کنم. به این ترتیب احساس ناامیدی و یأس ناشی از فقدان پدرم به احساس امیدواری تبدیل شد.»

نتیجه:

شخصیت‌های فرعی ما در انتظارمان هستند، به درون خود برویم و آنها را باز پس بگیریم. این شخصیت‌ها چیزی بیش از توجه و پذیرش نمی‌خواهند. آنها صدای آینده ما هستند نه گذشته. بنابراین ما هیچ‌گاه هیچ‌کس را از دست نمی‌دهیم بلکه رابطه‌هایمان تغییر شکل می‌دهند. ممکن است جسم کسی در کنار ما نباشد ولی، همواره در درون ما حضور خواهند داشت.

هر کدام از ما دارای این توانایی هستیم که تمامی آنچه را برای یکپارچه و شادمان بودن لازم داریم، به خود بدهیم. هنگامی که دوباره با تمامی وجودمان ارتباط برقرار می‌نماییم، تقریباً غیرممکن است که احساس تنهایی کنیم. و خود را جدا و مطرود بپنداریم. باید جهان درونمان را بیابیم چگونه به آن عشق بورزیم. و احترام بگذاریم. و فقط در این صورت می‌توانیم عظمت خود را بپذیریم.

لحظه‌های واقعی عشق:

دکتر ریچارد کارلوس، مربی خوشبختی در امریکا در کتاب «سخت نگیرید آنقدرها هم مهم نیست» می‌گوید: **عشق همیشه با شما آغاز می‌شود. این انتخابی است که شما لحظه به لحظه انجام می‌دهید تا به دنبال نکته‌ای دوست‌داشتنی در مورد محبوبتان بگردید.**

وقتی منتظر فردی می‌شوید که دوست دارید کاری انجام دهد یا چیزی بگوید که احساس عشق بیشتری کنید، او را در وضعیتی قرار می‌دهید که به‌طور اجتناب‌ناپذیری شما را دلسرد کند. این کار او نیست که دوست‌داشتنی باشد. وظیفه ما است که با او مهربان باشیم، که نیازهایش را بشناسیم. سعی کنیم آنها را برآورده سازیم. که توجه، علاقه و ایثار خود را نثار او (عشق) بکنیم. از طریق محبت خود و کلماتی که به کار می‌بریم و دقتمان را به او اثبات کنیم. نشان دهیم

که با هدیه حضور او در زندگی ارزش قائل هستیم.

هنگامی که به رمز جهان درون پی ببریم، از خود شگفت‌زده خواهیم شد و در پی آن به آرامش و رضایت دست می‌یابیم. هر یک از شخصیت‌های فرعی ما هدیه‌ای برای ما دارند چه ویژگی‌های مطلوب و چه نامطلوب آن برای زندگی ما سودمند هستند. کشف نکردن موهبت‌های ما به منزله انکار حیات است باید به وجود خود تسلیم شویم. روح‌های ما آرزومند یادگیری این درس‌های ارزشمند هستند.

ساعتی موزون اینی ساعتی موزون آن

بعد از این میزان خود شو تا شوی موزون خویش

مولوی

«آنچه رشد نکند از بین می‌رود. والاترین هدف ما آن است که از تجربه‌های خود بیاموزیم، رشد کنیم و به حرکت ادامه دهیم و با بهره‌مندی از مواهب ویژگی‌هایمان آزاد شویم. تا آنچه را دوست داریم تجربه کنیم.»

تولد روانی:

پانزدهمین گفت‌وگویی که با هومن داشتیم به من گفت: «اگر التیام نیابم، گذشته، زندگی من را از بین می‌برد و خلاقیت، موهبت‌ها و استعدادهای بی‌همتای من را دفن می‌کند.» او درست می‌گوید هنگامی که بخش‌هایی از وجود خود را نپذیریم، آنها درون ما راکد می‌شوند و به جای آن که این بخش‌ها را در هماهنگی با جهان خود به کار گیریم، بر ضد آن به کار می‌بریم. ما گمان می‌کنیم که نسبت به دنیا خشمگین هستیم و برای برآورده شدن آرزوهایمان می‌خواهیم جهان را دگرگون سازیم. اما این ما هستیم که به تغییر و تحول نیاز داریم. در واقع ما از خودمان به خاطر استفاده نکردن از پشتکارمان در عذاب هستیم. بقول هومن اگر به خودمان آن‌گونه که حقیقتاً می‌خواهیم نیروی درونی خود را ابراز کنیم، گمان می‌کنیم از پدر و مادرمان عصبانی هستیم که در آغاز زندگی، ما را سرکوب کردند، اما از خود خشمگین هستیم که این روند واپس رانی را تداوم

بخشیدیم. ما تصور می‌کنیم قفسی که سال‌ها پیش در آن حبس بودیم هنوز وجود دارد. و با دیوارهای فرضی آن در کشمکش هستیم. قفس ما شامل: شک، تردید، ترس‌ها و محدویت‌هایی است که خودمان بر خودمان اعمال می‌کنیم.

به ما آموخته‌اند که به دنبال آرزوها رفتن، کار دشواری است؛ اما متوجه نیستیم که شاید گذران زندگی با این دانسته که در پی آرزوهایمان نیستیم بسیار دشوارتر باشد؛ ما بی‌آرزو شده‌ایم. درحالی‌که آرزو کلید بهره برگیری کامل از توان معنویمان است. اگر هومن با گذشته خود آشتی نمی‌کرد ناامیدی، سردرگمی، تنهایی و خشم خود را به آینده می‌کشاند.

این احساس هنگامی متجلی می‌شود که تمایلاتمان مانند هومن برای دگرگونی، قوی‌تر از تمایلات برای **مانند گذشته بودن** باشد. باید برای هر چه در جهان ما روی می‌دهد، خود را مسئول بدانیم.

برخی از ما مانند هومن سابق، نه تنها گذشته خود را حمل می‌کنیم؛ بلکه گذشته پدر و مادر را نیز به همراه داریم. درد، از نسلی به نسل دیگر منتقل می‌شود. و تا آن‌ها را بررسی نکنیم، این چرخه را هیچ‌گاه بر هم نخواهیم زد.

کتایون شیرزاد

روابط شما باید پناهگاهتان باشد:

* هنگامی که برای احساس راحتی نزد محبوبتان می‌روید، ولی احساس امنیت نمی‌کنید، مشکلی در این رابطه وجود دارد.

* وقتی برای مرهم گذاشتن روی زخم‌هایتان به مردم بیشتر از زوج خودتان اعتماد دارید، مشکلی در این رابطه وجود دارد.

* زمانی که در رابطه‌تان دقیق می‌شوید، و صلح و صفایی را که دنبالش می‌گشتید، پیدا نمی‌کنید، مشکلی در این رابطه است.

رابطه شما باید مکانی باشد که اغلب به آن پناه ببرید، نه مکانی که از آن فرار کنید.

شما استحقاق آن را دارید که احساس کنید می‌توانید روی همسرتان به عنوان یک پناهگاه عاطفی حساب باز کنید و همسرتان نیز چنین حقی را هم دارد.

روشنک اقرار می‌کند: «هرگاه متوجه می‌شوم که مضطرب هستم، درنگ می‌کنم و به یاد جلسه‌هایمان می‌افتم که به خود قول دادم که نگران نباشم و براساس باورهای ریشه‌دار گذشته رفتار نکنم. هنگامی که متوجه می‌شوم، دیگر برایم جای نگرانی نیست و من خود را گرفتار الگوی خانوادگی‌ام نمی‌کنم. با این یادآوری حقیقت وجودی خودم را مشخص می‌کنم. هر بار که با بررسی خود، واکنش‌های خود را درهم می‌شکنم، آگاهی‌ام را ارتقا می‌دهم و می‌توانم از گذشته‌ام رها شوم.»

هر چند بسیاری از افراد تصمیم گرفته‌اند که همانند پدرومادرشان نباشند، اما همگی ما باید اقرار کنیم که سال‌ها به جذب خصوصیات مثبت و منفی والدین خود مشغول بوده‌ایم. پدرومادرمان با در نظر گرفتن گذشته‌شان بهترین کارها را برای ما کرده‌اند و هر چند نمی‌توانیم راه و روش بزرگ شدن خود را تغییر دهیم، اما اگر مشتاق باشیم تا از تجربه‌هایی که گذرانده‌ایم درس بیاموزیم آن وقت متوجه خواهیم شد که هر رویداد برای ما امکان یادگیری و رشد را فراهم آورده است.

برای مثال:

بیژن که سال‌ها مورد تجاوز پدرومادر بود می‌گفت: «خدا را برای سوءاستفاده‌هایی که از من شده است شکر می‌کنم، چون اکنون یکی از مبتکرترین و مدبرترین افراد این سیاره هستم. من یاد گرفتم چگونه با آن همه درد و رنج و سوء استفاده‌ها روبه‌رو شوم و در نتیجه به اینجا رسیدم.»

وحدت وجود:

برای متوجه کردن ذهن خود به اصل جهانی وحدت وجود، یک تحول بزرگ در دیدگاه ما لازم است. پس از ایجاد این تحول درمی‌یابیم که همه بشریت یک دل و یک صدا در یک رقص، سرود بسیار زیبا و هماهنگ، حکم واحد را دارند و در پی آن یک تحول باشکوه در زندگی انفرادی، خانوادگی ما رخ می‌دهد. اما برای این تحول همه باورهای ناشی از کوتاه بینی از سر بیرون کنیم و در عوض پیرامون ارتباط خویشتن با همسر خود، خانواده و هر کس در این جهان بیندیشیم.

آلبرت انیشتن که یکی از بزرگ‌ترین مغز متفکر قرن بیستم بود می‌گوید:

«یک انسان جزیی از کلیات است که هستی یا کائنات نامیده می‌شود و در زمان و مکان محدود است. انسان عادات، افکار و احساس‌های خویش را به عنوان پدیده‌ای جدا از بقیه می‌شناسد. این ناشی از خطای دید در آگاهی و فریب ذهن اوست. این فریب ذهن در ما زندانی می‌آفریند که ما را در چهار دیواری تمایلات شخصی، علاقه و محبت برای تن از نزدیکان خود محبوس و محدود می‌سازد. رسالت ما باید بر این باشد که با بسط افق دید و گسترش مهر و شفقت خود، خویشتن را از این زندان آزاد کنیم و تمامی مخلوقات زنده و همه زیبایی‌های طبیعت را در آغوش گیریم.»

انیشتن ما را دعوت به آزادی خویش از قفس‌های ذهنی خود می‌کند تا بتوانیم کیفیت اتصال روحی و معنوی خود را نسبت به پیوند مهرآمیز در زندگی خویشتن مشاهده کنیم. اعتقاد به نفس و تأیید خویشتن دلیل بر آمادگی ما برای

انطباق و اتصال به زندگی و نعمات آن است.

گرایش‌ها در وصال عاطفی:

در رابطه زناشویی معنی عشق ورزیدن به طرف مقابل این است که میزان آن باید به حدی باشد که به حفظ نیازهای خود، طرف مقابل را به صورتی که هست بپذیریم و به او عشق بورزیم، زیرا به هر حال این همان چیزی است که به واسطه آن در روز اول به آن عشق ورزیده‌ایم. در روابط خانوادگی به قدر کافی آزادمنش باشیم که بگذاریم افراد به شیوه که خود می‌خواهند رفتار کنند و از اعتمادبه‌نفس به میزانی برخوردار باشیم که خود را بر طبق معیارهایی که دیگران ارزشیابی نکنیم و نیز به دیگر اعضای خانواده از بابت آنچه هستند عشق بورزیم و به درد دل آنها گوش فرا دهیم و از پند و اندرز خودداری کنیم مگر هنگامی که از ما خواسته شود و عشق بدون قید و شرط ارائه دهیم.

حکمتی باستانی می‌گوید: «جهان برای خردمندان به منزلهٔ آموزگار و برای نادانان همچون دشمن است.»

هیچ رویدادی به‌خودی خود دردناک نیست؛ نکته مهم چگونگی نگرش به آن درد است. همه چیز در جهان، در هر لحظه، همان‌گونه که باید اتفاق بیافتد، روی می‌دهد.

جهان هم بهشت است هم دوزخ! هنگامی که درک کنیم نمی‌توانیم یکی را بدون دیگری داشته باشیم، پذیرش جهان همان‌طور که هست ساده‌تر می‌شود. به گذشته خود که نگاه می‌کنیم آکنده از دروغ، نیرنگ و رنج اما درعین‌حال می‌بینیم بدون تمامی این تجربه‌ها و تمامی این تاریکی‌ها که مدت‌ها با خود حمل کردیم، ممکن نبود بتوانم اینگونه آموزش بگیرم.

هر رویدادی در گذشتهٔ ما، هر شبی که به بی‌خوابی گذشته و اشک‌هایی که ریخته‌ایم ما را در مسیر سفر روحمان به پیش برده است.

تجربه یکی از مراجع کننده‌های من را بشنویم:

نیما می‌گوید: «سیزده ساله بودم که پدر و مادرم از هم جدا شدند و من سال‌ها از

این بابت رنج کشیدم. شب‌های تعطیلاتی مانند کریسمس را با مادرم سر می‌کردم و ناراحت تنهایی پدرم بودم. تا آنکه یک شب به ادراک خاصی رسیدم و دلیل ناراحتی خود را فهمیدم. آن که از پدرم دورم، در آن وضعیت غم‌انگیز باقی ماندم. زیرا می‌دانستم نمی‌توانم شرایط را تغییر دهم و در حالی احساس ناتوانی و بی‌ارزشی می‌کردم. به این نتیجه رسیدم که گذشته تمام شده است. و با صدای بلند گفتم من این شرایط را ایجاد می‌کنم تا رشد کنم. باید واقعیت دیگری ایجاد کنم. سپس بعد از مشورت با مشاورم به این نتیجه رسیدیم که مراسم کریسمس را در خانه خود با مدیریت خودم انجام دهم خانواده پدرم و مادرم و چند تا از دوستان و خـانواده‌شان که از تنش و سنگینی جو حاکم بکاهد را نیز دعوت کردم. میز غذاخوری بزرگی چیدم تا همه راحت باشند. سی و سه نفر آمدند و هر کدام هم غذای مورد علاقه و روحیهٔ شاد و مخصوص کریسمس را با خود به همراه آوردند.»

نیما اضافه کرد: «من هر سال مهماندار این مراسم هستم و خانواده نیز استقبال می‌کنند. با پذیرفتن این مسئولیت توانستم واقعیت جدیدی را شکل دهم، واقعیتی که حتی امروز هم همچون معجزه‌ای به نظر می‌رسد.»

تقریباً غیرممکن است که زندگی‌مان را در مسیر جدیدی پیش ببریم، مگر آنکه با گذشته خود به صلح رسیده باشیم. هر رویداد مهم زندگی نگرشی را که نسبت به جهان و خود داریم، دگرگون می‌کند. تصور بازنگری تمامی گذشته‌مان اغلب توان‌کاه است؛ اما بخش اصلی و مهمی از روند تکامل می‌باشد. **گذشته، موهبتی است که ما را هدایت می‌کند و به ما آموزش می‌دهد و همراه با پیام‌های منفی، پیام‌های مثبت بسیاری نیز دربردارد.**

یک روز دوستی به من تلفن کرد و از زندگی‌اش شکوه سر داد. هر روزی که مهتا به آینه نگاه می‌کرد؛ می‌دید که بدنش پیرتر و صورتش بیشتر شبیه مادرش می‌شود. او می‌گفت که می‌تواند ردپای همهٔ فشارها، نگرانی‌ها و ناامیدی‌های زندگی را بر چهرهٔ خود ببیند. مهتا از من پرسید که چگونه می‌تواند با دوران (یائسگی) و چهرهٔ غمگین و آویزان خود رو به رو شود؟

او متوجه شده برای آنکه به جوانی از دست رفته‌اش بچسبد، ناخودآگاه وزن اضافه کرده است تا حامله به‌نظر آید. مهتا و من برنامه‌ای را با هم طراحی کردیم که او مدت بیست و هشت روز روزانه به یادداشت مطالب، مراقبه و کار رهاسازی خشم بپردازد. او نیاز بدان داشت که با گذشته‌اش راحت شود. و تمامی احساسات انباشتهٔ شده خود را رها سازد.

مهتا مشتاقانه وجود خود را گشود. او در رهاسازی خشم، موفق بود. هر چند آن مـاه برای مهتا بسیار کند گذشــت، اما در پایان کاملاً آماده بود تا خود را دوست بدارد و مراقب خود باشد. او در آن هنگام احساس می‌کرد نیاز دارد در آغوش گرفته و نوازش شود و از این رو خود را در آغوش می‌گرفت و نوازش می‌کرد. بعد از انجام همهٔ تمرین‌ها، مهتا خود را کامل بخشید و سرانجام به آرامش رسید.

روزی مهتا به من زنگ زد گفت که تصمیم گرفته است صورتش را جراحی کند. او گفت: چون «پیر بودن» را پذیرفته است؛ اکنون می‌تواند جوان بودن را در سطح کاملاً جدیدی پذیرا گردد. مهتا می‌خواست بداند آیا من گمان می‌کنم که او هنوز هم از پیر بودن فرار می‌کند؟ مدتی با هم گفت‌وگو کردیم و آشکار بود که مهتا به جراحی نیاز ندارد، اما چون متخصص زیبایی و آرایش چهره است؛ این کار بر زندگی خصوصی و کارش تأثیر مثبتی دارد.

چنانچه

۱. اگر مشتاق رابطه مهرآمیز در پیوند زناشویی و دارای روابط جنسی داغ و عاشقانه‌ای هستیم؟
۲. اگر خواهان صمیمیت، نزدیکی زیادی را در خانواده خود جست‌وجو
۳. می‌کنیم؟
٤. اگر می‌خواهیم هماهنگی و تفاهم زیادی داشته باشیم؟

می‌بایست به عمق روابط بپردازیم و تنش‌های روانی‌مان را پایین بیاوریم؛ یعنی مهتا و همسرش بهروز، هر کدام باید تنش‌های روانی خود را به کمترین حد کاهش دهند و از آنها رها شوند؛ تا شاهد تغییرات و اصلاحاتی در رابطه و ازدواج خود باشند.

مسئولیت‌پذیری:

مسئولیت‌پذیری کار بسیار بزرگی است. بیشتر ما حاضریم مسئولیت رویدادهای خوش زندگی را بپذیریم، اما اغلب از زیر بار مسئولیت ناخوش‌ها شانه خالی می‌کنیم. هنگامی که مسئول می‌شویم، از همه چیز نیرو می‌گیریم. اما حتی اگر از رویدادی احساس آزردگی یا شرمساری کنیم، باز هم می‌توانیم با این اندیشه آرام شویم. به هر حال تمامی این‌ها یکایک ما یاری می‌کنند تا رؤیاهایمان را عملی بسازیم و در مسیر نیازهای روح و روان خود گام برداریم. می‌توانیم به خودمان مسئولانه نگاه کنیم.

رولومی[1] فیلسوف و روان‌شناس هستی‌گرا و انسان‌دوستی

«باید از گذشته خود بیاموزیم و جنبه‌هایی را که طرد کرده‌ایم، باز پس بگیریم. در این صورت می‌توانیم این چرخه را متوقف کنیم. آنانی که از تجربه بد، آموخته‌اند و مسئولیت احساسات خود را پذیرفته، آگاهانه متعهد شده‌اند که زندگی متفاوت را در پیش بگیرند، برای رسیدن به این منظور فقط به تغییری در نگرش نیاز دارند.»

دو سالی بود که میترا را ندیده بودم او دوستش را برای مشاوره پیش من آورد. حال او را پرسیده بودم، میترا پاسخ داد: «بعد از دو سال دریافت مشاوره، یاد گرفتم که مسئولیت‌پذیر باشم و دیگر توان با ارزش خود را هدر ندهم تا ثابت کنم رویدادها تقصیر من نبوده است. همیشه مقصر شمردن دیگران برای آنچه در دنیای خود دوست نداریم، ساده‌تر است. این شرایطی که مظلوم واقع گردیم، ما را دچار درد ناشی از ناتوانی و ناامیدی می کند و به بن بست می‌رساند. در صورتی‌که در جلسات متعددی که با شما داشتم یاد گرفتم که با گذشته خود روبه‌رو شوم و واقعیت را به عنوان بخشی از گذشته خود بپذیرم.»

میترا می‌دانست که تأیید صحبت‌هایش از طرف من برای دوستش هم مفید است؛ من در ادامه صحبت به او گفتم: «باید با رویدادهای گذشته‌مان روبه‌رو شویم و آن‌ها را به عنوان بخشی از گذشته خود بپذیریم. لازم است کاملاً

1- Rollo May, psychologist

درک کنیم که آن حادثه چه تأثیری در زندگی‌مان گذاشته است. پس از طی آن مراحل باید آن رویداد را با نگرش تازه‌ای بنگریم. این نگرش این امکان را به ما می‌دهد تا احساسات مثبت را جایگزین احساسات منفی کنیم. ما با انتخابمان و تعبیرهایمان کنترل زندگی خود را به دست می‌گیریم. در نتیجه می‌توانیم گذشته‌ای را که نفی کرده‌ایم، بپذیریم. در این صورت دیگر با سایرین درگیری نخواهیم داشت.

زنده نگهداشتن عشق و شور زندگی:

* تا سر حد توان از کوله بار احساسی ـ عاطفی خود آگاه شویم تا ندانسته و ناخودآگاه آن را روی سر دیگران نریزیم. مایل باشیم روی نقاط ضعف و نقاط کور خود تمرکز کنیم.
* برای بهبود و پیشرفت روابط یا ازدواج خود هر کاری لازم باشد انجام دهیم: کتاب بخوانیم، مشاوره بگیریم، در سمینارهای رشد شخصیتی و موفقیتی ازدواج شرکت کنیم و...
* تعهد بدهیم به لحاظ روحی ـ احساسی ـ عاطفی با همسرمان رو راست باشیم.
* تعهد بدهیم با خود و با همسرمان صادق باشیم تا او هم بتواند به راحتی به ما اعتماد کنند.
* متّعهد شویم که به همسرمان همان‌طورکه آنها استحقاقش را دارند، عشق بورزیم.
* روش‌های درست بیان احساسات و عواطفمان را بیاموزیم و با آنها سخاوتمند باشیم و هرگز در این‌باره خسیس نباشیم.
* عشق و محبت خود را به طریق روحی و جسمانی نیز به همسرمان نشان دهیم.
* هیچ‌وقت نباید فکرکنیم ناراحتی‌های کوچک ارزش صحبت کردن ندارند و یا نباید دربارهٔ به مسائل کوچک، خودمان را ناراحت کنیم. ما نباید مسائل و مشکلات کوچک را نادیده بگیریم و منتظر باشیم خودبه‌خود ناپدید شوند. چنانچه احساسات خودمان را بی‌اهمیت و نادیده بگیریم روزی در ما منفجر

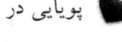

خواهند شد.

* حل‌وفصل کردن یک مشکل و درگیری کوچک به مراتب از حل کردن مشکلات و درگیرهای بزرگ، ساده‌تر است.

طبیعتاً برای سارا دشوار بود در پیشامدی که طی آن روز به زور اسلحه به او تجاوز شده بود؛ موهبتی دیده شود. او پس از این رویداد دچار این احساس شده بود که «زن کثیف و نفرت‌انگیزی» است و شایسته چنین عملی بوده. او این تعبیر درونی را بیش از پانزده سال با خود حمل کرده بود. از سارا خواستم که تعبیر مثبت و منفی درباره آن رویداد جدیدی را جایگزین نماید. زیرا برایش روشن بود که تعبیری که قبلاً انتخاب کرده بود؛ بسیار دردناک و تحقیر کننده بود. **وی ابتدا تعبیر منفی را نوشت:**

۱. چون سرکش بودم و از پدر و مادرم تنفر داشتم لباس‌های وسوسه‌انگیز می‌پوشیدم و سزاوار این پیش آمد بودم.
۲. من آدم بی‌سروپا، پست و بی‌ارزشی هستم و سزاوار این بودم که مورد سوء استفاده و تجاوز قرار گیرم.

نکات مثبت تعبیر او:

۱. دختر جوان، ساده و سرگشته‌ای بودم و در پی هویتم می‌گشتم. این رویداد مرا هدایت کرد تا شخصی هشیارتر، مراقب‌تر و آگاه‌تر باشم.
۲. این رویداد در حقیقت موهبتی بود که در نتیجه آن آموختم، چگونه خودم و بدنم را محترم بشمارم.
۳. آموختم که دیگر لازم نیست هیچ‌گاه قربانی واقع شوم. این رویداد به منزلهٔ زنگ بیدار باش و بیدار کردن وجود معنوی من بود.

سارا توانست تعابیر گوناگون مثبتی را بعد از گفت‌وگوی زیاد بیابد که موجب تقویت روحیه‌اش شود. سارا دومین نکته مثبت را بیشتر دوست داشت که عبارت بود از

«این رویداد در حقیقت موهبتی بود که در نتیجه آن آموختم، چگونه خودم

و بدنم را محترم بشمارد.»

سارا آرزو داشت که سربلند و زیبا باشد و اکنون او به این جنبه‌های خود که به وجودش پیوسته و با آن در هم آمیخته بود دسترسی یافته بود.

سارا در مقابل یاد گرفت که در زندگی مسئول‌تر و هوشیارتر عمل کند. او توانست رویدادهای مصیبت‌بار گذشته خود را که برای بسیاری از ما روی می‌دهد را بخشی از زندگی بداند و نیرو گرفتن از آنها، نیاز به شجاعت دارد.

اهمیت شوخ‌طبعی:

یک لطیفه به نوبه خود می‌تواند روزمان را درخشان کند و باعث لذت گوینده و شنونده شود. در هر رابطه‌ای، بذله‌گویی کمک می‌کند که روز معمولی روز بهتری شود و ناراحتی و کسالت روز از بین برود. البته این شوخ‌طبعی باید جنبه مثبت داشته باشد. لطیفه‌های منفی، و نیش‌دار باعث افزایش تنش عصبی می‌شود

آتوسا می‌گوید: «زندگی متأهلی مشکل است و تو باید یاد بگیری چطور با کسی که ویژگی‌هایی متفاوتی با تو دارد؛ سر کنی، حمید تمام مدت خلال‌های دندانش را این ور و آن ور می‌اندازد.»

اما گله‌های آنان زیاد نیست. آتوسا به شوخی به شوهرش حمید می‌گوید: «حمید تو از میمون خوشگل‌تری.» آنان بعد از دوازده‌سال با هم بودن از مصاحبت یکدیگر بسیار لذت می‌برند. آنان مجری برنامه تلویزیونی هستند و اجرای برنامه هم جزئی از دلایل تداوم زندگی‌شان شده است.

آتوسا می‌گوید: «برنامه باعث می‌شود نگاه ما به آینده باشد و افق دید تازه‌ای به ما می‌دهد. ما در سن و سال ٦٥ سالگی هنوز هم با افرادی جدید آشنا می‌شویم و کارهایی می‌کنیم که هرگز نکرده بودیم، و همه‌اش با خنده و تفریح همراه است.»

وقتی یکی از زوجین شوخ طبع باشد؛ میزان تضاد در آنان ٦٧٪ کمتر است.

علاقه مشترک را گسترش بدهیم:

همه ما دلمان می‌خواهد بخش مثبتی در زندگی همسرمان باشیم. بیشتر اوقات روز ما با پرداختن به کار و به یافتن کامیابی سپری می‌شود. به همین دلیل بسیار مهم است که مردم در روابطشان به دنبال علایق مشترک بگردند و آن علایق را گسترش دهند. علایق مشترک باعث تشویق ارتباط مثبت و لذت می‌شود و رابطه زن و شوهر را تقویت می‌کند.

لذت و سرگرمی روشنک و امیر این است که از هر فرصتی برای قایق سواری و پارو زدن استفاده می‌کنند. این زوج بیست هشت سالی است که ازدواج کرده‌اند، تصمیم گرفتند از مسیر رودخانه‌ای در مرز کانادا و امریکا به سفر چهار ماهه بروند و از طبیعت لذت ببرند. امیر می‌گوید: «هر دو عاشق آب و قایق‌رانی هستیم. جایی فوق‌العاده زیباست. درخت‌ها، صخره‌ها، پرندگان دریایی و بوی درختان کاج. چه آرامشی! و با هم بودن چقدر خوب است. زیبایی برای ما مسحورکننده است. برای همین است که سعی می‌کنیم خود را به آنجا برسانیم و لذت ببریم. ما عاشق پارو زدن در طبیعت بکر هستیم.»

آنان برای سفرشان موعدی مقرر را در نظر نگرفتند. روشنک می‌گوید: «ما برای برگشتن به زندگی پر تنش روزمره عجله‌ای نداریم. دنیا بدون ما هم به کار خودش ادامه می‌دهد.»

تحقیقات نشان می‌دهد زوج‌هایی که بیش از پنج سال از ازدواجشان می‌گذرد، آنان که علایق مشترک دارند، به میزان ٦٤٪ بیشتر از بقیه زندگی زناشویی‌شان دوام خواهد داشت.

مثال برای مسئولیت‌پذیری:

با مریم گفت‌وگو داشتم او می‌گفت: «سال‌ها از بی‌اعتمادی که بین من و شرکای زندگی‌ام وجود داشت، رنج کشیدم. من اعتقاد داشتم که مردها مورد اعتماد نیستند و در اولین فرصت، خیانت خواهند کرد و چون به قول شما، هیچ به فکرم نمی‌رسید که این وضع ممکن است به خود من مربوط باشد لذا، پیوسته مراقب آنها بودم و تهدید می‌کردم که اگر دست از پا خطا کنند، پیوندم را با آنها قطع خواهم کرد. تا آنکه یک روز مردی به من گوش زد کرد که من غیرقابل اعتماد

بودن خودم را به او نسبت می‌دهم.

بلافاصله این نظر را رد کردم، من بی‌تردید وفادار و قابل اعتماد بودم! پس از مدت کوتاهی که از مشاجرهٔ ما گذشت، متوجه شدم نخستین کاری که در حین دعوا کرده بودم آن بود که دربارهٔ مرد بعدی، یعنی آقای **مناسب** بعدی زندگی‌ام فکر کنم. ما هنوز درباره بهم‌زدن پیوندمان صحبت نکرده‌بودیم، ولی من به فکر مرد بعدی افتاده‌بودم. حالا دارم می‌فهمم که خصلت بی‌وفایی در من وجود دارد. و پس از آن توانستم این جنبهٔ خود را بپذیرم، توانستم از نسبت دادن این ویژگی به اطرافیانم دست بردارم.

پذیرفتن این نکته که من هستم که در روابطم آشوب به پا می‌کنم، بسیار ناراحت‌کننده بود. اولین واکنشم احساس نفرت به این جنبه ظاهراً بیمارگونهٔ وجودیم بود. با تمرین‌هایی که شما پیشنهاد کردید؛ چشمانم را بستم تا ببینم آیا می‌توانم با شخصیت فرعی **بی‌وفا** در وجودم سخن بگویم یا نه، نخستین تصویری که به ذهن من رسید، دختر ضعیف و نحیف بود که به محض دیدن مردها به خود می‌لرزید.»

از مریم که کودک او نیاز به مهر و همدلی داشت خواستم قلبش را بگشاید و به خود اجازه دهد ترس را حس کند. و خود را در آغوش بکشد. برای روشن کردن گذشته و پذیرفتن درد و رنج، هدایای بی‌همتا را کشف کند که همچون طلا در تاریکی نهفته هستند.

ما به دلیل آنکه به پیش داوری‌ها و خرده‌گیری‌های خود بیش از اندازه بها داده‌ایم، نمی‌توانیم بعضی از موارد را پذیرا شویم. ما باید شجاعت مسئولیت‌پذیری را داشته باشیم. بپذیریم آن حالت را که در دیگران بسیار بد می‌دانیم، در واقع همان مواردی هستند که در وجود خودمان هستند و یا برای بقا از آن روش پیروی می‌کنیم. گاهی راهی که پیش می‌گیریم بسیار مسموم و دردناک است که ناگزیر و پیوسته در زندگی خود شرایطی ایجاد می‌کنیم تا به ما یادآوری کند که بی‌ارزش هستیم و شایسته آن نیستیم که رویاهایمان را برآورده کنیم. فقط خود ما هستیم که می‌توانیم این دور معیوب را متوقف کنیم و بگوییم: «من بزرگی

و عظمتم را می‌خواهم، من شایستهٔ داشتن هوش، استعداد، خلاقیت و الوهیت خود هستم.»

روزی دوستم ملیسا به من تلفن زد و خیلی ناراحت بود. سال‌ها سام را که دوست دوران دانشکده‌اش بود؛ می‌ستود. اما ناگهان این دوست زیر قولش زد و ملیسا را مات‌ومبهوت در جایش کاشت. ملیسا به من گفت: «سام فردی لوس، خودخواه و مغرور است که خود را عقل کل می‌داند.»

با ملایمت یادآوری کردم، هنگامی که از رفتار کسی ناراحت می‌شویم به این دلیل است که بازتابی از ویژگی‌های مطرود خود را می‌بینیم. ملیسا پافشاری می‌کرد که این ویژگی‌ها هیچ ربطی به او ندارد و مطمئن بود که سرانجام سام سیرت اصلی خود را نشان داده است. از او خواستم که جنبه‌هایی از سام را که دوست دارد و آنهایی را که دوست ندارد، یادداشت کند.

فهرست ملیسا به این شکل بود:
مثبت: رهبر، با وقار معنوی، موفق و زیبا.
منفی: خودمحور، خودخواه، مغرور، عقل کل و بی‌عاطفه.

ملیسا در برابر یکایک ویژگی‌های مثبت نوشت: «هنگامی که رهبر هستم، هنگامی که باوقار هستم، هنگامی که معنوی هستم، هنگامی که موفق هستم، هنگامی که زیبا هستم خود را دوست دارم.» سپس نوشت: «هنگامی که خودمحور هستم، هنگامی که خودخواه هستم، هنگامی که عقل‌کل هستم، هنگامی که بی‌عاطفه هستم، خود را دوست ندارم.»

ملیسا متوجه شد که ویژگی‌های مثبت و منفی سام را نمی‌پذیرد و با فرافکنی جنبه‌های مثبتی که در خود نمی‌بیند، تمامی نیروی خود را به او واگذار کرده است. هنگامی که ملیسا با نشان دادن کاستی‌هایش او را رنجاند، فریب او را خورد و متوجه شد که ملیسا این فرد بی‌نقص، معنوی، زیبا و باوقار است. کاستی‌هایی دارد و در نتیجه‌ی این دریافت که کاستی‌هایش بیش از پیش به نظرش آمدند، جنبه‌های طرد شده خود را به سام نسبت داده بود. که هنگامی که

سام واقعی را دید، گم‌گشتگی و خشم به او دست داد. دریافت او باید آن جنبه وجودی خود را که به سام نسبت داده بود پس می‌گرفت تا بتواند از اتصالی با وی خارج شود.

به ملیسا گفتم نامه‌ای به سام بنویسد و احساسات خود را ابراز کند، هر چند این نامه به دست سام نمی‌رسید، اما مهم بود که ملیسا همهٔ خشم و رنجشی را که احساس می‌کرد؛ بروز دهد.

هنگامی که ما یک کفه ترازو را به‌طور کامل پذیرا شویم، معمولاً کفه مقابل خودبه‌خود به تعادل می‌رسد. رفتار سام موجب شد تا ملیسا زیبایی‌ها و نور خود را دریابد.

در روابط صادق باشیم:

درست همان‌طورکه خشمگین می‌شویم و ناراحتیمان را سر شریک زندگی‌مان خالی می‌کنیم و به روابط خود آسیب می‌زنیم، اگر احساسات صادقانهٔ خودمان را با همسرمان در میان نگذاریم، آسیب جدی به زندگی‌مان وارد کرده‌ایم در واقع وقتی این کار را می‌کنیم به شکلی به همسرمان دروغ می‌گوییم. چیزی بدتر از این نیست که حرفی بزنیم ولی رفتار دیگری بکنیم.

نیما در فاصله کمی بعد از ازدواج، درحالی‌که هنوز به دانشگاه می‌رفت، روزی به خانه آمد، همسرش فریا در گوشه‌ای نشسته بود. پاهایش روی هم انداخته بود؛ دست‌هایش را به حالت ضربدر به سینه‌اش زده بود و حوصلهٔ صحبت نداشت. خود نیما در این زمینه‌ها تجربه نداشت پرسید:

«چه شده چرا اخم کردی؟» فریا در حالی‌که می‌گفت: «چیزی نشده.» نیما متوجه شد که جواب درستی نگرفته، برداشت او از **چیزی نشده** این بود که خیلی چیزها شده. پنجاه دقیقه نیما پافشاری می‌کرد که فریا کماکان می‌گفت: «چیزی نشد.»

با هم در یک اتاق بودند اما به نظر می‌رسید که کیلومترها با هم فاصله دارند. مسئله این جاست که هم نیما و هم فریا می‌دانند که اشکالی بروز کرده است. در اینجا فریا حوصله صحبت نداشت، نمی‌خواست درباره مشکلش حرف بزند.

بهتر بود که نیما او را به حال خود می‌گذاشت. و بهتر این بود که فریا به نیما

می‌گفت: «حوصله حرف زدن ندارم. ناراحتم. هر وقت بتوانم احساسم را کنترل کنم با تو حرف می‌زنم.» در آن لحظه وظیفه نیما است که به خواسته فریا احترام بگذارد. و فضایی را که او دوست دارد ایجاد کند.

همه ما حق داریم احساسات خاص خودمان را داشته باشیم و با آن مسئولانه برخورد کنیم. باید احساساتمان را بالغانه مطرح کنیم. از آنجا که بحث ما درباره روابط زناشویی است؛ عواطف و احساسات جان کلام این روابط هستند. صادق بودن با روابط خود، به معنای داشتن صداقت با احساسات خویش است. وقتی در زمینه احساسات خویش صداقت به خرج می‌دهیم، به همسرمان فرصت می‌دهیم تا با حقایق واقعیت‌های زندگی روبه‌رو شود.

مطمئناً تصمیم‌گیری آن با ماست که کی بخواهیم دربارهٔ مکنونات قلبی خود حرف بزنیم. اما درست برخورد نکردن با این موضوع هم به نوعی، کنار نیامدن با دیگران است. تفاوتی است میان صرف وقت برای آرام شدن و کاهش دادن خشم و طفره رفتن از طرح مسایل.

اگر فریا ناراحت است؛ نمی‌تواند از نیما انتظار داشته باشد با مسائلی که از آن اطلاع چندانی ندارد کنار بیاید. وقتی فریا با احساسات خود برخورد صادقانه می‌کند، روابط خود را به جای دروغ و فریب بر انسجام افکار استوار می‌سازد.

می‌دانم گفتن این حرف از عمل‌کردن به آن به مراتب ساده‌تر است. اگر دریچه‌های ابراز احساسات خود را ببندیم، در برخورد با مسائل عاطفی و احساسی عصبی می‌شویم. همان‌طورکه گفتم ترس اصلی ما این است که مورد بی‌اعتنایی واقع شده‌ایم، اما به جای اینکه صریح و بی‌پرده نگرانی خود را با همسرمان در میان بگذاریم، خشمگین می‌شویم.

قویاً معتقدم که در اغلب موارد خشم، سرپوشی بر چیز دیگر است. وقتی نیما و فریا احساس واقعی خود را بروز نمی‌دهند، خشمگین می‌شوند، احساسات بیان‌کنندهٔ خشم، اغلب ترکیبی از احساس رنجش، هراس و ناراحتی هستند.

وقتی با همسرمان با خشم برخورد می‌کنیم، حال آنکه دلیل خشممان دلیل احساسی دیگری دارد؛ این اصل را زیر پا گذاشته‌ایم.

کتایون شیرزاد

عمیق‌ترین ترس ما از آن نیست که ناتوان هستیم، بلکه از آن است که بیش از حد توانمند هستیم. این تاریکی ما نیست که ما را بیش از همه می‌ترساند، بلکه روشنایی ماست.

ما از خود می‌پرسیم: مگر من که هستم که با تلاش، جذاب، با استعداد و فوق‌العاده باشم؟ در واقع ما که هستیم که چنین نباشیم. خود را حقیر شمردن کمکی به هستی نمی‌کند. این تفکر که با کوچک کردن خود به دیگران احساس امنیت بدهیم، به هیچ‌وجه خردمندانه نیست. ما به دنیا آمده‌ایم تا شکوه و جلال درون ما بدرخشد. هنگامی که از ترس‌هایمان رها بشویم، حضور ما خودبه‌خود موجب آزادی دیگران می‌شود.

یک نوع آموزش است که ما یاد بگیریم که مجموع شکوه و وقاری را که در سایرین می‌بینیم، در خود پذیرا شویم و در آغوش بگیریم، یعنی تمامی وجود مثبت‌مان را که در خود انکار کرده‌ایم و همچنان به دیگران فرافکنی شده را بپذیریم.

ما در دوران نوینی زندگی می‌کنیم. زمان گشوده شدن، التیام یافتن و رشد فرا رسیده است. درعین‌حال این روند منفعل نیست؛ اما به تسلیم؛ تسلیم منیّت‌ها و الگوهای کهنهٔ نیاز دارد. نکته مهم آن است که بتوانیم در هر لحظه آنچه را که هستیم فدای آنچه را که می‌توانیم باشیم بکنیم. تنها مانعی که بر سر راه یکپارچگی و اصالت ما وجود دارد؛ ترس است. ترس به ما می‌گوید که نمی‌توانیم رؤیاهای خود را برآورده سازیم، ریسک کنیم و از غنی‌ترین موهبت‌هایمان لذت ببریم. ترس ما را محدود می‌کند. برای غلبه بر ترس، باید با آن روبه‌رو شویم و عشق را جایگزین آن کنیم. آنگاه می‌توانیم ترس را پذیرا شویم و در آغوش بگیریم که می‌توانیم انتخاب کنیم که دیگر نترسیم. عشق برای ما این امکان را فراهم می‌آورد که قیدوبند ترس را پاره کنیم.

شاد بودن از حق به جانب بودن بهتر است.

توصیه من این است که شاد بودن را به حق جانب بودن ترجیح بدهیم. حق به جانب بودن و موفق بودن، بخصوص در رابطه زناشویی هرگز چیز خوبی نیست ممکن است به این نتیجه رسیده باشیم که بعضی از دیدگاه‌های ما در زندگی

زناشویی‌مان صددرصد درست است. البته ممکن است حق با ما باشد؛ با این حال ازدواج موفقی نداریم. مهم این است که دیدگاه‌های ما در روابط زناشویی به سود ما کار کند. آیا چنین موضع‌گیری، ما را به هدفی که برای خود انتخاب کرده‌ایم می‌رساند؟ اگر نمی‌رساند در موضع خود تجدیدنظر کنیم، تغییر رأی بدهیم. کاری را که مفید و مناسب است انجام دهیم.

به یاد همه مواقع و شرایطی بیافتیم که به جای شادی و رضایت، حق به جانب بودن را انتخاب نکنیم.

- اینکه او به شما چه گفت...
- کدام روش برای تربیت فرزندان مؤثرتر است؟
- چگونه پول‌مان را خرج کنیم؟
- چگونه با بستگان کنار بیاییم؟

در تمامی این موارد اینکه حق با کیست را کنار بگذاریم و ببینیم چه می‌توانیم بکنیم که زندگی‌مان با شادی بیشتری سپری شود.

می‌توانم صدای اعتراض‌مان را بشنوم: با آنکه می‌دانم حق با من است نظرات همسرم را بپذیرم.

البته نمی‌گویم وقتی لازم است بحث و گفت‌وگو نکنیم، نمی‌گویم نظرات خود را مطرح نسازیم، نمی‌گویم به همسرمان نگوییم از کدام رفتار او رنج می‌بریم.

هدف‌مان باید این باشد که ما و همسرمان از زندگی خود راضی باشیم. بی‌جهت سعی نکنیم ثابت کنیم که همسرمان اشتباه می‌کند.

برای مثال: هر وقت احساس می‌کنیم که حق داریم خشمگین شویم، لزومی ندارد که خشمگین شویم. مجبور نیستیم پیوسته به همسرمان پرخاش کنیم.

مهرداد کاملاً مطمئن است که همسرش روژین در تمامی روابط زناشویی رفتار سلطه‌جویانه‌ای را به نمایش می‌گذارد و یا بیش از اندازه غیرمنطقی است. چه می‌شود اگر این مطلب را بلافاصله به او بگوید؟ نگرش روژین تغییر خواهد کرد. چه می‌شود اگر به جای اعتراض به او مهر نشان دهد؟ و یا چه می‌شد که

کتایون شیرزاد

مهرداد به روژین به حدی محبت کند که او در رفتارش تجدید نظر کند؟

هدف باید این باشد که ما و همسرمان از زندگی خود راضی باشیم و بی‌جهت سعی نکنیم اشتباه همسرمان را ثابت کنیم.

وقتی روژین با همسرش مشاجره می‌کرد؛ به نظر می‌رسید که کارش حرف ندارد. به نکات عالی اشاره می‌کرد. در مقابل حرف‌هایش مقاومت می‌کرد. می‌دانست که می‌تواند پیروز میدان باشد. در یک لحظه همسرش ناگهان دست از صحبت کشید. سرد شد و با لحنی پر احساس گفت: «بله حق با توست، همیشه حق با توست.»

به او گفتم: «نه نظرت را بگو، می‌خواهم بدانم چه می‌گویی»
اما او جواب داد: «نه مهم نیست؛ حق با توست. جدی می‌گویم. نمی‌دانم به چه فکر می‌کردم.»

وقتی از اتاق بیرون رفت احساس می‌کردم که موفق شده‌ام، اما شاد و راضی نبودم. دلم می‌خواست با فریادی بلند به او بگویم: «نه صبر کن، میلی به اینکه برنده شدن ندارم. ما برنده شده‌ایم.»

گاهی شاید ما از عظمت خود هراس داریم، زیرا باورهای بنیادین ما را به مخاطره می‌اندازد. و هر آنچه را که به ما گفته شده است؛ رد می‌کند. برخی از ما به موهبت‌های بسیاری در خود پی‌برده‌ایم و برخی دیگر فقط به چند هدیه در وجودمان آگاه شده‌ایم. اما به ندرت با کسی روبه‌رو می‌شویم که با درخشش کامل رشدش رسیده باشد.

هنگامی که در دانشگاه درس می‌خواندم روزی استاد جدیدی آمد تا برای کلاس ما سخنرانی کند.

او الیزابت کویلر، نویسنده کتاب (چرخ زندگی) بود که سخنان خود را این‌گونه آغاز کرد و گفت: با معدل بسیار بالایی از دانشگاه فارغ التحصیل شده است؛ پانزده سال پیش ازدواج کرده است و رابطه بسیار خوبی با همسرش دارد. مادر بسیار خوبی است و خیلی خوب می‌تواند با سایرین ارتباط برقرار کند

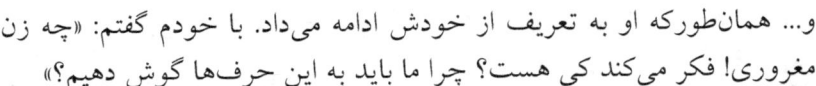

و... همان‌طورکه او به تعریف از خودش ادامه می‌داد. با خودم گفتم: «چه زن مغروری! فکر می‌کند کی هست؟ چرا ما باید به این حرف‌ها گوش دهیم؟»

پس از مدتی، او درنگ کرد، به یکایک ما نگریست و گفت: «اکنون به اینجا آمده‌ام تا دربارهٔ دوست داشتن خودتان با شما صحبت کنم و بگویم چقدر مهم است که تمامی صفت‌های خوبتان را بشناسید و آنها را با نزدیکان خود سهیم شوید.» او شرح داد که برای داشتن خود باید مشتاق باشیم و اجازه دهیم نور وجودمون بدرخشد. باید هر روز تمامی کارهای خوبی را که کرده‌ایم، در نظر بگیریم و ازخود سپاسگزار باشیم. باید به زندگی‌مان توجه کنیم. و پیشرفت‌های خود را تحسین نماییم.

بهت‌زده بر صندلی میخکوب شده بودم. عنوان نکردن از استعدادها و تحسین نکردن و احترام نگذاشتن به خودم خالی از اشکال نبود. که از ناامنی و نداشتن اعتمادبه‌نفس ناشی می‌شد. من مایل نبودم استعدادهایم را با ارزش بدانم. و بنا به دلیل موهومی، همواره معتقد بودم که کم ارزش جلوه دادن بهترین جنبه‌های وجودیم، از من، انسان بهتر می‌سازد.

آن کلاس یکی از ارزشمندترین درس‌های زندگی‌ام را آموخته‌ام:

نه تنها اشکالی ندارد که مطالب خوبی در مورد خودمان بگوییم، بلکه این کار ضروری است. اما باید استعدادها و هدایایمان را بشناسیم. ما باید بیاموزیم که برای مهارت‌هایمان احترام قائل شویم و به آنها ارج نهیم. لحظه‌ای را صرف آرامش بخشیدن به ذهن خود کنیم. چند نفس عمیق و آرام بکشیم و به آهستگی فهرست زیر را مرور کنیم: من سالم... هستم. برای نمونه من سالم هستم:

* من زیبا هستم،
* من ثروتمند هستم،
* من باهوش هستم،
* من با استعداد هستم.

واژه‌های منفی را که دیگران در مورد ما می‌گویند یادداشت کنیم و نپذیریم، مگر واقعیتی باشد.

کتایون شیرزاد

در روابط شخصی، احساساتمان را نشان دهیم:

حتماً تا اینجا برایمان روشن شده که با بکار بردن ارزش‌های روابط شخصی، روابط زناشویی‌مان را کمیاب و نادر ارزیابی می‌کنیم.

آن را رابطه‌ای ارزشمند در نظر می‌گیریم که باید برای بهتر کردنش روی آن کار کنیم. عادت کنیم که مثبت‌ترین محرک‌ها را به همسرمان بدهیم. این ارزش روابط شخصی به ما توصیه می‌کند که بهترین بخش وجودیمان را تقدیم رابطهٔ خود کنیم تا سطح روابط ما ارتقاء پیدا کند.

باید از خود توقع بیشتر داشته باشیم. فقط داشتن احساسات خوب کافی نیست. باید احساساتمان را نشان دهیم. همه روزه هر قدر که برمی‌آید.

از خود بپرسیم:

* آیا کاری که من می‌کنم و حرفی که من می‌زنم، من و همسرم را به یکدیگر نزدیک‌تر می‌کند؟ یا میان ما فاصله می‌اندازد؟
* همه روزه، در هر قدمی که برمی‌داریم از خود سؤال کنیم: «آیا رفتار من به نزدیکی و محبت بیشتر ما کمک می‌کند یا در انگاره‌های قدیمی خود محصور شده‌ایم؟»

من، به عنوان کسی که با افراد زیاد که متارکه کرده‌اند صحبت کردم. به پدیدهٔ جالبی برخوردم. به این نتیجه رسیدم هم مردان و هم زنان، شش ماه تا یکسال بعد از جدایی، تبدیل به انسان‌های کاملاً جدیدی می‌شوند. ناگهان انرژی جدیدی برای زندگی خود پیدا می‌کنند.

احتمالاً شما هم مانند من به این نتیجه رسیده‌اید که نیروی جدید آنها ناشی از این است که از یک رابطه دلتنگ کننده نجات یافته‌اند. اما سپس به این نتیجه رسیدم که موضوع فراتر از این است. این اشخاص پس از شکست از عشق به این نتیجه رسیدن که باید در رفتارشان تجدیدنظر کنند.

به این نتیجه رسیدند که در رابطه قبلیشان به سکوت و سکون رسیده بودند. پایشان را جلو نمی‌گذاشتند. به همین دلیل نیش شکست و ناکامی را احساس

کرده بودند. به این نتیجه رسیده بودند کـه باید تحولی در خـود ایجاد کنند. به این نتیجه رسیده بودند که باید کاری بکنند. بعضی از آنها ده، پانزده و حتی پنجاه کیلو از وزنشان را کم کرده بودند به سالن‌های ورزش رفته بودند. علایق جدیدی در خود ایجاد کرده بودند، علایقی که در آنها انسان‌های جالب‌تری می‌ساخت و ناراحتی من از این است که اگر این اشخاص مثل روز اول بهنام، وقتی در رابطه قبلی خود این تغییرات را در خود ایجاد می‌کردند؛ به احتمال زیاد در آن رابطه مانده بودند. تنها کاری که باید می‌کردند این بود که از رکود و سکون بیرون بیایند، دست بکار شوند، رخوت و بی‌حالی را با علاقه و توجه عوض کنند، به احساسات خود حرکتی بدهند.

الیسا، خانمی سی و پنج ساله که در یکی از کلاس‌های گروه درمانی من شرکت کرده بود. گرچه او از زیبایی جسمانی برخوردار بود؛ اما خسته و غمگین به نظر می‌رسید. فهرست ویژگی‌های مثبت را با افراد شرکت کننده مرور کردیم و از همه خواستیم که واژه‌هایی را که نمی‌توانند پذیرا شوند، بنویسند. الیسا حدود بیست واژه نوشت. به همان ترتیب واژه‌های منفی، تمرین را آغاز کردیم. الیسا روی صندلی نشست و یک نفر در برابر او نشست.

او گفت من: «موفق هستم.» و فرد مقابلش فرد مقابلش و همه گفتند تو موفق هستی و الی آخر... در طول این تمرین الیسا چندین واژه را پذیرا شد. و آنگاه به فهرست او نگاه کردم و از او خواستم واژه‌های «جذاب» و «دوست داشتنی» را پذیرا گردد. الیسا مکثی کرد و سرش را تکان داد. گفت امکان ندارد بتواند این ویژگی‌ها را در خود بپذیرد. می‌دانستم که الیسا به سختی در تلاش است تا رابطه خود را با همسرش بهبود بخشد. الیسا چند ماه پیش متوجه شده بود که همسرش با زن دیگری رابطه دارد و این احساس به او دست داده بود که اصلاً دوست داشتنی نیست.

هنگامی که سرانجام کلمه «جذاب» خوانده شد؛ ابتدا به سختی توانست آن را بر زبان آورد. سپس با کمی اکراه توانست بگوید: «من جذاب هستم»، اما این عبارت را بی‌هیچ احساسی بیان کرد. حدود ده دقیقه او فقط این عبارت را تکرار کرد. مطمئن بود جذاب بودن بخشی از وجودش نیست؛ زیرا معتقد بود؛ اگر

جذاب بود همسرش به او خیانت نمی‌کرد.

الیسا این تمرین را با یک خانم انجام می‌داد، تصمیم گرفتم از مرد جوان و خوش قیافه‌ای در گروه بخواهم که جای آن خانم را بگیرد. هنگامی که به الیسا گفتم سهراب یار تو در این تمرین خواهد بود؛ بسیار مضطرب شد. هنگامی که سهراب جلوی الیسا نشست و خیره به او نگریست. کنار الیسا زانو زدم و او را تشویق کردم که عبارت را برای سهراب تکرار کند. پس از مدتی درحالی‌که اشک از چشمانش سرازیر بود؛ گفت: «من جذاب هستم» سهراب به چشمان الیسا خیره شد و گفت: «بله شما جذاب هستید!» و الیسا بار دیگر گفت: «من جذاب هستم». آنها بیست بار این عبارت را تکرار کردند تا آنکه الیسا توانست بدون گریستن یا فشار آوردن به خود بگوید:

«من جذاب هستم.» سپس از سهراب خواستم تا به الیسا کمک کند که واژه «دوست داشتنی» را پذیرا شود. سهراب بار دیگر با قاطعیت گفت: «الیسا، شما دوست داشتنی هستید!» الیسا بی‌اختیار شروع به گریستن کرد. سال‌ها بود که از هیچ‌کس، حتی خودش نشنیده بود که دوست داشتنی است.

آن‌قدر تمرین ادامه پیدا کرد که الیسا آماده شد بگوید: «من دوست داشتنی هستم.» اما از رابطهٔ خودش با همسرش دچار اندوه عمیقی بود. تقریباً نیم ساعتی طول کشید تا الیسا با واژهٔ دوست داشتنی ارتباط برقرار کند، اما پس از آنکه به اندازهٔ کافی آن عبارت را با صدای بلند ادا کرد، توانست دورانی را به یاد آورد که خود را دوست داشتنی می‌دانست.

در چهره‌اش دیدم که او آن بخش وجودی‌اش را به یاد آورده و خود را دوست داشتنی می‌داند. جرقه‌ای زده شد و الیسا با آن بخش مقدس وجودش ارتباط پیدا کرد. سرانجام پس از باز یافتن آن جنبه در وجودش، از او خواستم که بلند شود و فریاد بکشد: «من دوست داشتنی هستم». الیسا که چشمانش از شادی می‌درخشید، این کار را کرد و همه برای او دست زدند. همگی ما در تجربه شگفت‌انگیزی سهیم بودیم، درست مانند اینکه انسان جدیدی را به دنیا آوردیم

در این روند، احساس درد ناشی از پذیرفتن برخی صفاتی که طرد کرده‌ایم؛

ضروری است. از آن فرار نکنیم؛ زیرا با متعهد بودن به روند بازپس‌گیری جنبه‌های مطرودمان، به هستی اعلام می‌کنیم که آماده‌ایم تا یکپارچه شویم.

معیارهای ارزش در روابط زناشویی:

رها شدن از بد تصورات روحیهٔ بد فارغ شدن است.

باید به درون خود نگاهی بیندازیم چون، باید به روح و دلمان توجه کنیم و بدانیم که تنها ما هستیم که می‌توانیم کیفیت زندگی‌مان را ورقم بزنیم. می‌توانیم روابط زناشویی خود را به سطح متفاوتی برسانیم. باید به کسی که به‌راستی هستیم تبدیل شویم.

من قویاً به این حرف معتقدم و برای آن استثنا هم قائل نیستم. در روابط زناشویی، مانند سایر جریان زندگی، روحیه و نگرشی که با آن کارها را انجام می‌دهیم، دست کم به اندازه اقدامات عملی ما اهمیت دارند. می‌توانیم مستقیماً سراغ رفتارهایی برویم که می‌تواند زندگی ما را متحول سازد.

برای ایجاد تحول در زندگی زناشویی به روحیهٔ خوب احتیاج داریم. افسانه‌ها و ذهنیت‌های مخربی می‌توانند چون سونامی، طوفان و گرد بادی که شهری را در هم می‌کوبد، روابط زناشویی ما را از هم بپاشد.

اما راه دیگری نیز وجود دارد. اگر به طرز دیگری بیندیشیم، و احساس کنیم، روابطمان در جهت مثبت متحول می‌شود و همسرمان نیز از مزایای آن منتفع می‌گردد.

من دائم می‌شنوم که می‌گویند: «اگر همسر ما تغییر کند همه چیز حل‌وفصل می‌شود». توجه اصلی من به شماست. درباره پیوند دوباره با خودتان بحث می‌کنیم. باید از خودمان شروع کنیم. ما نقطهٔ آغاز هستیم. ما توانایی این را داریم که به موفقیت برسیم.

تکرار می‌کنم:

از خودمان باید شروع کنیم و بپذیریم که نقطه آغاز هستیم. ما توانایی آن را داریم که به موفقیت برسیم. شریک زندگی ما نمی‌تواند این‌ها را به ما بدهد، همان‌طور که نمی‌تواند این‌ها را از ما بگیرد.

پس از تغییر موضع ما، نسیم تازه و باطراوتی در روابط ما خواهد وزید. به جای اینکه دست روی دست بگذاریم و در انتظار بمانیم که چه کسی نخستین اقدام را خواهد داشت، با تصمیم‌گیری در این مقوله که دیگر قربانی در روابط خود باقی نخواهیم ماند.، انرژی، عرفان عشق، طراوت و اشتیاق لازم را به دست می‌آوریم

* اندیشهٔ سالم و سازندهٔ ما به کسانی که در پیرامون ما هستند و به‌ویژه به همسرمان سرایت می‌کند.
* وقتی تغییر می‌کنیم نوع معادله میان خود و همسرمان را تغییرمی‌دهیم.
* ماجرای برنده‌ها و ماجرای ما در این خلاصه می‌شود.
* مراجعه به ارزش‌های درون به ما این امکان را می‌دهد که با انسجام، صداقت، مهربانی و علاقه بیشتری به زندگی زناشویی‌مان توجه کنیم.

از شیوه‌های تحول زندگی زناشویی با حفظ ارزش‌های شخصی:

۱. در روابط شخصی، قبول مسئولیت در قبال رابطهٔ زناشویی.
۲. در روابط شخصی، پذیرش آسیب پذیری.
۳. پذیرش همسر یا شریک عاطفی.
۴. بها دادن به مقام دوستی در رابطه.
۵. ارزش‌گذاری به عزت‌نفس.
۶. هدایت رنجش‌ها به مسیر درست عاطفی.
۷. صداقت.
۸. انتخاب شادی به جای حق به جانب بودن.
۹. نهراسیدن از بروز اختلافات.
۱۰. ابراز احساسات.

پذیرفتن ویژگی مثبتی که پیش‌تر ترک کرده‌ایم ترسناک است. زیرا بدین‌ترتیب مجبور می‌شویم تمام داستان‌هایمان را کنار بگذاریم و تمامی دلایلی که موجب شده‌اند به خواسته‌هایمان در زندگی نرسیدیم رها کنیم.

در یکی از دوره‌های روان‌شناسی من، خانمی به نام روشنک شرکت کرد که نمی‌توانست واژه **موفق** را بپذیرد.

او از جوانی زندگی خود را به مراقبت از همسر و فرزندانش گذرانده بود. در کودکی به او گفته بودند که باید این رویایش را رها کند که می‌تواند نوازنده حرفه‌ای ویلون شود و به او آموزش داده بودند که یک زن خوب ازدواج می‌کند و بچه‌دار می‌شود. بعدها هم چند بار به همسرش اشاره کرده بود که مایل است ویلون بیاموزد، اما همسرش گفته بود که این صرف پول بیهوده‌ای است. ولی هنگامی که روشنک در دوره کلاس‌ها شرکت کرد شصت سال داشت، فرزندانش هم بزرگ و مستقل بودند. او در تمرینی که نام افراد مورد ستایش خود را نوشت، زنان هنرمند و موفق را انتخاب کرد. اما در تمرین **بازتاب** نمی‌توانست بگوید: «من موفق هستم.» او حالتی بین گریه و خنده داشت.

روشنک معتقد بود که لازمهٔ موفقیت، داشتن شغل است. هنگامی که از او پرسیدم: «آیا مادر موفقی بوده است؟» گفت: «بله، همه فرزندانم موقعیت خوبی دارند.» سپس پرسیدم: «آیا ازدواج موفقی داشته است». روشنک با تبسم گفت: «بله! و بیش از سی سال است از ازدواجش می‌گذرد.» از او پرسیدم: «آیا هیچ‌گاه در آشپزی موفق بوده است؟» او خندید و گفت: «آشپز خیلی خوبی است.» به تدریج روشنک متوجه شد که در زندگی موفق بوده است. هر چند بیست دقیقه طول کشید تا او واژه **موفق** را ادا کند. اما سرانجام آن را پذیرفت.

یک سال و نیم بعد تلفنی از روشنک داشتم که او با سربلندی یک دوره فشرده ده ماه ویلون را به پایان رساند و گهگاهی در تالار کوچکی نزدیکی منزلش ویلون می‌زند. او می‌گفت پس از پذیرا شدن موفقیت در وجودش، اکنون با اعتمادبه‌نفس در پی برآورده ساختن آرزوهایش است.

ما آموخته‌ایم که توانایی خود را نپذیریم. بیشتر ما باور داریم که برخی ویژگی‌های

مثبت را دارا هستیم. اما نه همهٔ آنها را دارا هستیم. آنچه ما را به خنده وا می‌دارد و ناراحت می‌کند. شامل تمامی ویژگی‌های زشت و زیبا است. که در هم آمیخته و یکی شده‌اند. اکنون زمان آن رسیده است که تمامی خصوصیات خود را آشکار کنیم. هنگامی که بتوانیم همهٔ را پذیرا شویم، حقیقتاً در حضور داریم.

شناسایی مقاومت در تغییرات سودمند:

مقاومت در مقابل برآورده شدن یک نیاز عمیق درونی، بیشتر از آن معمول و متداول است که مردم باور دارند. اکثر مراجعانی که درمان را نیمه‌کاره رها می‌کنند برای این نیست که قادر به انجام کار مثبت نمی‌باشند، بلکه نمی‌توانند با تشویش و اضطرابی که دارند تغییرات مثبت را در خود به وجود آورند و با آن وفق دهند.

از مراجعانم با اصرار می‌خواهم که به تمرین «یادگیری رفتارهای جدید» ادامه دهند تا زمانی که اضطرابشان قابل کنترل شود.

اگر به خود وقت کافی بدهیم، یاد می‌گیریم که تحریم‌هایی که مانع رشدمان شده شبح‌های گذشته بوده و در زندگی فعلی‌مان حضور دارند.

یکی از درون نگری‌های، فروید این بود: «که در پس هر آرزویی ترس از تحقق آن آرزو وجود دارد.»

امیر که موفق شده بود پیشرفت عالی و قابل ملاحظه‌ای در زمینه قبول رفتارهای جدید (به روز بودن) از خود نشان دهد. در پاسخ به همسرش که از او خواسته بود بیشتر در کنار همسر و فرزندانش باشد او به تدریج اولویت‌ها را در محّل کارش مشخص کرد. او دیگر کارهای اداره‌اش را به منزل نمی‌آورد. ولی هنگامی که همسرش از او خواهش کرد در مسئولیت پدریش فعال‌تر باشد به شدت از خود مقاومت نشان داد. امیر یک روز به دفتر من آمد و انگار منفجر شد. او گفت: «اگر من بخواهم تغییر بیشتری در رفتارم بدهم نابود خواهم شد؛ من دیگر خودم نخواهم بود! و این مرگ شخصیت من بشمار خواهد آمد!» تغییر رفتار به گونه‌ای که همسرش از او خواسته بود به این معنی بود که **منی** که او می‌شناخت

باید کنار می‌رفت. مدیر اجرایی فعال و موفق، باید مبدل به یک والد خونسرد، مهربان و مسئول می‌شد. در سطح ناخودآگاه، برای او این تغییر مساوی با مرگ بود. به او اطمینان دادم اگر به تغییر رفتار خود ادامه دهد، ممکن است گهگاهی دچار تشویش و اضطراب بشود، ولی مطمئناً نخواهد مرد. او نابود نمی‌شد برای آنکه **او** از رفتارها، ارزش‌ها و یا باورهایش متفاوت بود. او از مجموعه‌ی همه این‌ها بزرگ‌تر بود. در واقع اگر سعی می‌کرد تعدادی از رفتارهای محدودکننده خود را تغییر دهد، به‌طور حتم موجود متعالی دوست داشتنی و کاملی می‌شد که در بچگی بود. او قادر بود بخش ملایم و علاقه‌مند به رشد شخصیت خود را تقویت کند، بخشی که در تلاش او برای پیشرفت و بهترین بودن در دنیای تجارت، به کلی کنار گذاشته شده بود. از این تغییر، خانواده او سود می‌بردند و او هم به صورت انسان بهتری نمود داشت.

برای آنکه هراس مرگ را از خود دور کند، به او پیشنهاد کردم به فعالیت‌هایی که ترس او را تشدید می‌کند، ادامه دهد. به او گفتم در ابتدا، صدای درونی ممکن است بگوید: «دست نگه‌دار. آن‌قدر زیاده‌روی نکن، من خواهم مرد. من خواهم مرد.» ولی اگر تو به تغییر رفتارت ادامه دهی، ذهن قدیم دوباره به گردش درمی‌آید. و صدا آرام می‌شود. «من روزی خواهم مرد، ولی من نمی‌میرم.» هراس از مرگ دیگر عامل بازدارنده در مبارزه شما برای رشد شخصی به شمار نخواهد آمد.

پرویز در سن هفتاد و دو سالگی با همسرش سیمین در دفترم آمدند تا بتوانند رابطه ناآرامشان را بهبود بخشند. هنگامی که پرویز را دیدم به من گفت که از نظر احساسی بیمار است. در نتیجه از ابراز وضعیت خود خجالت نمی‌کشید. ما به پذیرا شدن ویژگی‌های مثبت پرداختیم. اما هنگامی که به فهرست‌های احساسی پرویز نگاه کردم، دیدم دو واژه از قلم افتاده است. **سالم و یکپارچه**. پرویز معتقد بود که نمی‌تواند از نظر احساسی سالم باشد. تمرینی به او دادم: هر وقت که می‌گفت بیمار است باید می‌گفت **سالم و یکپارچه** است.

می‌دیدم که برای پرویز پذیرش این ویژگی‌ها دشوار است. بعد از استفاده از ویژگی‌های مثبت آن، پرویز با حالتی کاملاً تسلیم گفت: «من سالم هستم».

او توانست واژه «سالم» را بپذیرد و پس از آن به عبارت «من یکپارچه هستم» پرداخت. همهٔ ما تحت تأثیر شجاعت و عزم راسخ پرویز قرار گرفته بودیم. در خاتمه او به من اشاره کرد این نخستین باری است که او وجود سالم و یکپارچه خود را پذیرا شده است. پس از آن او تمامی ویژگی‌های مثبت و منفی‌اش را پذیرا شد؛ توانست خود را از ویژگی‌های منفی که به همسرش فرافکنی کرده بود؛ خلاص کند. در پی این دستاوردها، پرویز که همسرش را که پیش‌تر به صورت زنی بیمار و وابسته می‌دید؛ زنی زیبا و دوست‌داشتنی ببیند که به شدت به او علاقه‌مند است. آنگاه پرویز و سیمین توانستند؛ تمرین را با هم انجام دهند و در نتیجه به گونه‌ای چشمگیر بهبود یافتند. آنها بسیاری از احساساتی را که در خود نگه داشتند را، ابراز کردند و با در آغوش کشیدن نور وجود خود، توانستند خوبی‌های همدیگر را پذیرا شوند.

روزی سیمین را دیدم او گفت که پرویز در نتیجه پذیرفتن همهٔ وجودش، عمیقاً التیام یافته است. او برای نخستین بار پس از سال‌ها اجازه داده بود تا پیوند ازدواجشان استوار و پرهیجان شود.

هنگامی که توان کامل خود را نمی‌شناسیم، به هستی اجازه نمی‌دهیم که روح مشتاق و ناتوان خود را درک کند. فقط ما می‌توانیم قلبمان را گشوده و تمامی وجودمان را در آغوش بگیریم. این مهم‌ترین گام در راه عشق ورزیدن به خود است. ما باید پیش‌داوری‌های سختگیرانه را کنار بگذاریم. و با اشتباهاتی که مرتکب شده‌ایم کنار بیاییم. ما باید بدانیم که ارزش بخشیده شدن را داریم. که به ما می‌آموزد که اشتباه کردن بخشی از انسان بودن ما است. بخشایش از قلب نه از منیَت. آنگاه برای ما طبیعی است که نسبت به افرادی که دوست نداریم، نیز مهر و عطوفت بورزیم.

جان رابطه در آفریدن عشق است:

همه توجه‌مان را صرف این مهم می‌کنیم که توان شفا بخشی ازدواج را به یک واقعیت عملی مبدل سازیم.

با زوج‌های مراجعم تمرینی را که قبلاً تدوین و تنظیم کرده‌ام این‌طور مطرح

می‌کنم فهرستی از نیازها و خواسته‌های خود را تهیه کنند.

این تمرین مانور دادن برای گریز نباید باشد. بدین شکل که زن و شوهر از هم می‌خواهند که قاطعانه‌تر و یا انعطاف‌پذیرتر بوده و یا کمتر مستبدانه عمل کنند.

در طی روند شفای همسر، آنها مقداری از تمجیدهایی را که شایسته‌شان است دریافت می‌کنند و قبول می‌کنند که ویژگی منفی انکار شده را تغییر دهند. در این روند، آنها خود به‌صورت شخصیت دوست داشتنی در می‌آیند.

زمانی که زن و شوهر وفادارانه تمرین را برای چند ماه انجام می‌دهند، مثل وقتی باغبانی می‌کنید به سود ماست اگر از ابزار پیشرفته استفاده کنیم. در زندگی زناشویی بهتر است به همین شکل عمل کنیم. چنانچه ابزار و مهارت‌های لازم را در اختیار داشته باشیم، به راحتی موفق می‌شویم ازدواجی را که می‌خواهیم داشته باشیم. متوجه فایده پنهانی دیگری می‌شویم: عشقی که آنان نثار یکدیگر می‌کنند. زخم درونی خودشان را تسکین و شفا می‌بخشند. زخم‌هایی که خودشان از وجودش غافل بودند. در ابتدای زناشویی به علت طبع مهربانی که همسر دارد به او جذب می‌شود. ولی اکنون با تعمق‌کردن روی مسائل و علاقه به گسترش رابطه، موفق می‌شود بر مقاومتش غلبه کند و به نیازش پاسخ دهد. در این فرایند او به نیاز سرکوب شدۀ خود به (محبت) پی می‌برد و موفق می‌شود نیاز پنهانی خود را با علاقه و توجه را برآورده سازد.

قدرت شفابخش ازدواج، دیگر یک توقع ناآگاهانه نیست؛ بلکه حقیقت روزمره زندگی است. ازدواج می‌تواند؛ تمایل پنهانی ما به شفا یافتن و به تکامل رسیدن را برآورده سازد؛ ولی این کار به گونه‌ای که ما می‌خواهیم اتفاق بیفتد؛ راحت و خودبه‌خود، بدون توصیف دقیق خواسته‌هایمان، بدون درخواست و بدون جبران متقابل، انجام نخواهد شد. نباید دیگر از دنیای خارج انتظار داشته باشیم که از ما مراقبت کند. و باید مسئولیت شفای خود را به عهده بگیریم. راه حل عمیق بطور تناقض‌آمیزی این است که انرژی خود را صرف شفای همسر خود سازیم. تنها در صورتی شفای روحی و روانی عمیق صورت می‌گیرد که نیرو و انرژیمان را از خود دور کرده و فقط متوجه همسر خود سازیم.

وقتی تمرین یادگیری رفتارهای جدید به صورت امر عادی در مقابله با انتقاد و تضاد درآید، ما به مرحله جدیدی در سفر خود به سوی ازدواج آگاهانه می‌رسیم. ما فـراسوی مبارزه برای قدرت و فراسوی مرحله رسیدن به مرز تغییر و دگرگونی حرکت می‌کنیم. اکنون رابطه ما براساس علاقه و توجه متقابل خواهد بود. عشقی که به بهترین وجهی منجر به تعالی **خود** شده، نیرو را از شما دور کرده و متوجه همسرمان می‌سازد. هنگامی‌که علاقه و توجه متقابل ادامه پیدا می‌کند، درد گذشته به تدریج از بین می‌رود، و هر دو ما واقعیت کمال و تمامیت بایسته خود را تجربه می‌کنیم.

ارویل هندریکس نویسنده راهنمای بهبود بخشیدن به روابط زناشویی می‌گوید: «ازدواج مثل پرورش و رویاندن گل است؛ شما همواره باید روی آن کار کنید. اگر غفلت نمایید علف‌های هرز رشد کرده، و گل‌ها را از بین می‌برند.»

واقعیت این است آنچه برای همسرمان انجام می‌دهیم در واقع برای خودمان هم انجام می‌دهیم. و این موجب رشد شخصی خود ما می شود.

برای مثال: روزی آمبولانس وارد بیمارستان شد و هما را برای جراحی اضطراری به بخش اوژانس آورد. او از درد وحشتناک در ناحیه شکم شکایت می‌کرد.

دکتر او می‌گفت: «به ذهنم رسید که احتمالاً آپاندیس او پاره شده است؛ اما وقتی شکمش را معاینه کردم، مشکوک شدم. شکم نرمی داشت. و جالب آنکه شکم اغلب بیمارانی که ناراحتی داخلی شکم دارند سفت می‌شود.» وقتی پرونده پزشکی پنج سانتی‌متری او را به من نشان داد. فهمیدم تاکنون چند بار روی شکمش جراحی شده. و علت آن دردهایی که او از آن شکایت داشت نیافتند. از شوهرش خواستم که در اتاق انتظار بماند تا من با بیمار صحبت کنم. هما به من گفت که شوهرش چند سال قبل در جریان یک نزاع با مشت بر شکم او کوبیده است. از آن زمان تاکنون وقتی شوهرش نزدیک اوست درد شکمش بیشتر می‌شود.

حدس می‌زنم که بیماری او را تشخیص داده باشید. به عکسبرداری یا جراحی نیازی نبود.

زن‌وشوهر از آن روز ضمن جدا زندگی کردن موقت به مشاوره زناشویی می‌آیند تا در این مدت برای ادامه زندگی مشترک آینده تلاش برای یافتن دگراندیشی و بازنگری بکنند. همچنین بیآزمایند که در هم حسی، هم دردی، شور زندگی همراه با شور آگاهانه و بلوغ عاطفی و ایجاد فضای امن باید دو طرفه بکوشند. همه این‌ها شرط تولد روانی همسر آسیب دیده و اعتراف صادقانه شوهر که به همسر قول دهد که حاضر است رشد کند.

بخشایش، مهم‌ترین گام در راه عشق ورزیدن به خود است. ما باید خودمان را با چشم معصوم یک کودک بنگریم. و خلاف‌ها و شک و دودلی‌های خود را با عشق و مهربانی پذیرا شویم. باید پیش‌داوری‌های سخت‌گیرانه را کنار بگذاریم. و با اشتباهاتی که مرتکب شده‌ایم، کنار بیاییم. ما باید بدانیم که ارزش بخشیده شدن را داریم. بخشایش، موهبت هستی است که به ما می‌آموزد اشتباه کردن بخشی از انسان بودن است. بخشایش از قلب برمی‌خیزد نه از منّیت. بخشیدن یک انتخاب است هر لحظه می‌توانیم پیش‌داوری‌ها و آزردگی‌هایمان را کنار گذاشته، انتخاب کنیم که خود و دیگران را ببخشیم.

هنگامی که تمامی فرافکنی‌هایمان را باز پس گیریم و منّیبت‌هایمان را بیابیم، می‌توانیم نسبت به خود مهر و عطوفت داشته باشیم. هنگامی که آنچه را از سوی دیگران در مورد ما انجام شده در خود ببینیم؛ می‌توانیم مسئولیت آنچه را بین ما و آنها می‌گذرد، ببینیم.

رینی ماریا ریلکه، نویسنده و شاعر معروف آلمانی می‌نویسد: «شاید همه قول‌های داده زندگی‌مان، فقط شاهزاده‌هایی باشند که منتظرند تا ما را یک بار دیگر زیبا و شجاع ببینند. شاید تمامی بدها در عمیق‌ترین سطح، موجوداتی هستند که به عشق ما نیاز دارند، عشقی که همراه با پذیرش کامل خودمان نباشد، ناقص است چون بیشتر ما چنان تربیت شده‌ایم که عشق مورد نیازمان را در بیرون جستجو می‌کنیم.

اما هنگامی که نیاز به عشق در بیرون از خودمان را کنار می‌گذاریم، می‌بینیم راه حقیقی آرامش آن است که به درونمان توجه کرده و آنچه را که تلاش می‌کنیم از

دیگران بگیریم، در خود بیابیم و به خود بدهیم. ما همگی شایستهٔ رسیدن به این آرامش حقیقی هستیم. باید به هستی درون، یعنی پدر و مادر الهی خود اجازه دهیم که ما را دوست بدارند و پرورش دهند.»

سلامت رشد در بزرگسالی:

چشم‌اندازی که اریک فی‌فر (روانپزشک) ارائه داده و سال‌ها دربارهٔ مسائل پیر شدن در امریکا بررسی کرده است حاکی از آن است که فی‌فر نیز مانند دیگر پژوهشگران معتقد است که استفاده از توانایی‌های ذهنی و جسمی در جنبه‌های مثبت بهترین راه برای خوب پیر شدن است. به اعتقاد او کسانی که با موفقیت پیر می‌شوند کسانی هستند که در سه زمینهٔ عمده در زندگی، رفتار مؤثری را به نمایش می‌گذارند: فعالیت جسمانی، فعالیت روانی و روابط اجتماعی.

پیر شدن در ذهن انسان صورت می‌گیرد:

* بعد از ۲۰ سال، هر سگی، یک سگ پیر می‌شود.
* بعد از ۳ سال هر موشی، یک موش پیر می‌شود.
* بعد از ۱۰۰ سال یک نهنگ، نهنگ پیر می‌شود.

در همهٔ این مخلوقات سن بیولوژیکی تنها موضوع ایست که اهمیت دارد و با این حال همه ما اشخاصی را می‌شناسیم که در ۸۰ سالگی جوان و در ۲۵ سالگی پیر شده‌اند.

سر فرانسیس بیکن دانشمند مشهور عهد رنسانس دربارهٔ پیری می‌گوید: اگر نخواهید که پیر شوید پیر نشدن را انتخاب کنید. اتکا به نفس بالا، اعتماد، ایمان و صداقت برخوردار بوده و خود را وقف خانواده خود بکنند.

اشرف مراجعه ۸۰ ساله من تا به حال دارویی برای فشار خون مصرف نکرده است. حتی یک‌بار با حمله قلبی روبه‌رو نشده است و نشانه‌ای از بیماری قند هم در او وجود ندارد. این یک اتفاق نیست امروز دوران جوانی ایام پیری ماست. و رفتاری که امروز با خود می‌کنیم روی زندگی ۳۰ یا ۴۰ سال دیگر ما اثر خواهد داشت. سلامتی اشرف نتیجه مستقیم طرز و سبک زندگی او در زمانی است که

هنوز چین‌وچروکی در چهره‌اش پدیدار نشده بود.

یک روز از اشرف پرسیدم: «فکر می‌کنی به چه دلیل به این خوبی پیر شده‌ای؟» او پاسخ داد: «با همسرم به سلامتی ارتباط روزانه را حفظ کردیم، از گرفتاری‌ها اجتناب کردیم و در هر روز زندگی‌ام به شدت کار کردم و زحمت کشیدم.»

اما در واقع رمزوراز عمر طولانی آگاهی اشخاص است. آگاهی از قدرتی برخوردار است که پیر شدن را تغییر می‌دهد. بعضی‌ها از کار زیاد فرسوده می‌شوند، و این درحالی است که دیگران از کار زیاد نیرومند می‌گردند. تفاوت را باید در عوامل روانی و اجتماعی پیچیده‌ای جست‌وجو کرد که بدن ما پیوسته نسبت به آن واکنش نشان می‌دهد. قبل از بررسی انواع سه‌گانه سن انسان یعنی: سن تقویمی، سن بیولوژی و سن روانی باید در این زمینه بررسی بیشتری بکنیم

عمر پاینده همراه با عشق:

قدرتمندترین عامل مؤثر در چگونه پیر شدن ناشی از آگاهی هوشمندانه است.

یکی از مراجعین من به نام فریدون که مرد ۶۷ ساله است پس از بازنشسته شدن رفتارش به کلی تغییر کرد همسرش که نگران شده بود؛ او را به نزد من آورد.

وقتی از او پرسیدم چه احساسی دارد؟ پاسخ داد: «دارم پیر می‌شوم، اشکال دیگری در من نیست. اگر بیست سال جوان‌تر بودم وضعم فرق می‌کرد.» اما فریدون ۲۰ سال پیش بی‌آنکه بداند، بذرهای روزگار امروزش را بر زمین وجودش افشانده بود. او که علاقه‌ای به شروع زندگی جدید نداشت وزن اضافه کرد و بیش از گذشته به نوشیدن الکل روی آورد و دو سال بعد از بازنشستگی با حمله قلبی روبه‌رو شد.

به‌نظر می‌رسد کسی که بد پیر می‌شود و آثار کهولت، ضعف و ناتوانی در او به شکل غیرطبیعی جلوه‌گر می‌گردد. بهتر است به طرز و سبک زندگی او دقیق شویم.

دلایل پیدا شدن نشانه‌های پیری:

- تغذیه نامناسب
- عوارض جانبی ناشی از مصرف دارو
- کشیدن سیگار
- نوشیدن الکل زیاد
- کم آب رساندن به بدن
- افسردگی
- فعالیت نداشتن
- و مهم‌ترین آن عدم حفظ سلامت جفت عاطفی و یا نداشتن جفت عاطفی

همه این عوامل از آگاهی انسان نشأت می‌گیرد. تنها یا هر یک از این عوامل می‌توانند روی اعمال رفتار افراد تأثیر بگذارند. اشخاص مسن مثل فریدون غذا کافی نمی‌خورند، به خوردن مایعات زیاد توجه ندارند، سیگار می‌کشند و برای رهایی از تنهایی به الکل پناه می‌برند و ساکت و تنها گوشه‌ای می‌نشینند تا معنای پیر شدن را به نمایش بگذارند.

بیاییم این باورها را به حالت تعلیق درآوریم و طرحی نو بریزیم. هدف و مقصد ما رسیدن به شرایطی است که در آن جوانی، نو شدن، خلاقیت، خشنودی و تجربهٔ متعارف ایام زندگی ما باشند. می‌خواهیم به جایی برسیم که در آن پیری، سستی و مرگ پذیرفتنی باشد.

زمانی که میترا در جریان طلاق از همسرش، تلاش می‌کرد تا آزردگی خود را التیام بخشد، ظاهراً نمی‌توانست خشمش را رها کند. هر روز اتفاق ناراحت کنندهٔ جدیدی برای او رخ می‌داد او به سختی تلاش می‌کرد تا در روند تمرینات، خود را دوست بدارد اما اغلب این کار به نظرش غیرممکن می‌رسید. میترا در تلاش برای زدودن احساسات منفی خود، فهرست تمامی حالات را که در همسرش بهرام دوست داشت و یا از آنها متنفر بود؛ نوشت. البته این فهرست بسیار طولانی بود؛ اما او به‌تدریج توانست فرافکنی‌های مثبت و بیشتر فرافکنی‌های منفی خود را باز پس بگیرد.

با این وجود، بارها و بارها واژه‌ای به فکر میترا می‌رسید که نمی‌توانست آن

را بپذیرد. آن واژه دلمرده بود. هنگامی که او عصبانی بود؛ بهرام را شخصی بی‌احساس و دلمردگی می‌دید. میترا تلاش کرد تا خود را به صورت شخصی دل‌مرده بپذیرد، اما نمی‌توانست هیچ تشابهی بین خود و چنین شخصی بیابد. تمامی شواهد دنیا حاکی از آن بود که او فردی بسیار با نشاط و سرزنده است. میترا می‌توانست به راحتی بخندد، بگرید و فریاد بکشد. او تمامی گسترهٔ احساسات را تجربه می‌کرد. اما به هرحال واژه‌ای که ناراحتش می‌کرد؛ «دل‌مردگی» بود. میترا به جست‌وجو ادامه داد تا جنبهٔ دل‌مرده و بی‌احساس وجودش را بیابد. ماه‌ها گذشت طلاق میترا قطعی شد و او راضی بود؛ اما هرگاه ناراحت می‌شد باز هم واژه «دل‌مرده» به ذهنش راه می‌یافت. تا آنکه با مایک دوست شد که از خودش بسیار جوان‌تر بود. روزی میترا با پسرش سهراب و مایک به گردش رفت. هنگامی که مایک سوار اتومبیل شد؛ سی دی همیشگی شاد را درآورد و گذاشت، مایک خودش شروع به خواندن کرد و با سهراب که چهره‌اش از شادمانی می‌درخشید به شوخی و تفریح پرداخت. ناگهان اشک از چشمان میترا سرازیر شد. در آن موقع، او نمی‌توانست جلوی گریه‌اش را بگیرد. لحظه بسیار زیبایی بود و میترا نمی‌فهمید چرا ناراحت شده است تا آنکه متوجه شد؛ احساس دل‌مردگی می‌کند. مایک، جوان، پر از انرژی و سرشار از شوق و شور زندگی بود و در برابر او میترا دریافت که بخشی از وجودش دل‌مرده است. بخشی از وجود میترا از شادی و تفریح دست کشیده بود. خبر خوش آنکه پس از آن میترا این بخش از دل‌مردگی وجود خود را پذیرفته بود؛ دیگر با بهرام پیوندی نداشت. او توانست با دوست داشتن و مهر ورزیدن به این جنبهٔ طرد شدهٔ وجودش، بهرام و خودش را ببخشد. خشمی که نسبت به بهرام داشت، میترا را راهنمایی کرد تا این جنبهٔ پنهان خود را کشف نماید وگرنه او نمی‌توانست این بخش از وجودش را که نیاز به بیدار شدن داشت، بیابد. میترا با پذیرفتن دل‌مردگی خود توانست سرزندگی‌اش را باز پس گیرد.

در خشم انباشته شده در وجود ما، من را جستجو کنیم. اگر از یافتن خشم در وجودمان هراس داریم، به یاد آوریم که همراه با خشم، توان ما نیز دفن شده است. خشم، فقط هنگامی احساس منفی به ما می‌دهد، که سرکوب شده باشد.

و یا به گونه‌ای نادرست با آن برخورد شود. هنگامی که نسبت به خود مهر و عطوفت داشته باشیم، به آسانی می‌توانیم اجازه دهیم تمامی جنبه‌های وجود ما، اعم از عشق یا خشم کنارهم در وجود ما جا بگیرند.

بیدار زیستن:

این حقیقت که زندگی طولانی توأم با موفقیت موضوعی کاملاً فردی است تصادفی و اتفاقی نیست؛ بلکه از جمله مهم‌ترین بخش زندگی است.

در حال حاضر فقط پنج درصد جمعیت ما در این فاصله سنی بین ۸۵ تا ۱۰۰ سالگی زندگی می‌کنند.

عوامل مهم زیر برای لذت بردن از زندگی و بیدار زیستن:

۱. لذت بردن از فعالیت‌های روزانه
۲. معنی‌دار دیدن زندگی
۳. احساس دستیابی به هدف‌های اصلی
٤. داشتن تصویر ذهنی خوب و خود را موجودی ارزشمند دانستن
۵. خوش‌بین بودن

جرج ویلانت در تحقیقاتی که در دانشگاه هاروورد انجام داد به گروه‌بندی دیگری رسید که در زمینه بهداشت روان مشابه یافته‌های بالا است. به اعتقاد ویلانت کسانی عمر طولانی می‌کنند که بتوانند به لحاظ روانی با مسائل زندگی سازگار باشند. به اعتقاد ویلانت عوامل زیر در مسیر زندگی طبیعی از اهمیت زیاد برخوردار است:

۱. داشتن زندگی خانوادگی با دوام همراه با پیوند مهرآمیز.
۲. احساس رضایت از زندگی زناشویی.
۳. به ندرت تنها زیستن.
۴. پیشرفت ادامه‌دار در زندگی شغلی.
۵. نداشتن معلولیت‌های ذهنی.
۶. الکلی نبودن.
۷. نداشتن بیماری‌های مزمن متعدد.

شکوه لبخندی عمیق بر چهره داشت و وجودش می‌درخشید ولی خشمی نهان او را می‌آزاد به او گفتم دربارهٔ خشم باید بیشتر با هم گفت‌وگو کنیم. گویا وجودش منجمد شد. و گفت که هیچ‌گونه احساس خشمی ندارد. بنا به خواهش من با هم تمرینی را انجام می‌دادیم که شامل کوفتن بالش‌ها با راکت پلاستیکی بود. تمرین‌هایی از این قبیل معمولاً انرژی فشرده شدهٔ فراوانی را آزاد می‌کنند. شکوه زنی درشت هیکل بود و حدود بیست کیلو اضافه وزن داشت. و ظاهراً باید می‌توانست آن بالشت‌ها را له و لورده کند، اما او به سختی می‌توانست راکت را حتی تا بالای سرش ببرد.

کمی درباره قدرت خشم با او صحبت کردم و گفتم که کلید گشودن قلبمان معمولاً در خشم ما نهفته است و هنگامی که این خشم آزاد شود، انرژی حیاتی اصلی اجازه می‌یابد تا در ما جاری گردد. اما شکوه نمی‌توانست بپذیرد که خشم در وجودش انباشته شده است. از او پرسیدم چرا کم کردن چربی بدنش برایش این همه دشواراست؟ به شکوه گفتم اگر احساس خشم نمی‌کند سی روز به تمرین رها سازی خشم بپردازد. و تأکید کردم که اگر فقط روزی پنج تا ده دقیقه بالش‌ها را بکوبد احساسات شگفت‌آوری که در درونش دفن شده‌اند، رها خواهد شد. شکوه پرسید هنگام کوبیدن

بالش‌ها به چه فکر کند؟ به او گفتم که اگر واقعاً نمی‌تواند هیچ موردی پیدا کند که سبب خشمش شده است؛ می‌تواند تجسم کند که چربی‌های اضافی بدنش را می‌کوبد. ماه‌ها گذشت تا با شکوه صحبت کند، هنوز با لاغر شدن، پول درآوردن و برقراری روابط نزدیک مشکل داشت. نخستین پرسش من درباره رهاسازی خشم بود. او گفت که این تمرین را انجام نمی‌دهد.

و یادآوری کرد: زیرا از خودم و هیچ‌کس دیگر خشمگین نیستم.! بعد از یکسال مجدداً به من مراجعه کرد. خود اقرار کرد: «وقتی خشمگین شدم، آن ویژگی‌های پنهانی خود را پیدا کرده بود و تمامی سال احساس خفقان می‌کرد و هیچ کدام از امور زندگی‌ام به خوبی پیش نمی‌رفت تا آنکه سرانجام به علت تنگ‌دستی، اتاقم را به کسی اجاره دادم. اما پس از حدود یک هفته نسبت به آن زن دچار خشم شدم. هر وقت مستأجرم به خانه می‌آمد، من ناراحت می‌شدم و سرانجام به این

نتیجه رسیدم که مرتکب اشتباه بزرگی شدم. به مستأجرم تأکید کردم که آنجا را تخلیه کند. آن زن که جایی دیگر نداشت گفت: «به محض آنکه اتاق دیگری را برای زندگی پیدا کند از آنجا می‌رود. من کنترل خود را از دست دادم و از او خواستم که فوراً خانه‌ام را ترک کند و حتی آن زن را تهدید کردم که اگر فوراً آنجا را ترک نکند همه اسباب و اثاثیه‌اش را بیرون می‌ریزد.»

سرانجام نیمه تاریک شکوه که عمیقاً پنهان شده بود؛ چهرهٔ خود را نشان داد. و او دیگر نمی‌توانست این جنبه سایه‌گون خود را انکار کند. شکوه توانست خشم خود را ببیند مالک شود و در آغوشش بگیرد. او

می‌گفت ابتدا چنان متحیر شده بود که نمی‌دانست چه کند و بنابراین روشی را که آموخته بود بکار بست و به درون خود رفت. انرژی حیات برایش یک هدیه بود. شکوه توانست راکتی را که بیش از یک سال گوشه خانه بی‌مصرف افتاده بود؛ بردارد و آن‌قدر بالش‌ها را بکوبد تا پاره‌پاره شوند. او گفت با بیرون ریختن آن همه خشم و غضب، حال خوبی پیدا کرده است. بعد از چند دیدار با شکوه روحیه‌اش خیلی بهتر شده بود و جنبه‌ای از وجودش را پذیرفته و خود را برای داشتن احساسات غضب آلود بخشیده بود. شکوه اکنون سه برابر گذشته کار می‌کند. پیرو برنامه‌ای شامل رژیم غذایی و ورزش برای کاهش وزن را آغاز کرده است.

اگر ما دنبال بهبود روابطمان هستیم، باید بدانیم که انتظار یاری از طرف دیگر ارتباط بیهوده است. بهبود باید از ما نشأت گیرد. ما می‌توانیم با برقراری ارتباط با همهٔ ویژگی‌هایی که در وجودمان هست، حرکت را آغاز کنیم. به منزله بیداری درون شور و شوق را نسبت به خودمان آزاد کنیم. خود را به صورت کودک بی‌گناه مجسم کنیم که فقط نیازمند عشق، توجه و تأیید ماست. اجازه دهیم این کودک آن عشق را دریافت کند.

اگر مدت طولانی است روی خودمان کار می‌کنیم و هنوز نتوانستیم به‌طور کامل تمامی آن کسی را که هستیم بپذیریم و دوست بداریم، ناامید نشویم. این بزرگ‌ترین وظیفه ماست و برای انجام همین رسالت به این جهان آمده‌ایم. در

اینجا مایل هستم که پیشنهاد کنم اگر دربارهٔ مهر ورزیدن به خود جدی هستیم، مراسمی ابداع کنیم. برای مثال وقتی به دوستان می‌گوییم به خانه رفته به خود مهر بورزند، اغلب، مات و مبهوت من را نگاه می‌کنند و می‌پرسند چگونه این کار را بکنیم؟ شیوه دوست داشتن برای هرکس متفاوت است؛ اما مهم‌ترین نکته آن است که تصمیم بگیریم به خود توجه کنیم.

برای مثال: عکسی از دوران کودکی خود برداریم و آن را در جایی قرار دهیم که روزی یکی دو بار به چشمانمان بخورد. اگر هر روز به اداره می‌رویم، عکس هم در اتاق کارمان بگذاریم. این کودک جنبه‌هایی از وجود ماست که چنانچه مورد مهر و توجه قرار گیرد، تمامی شادی و نشاطی را که همواره خواسته‌ایم برایمان به ارمغان بیاورد.

هر چند ممکن است ظاهر ما کمی با آن عکس تفاوت یافته باشد؛ اما هنوز همان وجود زیبای، شیرین؛ بی‌گناه و بی‌نقص هستیم.

قرار دادن عکسی از دوران کودکی در برابر دید، معمولاً موجب می‌شود افراد دربارهٔ بی‌گناهی وجود خود فکر کنند. اغلب ما به کودکان را دوست داریم. اگر کودکی در نزدیکی کامپیوتر لیوان آبی را بریزد، ما با انزجار به او نگاه نمی‌کنیم و بی‌گناهی او را می‌بنیم و آب را پاک می‌کنیم. ما کودکان را کمتر پیش‌داوری می‌کنیم. خود را به صورت کودکی بی‌گناه مجسم کنیم که فقط نیازمند عشق، توجه و تأیید ماست. **اجازه دهیم این کودک آن عشق را دریافت کند. خود را مجسم کنیم که هر روز به این کودک مهر می‌ورزیم. و به صدای درون خود گوش بدهیم و بشنویم که وجود درون ما چه می‌خواهد و به چه نیاز دارد. به او بگوییم: «من تو را دوست دارم، قدر تو را می‌دانم و تو را می‌پذیرم.»** ما آن‌قدر مشغول زندگی هستیم که فراموش کرده‌ایم که چگونه مراقب خود باشیم. اگر برای ماساژ و نوازش با روغن سرتا پا وقت نداریم، می‌توانیم به هنگام حمام کردن شست‌وشوی بدن که شیوه‌ای عالی برای آرام شدن و رهایی از فشارهای روزانه است همین‌کار را بکنیم. یکایک بدن را عاشقانه بشوییم و از اینکه عضو، کارش را انجام می‌دهد و از اینکه پشتیبان سایر اجزای جسمان است؛ تشکر کنیم.

نکته دارای اهمیت آن است که به خودمان احترام بگذاریم. این پیام را به خودمان برسانیم که مهم هستیم. به خلاقیت خود احترام بگذاریم.

آن وقت می‌توانیم همین رفتار را با سایرین، همسر و بچه‌ها داشته باشیم. و شرایط مثبت و افراد هم‌فکر را به زندگی جلب کنیم. آنچه را دوست داریم دیگران برای ما انجام بدهند، خودمان برای خود انجامش دهیم. اگر از گل خوشمان می‌آید برای خود گل بخریم. به موسیقی ملایم گوش بدهیم و برای خود شمع روشن کنیم. عطرهای آرامش بخش گیاهی مورد علاقه را هر روز استفاده کنیم. هنگام صرف غذا حتی اگر تنها هستیم به خود مهر و توجه نشان دهیم. خلاصه برای خود مهم شویم. اگر حتی قصد نداریم از خانه بیرون رویم لباس مورد علاقه‌مان را در خانه به تن کنیم. همچون شاهزادگان با خود رفتار کنیم، چرا که به راستی شاهزاده هستیم.

در واقع «**جهان بازتابی از خود شماست. اگر خود را از درون دوست بدارید، به خود مهر بورزید و ارج نهید، در زندگی بیرونی نیز همین حالات آشکار خواهند شد. اگر طالب عشق بیشتری هستید به خود بیشتر عشق بورزید. اگر خواهان پذیرفته شدن هستید، خود را بپذیرید.**» به شما قول می‌دهم چنانچه از اعماق وجودمان خود را دوست بداریم و محترم بشماریم، همان سطح مهر و احترام را از هستی فرا خواهید گرفت.

هرگاه به جواب، راه‌حل یا به ایده‌ای خلاق نیاز است؛ لحظه‌ای دست از فکر کردن بکشیم، روی میدان انرژی درون خود متمرکز شویم. بعد وقتی دوباره سر وقت فکر کردن رفتیم، اندیشه‌ای خلاق و تازه خواهیم داشت.

به منظور شناسایی و رهاسازی انرژی مسموم احساسی مانند: خشم، نفرت، پشیمانی و گناه که نمی‌گذارند خود و دیگران را ببخشیم، رها کنیم.

نوشتن، ما را تشویق می‌کند که هر چه در فکر داریم، بر کاغذ بیاوریم و مسمومیت موجود در بدن و افکارمان را آزادانه ابراز نماییم.

به محض آنکه بدون پیش‌داوری به این مسمومیت اجازه‌ی وجود دهیم، رها خواهد شد.

شما می‌توانید، یک قلم و کاغذ بردارید، همراه موسیقی ملایم و یا روشن کردن شمع و یا سوزاندن عود برایتان آرام بخش خواهد بود.

اکنون چشمانتان را ببندید و از تنفس برای آرام کردن ذهنتان یاری بگیرید. پنج نفس عمیق و آرام بکشید چشم‌هایتان را ببندید و خود را در آسانسوری مجسم کنید. دکمه هفتم را بزنید با باز شدن در، خود را در باغی دل‌انگیز می‌بینید. در زمانی که اینکه به گل‌ها و سبزه‌های زیبا نگاه می‌کنید، چشمانتان به صندلی قشنگ و راحت می‌نگرد. چه جای مطلوبی که می‌توان با آرامش در آن نشست! آسوده آنجا بنشینید و نفس آرام و عمیقی دیگری بکشید.

اکنون با پرسش‌های زیر، پاسخ‌ها را از قلب خود بشنوید:

۱. چه رنجش‌ها، زخم‌های کهنه، خشم یا پشیمانی‌هایی را در قلبتان جمع کردید؟
۲. چه کسی را مایل نیستید در زندگیتان ببخشید؟
۳. چه رویدادی باید پیش بیاید تا بتوانید خود و دیگران را ببخشید؟

- اکنون فهرستی از افرادی را که باید ببخشید، تهیه کنید و نامه کوتاهی به هر کدام از آنها بنویسید.
- نیاز دارید به خود چه بگویید تا زندگیتان را تا به امروز بپذیرید؟
- نامه‌ای به خود بنویسید وخود را ببخشید.
- نام سه نفر را که از همه بیشتر تحسین می‌کنید، بنویسید و در برابر هر کدام سه ویژگی آنها را که بیش از همه الهام بخش هستند یادداشت کنید.
- اکنون در برابر آینه‌ای بنشینید هر واژه‌ای را بخوانید و به چشمان خود بنگرید و این جمله را تکرارکنید: من.... هستم.
- برای پذیرا شدن واژه‌هایتان، هر روز زمانی را به این کار اختصاص دهید. تا دیگر مقاومتی در برابر آن واژه‌ها احساس نکنید.

ساده‌زیستی

شبنم و همسرش بابک مراجع قدیمی‌ام بودند؛ هفته پیش در ملاقات گفتند:

اکنون که زندگی‌مان را ساده ساخته‌ایم، می‌بینیم به آسانی می‌توانیم به هنگام طلوع آفتاب حتی پیش از آن بیدار شویم. در سکوت دلپذیر صبگاهی به یوگا یا تمرین‌های ورزشی دیگری بپردازیم. می‌توانیم فرصتی برای تنفس عمیق، سکوت، تفکر و تأمل داشته باشیم. گاه همراه با هم به پیاده‌روی برویم، گاهی نیم‌روز پس از صرف نهار در فضای باز یا روی نیمکت بنشینیم یا به گردش کوتاه در پارک نزدیک محل کارمان برویم. با این کار پیش از خواب خود را آماده‌تر می‌یابیم تا با افکار منظم و ذهن خالی خواب می‌رویم. آنگاه چند دقیقه پیش از خواب، روزی را که پشت سر گذاشته‌ایم به تنهایی مرور می‌کنیم. از شبنم و بابک پرسیدم آیا هر روز این برنامه را انجام می‌دهید؟

آنها گفتند، این برنامه انعطاف‌پذیر است. یعنی هم گام با تغییر الگو ذهنیمان، آن هم عوض می‌شود. من اضافه کردم که شما به هنگام گسترش و آگاهی ذهن و جان، به تنظیم برنامه‌ای اندیشید که رشد درونتان را آسان کرده است.

نخستین گام در راه تجلی رؤیاهایمان آن است که آنها را به راستی بشناسیم. اما این کار چندان ساده نیست. در کودکی دنباله رو پدر، مادر و آموزگاران خود هستیم. راهنمایی و خِردشان را در مورد انتخاب رشته و سلیقه آنها را در نوع تفریح، ورزش و باشگاه‌هایی که برمی‌گزیدیم، رعایت می‌کرده‌ایم. در بزرگسالی نیز اغلب شغل و شریک زندگی خود را بر مبنای آرمان‌هایی که بزرگ‌ترها برای ما پایه‌ریزی کردند انتخاب کرده و می‌کنیم.

* پس چه زمانی از گوش دادن به صداهای بیرونی دست می‌کشیم و به راهنمایی‌های درونمان توجه خواهیم کرد؟!
* چه هنگام به این نتیجه می‌رسیم که شاید مسیری را که در زندگی پیش گرفته‌ایم واقعاً از آن ما نباشد؟
* آیا به همین دلیل نیست که در زندگی احساس کمبود می‌کنیم؟ از چنین پرسش‌ها بیش از همه می‌ترسیم؛ زیرا مجبور می‌شویم؛ آموخته‌های خود را زیر سؤال ببریم!
* آیا هرگز اعتقادمان را به خدا مورد بررسی قرار دادیم؟

برای برخی، پرسش درباره کتب مقدس گناهی نابخشودنی است! ما اگر اساسی‌ترین باورهای خود را زیر سؤال نبریم! به عنوان موجودات معنوی رشد نخواهیم کرد و زندگی ما در همان مسیری طی می‌شود که مادر و پدر ما بنا نهاده‌اند و هیچ‌گاه از محدوده‌ای که در کودکی برای ما معین کرده‌اند؛ فراتر نخواهیم رفت. منظور گام نهادن به سرزمین ناشناخته‌هاست و ما را در مسیر تجلی یک زندگی پرشکوه و آرام هدایت می‌کند. به جای گفتن «من نمی‌توانم آن کار را بکنم!» لازم است بپرسیم «چرا نباید آن کار را بکنم.» از چه می‌ترسم؟ این پرسش قیدوبندهای اسارت ما را زیر سؤال می‌برد.

" با عبور از گذشته دشوار، می‌توان شاد زیست."

شاید این پرسش که آیا در مسیر درست گام برمی‌داریم، ساده باشد؛ اما بخش دشوار، شنیدن پاسخی است که از قلب ما برمی‌آید. ذهن ما پاسخی دارد؛ اما شاید دلمان پاسخ دیگری داشته باشد. شاید ترس، ما را به موقعیت کنونی (به عنوان موجودات معنوی) ترغیب کند، درحالی‌که عشق، ما را تشـویق می‌کند که مسیرمـان را تغییر دهیـم. بـاید ذهـنمان را آرام کنیم، تا والاترین رسالت (پیام درونی) خود را بشنویم. باید قلبمان را بگشاییم تا ببینیم عشق در کجا آرمیده است. اگر انتخاب می‌کنیم که دنبال آرزوها، خواسته‌های و شوروشوقمان برویم، باید به اندازه کافی آرام باشیم. تا بتوانیم پاسخ‌ها را از روح خود دریافت کنیم. اگر فقط تا آن اندازه در آب پیش برویم که سرمان از آب بیرون باشد؛ همواره یک منظره می‌بینیم، اما اگر شجاعانه دست به سفر مخاطره‌آمیز (روبه‌رو شدن با ترس‌های درونیمان) بزنیم و به درون آب‌های عمیق برویم، دنیای سحرآمیز (دنیای جدید) در انتظار ما خواهد بود.

ما می‌ترسیم که غرق شویم، می‌ترسیم که اشتباه کنیم و می‌ترسیم که شکست بخوریم.

* آیا آرزوهایمان آن‌قدر مهم هستند که ما را وادار کنند تا شجاعانه با ترس‌های خود روبه‌رو شویم؟

* آیا به اندازه کافی خواستار برآورده شدن آرزوهایمان هستیم؟
* آیا آمادگی برای واگذاری و انفعال به حالت تعهد و مسئولیت، یعنی از حالت ترس به حالت عشق و دگرگونی هستیم؟

نخستین گام آن است که خود را زیر این سؤال‌ها ببریم و به راستی باورهای درونی خود را به پرسش تبدیل کنیم.

بجای: «من ناموفق هستم.» بگوییم: «آیا من می‌توانم موفق شوم؟»
بجای: «از زندگی خسته شدم.» بگوییم: «آیا می‌توانم به وجد آیم؟»
بجای: «زندگی من اهمیت ندارد.» بگوییم: «آیا می‌توانم بر جهان تأثیر بگذارم؟»
بجای: «من ناموفق هستم.» بگوییم: «آیا من می‌توانم موفق شوم؟»

نیاز ما برای محق و ایمن بودن، مانعی بر سر راه تعهد داشتن و مسئولیت پذیرفتن در زندگی است؛ زیر سؤال بردن انگیزه‌هایمان به ما احساس ناامنی می‌دهد.

* آیا ترجیح می‌دهیم دربارهٔ ناتوان بودن حق با ما باشد؟
* آیا امکان دارد یا درباره توانایی و عظمت خود اشتباه کرده باشیم؟
* آیا ترجیح می‌دهیم انجام کاری را که دوست نداریم ادامه بدهیم؟
* آیا خطر راه اندازی کسب‌وکاری که دوست داریم بپذیریم؟

پس متعهد شویم که همواره به حقیقت پیام درونی خود گوش دهیم. متعهد شویم که به هستی اجازه دهیم تا ما را به سوی آرزوهای قلب‌مان هدایت کند. همین تعهد زندگی‌مان را متحول می‌کنند. با چنین اقدامی به خود و آفرینش می‌گوییم:

من ارزش آن را دارم که خواسته‌هایم را به دست آورم و هر کاری را لازم باشد انجام می‌دهم تا آرزوهایم را برآورده سازم.

هیجان و چالش در پیوند مهرآمیز:

شاید متوجه شده باشیم که عادت‌های ارتباطی مخرب و ناسالمی داریم که با

آنها، شریک زندگی‌مان را از خود می‌رانیم. ممکن است الگوی انتخاب نادرست ما براساس طرح واژه والدین ما باشد.

نشانه‌های فلج عاطفی:

سندرم بازگشت به خانه را در روابط خود به جریان انداخته‌ایم. ممکن است متوجه شده باشیم که یکی از تناسخ‌های (ابطال) عشقی را در مورد همسرمان فعال کرده‌ایم. و هر بار که می‌خواهد به ما عشق بورزد و نزدیکمان شود، او را به نوعی تنبیه می‌کنیم تا بدین وسیله از پدر یا مادر کنترل‌گر خود انتقام بگیریم.

امیدوارم با درک و شناخت مسائل، آگاهی و شفافیت بیشتری به دست آورده باشیم. و به ما یاری کند که هرگز مجبور نباشیم کسی را ترک نکنیم. هدف این است که برنامه‌ریزی عاطفی احساسی خود را درک کنیم و بتوانیم الگوهای مخرب را بشناسیم و تغییر و پیشرفت شگرفی در خودمان به وجود آوریم و سپس انتخاب‌های سالمی داشته باشیم انتخاب‌هایی که بتواند کمک کند عشق و محبتی را که حق ماست به دست آوریم.

بدین‌ترتیب مهربانی و درک درونی را به جای عصبانیت با همسرمان جایگزین کنیم.

لازم نیست شخصی را که سبب باز نواخت شرایط دوران کودکی‌مان می‌شود را ترک کنیم. کار درست آن است که این الگو را ترک کنیم.

الگوی احساسی ـ روانی خود را بشناسیم و سپس آن را ترک کنیم تا زندگی و روابط خود را پاکسازی نموده و بتوانیم با خوشحالی و خوشبختی زندگی کنیم. بدین‌ترتیب مجبور نیستیم از همسر خود جدا شویم.

دکتر ماری کارلین روانپزشک می‌گوید[1]:

«تا هنگامی که شخص متعهد نشود پیوسته تردید و امکان عقب نشینی و ناتوانی وجود دارد. در تمامی افکار مبتکرانه و خلاق، یک حقیقت بنیادین وجود دارد که در نظر نگرفتن آن، طرح‌ها و نقشه‌های عالی بی‌شماری را از بین می‌برد. آن

1- Dr. Maury T Carlin Psychologist , PhD

حقیقت این است که زمانی که شخص بدون تردید خود را متعهد کند، انواع و اقسام رویدادها به یاری شخص می‌شتابند. رویدادهایی که امکان ندارد در غیر این صورت روی دهند. جریان کامل رویدادها برمبنای تصمیم شخص به راه می‌افتد تا هرگونه یاری، ارتباط و رویدادهای پیش بینی‌نشده را به نفع شخص پدید آورد. رویدادهایی که حتی در تصور فرد نمی‌گنجد. هر آنچه را که می‌تواند انجام دهد، یا آرزو کند، شروع نماید. بی‌توجه به صدمه‌های گذشته، با خود نبوغ، توانایی را به همراه می‌آورد.»

هستی، بدون تعهد، نمی‌تواند رویدادهایی را که برای تحقق آرزوهایمان نیاز داریم، پیش آورد اما متأسفانه بیشتر ما نسبت به خواسته‌های حقیقیمان متعهّد نیستیم. شب‌ها که در بستر خواب و برای خود بدن سالم‌تر، کار و زندگی بهتر آرزو می‌کنیم، اما وقتی متوجه می‌شویم که کسی به نجات ما نمی‌آید و خواه‌ناخواه زخم‌های قدیمی ما هم هنوز وجود دارد؛ درک خواهیم کرد که این خود ما هستیم که باید از توانایی‌هایمان بهره جوییم. البته همواره ساده‌تر است که تقصیر را به گردن دیگران بیندازیم یا خود مسئولیت بپذیریم.

بعد از دو سال که با فریدون روبه‌رو شدم او کاملاً ترک اعتیاد کرده بود و می‌گفت: «به دلیل کمکی که از شما در مشاوره گرفتم و تعهدی که به شما دادم، دیگر اعتیادی را با اعتیاد دیگر جایگزین نکردم. اما برگزیدم که با این مسئله روبه‌رو شوم. برای آنکه تحول حقیقی در زندگی‌ام ایجاد نمایم، باید تا مدتی ناراحتی را تحمل می‌کردم. تعهدم به بهبود، وسیله‌ای برای دگرگونی من بود؛ وگرنه همچون گذشته با اعتیادهای گوناگون به بی‌حس کردن خودم در برابر درد و رنج ادامه می‌دادم.»

فریدون اضافه کرد: «می‌خواهم بدانید اکنون با آنچه در نظر شما بی‌عیب و نقص است فاصلهٔ زیادی دارم، اکنون رسالت من تا آنجا که برای من امکان دارد به ندای درونم گوش بدهم و خود را دوست بدارم. زیرا می‌دانم در این صورت شما را می‌توانم دوست بدارم. تمرین‌ها و مراحل بهبودی‌ام را با شما سهیم کردم تا به درد و رنجم پایان بخشیدند و دانش، شجاعت و توان لازم را برای بهبود کامل به من دادند. این تعهد مرا هدایت کرد تا چندین شیوهٔ درمانی را جهت

التیام بشناسم. تعهد، مرا به مکان‌های آموزشی، افرادی در آنجا به من یاری دادند هدایت کرد.»

طبیب عشق مشفق است ولیک

چون ترا درد نباشد که را دوا بکند

حافظ

بودا می‌گوید: هنگامی که شاگرد آماده باشد؛ استاد پدیدار می‌شود.

در مدت ۳۱ سال گذشته کاری‌ام، صدها استاد به صورت مراجع دوست، بچه‌هایم، همکار به زندگی‌ام نقش داشته‌اند. با هر کسی که ارتباطی برقرار کرده‌ام، خواه مثبت یا منفی به زندگی‌ام آمده است تا به من آموزش دادند، هدایتم کردند و در برآورده کردن تعهدم مرا یاری نمودند. انگار در واقع هر کسی که به سوی من آمد برای التیام بخشیدن من و دگرگونی زندگی‌ام بود.

تجربه‌های نابی که آدم را در زندگی خوشحال نگه می‌دارند و مهم‌ترین ویژگی‌های انسان سالم هستند عبارتند از:

- احترام به خود و دیگران
- فروتنی
- شوخ طبعی بی‌گزند
- خلاقیت و تولید
- روابط با گروه شایسته و حس ارتباط با همگان، رازداری برای دیگران ولی مرموز نبودن در زندگی شخصی
- شفقت با خود و همه
- شادمانی در شادی دیگران و همدردی به هنگام درد
- برخورد صمیمانه با دیگران
- ساده‌زیستی و لذت بردن از طبیعت
- با بچه‌ها بچه شدن و از آنها آموختن
- پذیرفتن اشتباهات خود
- پوزش خواهی از خطاها بدون مقاومت

* در لحظه زیستن و زندگی را مزمزه کردن
* از مرگ نترسیدن و عاشقانه زندگی کردن.
* آگاهی از موقعیت استرس‌زا و دوری کردن از آن
* داشتن حلقه‌های حمایتی قوی با علایق مشترک همکاری کردن
* نوشتن درددل‌ها و یا پر کردن ژورنال[1] به‌طور روزانه که این تکنیکی است استرس را کم می‌کند.
* وارد کردن هنر به زندگی. هنر ما را قادر می‌سازد در لحظه زندگی کند.
* در هنگام صبح بیدار شدن، حضور کامل در طبیعت داشتن،مشاهده رنگ‌های طبیعت و پرندگان.
* کنترل کردن آشوب‌های دل که ناشی از پراکندگی‌های احساسات ذهن و چند پارچگی هستند.

دوستی دارم که حداقل پنجاه کیلو اضافه وزن دارد. او پیوسته از غذا خوردنش تعریف می‌کند و می‌گوید که با غذا هیچ مشکلی ندارد. به فهم او درست می‌گوید، با غذا مشکلی ندارد، مشکل آن است که او درباره عادت غذا خوردنش به خود دروغ می‌گوید، او به غذا معتاد است؛ ولی نمی‌خواهد به این اعتیاد اعتراف کرده برای رفع آن یاری بگیرد. اعتیاد، قدرتمند، انکارکننده و نابود کننده است. انکار، فرصت‌های افراد را برای رسیدن به هدف‌های خود از بین می‌برد. هنگامی که تعهد ایجاد می‌کنیم باید مشتاق باشیم که فرصت کنونی خود را ریشه‌یابی کنیم. اگر واقعاً به وزن کم کردن متعهدید، پی بردن به این نکته که به غذا معتاد هستید، جای شکر دارد زیرا گامی ضروری در راه رسیدن به هدف شماست. اما اگر تعهد اصلی شما به این باور است که هیچ مشکلی در غذا خوردنتان وجود ندارد و فقط بدنتان دچار سوخت‌وساز کافی نیست؛ آنگاه دستیابی به کم کردن وزن که در این صورت خواسته فرعی شماست بسیار دشوار خواهد شد. عمیقاً به کندوکاو بپردازید تا دلیل اصلی مشکل خود را پیدا کنید و متعهد شوید تا رؤیاهایتان را متجلی کنید.

در مورد تجلی رؤیاهای خود جنگجو باشید.

1- Journal

با افراد زیادی روبه‌رو شده‌ام. چنان از خواسته‌های خود صحبت می‌کنند که انگار سکه‌هایی گران‌بها هستند که در صندوق موزه‌ها، در جای امنی نگهداری می‌شوند. آنها نیمه‌های شب در سکوت دعا می‌کنند تا رؤیاهایشان به حقیقت بپیوندد؛ اما ترس و بی‌ارادگی، این‌گونه افراد را منفعل کرده است.

آیا می‌دانیم چه کسی سکهٔ مورد نظر خود را به دست می‌آورد؟

* کسی که نقشه‌ای برای عمل طرح کند.
* کسی که رسالتش را مشخص کند.
* کسی که خود را متعهد نماید.

مسیر دستیابی به زندگی روشن و حقیقی از این طریق است.

مولانا می‌گوید: «انسان دوبار متولد شد؛ یکی از رحم مادر که به ما آزادی جسمی می‌دهد، بار دوم از رحم فرهنگ که به ما فرصت فراسویی از عادت‌های بومی و محدود را می‌دهد و از ما انسانی می‌سازد **فرافرهنگی**، انسانی که به خانواده بشری متعلق است.»

نادر ترانه‌سرا و خواننده‌ای سی‌وهشت ساله است که استعداد خارق‌العاده‌ای در موسیقی دارد. در آغاز که درباره استعدادش در موسیقی با او صحبت کردم، حتی حاضر نبود گوش کند و می‌گفت: «خواهش می‌کنم بس کنید! حتی نمی‌خواهم در این‌باره فکر کنم.» مدت‌ها طول کشید تا سرانجام اعتراف کرد که در عالم خیال مجسم می‌کند که جایزهٔ را برده است. و در حضور میلیون‌ها نفر آهنگ خود را می‌نوازد. پس از آن نادر دربارهٔ موسیقی و رؤیای خود صحبت می‌کرد؛ چهره‌اش روشن می‌شد. موسیقی خواسته قلبی نادر بود و پس از آن که خود متوجه این نکته شد فقط لازم بود آن را متجلی سازد.

در جلسه‌ای نادر با تعهدات نهفته و بنیادی که نمی‌گذاشتند او خواننده و ترانه‌سرا شود که مانع از برآوردن آرزوهایش می‌شد، نوشت. مطالب یادداشت شدهٔ او به این شکل بودند:

۱. من نادر خاقانی نمی‌توانم این کار را بکنم، چون از استعداد کافی برخوردار

نیستم.

۲. این هدف واقع بینانه نیست.
۳. این کار شایسته پسر خوب اصیل ایرانی کانادایی نیست.
٤. در تمرین‌های پیانو به اندازه کافی کوشا نبودم.
۵. شش سال در همین زمینه تلاش کردم و موفق نشدم، چه دلیلی وجود دارد که این بار موفق شوم؟
٦. خیلی جوان هستم و آمادگی ندارم با این مشکل روبه‌رو شوم.
۷. برای خیال‌بافی وقت ندارم، باید یک کار واقعی پیدا کنم.

همه این تعهدات نهفته و بنیادین مانع از آن شده بود که نادر به‌طور جدی موسیقی را به عنوان حرفه‌اش برنگزیند. در ابتدا بر حسب ظاهر نمی‌فهمیدم که چرا او استعداد خود را آن‌گونه که من می‌بینم، نمی‌بیند، اما هنگامی که همهٔ ترس‌هایش را بیان کرد، درک اینکه چرا نادر هیچ‌گاه حرفهٔ موسیقی را دنبال نکرده است؛ ساده بود. او ناآگاهانه بیشتر به موانع متعهد بود؛ تا پی‌بردن به آنکه خواسته‌اش معتبر است.

ما باید تمامی باورهایی را که مانع برآورده ساختن رؤیاهایمان هستند، آشکار کنیم. من این باورها را تعهدات نهفته و بنیادین می‌نامم، زیرا آنها قول و قرارهایی هستند که ناخودآگاه گذاشته‌ایم تا به قول و قرارهایمان نرسیم. اگر ما به انگیزه‌هایی که ما را به پیش می‌برد و یا موانعی بر سر راه آرزوهایمان قرار دارند را نیابیم و به آنها اجازه وجود ندهیم نمی‌توانیم به باورهای **نیرو افزا** را برگزینیم و بقیه را رها کنیم.

تمامی موانعی که بر سر راه نادر قرار داشت، ناشی از پیش‌داوری‌هایی بود که خود و دوستان و خویشانش کرده بودند.

دگرگون کردن زندگی یک تصمیم بسیار جدی ست. پس از سال‌ها برخورد با مردم متوجه شده‌ام که افراد بسیاری دوست دارند درباره تحول و تغییر سخن بگویند، اما مایل نیستند رفتار محدود کننده و منفی خود را کنار بگذارند. روانشناسان این شیوه را **اندیشهٔ سحرآمیز** می‌نامند. ما خود را فریب می‌دهیم و

گمان می‌کنیم که روزی به رؤیاهایمان دست می‌یابیم. اما هیچ گامی در این راه برنمی‌داریم.

وقتی که همسرمان در یبوست عاطفی بسر می‌برد ما چه مسئولیتی داریم؟

می‌دانم که پروانه قلبی حساس و عاطفی دارد؛ اما برای او سخت است که احساسات خود را نشان دهد. زیرا در گذشته به این دلیل بارها صدمه دیده است. اصولاً طبق تعریف، رابطه به معنای تأثیر و رفتار متقابلی است که میان دو انسان وجود دارد نه سعی و تلاش از جانب یک فرد به منظور کنش متقابل با دیگری و کم‌کاری و یا بی‌تفاوتی و عدم همکاری از جانب فرد دیگر چنانچه همسرش نمی‌تواند احساساتشان را با پروانه در میان بگذارد، رابطه‌شان سطحی و در نهایت مأیوس‌کننده خواهد بود و او ناگزیر یک **کنسرو بازکن انسان** خواهد شد که همواره سعی در باز کردن احساسات همسر خود دارد. این کار وظیفه ما نیست بلکه وظیفه خود اوست. این حق ماست که از همسر خود توقع داشته باشیم که بتواند احساسات و عواطف پایه‌ای و زیر بنایی نظیر: خوشحالی، غم، یأس، هیجان، عشق را بروز دهد. چنانچه او این قابلیت را نداشته باشد. پس **رابطه‌ای** در کار نیست. تنها واقعیتی که وجود دارد ما در یک خانه مشترک زندگی می‌کنیم، اما هیچ‌گونه ارتباطی با یکدیگر نداریم.

«وقتی همسرتان از احساساتش با شما گفت‌وگو نمی‌کند، به این معناست که هیچ رابطه‌ای بین شما وجود ندارد. تنها واقعیتی که وجود دارد؛ این است که شما فقط یک **قرارداد زندگی مشترک** دارید نه یک ارتباط مشترک.»

این امکان وجود دارد که فردی از کودکی از لحاظ احساسی تخریب شده باشد و یا آموزش دیده باشد که احساساتش را بروز ندهد. امتناع ورزیدن و بسته بودن رابطه دردناک خواهد بود. در این صورت قابلیت بروز عواطف را از دست می‌دهد، وگرنه **غیرعاطفی** اصولاً وجود ندارد.

بدین معنا که باید آمادگی و تمایل همکاری جهت فروریختن دیوارها و حصارهای دفاعی خود را داشته باشیم. در غیر این صورت به یک مسابقه **طناب‌کشی روحی** کشیده خواهد شد که در آن همواره همسرمان را هُل می‌دهیم تا بلکه

کمی هم از کرخت بودنش بکاهد و او نیز ما را مدام پس می‌زند.

تنها گفت‌وگو است که زن‌ومرد می‌توانند رابطه خود را به‌راستی متحول کنند. مستلزم این است که اگر بخواهند بیاموزند چگونه؟

زن‌وشوهر هر دو باید بر روی این مشکل کار کنند: کتاب خواندن، گذراندن دوره‌های بهبود روابط دوره و مشاوره همه روش‌های مؤثری هستند.

سال‌های پیش در برنامه‌ای به نام «**فوروم**» ایجاد تعهد برای سازماندهی تکالیف شرکت کردم که سمیناری سه روزه برای رشد و پرورش شخصی بود. در آنجا بود که ارزش خوش‌قول بودن را آموختم. و در نتیجه همه زندگی‌ام دگرگون شد. برای درک این نکته، بسیار ساده است. به آنچه می‌گوییم، عمل کنیم. اگر قصد نداریم کاری را بکنیم، نگوییم که آن را انجام می‌دهیم، بگذاریم کلاممان مهم‌ترین گنجینهٔ ما باشند. به کلام خود همچون طلا بنگریم. تا برایمان طلا بیاورد.

«**کلام تو عصای معجزه‌گر توست**». ما می‌توانیم با کلاممان هر چه می‌خواهیم در جهان ایجاد کنیم. هر بار که به قول‌مان عمل نماییم، به خود و هستی اعلام می‌کنیم که قابل‌اعتماد هستیم. در نتیجه هنگامی که اهداف بزرگ‌تری را در نظر می‌گیریم، و برای نمونه می‌گوییم: «من درآمد بیشتری خواهم داشت، عاشق خواهم شد؛ کتاب خواهم نوشت یا ترجمه خواهم کرد، و یا کارآفرین خواهم بود، می‌توانیم آن کارها را به انجام برسانیم.»

هنگامی که پیوسته به خودمان دروغ می‌گوییم، برایمان دشوار خواهد بود که به خود اعتماد کنیم.

تصمیم‌هایی که می‌گیریم و انجام نمی‌دهیم تخیلاتی بیش نیستند. و کلامی را که جدی نمی‌گیریم همچون طبل تو خالی‌اند. هر چند ارتباط برقرار کردن موهبت بزرگی است که به یاری کلام پر ارزش می‌شود می‌توانیم زندگی و پیوند مهرآمیزمان را پویا و پاینده نماییم. کلام می‌تواند آزادی و توانایی را در اختیار ما بگذارد. هنگامی که متعهد می‌شویم که کاری را برای خود، همسر و دیگران انجام دهیم، می‌دانیم که می‌توانیم قول خود را عملی سازیم. احساس توانایی می‌کنیم. هنگامی که می‌خواهیم تحولی را در زندگی ایجاد کنیم، یا به هدفی نایل

آییم، که می‌دانیم که قادر به انجام آن هستیم، احساس آزادی خواهیم کرد.

جیمز هیلمن در کتاب رمز روح می‌نویسد: «شخصی که شما با آن زاده شدید، به شما عطا شده است. همان‌گونه که در افسانه‌ها آمده است؛ فرشته‌های نگهبان، این هدیه را به مناسبت تولدتان به شما می‌دهند.» کشف هدیه‌ای که با آن زاده شده‌اید، یعنی پی‌بردن به هدف و مقصود زندگی، یک روند است و نیاز به زمان و لایه‌هایی دارد. این لایه‌ها موهبت اصلی و حقیقی ما، یعنی نقش بی‌همتایمان را پوشانده‌اند. رسالت ما التیام بخشیدن به خود و دیگران و آموزش سالم فرا گرفتن و منتقل کردن آن می‌باشد.

رابطه موجودی زنده است که یا رشد می‌کند و یا می‌میرد. برای رشد آن باید با اصول باغبانی عاطفه، آشنا بود. باید با رموز ظریف، شکارچی لحظات حساس بودن آشنا بود. باید دانست که انسان با تفاوت‌های فردی و ویژگی‌های انحصاری در کنار هم قرار می‌گیرند ولی همه در جست‌وجوی خوشبخت شدن هستند.

مفهوم «دارما»[1] یا هدف:

مفهوم دارما یا هدف بر این مبنا استوار است که هیچ بخش اضافی در هستی وجود ندارد. هر یک از ما با نگرش و استعدادهای ویژه‌ای به دنیا می‌آییم که ما را قادر می‌سازد تا وجهی از شعور و خرد طبیعی را که پیش از این هیچ‌گاه ابراز نشده است؛ شکوفا کنیم. هنگامی که در دارما زندگی می‌کنیم، به خود و آنانی که از انتخاب‌های ما تأثیر می‌پذیرند، خدمت می‌کنیم. نشانهٔ زیستن در دارما این است؛ که نخواهیم زندگی متفاوت با آنکه اکنون داریم، داشته باشیم. یکی از بزرگ‌ترین خدماتی که می‌توانیم برای دیگران انجام دهیم این است که آنها را در دریافتن دارمایشان حمایت کنیم. این یکی از مهم‌ترین نقش‌هایی است که پدر و مادر در زندگی فرزندان خود به عهده دارند.«اگر اکنون نمی‌دانیم دارما یا

1- A Dharma talk must always be appropriate in two ways: it must accord perfectly with the spirit of the Dharma and it must also respond perfectly to the situation in which it is given. If it only corresponds perfectly with the teachings but does not meet the needs of the listeners, it's not a good Dharma talk; it's not appropriate.

هدف ما در زندگی چیست؟ جای ترس نیست؛ روی خود کار کنیم و به ندایی که از درون می‌شنویم اعتماد نماییم. نداهای درونی، ما را به سوی انجام رسالت و در نتیجه خشنودی هدایت می‌کنند. بیشتر اوقات ما به الهامات و راهنمایی‌های درون خود بی‌توجه هستیم و آن بخش از وجود ما که از همه مهم‌تر است را خاموش می‌کنیم. هنگامی که می‌دانیم باید کاری را انجام دهیم، اما پیوسته کار دیگری را انجام می‌دهیم. روح خود را خفه و جوهر وجودی خودمان را انکار می‌نماییم.

اکنون که فکر می‌کنیم آماده‌ایم تا آن را ببینیم، و عملی سازیم، باید به آن بخش وجودمان برای هدف والای زندگی‌مان در ارتباط و پیوند مهرآمیز گوش فرا دهیم. با بیداری آنها پرده از روی رسالت شخصی برداشته اینکه برای زنده بودن دلیلی وجود دارد.

در روابط دشوار، ما معمولاً دنبال مقصر می‌گردیم، ولی در واقع باید دنبال عوامل **ناساز** بود.

نیما به دیدن من آمده بود که مژدگانی تحولات شکوهمندانه‌اش را بدهد. من به او گفتم: «خوب نیما جان من سراپا گوش هستم، بگو که دستاورد تمرین‌هایی که ما با هم انجام داده‌ایم به چه نتیجه‌ای رسیده‌ای؟» او گفت: «بنا به توصیه و تکلیف شما ابتدا مواد مخدر را ترک کردم، مدتی هم فروشنده لباس بودم. هر چه بیشتر روی خودم کار می‌کردم؛ بیشتر حس می‌کردم که باید کار تازه‌ای در زندگی‌ام انجام دهم. ورزش و یوگای روزانه کمکم کرد تا هدف و مقصود زندگی‌ام را پیدا کنم. درست است که، بسیاری از مردم پذیرفته‌اند که هیچ‌گاه هدیهٔ بی‌همتای خود را نخواهند یافت ولی ما باید برای یافتن هدف زندگی تلاش کنیم. این حق مسلم ماست. تنها مانعی که بر سر راه ما قرار دارد؛ محدودیت‌های ذهنی ماست.»

از او پرسیدم: «نیما! آنچه به راستی شما را به شوق‌وشور آورد که تصمیم گرفتی متحول شوید، چه بود؟» او جواب داد: «تمرینی که شما به من دادید.» دوباره پرسیدم: «توضیح میدهی؟» او گفت: «بله البته. شما گفتید که پنج کلمه بنویسم که قدرتمندی مرا بیان کند. که در مسیر برآورده کردن آرزوی روح و روان من

باشند و مرا هدایت و حفظ نمایند. نخستین بار که این تمرین را شروع کردم بی آنکه فکر کنم این عبارت بر زبانم جاری شد: «من قادرم خودم را از نو به وجود آورم.» در آغاز نفهمیدم منظورم چیست، اما پس از کمی تفکر متوجه شدم که واقعاً معتقد هستم که هر کدام ما می‌توانیم هر آنچه که قلب ما می‌خواهد باشیم و معتقد شده‌ام که هر کجا بوده‌ایم و هر نوع زندگی که داشته‌ایم، می‌توانید بارها و بارها خود را از نو به وجود آوریم.»

من گفتم: «بسیار درست گفتی. ما مجبور نیستیم در الگوها و رفتارهای قدیمی گرفتار بمانیم می‌توانیم هر چندبار که لازم می‌دانیم دوستان و حرفهٔ خود را تغییر دهیم تا در جایی قرار گیریم که بیانگر نقش منحصربه‌فرد ما باشد.»

نیماگفت: «عبارتی را که با رسالتم بیان کردم، هر روز به من یاری می‌کند که دلیل بودم را در این هستی بفهمم، مرا فرا می‌خواند تا آنجا که می‌توانم بهترین باشم. و به من این امکان را می‌دهد تا هرگاه بخواهم خود را از نو به وجود آورم و ابراز کنم.»

گاندی گفته است: «تنها شیطان‌هایی که در جهان وجود دارند، آنهایی هستند که در قلبمان به جست‌وخیز مشغولند در آنجاست که باید جنگید!»

این به منزله گشودن قلب و آشتی کردن با شیطان‌های درون است.

به معنای در آغوش‌گرفتن و پذیرفتن ترس‌ها و ضعف‌های خود و درک و دوست داشتن انسانیت است. قلب خود را به خودمان هدیه دهیم.

به محض آنکه قلبمان را به روی خودمان باز کنیم، خودبه‌خود آن را به روی دیگران باز خواهیم کرد. پس به خرد درونی درمان اعتماد کنیم. از هستی تقاضای عشق و حمایت کنیم، و وجودمان را سرشار از مهر، همدلی و نیرو عشق نمائیم و می‌بینیم که حقیقتاً شایسته آن هستیم.

هشت نکته مهم که می‌تواند به ماکمک کند که قلبمان را روی خودمان باز کنیم

۱. **طبیعت بشر به درمان تواناست:** اراده زندگی سالم، بخش مهمی از طبیعت است. مهم آن است که انسان درست بیندیشد در کنار درست اندیشیدن راه

کتایون شیرزاد

و روش درست زندگی، نقش مهمی ایفا می‌کند.

۲. **پرهیز از افکار منفی:** زندگی یک انسان آن چیزی است که اندیشه‌هایش برایش می‌سازد و بشر آن چیزی است که در تمام طول روز به آن می‌اندیشد، **برای مثال:**

- افکار منفی را در سر نپرورانیم.
- تغذیه سالمی نیز داشته باشیم.
- از ماندن در فضایی که به دلیل کثرت جمعیت، اکسیژن کافی در آن وجود ندارد، برای مدت طولانی اجتناب کنیم.
- مراقب باشیم که بدنمان تحرک کافی داشته باشند و در تعطیلات آخر هفته راهپیمایی کنیم.
- همیشه به یاد داشته باشیم که هر نخ سیگار، هفت دقیقه از طول عمرمان می‌کاهد.
- حد اعتدال یعنی بکارگیری راه و روش درست زندگی، از آن حمایت کنیم.

۳. **با طبیعت زندگی کنیم:** تکامل طبیعت‌گرای ما همیشه نیازمند زمان است درخت‌های بلوط یک شبه بزرگ نمی‌شوند. آنها نیز در فرایند بزرگ شدن خود، برگ‌ها، شاخه‌ها و پوست‌های زیادی را از دست داده‌اند. الماس‌ها هم یک شبه شکل نمی‌گیرند. هر چیز ارزشمند، هر چیز زیبا و هر چیز عظیم در این جهان برای این‌گونه شدن به زمان نیاز دارد. رشد و تکامل ما نیز چنین است بیایید نحوه عمل هر چیز را مورد توجه قرار دهیم و وقتی نوبت به خود ما رسید، در ارزیابی تکامل خود حساس‌تر و ملایم‌تر باشیم. بنا کردن اعتماد، پرورش یک بدن سالم یا یک دیدگاه مثبت، یک تجارب سودآور یا به دست آوردن یک استقلال مالی، موفقیت پایدار، برای رشد و باروری نیاز به زمان داریم.

۴. **شگفتی انسان‌های متمدن در مقابل فشار که قدرت مقاومت را تضعیف می‌کند:** میل به خود درمانی در هر ارگانیسمی، سعی در برقراری توازن در

کوتاه‌مدت دارد. اما اگر پیش از برقراری توازن بار جدیدی بر بدن تحمیل شود، بیمار می‌شویم. تحمیل مکرر بار اضافی بدون فرصت کافی برای استراحت، منجر به ضعف نیروی مقاومت و بروز بیماری‌های متعدد می‌شود تا جایی که هرگز تندرستی خود را بدرستی باز نمی‌یابیم و دائماً در مرز میان تندرستی و بیماری سرگردان خواهیم بود؛ همیشه عصبانی هستیم، به سرعت خسته می‌شویم و حتی در خواب نیز استراحت درستی نخواهیم داشت. با این وصف، کاهش استرس به کندی و تنها با استراحت امکان‌پذیر است و اگر طول این استراحت خیلی کوتاه باشد؛ عامل استرس‌زا با عامل دیگری جمع می‌شود تا جایی که بدن که بیش از حد معمول متحمل فشار شده است؛ تسلیم می‌شود که نتیجه آن اغلب انفارکتوس (زخم و کوبیدگی در عروق خون، مرگ قسمتی از نسج بدن که جریان خون به آن قطع می‌شود) خواهد بود.

۵. **تطابق با محیط و تکامل طبق قوانین:** بر جهان قوانینی حاکم است که بر لحظه‌لحظه زندگی ما تأثیر می‌گذارد. ما جزئی از این جهان هستیم و زندگی ما زیر سلطهٔ قوانین است. ما خود مسبب رخدادهای زندگی خود هستیم. به زبانی دیگر «زندگی بی‌ارزش است مگر آنکه ما به آن ارزش دهیم.»
۶. **زباله‌های روحی:** ما باید سعی کنیم از مشاهده وقایع ناخوشایند پرهیز کنیم، زیرا کنترل زندگی را از دستمان خواهند ربود. این امر تا حد زیادی در مورد تماشای تلویزیون نیز صادق است. ذهن هشیار شما می‌داند که وقتی فیلم جنایی هیجان‌انگیزی دیده‌اید، واقعاً قتلی اتفاق نیافته است؛ اما برای ذهن نیمه هشیار شما این امر جنبه واقعیت دارد و لازم است روی این تجربه تلخ به بررسی و تفکر بپردازیم. این امر غالباً در خواب اتفاق می‌افتد.گاهی خاطرات ناخوشایند زیادی را **تجربه** می‌کنیم که ذهن نیمه هشیار کاملاً از آنها اشباه می‌شود. و دیگر قادر به تفکر روی آنها نیست. در این صورت لازم است با بهداشت آگاهانه روانی به ذهن نیمه هشیار کمک کنیم. در هر صورت، موفقیت کاملاً محسوس است. از آنجا که انرژی ما دیگر به واسطه بار درونی تحلیل نمی‌رود، خود را آزادتر و فعال‌تر احساس می‌کنیم. اغلب

با کار اختلالات شدید در برنامه خواب ما خودبه‌خود از بین می‌رود و ما از اطمینان و اعتمادبه‌نفس بیشتری برخوردار خواهیم بود.

۷. **در عشق ورزیدن اسراف کنیم:** همیشه به آن بیاندیشیم که تأثیر افکار دو برابر است. ما از طرفی بر دنیای بیرون و از طرفی دیگر نیز با همان نیرو بر دنیای درون تأثیر می‌گذاریم. کسی از دیگران نفرت دارد؛ خود نیز منفور می‌شود. کسی که به دیگران عشق می‌ورزد شاد و سعادتمند خواهد بود. عشق تنها چیزی است که باید در ابراز آن اسراف کنیم. زیرا هر چه بیشتر عشق بورزیم، عشق بیشتری دریافت خواهیم کرد.

۸. **تغییر تجارب منفی به مثبت:** همان‌گونه که انسان از تجربه شکست می‌تواند بیاموزد که ناموفق است؛ به همان ترتیب، می‌تواند از تجربیات موفقیّت‌آمیز بیاموزد که موفق است. هر روز تجربه‌های منفی خود را با تغییر در اصول تفکر خویش، با تجربیات موفق‌آمیز تعویض کنیم. در این صورت، موفقیّت دور از دسترس نخواهد بود. به آن بیاندیشیم که هر فردی تمایل دارد که با افراد شاد و بذله‌گو معاشرت کند و ما همان فردی خواهیم شد که دیگران هم صحبتی او را طالب هستند. ما با داشتن افکار مثبت، بهداشت روانی و برقراری هم آهنگی میان خود و محیط اطرافمان به این مهم به دست خواهیم آورد.

چگونه عشق رمانتیك ایجاد می‌شود؟

اغلب اشخاص معتقدند که احساس عشق یکی از اسرار شگفت‌انگیز زندگی است. بدون شک شگفت‌انگیز است اما اسرارآمیز نیست. احساس عشق کاملاً قابل پیش‌بینی است و همین قابلیت پیش‌بینی است که کار روان‌شناسی را امکان‌پذیر می‌سازد. با شناسایی عواملی که احساس عشق را ایجاد می‌کند و ویران می‌سازد، به زوج‌ها و مهم‌تر کشف ابراز عشق دوباره.

مفهوم **بانک عشق** که ابزار شناسایی برای درک وجود عشق در رابطه است را

دکتر ویلاف هارلی به شکل فرمول سؤال‌ها بالا مطرح می‌کند.

اگر ما در رابطه از شریک زندگی‌مان احساس خوبی بگیریم بر موجودی حساب عاطفیمان افزوده‌ایم. اما اگر این شخص به ما احساس بدی بدهد، احساسات و عواطف ما از میزان سپرده‌های این حساب را کم می‌کند. میزان این کم شدن بستگی به این دارد که ما تا چه اندازه احساس بدی پیدا بکنیم. مثلاً اگر شریک زندگی‌مان فردا صبحانه را در بسترمان به ما بدهد، ممکن است موجودی او در بانک عشق ۷ تا ۸ واحد افزایش یابد. اما اگر شریک زندگی‌مان بعدازظهر به ما زنگ بزند و بگوید که نمی‌تواند برای صرف شام به خانه بیاید، ۳ تا ٤ واحد از موجودی حساب او در بانک عشق کم می‌شود. بانک عشق نقش بزرگی را در زندگی ما ایفا می‌کند. با توجه به توازن این حساب، عواطف و احساسات ما، تشویقمان می‌کنند با کسانی باشیم که به ما احساس خوبی می‌دهند و از کسانی فاصله بگیریم که به ما احساس بدی می‌دهند.

و در ایجاد عشق رمانتیک بانک عشق نقش بزرگی در زندگی ما ایفا می‌کند. با توجه به موازنهٔ این حساب، عواطف و احساسات ما، ما را تشویق می‌کنند تابا کسانی بجوشیم که به ما احساس خوبی می‌دهند و از کسانی فاصله بگیریم که به ما احساس بدی می‌دهند. که موازنه مثبت دارند و از کسانی فاصله می‌گیریم که موازنه‌شان منفی است. واکنش‌های احساس ما در قبال دیگران، خواه نزدیک شدن به آنها باشد یا فاصله گرفتن از آنها، بستگی به حساب بانکی آنها دارد.

ما کسانی را دوست داریم که تراز حسابشان مثبت است. و از کسانی خوشمان نمی‌آید که تراز حسابشان منفی است.

احساس عشق جوشش است که از طریق آن احساسات و عواطف ما را تشویق کنند تا وقتمان را صرف کسی بکنیم که از ما به خوبی مراقبت می‌کند و به ما مهر می‌ورزد. کسی که می‌تواند ما را شاد کند، کسی که در ضمن می‌داند چگونه ما را از ناخشنودی و احساس کسالت نجات بدهد. ما ترجیح می‌دهیم با کسی که دوستش داریم وقت صرف کنیم. در این شرایط احساسات و عواطف ما هم با دادن احساس انگیزه‌مان را بیشتر می‌کند. نه تنها احساس بودن و هم‌جواری

با شریک عاطفیمان داریم، بلکه برای صرف وقت با او تلاش می‌کنیم. وقتی با هم هستیم احساس موفقیت و رسیدن به هدف می‌کنیم. و چون از هم فاصله می‌گیریم، احساس تنهایی و کامل نبودن بر ما حاکم می‌شود. بنابراین احساس عشق نه تنها سببی است که بخواهیم بخش قابل‌ملاحظه‌ای از اوقاتمان را با هم باشیم، بلکه تشویق می‌شویم که عمری در کنار هم سپری کنیم.

اما عواطف چیزی بیشتر از عشق به ما می‌دهند. وقتی عواطف ما کسی را شناسایی می‌کند ما را شاد و خوشبخت می‌نماید. به ما امکان می‌دهد تا متقابلاً برای شاد و خوشبخت کردن او تلاش کنیم. به عبارت دیگر انگیزه‌ای می‌شود تا به عشق عاطفی برسیم. و به نظر می‌رسد که تقریباً بدون این که تلاش کنیم می‌توانیم کسی را که دوست داریم به حداکثر شادی و خوشبختی برسانیم.

آیا تاکنون متوجه شده‌ایم که وقتی عاشق هستیم، ناخودآگاه پر محبت و تحسین کننده به نظر می‌رسیم؟

علتش این است که احساسات و عواطف ما می‌خواهند آن شخص در اطراف و نزدیک خود را نگه داریم. به ما انگیزه‌ای می‌دهد که او را شاد و خوشبخت کنیم. اگر تلاش‌هایمان مؤثر باشند، احساس عشق را در طرف مقابل هم ایجاد می‌کنیم.

وقتی داستان مهسا و ناصر را شنیده‌ام که آنها زمانی بی‌تلاش و بی‌جدّوجهد رابطه‌شان را ادامه می‌دادند و حالا کارشان به دشواری رسیده بود. جای عشق را احساسی بی‌تفاوتی پر کرده بود. و بدون عشق زن‌وشوهر دیگر میلی ندارند که با هم باقی بمانند. و در کنار هم روزگاری را بگذرانند. به جای آن حالا به طلاق فکر می‌کنند. و یا بخش اعظم زندگیشان را در فاصله‌ای از هم زندگی می‌کنند. به آنها گفتم:

«پدیده عشق، زمان‌هایی را که احساس عشق می‌کردیم و سپس کسی دل ما را شکست و یا ترکمان کرد، دوباره در ذهنمان زنده می‌کند و احساسات سرکوب شدهٔ مربوط به آنها را نیز هم‌زمان در ما فعال می‌کند و به سطح می‌آورد. به خصوص چنانچه عشق در گذشته برای ما با درد و ترس همراه بوده باشد.
مولوی عشق را چنین توصیف می‌کند!

عشق دوای جمله علت های ماست

هدف و مقصود از ازدواج و رابطه این است که به ما کمک کند تا تمام بخش‌های دوست نداشتنی و نامهربان را در وجود خود التیام ببخشیم و تغییر دهیم. ازدواج، عشق ورزیدن، گرامی داشتن و محترم شمردن شریک زندگی‌مان و احترام به همه شئونات زندگی‌مان است. آن هم به شکل حس تعهد و پذیراتر بودن نمودار می‌شود.

هرگاه ما و شریک زندگی‌مان با زخم‌ها و لطمه‌های عاطفی یکدیگر آشنا می‌شویم می‌توانیم در التیام بخشیدن به آنها به هم کمک کنیم.

تا بدین‌جا برای ما مسلم شد که مهسا و ناصر، به بانک عشق که مفهوم به شدت مهم در ازدواج دارد کم بها دادند. اگر می‌خواستند خواسته‌ها و احساساتشان در ازدواج حمایت شوند حساب‌های بانک عشق بالاتر از آستانه عشق رمنتیک باقی می‌ماند.

* چگونه می‌توانیم موازنهٔ حساب عشقی را تا این حد بالا نگه داریم؟
* چگونه می‌توانیم عمل بکنیم که اگر در این زمان این ترازو و موازنه از این حد پایین‌تر آمده ازدواجمان را بازسازی کنیم؟

مسلماً مهسا و ناصر بدون عشق انگیزه چندانی، برای بقای رابطه ندارند. اما با حفظ و بازآفرینی عشق و با زنده نگهداشتن انگیزه با هم بودن، تهدید طلاق نقصان پیدا می‌کند. در واقع وقتی احساس عشق بازآفرینی می‌شود ازدواج‌ها نجات پیدا می‌کنند.

اگر می‌خواهیم بر موجودی حساب‌های بانکی عشق خود بیافزاییم و از این حساب‌ها برداشت نکنیم، باید رفتارمان را تغییر بدهیم. و برای رسیدن به این خواسته باید بدانیم که رفتار چگونه شکل می‌گیرد و چه می‌توانیم بکنیم که این را تغییر بدهیم.
اغلب کارهایی را روی غریزه و عادت انجام می‌دهیم، این‌ها کارهای خودکار و بدون تلاش و انگاره‌های رفتاری هستند.

من در شیوهٔ رفتار درمانی خود می‌کوشم برای کمک و شناسایی عادت‌هایی که افراد دوست دارند تغییر بدهند کمکشان کنم. معتقد هستم: بخش اعظم رفتار اشخاص روی غریزه و عادت صورت می‌گیرد. اغلب رفتارهای ما حالت خودبه‌خودی دارند و بدون آنکه درباره‌اش فکر کنیم انجام می‌دهیم.

البته این رفتار ما روی کسی که آنها زندگی می‌کنیم مؤثر خواهد بود.
بنابراین اگر می‌خواهیم بر موجودی حساب بانک خود بیافزاییم و از آن برداشت نکنیم، به این موضوع جدّی‌تر و دقیق‌تر باشیم: وقتی شاملو و ساناز نمی‌توانستند غریزه‌ها و عادت‌هایشان را کنترل کنند، عادت‌های ناسالم و غریزه‌های غیرمنطقی‌شان آنها را کنترل می‌کنند.

برای همین منظور آنها در مسیر نابود شدن عشقشان هستند. ما با غرایز متولد شده‌ایم که به بقا و دوام ما کمک کند. غریزه انگاره‌ای رفتاری است که اکتسابی نیست و ما آنها را فرا نمی‌گیریم. عادت‌ها با غریزه‌ها تفاوت دارند. زیرا مجموع عادت‌ها آموختنی هستند. در مسیر سفر، مرغ‌های باغ نشاط غبار تجربه را از نگاهم شستند؛ به من سلامت یک سرو را نشان دادند.

و من عبادت یک احساس را به پاس روشنی حال... عبور باید کرد

«سهراب سپهری»

برای مثال:
برای دوش گرفتن نیازی به فکر کردن یا تلاش نداریم، اما اگر بدنمان جراحتی داشت و ما مجبور شویم به شکل دیگری دوش بگیریم، متوجه می‌شویم که دوش گرفتن به شکلی متفاوت از همیشه چقدر دشوار است. در این شرایط دوش گرفتن در صبح به نظر ناراحت کننده می‌رسد. علتش این است که از عادت خود تبعیت نمی‌کنیم. به جای آن به عمد و قصد تلاش می‌کنیم، که به طرز متفاوتی دوش بگیریم. این نوع دوش گرفتن حالت خودکار و خودبه‌خود ندارد. باید به آن فکر کرد. وقتی برای اولین بار دوش گرفتیم رفتار ما از روی عادت نبود. در واقع شستن بدنمان مستلزم فکر کردن بود. بنابراین عادت‌ها از قبیل مهارت‌های اجتماعی پیچیده فرا گرفتنی است. گفت‌وگو و

مذاکره با تمرین کردن به همین شکل و محبت کردن و تحسین کردن، حتی صداقت در اثر تمرین ایجاد و ادامه می‌یابد.

وقتی شاملو و ساناز با هم حرف می‌زنند این کار را بر اساس عادت‌هایی انجام می‌دهند که به آنها این امکان را می‌دهد بدون فکر و تلاش، خودشان را بیان کنند. اما با تکرار تکنیک‌هایی که ما در جلساتمان تمرین کردیم، مهارت گفت‌وگو را کسب کرده‌اند، تحولی در رابطه‌شان، پدید خواهد آمد و موجب تغییر اساسی در عاداتشان خواهد بود. وقتی با شریک زندگی‌مان حرف می‌زنیم باید بدانیم که او از صحبت کردن با چه مسائلی لذت می‌برد، اینگونه می‌توانیم بر اندوخته‌های حساب بانکیمان بیفزاییم. نیاز به فکر کردن و به عمد و قصد هم ندارد. بعضی از عادت‌ها مانند صحبت کردن مؤثر بر سپردهٔ حسابمان در بانک عشق می‌افزاید اما صحبت‌هایی از روی عصبانیت، از حساب ما برداشته می‌شود

* چگونه می‌توانیم موازنه و ترازوی نامتوازن ازدواج را بازسازی و متعادل سازیم؟

اگر می‌خواهیم بر موجودی حساب‌های بانکی عشق خود بیافزاییم و از این حساب‌ها برداشت نکنیم، باید رفتارمان را تغییر بدهیم. و برای رسیدن به این خواسته، مستلزم این است که بدانیم رفتار چگونه شکل می‌گیرد و چه می‌توانیم بکنیم که این را تغییر بدهیم.

تمرین‌های مؤثر:

* شناسایی عادت‌هایی که مهم‌ترین نیازهای عاطفی شریک زندگی‌مان را برآورده می‌سازد است.
* شناسایی و اجتناب از عادت‌هایی که نیازهای عاطفی شریک زندگی‌مان را برآورده نمی‌سازد.
* عشق فقط در ازدواج ما بهتر و بیشتر می‌شود که انتخاب‌های ما عادت‌های جدیدی را در ما ایجاد کنند.

* خیلی ساده متعهد شویم که نیازهای عاطفی یکدیگر را برآورده سازیم. این می‌تواند نقطه شروع بسیار مناسبی باشد.

زوج‌هایی که فاقد هم حسی و همدلی هستند، آنچه را که یکی از مهم‌ترین نیاز می‌دانند، دیگری کم‌ترین ارزیابی می‌کند. آنها از این قاعده استفاده می‌کنند: که برای همسرت همان کاری را بکن که می‌خواهی برایت انجام دهد. اما از آنجایی که نیازهایشان همیشه یکسان نیست؛ تلاش‌هایشان به جایی نمی‌رسد. اگر قرار باشد همسران نیازهای یکدیگر را برآورده سازند، باید برای یکدیگر کارهایی بکنند که خودشان لزوماً آن را دوست ندارند.

هدف نجات دادن ازدواج‌ها است. به جای اینکه نیازهای زنانه و مردانه را ارزیابی کنیم. توصیه می‌کنم نیازهای ویژۀ خود و شریک زندگی‌مان را پیدا کنیم. این‌گـونه متوجه می‌شویم که مهم‌ترین نیازهای ما و شریک زندگی‌مان کدامند. وقتی نیازهای همدیگر را برآورده ساختیم. احساس متقابل عشق درما ایجاد می‌شود.

از شما خواهش می‌کنم به سؤال‌های طرح شده زیر فکر کنید و پاسخ دهید؟

۱. من عشق عاطفی را با تمایل شما برای شاد کردن یکدیگر تعریف کردم.
۲. آیا با این تعریف موافقید؟ آیا عشق عاطفی برای شما معنای متفاوتی دارد؟
۳. شما و شریک زندگیتان برای خشنود کردن یکدیگر چه می‌کنید؟
٤. آیا فکر می‌کنید تمایل و تلاش شما برای شاد کردن یکدیگر بعد از ازدواجتان افزایش یا کاهش یافته است؟ چرا؟

مهم‌ترین نیازهای عاطفی مردان:

* آیا به اندازه کافی خودتان را می‌شناسید تا مهم‌ترین نیازهای عاطفی خود را فهرست کنید؟
* آنچه که کسی در عدم دستیابی نارحت می‌شوید؟ وقتی که به آن دست پیدا می‌کنید و به اوج شادی می‌رسید چیست؟
* دلیل احساس عاشقانه شما نسبت به محبوبتان چی می‌باشد؟

ممکن است فهرست من همه نیازهای شما نباشند. ابتدا به پنج نیاز عاطفی مردان

می‌پردازم و سپس به پنج نیاز عاطفی زنان هم خواهم پرداخت:

۱. نیاز جنسی
۲. فعالیت‌های تفریحی
۳. جذابیت فیزیکی
٤. تحسین و تعریف
۵. حمایت خانگی

۱. **نیاز جنسی:** وقتی دو نفر ازدواج می‌کنند به یکدیگر متعهد می‌شوند که وفادار بمانند و شریک جنسی هم باشند. تعهد می‌دهند که به یکدیگر اعتماد کنند. نیاز به آمیزش جنسی یک نیاز منحصربه‌فرد است. این نیاز هم می‌تواند همسر را وابسته کند. ولی در اغلب ازدواج‌ها نیاز طرفین متفاوت است. این موضوع می‌تواند اختلافات و تناقضات فراوانی ایجاد کند. به همین دلیل زوج‌ها باید به این موضوع توجه کافی داشته باشند. در غیراین صورت مانند آنچه در اغلب ازدواج‌ها دیده می‌شود، این نیاز به درستی برآورده نمی‌شود.

۲. **فعالیت‌های تفریحی:** اگر وقت صرف کردن برای تفریحات به اتفاق یکی از مهم‌ترین نیازهای شما و همسرتان باشد؛ این صرف وقت به اندوختهٔ حساب شما در بانک عشق اضافه می‌کند. در واقع دو نیاز را با هم در برمی‌گیرد. یکی نیاز به داشتن فعالیت‌های تفریحی و دیگری نیاز به در کنار هم بودن و با هم وقت صرف کردن. همان‌طور که ملاحظه می‌کنید، انجام دادن فعالیت‌های تفریحی به اتفاق همسر ساده‌ترین راه برای افزایش اندوختهٔ حساب در بانک عشق است.

۳. **جذابیت فیزیکی:** برای بسیاری جذابیت فیزیکی از جمله مهم‌ترین منابع اندوختن بر حساب در بانک عشق است. اگر شما هم این نیاز را داشته باشید، یک شخص جذاب نه تنها توجه شما را جذب می‌کند، بلکه از توجه شما به چیزهای دیگر می‌کاهد. بعضی‌ها این نیاز را موقتی ارزیابی می‌کنند و بر این عقیده هستند که جذابیت فیزیکی تنها در شروع آشنایی ایفاء نقش می‌کند. در جمع، جذابیت فیزیکی بیشترین اهمیت را دارد. همه کسانی که به از دست رفتن جذابیت فیزیکی همسرشان اشاره می‌کنند، منظورشان

این است که او بیش از اندازه چاق شده است و وقتی ورزش و رعایت برنامه‌های غذایی همسر چاق را به شرایط مطلوب باز می‌گرداند، جذابیت فیزیکی دوباره صورت خارجی پیدا می‌کند. شایان ذکر است که طرز لباس پوشیدن، طرز آرایش و بهداشت شخصی هم روی جذابیت فیزیکی تأثیر می‌گذارد.

٤. **تحسین و تعریف**: اگر نیازمند تعریف و تمجید هستید، ممکن است به خاطر تحسین و تعریفی که همسرتان از شما به عمل آوردند عاشق او شده باشید. بسیاری از ما به شدت مشتاق آنیم که به ما احترام بگذارند و به ارزشهایمان بها بدهند و مرتب تأیید شویم. انتقاد کردن هم مثل تأیید کردن، بسیار ساده است به و اگر با روش‌های درست نباشد می‌تواند از حساب بانکی بکاهد. همسر شما می‌تواند با کلامش بر حساب بانک عشق شما چیزی بیافزاید یا از آن مبلغی بکاهد. اگر شما به این آسانی تحت تأثیر قرار می‌گیرید، تحسین و تعریف را به نیازهای عاطفی خود بیافزایید.

٥. **حمایت خانگی**: اگر احساس می‌کنید از آشپزی، نظافت خانه و مراقبت از فرزندان از سوی همسرتان خیلی خوشحال می‌شوید و از انجام ندادن آنها ناراحت می‌گردید، حمایت خانگی را در فهرست نیازهای عاطفی خود در نظر بگیرید. حمایت خانگی فراهم آوردن شرایط آرام و صلح آمیز در محیط خانه است. از جمله این اقدامات می‌تواند به پختن غذا، شستن ظروف غذا، شستن و اتو کردن رخت و لباس، نظافت خانه و مراقبت از فرزندان اشاره کرد. نیاز به حمایت خانگی در حکم یک بمب ساعتی است. وقتی زن و مردی با هم ازدواج می‌کنند در شروع ازدواج مشکلی در این زمینه وجود ندارد اما گاه با گذشت چند سالی وضع تغییر می‌کند.

در نسل‌های گذشته فرض بر این بود که همه همسران تقسیم کار داشتند. اما با تغییر زمانه نیازها هم تغییر یافته‌اند. حالا اغلب شوهران احساس می‌کنند که زنانشان باید نیازهای مهم‌تری را برطرف سازند که از جملهٔ آنها می‌تواند به محبت دیدن و مصاحبت اشاره کرد از سوی دیگر زنان شاغل از اینکه ببینند شوهرانشان شرایط خانه را با توجه به رعایت موقعیت زنانشان هموار می‌سازند،

خوشحال می‌شوند. اما در مجموع مردان بیش از زنان نیازمند حمایت خانگی هستند.

امروزه زن‌وشوهر در شروع زندگی مشترک تمایل دارند که در مسئولیت‌های خانه سهیم شوند. به اتفاق در کنار هم ظرف می‌شویند و بسیاری از کارهای خانه را با هم تقسیم می‌کنند.

چه زمانی بمب ساعتی نیاز به حمایت خانگی منفجر می‌شود؟

- وقتی بچه‌ها متولد می‌شوند.
- بچه‌ها نیازهای بیشتری را سبب می‌شوند.
- نیاز به درآمد بیشتر.
- نیاز به پذیرفتن مسئولیت بیشتر در سطح خانواده.
- با عوض شدن مدل کار و شغل زن و شوهر تقسیم کار قبلی در خانواده شکل عوض می‌کند. حالا زن‌وشوهر باید متقبل مسئولیت‌های جدید بشوند.

زن دوست داشتنی:

پنج نیاز عاطفی بالا که به آنها اشاره شد؛ نیازهایی هستند که مردان به آنها الویت می‌دهند. اگر زنتان این نیازها را برآورده می‌سازد، امکانش زیاد است که او را دوست داشتنی ارزیابی کنید.

آنچه وجود ما را به شدت خوشحال، و نبودنش ما را به شدت ناراحت می‌کند، نیاز عاطفی ما است. هر انسان، موجود منحصربه‌فرد است و از این رو هر مرد و زن از مجموع نیاز عاطفی‌شان دست کم نیازی دارد که با متوسط نیازهای مردان و زنان هم‌خوانی ندارد.

مهم‌ترین نیازهای عاطفی زنان:

- ❋ محبت
- ❋ حرف زدن با هم (گفت‌وگوی خانوادگی)
- ❋ صداقت و روراستی
- ❋ حمایت مالی
- ❋ تعهد خانوادگی

محبت: به زبان ساده محبت ابراز کردن عشق است. محبت کردن نشان امنیت، حمایت، راحتی، تأیید و تصدیق شدن است. این‌ها اجزاء مهم در هر رابطه‌ای به شمار می‌آیند.

وقتی یکی از طرفین ازدواج به همسرش محبت می‌کند، پیام‌های زیر مخابره می‌شوند:

۱. تو برای من مهم هستی.
۲. من از تو حمایت می‌کنم.
۳. مسائلی که تو داری برای من مهم هستند.
۴. هرگاه به من نیاز داشتی در اختیار تو خواهم بود.

در آغوش کشیدن بی آلایشی، ابراز محبت است.

وقتی دوستان یا بستگان را هم به آغوش می‌کشیم، علاقه و توجه خودمان را به آنها نشان می‌دهیم. روش‌های دیگری هم برای محبت کردن و مخابره مهر و علاقه وجود دارد. فرستادن یک کارت تبریک، فرستادن گل، قدم زدن بعد از صرف شام، تلفن کردن، حرف زدن و... هم نمونه‌های ابراز محبت به همسرتان است.

برای بسیاری از افراد عدم ابراز محبت احساس بیزاری و بیگانگی می‌آورد. اما محبت دیدن، پیوند عاطفی تولید می‌کند. در صورتی که وقتی همسرتان به شما محبت می‌کند احساس عالی دارید و اگر محبتشان را از شما دریغ می‌کند احساس بد پیدا می‌کنید، بدانید که نیاز عاطفی به محبت دارید.

حرف زدن با هم: صحبت کردن نیازی نیست که مختص زندگی زناشویی باشد. همه می‌توانند نیاز ما به حرف زدن را برآورده سازند. اما اگر شما نیازمند حرف زدن باشید، اگر همسرتان این نیاز را برآورده سازند. براندوخته حساب بانک

عشق شما به مقدار زیاد افزوده می‌شود. بنابراین اگر این نیاز را داشته باشید، در ازدواج شما نقش اساسی را بازی می‌کند. اگر قرار است حرف زدن یکی از نیازهای مهم زن‌وشوهر باشد؛ این حرف زدن باید از کیفیتی برخوردار باشد. و آن اینکه برای طرفین خوشایند باشد.

یک صحبت و گفت‌وگوی خوب باید از ویژگی‌های زیر برخوردار باشد:

۱. جنبه اطلاع رسانی و کسب اطلاع داشته باشد.
۲. به علایق هر دو طرف بها بدهد.
۳. متعادل و متوازن به عبارت دیگر زن‌وشوهر هر دو فرصت برابر برای حرف زدن پیدا کنند.
۴. زن‌وشوهر با تمام وجود به حرف‌های یکدیگر گوش فرا بدهند.

حرف زدن زمانی نتیجه مطلوب ندارد که:

۱. تولید توقع کند.
۲. محترمانه نباشد.
۳. زن یا شوهر یا هر دو را عصبانی کند.
۴. به اشتباه مربوط به حال وگذشته تأکید داشته باشند.

اگر حرف زدن هم برای زن و هم برای شوهر لذت بخش نباشد، همان بهتر که با هم حرف نزنند.

صداقت و روراستی: اغلب ما خواهان رابطه صادقانه با همسرمان هستیم. اما بعضی‌ها به لحاظ احساسی و عاطفی نیازمند این صداقت هستند. صداقت و روراستی به آنها احساس امنیت و ایمنی می‌دهد و سبب می‌شود با کسی که این نیاز را برآورده می‌سازد پیوند عاطفی برقرار کند.

صداقت و روراستی به سازگاری در ازدواج می‌افزاید. وقتی شما و همسرتان با صراحت واقعیات مربوط به گذشته‌ی یکدیگر را برای هم بازگو می‌کنید، وقتی دربارهٔ فعالیت‌های حال حاضر خود حرف می‌زنید، وقتی به برنامه‌هایی که دارید اشاره می‌کنید، می‌توانید به احساسات یکدیگر پی ببرید.

سوای رعایت ملاحظات دیگر، کسی که نیازمند صداقت و روراستی است. از اینکه همسرش اندیشه‌های خصوصی خود را با او در میان بگذارد شاد می‌شود و اگر این اقدام صورت نگیرد ناراحت می‌گردد. این نشانهٔ نیاز عاطفی است و اگر شما هم این‌گونه فکر می‌کنید صداقت و راستی را یکی از نیازهای مهم عاطفی خود در نظر بگیرید.

حمایت مالی: بعضی از اشخاص به خاطر حمایت‌های مالی که همسرشان فراهم‌می‌آورند ازدواج می‌کنند. به عبارت دیگر، از یکی از دلایلی ازدواج کردنشان پول است. اما کسانی هم وجود دارند که قبل از آنکه ملاحظه امنیت مالی برایشان مطرح باشد ازدواج می‌کنند. ممکن است همسرشان پولی نداشته باشد و با این حال با او ازدواج می‌کنند. با این حال چند سالی می‌گذرد و همسرشان پولی پیدا نمی‌کنند و یا گرفتار بیکاری و تنگدستی می‌شود، ناراحت می‌گردند. به نظر می‌رسد نیاز این اشخاص به حمایت مالی بعد از ازدواج کردنشان صورت خارجی پیدا می‌کند. که این بعد از ورود بچه‌ها به صحنهٔ زندگی تشدید می‌گردد.

لطفاً به سؤال‌های طرح شده زیر فکر کنید و درباره‌اش با همسرتان گفت‌وگو کنید:

* اندازه نیاز مالیمان چقدر است؟
* اینکه بتوانید آنچه را که می‌خواهید و میل داریم بخریم؟
* اینکه به اندازه‌ای حمایت شویم که روزگارمان بگذرد؟ اشخاص مختلف به این سؤال‌ها جواب‌های متفاوت می‌دهند.
* اینکه مطمئن شویم که توقع بر مبنای امکانات درآمد و دارایی موجود است؟

به همین دلیل شناسایی این نیاز می‌تواند دشوار باشد. در واقع نیاز مالی طی زمان زندگی مشترک تغییر می‌کند، از انتظار پنهان و رنجش پنهان باید در بیاییم اگر انتظارمان محرز باشد باید بدانیم کـه این نیاز برآورده می‌شود؟ برآوردن نیاز مالی مانند برآوردن نیازهای احساسی و عاطفی بر اندوختهٔ حساب بانک عشق ما به مقدار زیاد افزوده می‌شود.

تعهد خانوادگی: ورود فرزندان به صحنهٔ زندگی ممکن است موجب انتظارات بیشتر از همسرمان شود. نمونه: رعایت مسائل اخلاقی و یا اینکه در امر آموزش و تحصیلات فرزندانتان بکوشد. من اسم این رفتار را تعهد به خانواده می‌گذارم. تعهد خانوادگی تنها به مراقبت و بزرگ‌کردن فرزندان محدود نمی‌شود. تعهدخانوادگی قبول مسئولیت برای پرورش و تربیت فرزندان نیک می‌باشد. اینکه به فرزندان ارزش‌های مورد نظر، تشریک مساعی و مراقبت از یکدیگر را بیاموزیم. داشتن تعهد خانوادگی به این معناست که با فرزندانمان وقت صرف کنیم. کمک کنیم تا به سعادت و خشنودی برسند دوران بلوغ را به سلامتی طی کرده و به موفقیت‌های لازم دست پیدا کنند.

مشارکت ما و توافق ما بر سر روش‌های تربیتی مهم‌تر از نیاز ضروری است. مشارکت همسرمان در فعالیت‌ها و امور خانوادگی، به مقدار زیاد بر اندوختهٔ حساب بانک عشق ما می‌افزاید و سبب می‌شود که همسرتان را بیشتر دوست بدارید. و در این میان قصور همسرمان در تربیت و بزرگ کردن فرزندان عشق ما را به او محکم‌تر و پایدارتر می‌کند.

اغلب احساس رضایت و خشنودی ما در زندگی ناشی از روابطی است که با دیگران داریم. علتش این است که به تنهایی نمی‌توانیم همهٔ نیازهای عاطفی خود را برآورده سازیم. زنان معمولاً دل در گرو کسی می‌بندند که این نیازها را برآورده سازند. شوهر بزرگ‌ترین منبع شادی و رضایت خاطر زنان در زندگیشان بوده است.

برای یافتن کار و موفق بودن در آن مهارت نیاز است. مثل: تخصص در کامپیوتر، پزشکی، بازرگانی و آرایش مو و غیره... . ازدواج هم نیازمند مهارت‌های اولیه می‌باشد تا به موفقیت بیانجامد. و برای یادگیری و انجام این مهارت‌ها نیاز است که به‌طور منظم در دوره‌های آموزشی مختلف شرکت کنیم، تا در کارها و امور مختلف زدگی به تخصص و مهارت لازم برسیم. اگر ازدواجی خوشایندتر داشته باشیم هر کاری را بخواهیم انجام بدهیم ساده‌تر می‌شود. اگر از هوش و فراست کافی بهره داشته‌باشیم هر کارمهمی را انجام می‌دهیم و با تمرین می‌آموزیم که

نیازهای یکدیگر را برآورده سازیم و در تمام مدت ازدواجمان تلاش برای دریافت مهارت را ادامه دهیم تا به همسر دوست داشتنی تبدیل گردیم.

توجه شما را به نکات مهم که نیاز به اندیشیدن دارد دعوت می‌کنم:

- تا آنجایی که من می‌دانم و تجربه کرده‌ام، مهم‌ترین کار و خدمتی که به فرزندانمان می‌توانیم بکنیم این است که در ازدواج با هم بمانیم. متارکه ما با همسرمان روی فرزندانمان تأثیر بدی بر جا می‌گذارد.

اما سوای این در ازدواج خود باقی ماندن چه کاری دیگری برای آنها می‌توانیم بکنیم؟ این جاست که تعهد خانوادگی مطرح می‌شود. نه تنها دخالت پدر در تربیت فرزندان مهم است؛ بلکه این کار یکی از اقدامات مهمی است که براندوختهٔ حساب بانک عشق می‌افزاید. آیا درست می‌گویم؟ وقتی می‌بینیم همسرمان به فرزندانمان رسیدگی می‌کند چقدر لذت می‌بریم؟

- در زمینه‌های تقسیم کار منزل و قبول مسئولیت‌ها چگونه با مشارکت کارها و نیاز همسرمان حمایت خانگی را مرتفع می‌سازیم؟
- آیا به اندازه کافی همسرمان را تحسین و تمجید می‌کنیم؟ آیا او ما را تحسین می‌کند؟ آیا از یکدگر انتقاد سازنده می‌کنیم؟
- من در سی و پنج سال گذشته شاهد و شاهد عینی تحول و دگرگونی در اندیشه ما در زمینه حمایت مالی بوده‌ام. در حال حاضر بسیاری از زن و شوهرها هر دو در بیرون از منزل کار می‌کنند. این که در خانواده‌ای تنها یک نفر کار بکند، تقریباً استثناست. آیا این تحول روی نیاز ما به حمایت مالی تأثیر گذاشته است؟ به عبارت دیگر آیا هنوز فکر می‌کنیم شوهرمان باید از ما حمایت مالی بکند؟
- آیا وقتی با یکدیگر به‌طور کامل صادق هستیم به گفت‌وگو و صحبت احتیاج داریم؟ اگر همسرمان از ما متوقع نشود، به ما بی‌احترامی نکند و بر ما خشم نگیرد، از صحبت کردن با او لذت می‌بریم؟

در تفکر و پاسخ به این پرسش‌ها، ما می‌آموزیم که مهم‌ترین نیازهای عاطفی یکدیگر را برآورده سازیم.

در گذشته به نیازهای عاطفی مردان و زنان که به مرتب متفاوت هستند به‌طور جداگانه پرداخته‌ایم.

ارزیابی و اندازه‌گیری کیفیت کار بسی دشوار است. کیفیت بستگی به این دارد که تا چه حد می‌توانیم نیازهای همسرمان را برآورد سازیم.

برآوردن نیاز یکدیگر دلیل بر خود را فدای رضایت خاطر یکدیگر کردن نباید باشد.

گشتاسب ساعت‌ها از خود گذشتگی فراوان خود نسبت به سمیرا سخن می‌گفت، اما من قویاً به ایشان توصیه کردم رضایت خاطر خود را فدای رضایت یکدیگر نکنید. گشتاسب باید نیاز سمیرا را به شکلی برآورده سازد که برای خودش هم خوشایند باشد. و به سمیرا هم اشاره کرده بودم که هرگز از گشتاسب انتظار نداشته باشد که به سبب راضی و خوشحال کردن او رنج و دردسر را تحمل کند. و به گشتاسب هم تأکید کردم خود شما هم نباید رنج ببرید تا سمیرا را خوشحال کنید. در پس این توصیه فراست فراوانی نهفته است. توجه آنها را به این جلب کردم که اگر آن دو به هم توجه داشته باشند، هیچ‌کدام نباید بگذارند که دیگری رنج ببرد. اغلب نیازهای عاطفی تنها در صورتی برآورده می‌شوند که همسرتان از برآوردن آن برای شما لذت می‌برند.

من گره خواهم زد، چشمان را با خورشید، دلها را با عشق... و بهم خواهیم پیوست و...

سهراب سپهری

برای مثال: گشتاسب از موضوع صحبت کردن زیاد سمیرا ناراحت و مکدر بود. اما سمیرا دوست داشت ساعت‌ها با همسرش گشتاسب حرف بزند، گشتاسب چگونه می‌تواند از صحبت کردن در این زمینه شاد شود؟ همین موضوع در مورد فعالیت‌های تفریحی پیشنهادی گشتاسب به سمیرا مصداق است.

* آیا لذتی دارد با کسی وقت صرف کنید که ترجیح می‌دهد در این لحظه در

جای دیگری باشد؟

* سمیرا و بسیاری از زن‌ها می‌خواهند صرفاً برای برآورده ساختن نیاز جنسی شوهرانشان با آنها آمیزش داشته باشند، اما آیا این برای مردها کفایت می‌کند؟
* آیا خواسته آنها را برآورده می‌سازد؟

مرد تنها در صورتی از عشق بازی لذت می‌برد که بداند همسرش هم از این کار لذت می‌برد. گشتاسب هم همین را گفت.

بنابراین مهارت‌هایی که برای بر طرف‌کردن نیازهای عاطفی همسرمان می‌آموزیم، باید احساسات ما را هم در نظر بگیرد. اگر می‌خواهیم در گفت‌وگو با همسرمان به مهارت و تخصص برسیم، باید موضوعاتی را برای صحبت انتخاب کنیم که هم برای همسرمان و هم برای ما لذت‌بخش باشد.

دلیل مهمی وجود دارد که برای برآوردن نیازهای همسرمان نباید از نیازهای خود غافل گردیم.

در ادامه گفت‌وگو با گشتاسب و سمیرا به اینجا رسیدیم که از خودگذشتگی شخصی هر اندازه هم که قصد و نیت خیر در آن باشد؛ از رضایت خاطر مقابل می‌کاهد. به آنها یادآور شده‌ام که هیچ‌کدام از شما دو نفر نمی‌خواهید که نیازهای طرف مقابل را بر طرف سازید. تنها راه اجتناب از این نتیجهٔ غم‌انگیز این است که راه‌هایی پیدا کنید که هر دو از آن لذت ببرید. پس نباید برای شاد کردن یکدیگر رنج و زحمتی را متحمل شویم بلکه مطمئن شویم که وقتی نیازهای یکدیگر را برآورده می‌سازیم، هر دو شاد شویم.

نتیجه:

۱. متعهد شویم که مهم‌ترین نیازهای عاطفی یکدیگر را برآورده سازیم.
۲. اثر بخشی خود را ارزیابی کنیم.
۳. برنامه‌هایی برای بهبود عمل کرد خود بریزیم.

نیازهای یکدیگر را به گونه‌ای برآورده سازیم که هر دو از آن لذت ببریم.

ارزیابی و اندازه‌گیری کیفیت کار بسی دشوار است. کیفیت بستگی به این دارد که تا چه حد می‌توانیم نیازهای همسرمان را برآورده سازیم. کمیت مرتبط می‌شود به اینکه چه مدت زمانی را صرف برآوردن این نیاز می‌کنیم.

بیاموزیم که از یکدیگر حمایت کنیم:

در یک جلسه شناخت درمانی با زوجی که به مراتب همدیگر را آزار می‌دادند، صحبت می‌کردم و گفتم: «شما برای آزار دادن یکدیگر با هم ازدواج نکرده‌اید، اما اگر دقت نکنید و مراقب نباشید، می‌توانید بزرگ‌ترین منبع ناخشنودی یکدیگر باشید. من مطمئنم که در دوران نامزدی و اوایل دوران ازدواج سعی می‌کردید از احساسات یکدیگر حمایت کنید. صریحاً بگویم اگر در آن زمان در مقام برآورده ساختن نیازهای یکدیگر نبوده‌اید به احتمال زیاد با هم ازدواج نمی‌کرده‌اید. رفتارهای حساب‌نشده و غیرمتناسب از حساب بانک عشق فردی برداشت شد و به این شرایط رسیده‌اید که خودتان شانسی برای ماندگاری نمی‌بینید.»
همچنین اضافه کرده‌ام که برآورده ساختن نیازهای عاطفی تولید احساس عشق می‌کند، اما درست فکر کردن و دوراندیش بودن است که آن را حفظ می‌کند.

آنها از فشارهای زندگی و اضافه شدن مسئولیت‌ها حرف زدند، از روز ازدواج دوراندیشی شما ممکن است یکی، دو درجه کاهش بیابد، فشارهای زندگی که اشاره می‌کنید، ممکن است شما را متقاعد کرده باشد که همیشه ازدواج مانند تور ماهیگیری است.

ماهیگیر اول به نام روزبه همه روزه تورهای ماهیگیری خود را در دریا می‌گسترند تا ماهی بگیرند و آنها را در بازار بفروشند. روزبه همه روز با تورش ماهی می‌گیرد اما آشغال‌های دریا را هم همه روزه در تور ماهیگیریش انباشته می‌کرد. سرانجام زمانی فرا می‌رسد که به قدری آشغال در تور او انباشته می‌شود که نمی‌تواند تور را از آب بیرون بکشد. اما ایرج هر روز تور ماهیگیری اش را تمیز می‌کند و اجازه نمی‌دهد آشغالها انباشته شود.

کار به جایی می‌کشد که یک روز نمی‌توانید نگران آن باشید که همسرتان چه احساسی دارد. ممکن است از فکر روحیه همسرتان بگذرید و به این بیاندیشید که خودتان چه خواسته‌ای دارید. ممکن‌است به این فکر نکنید که باید راه‌حل‌هایی پیدا کنید که هم به سود شما و هم به سود همسرتان باشد و اغلب یکدیگر را به بداندیشی و بی‌توجهی متهم می‌سازید.

برای مثال:

۱. یک اقدام بی‌ملاحظه یا اقدام‌های پشت سر هم و نابودکننده عشق کارهایی هستند که به تکرار انجام می‌دهید که باعث نابودی عشق و عاطفه میان شما می‌شود.

۲. همدلی و هم‌حسی نداشتن، اساسی‌ترین مشکل موجود است. ممکن است شما بزرگ‌ترین منبع ناخشنودی یکدیگر شدید.

پیوسته مراجعینم را تشویق می‌کنم کاری نکنید که یکدیگر را بیازارید و ناخشنود سازید.

در این تمثیل ماهی‌ها همان نیازهای احساسی و عاطفی هستند که در ازدواج برآورده می‌شوند. آشغال‌ها هم تخریب‌کنندگان عشق هستند. این‌ها عادت‌هایی هستند که تولید ناخشنودی می‌کنند. ازدواج‌های بد مانند تور ماهیگیری روزبه هستند. رفتارهای خشمگینانه، انتقادهای غیرمحترمانه، خارج از نزاکت، عادت‌های آزاردهنده، رفتارهای خودخواهانه و غیر صادقانه به مرور زمان انباشته می‌شوند. آن ناخشنودی این مسائل را ایجاد می‌کنند. همین‌ها هستند که از توان و میل زوج‌ها برای برآورده ساختن نیازهای عاطفی یکدیگر می‌کاهد. سرانجام موقعیتی فراهم می‌شود که ازدواج سودی به زن‌وشوهر نمی‌رساند. و کار به طلاق و جدایی عاطفی می‌کشد. اما ازدواج‌های خوب در حکم تور ماهیگیر دوم هستند. تخریب‌کنندگان عشق به محض آنکه خودی نشان می‌دهند برطرف می‌شوند. و در این شرایط زن یا شوهر می‌توانند به راحتی نیازهای عاطفی خود را برآورده سازند.

می‌خواهم به شما نشان دهم که چگونه آشغال‌ها را از تور خود پاکسازی کنید.

شما و همسرتان می‌توانید با شناسایی تخریب‌های عشق این کار را بکنید. باید به عادتی برسیم که نفوذ مخرب آنها را از بین ببریم.

در مقاله‌های بعدی اقداماتی که عشق ما را تخرب می‌کند شناسایی می‌نماییم و یاد می‌گیریم تا این عوامل را از تور خود پاکسازی کنیم. سپس تا بر موجودی خود در حساب بانک عشق بیافزاییم.

لطفاً ضمن اندیشیدن به خود پاسخ سؤال زیر را بدهید:

- تمثیل تور ماهیگیری دو نوع ازدواج را توصیف می‌کند. کدام یک از این دو ازدواج حکایت ازدواج شماست؟
- چه نوع آشغالی ممکن است در تور شما گیر کرده باشد؟
- کدام ماهی است که بخاطر آت‌وآشغال‌ها نمی‌توانید صید کنید؟

جبران خلیل جبران می‌گوید: «جان‌های بیدار خود را بسوی زیبایی و مهر به سوی خدای دل‌ها و حال سرمست از بادهٔ عشق و فرزانگی، راهنمایی کنیم و به زندگی اندیشه، احساس، شکوه و زیبایی ژرف و بی‌مانند ببخشیم.»

نکات مهم :

- اگر تلاش نکنیم تا از یکدیگر در برابر عادت‌های خودخواهانه حمایت کنیم، می‌توانیم بزرگ‌ترین منبع خوشنودی یکدیگر شویم.
- همدل نوبدن، به از بین رفتن دوراندیشی و مدت اندیشی کمک می‌کند.
- رفتارهای تکراری که باعث آزار زن و یا شوهر می شود تخریب کننده عشق‌اند

شش تخریب کننده عشق شامل:

۱. توقعات خودخواهانه.
۲. انتفادها و داوری‌های غیرمحترمانه.
۳. خشمگین شدن و از دست دادن کنترل رفتار.
٤. عادت‌های آزار دهنده و بی‌معنا.
۵. رفتار خودخواهانه بدون در نظر گرفتن دیگر و اعضاء خانواده.

۶. نداشتن صداقت.

من به عنوان یک روان درمان به شدت تحت تأثیر غرایز و عادت‌های انسان‌ها قرار می‌گیرم. در ضمن به این نتیجه رسیده‌ام با آنکه اغلب اشخاص می‌دانند که عادت‌های بد و بی‌تناسب تا چه اندازه مخرب هستند نمی‌توانند خود را از شر آنها خلاص کنند.

مثال: با آنکه معتادین می‌دانند که رفتارشان تا چه اندازه به زندگی زناشویی‌شان لطمه می‌زند؛ ترک اعتیاد برایشان دشوار است. آموزش دادن به زوج‌ها برای اینکه از عادت‌های توقع داشتن، بی‌احترامی و خشم فاصله بگیرند کار دشوار است.

اشکال اینجاست که تنها معدود زوج‌هایی متوجه می‌شوند که رفتارهای حساب‌نشده‌شان تا چه اندازه خطرناک است. بسیاری از زوج‌ها گمان می‌کنند که تخریب‌کنندگان عشق می‌توانند؛ زندگی زناشویی‌شان را نجات بدهند. در واقع با بسیاری از مشاوران پر اسم و رسم در امور زناشویی برخورد می‌کنیم که مدعی‌اند بدون کمک آنان، طلاق امر ناچار است.

در اینجا تلاشم بر این خواهد بود که عنوان کنم که توقعات، بی‌احترامی، و خشم تا چه اندازه برای ازدواج خطرناک هستند. این‌ها عادت‌های مخرب هستند. این سه طرز برخورد ظاهراً راه‌هایی درون زاد هستند که به ما کمک می‌کنند تا به آنچه از همسرمان انتظار داریم برسیم. اما واقعیت این است که این‌ها مؤثر واقع نمی‌شوند. به جای آن، بر وخامت اوضاع می‌افزاید و سبب می‌شوند که مهر و عشق خود را به یکدیگر از دست بدهیم.

البته تعارض و اختلاف اجتناب‌ناپذیر است. درحالی‌که از این تخریب‌کنندگان عشق اجتناب کنیم، باید جای آنها را با راهکارهایی برای حل مسئله پر کنیم. وقتی هر یک از این تخریب کنندگان عشق را با شما در میان می‌گذارم، راه‌هایی برای استفاده از روش‌های مناسب ارائه می‌دهم.

توقعات خودخواهانه:

همه ما می‌خواهیم از پس مشکلات زندگی‌مان برآییم. بعضی از غرایز و امیال بسیار آموزنده‌اند. اما بعضی از آنها احمقانه و بی‌مورد هستند. یکی از رفتارهای غریزی و بدآموزی احمقانهٔ ما متوقع بودن در ازدواج است. توقع داشتن با خود تهدید مجازات را القا می‌کند.

مثال:

نادر به همسرش دستور می‌دهد کارهایی بکند که به سود او است که در نهایت به همسرش لطمه می‌زند. در این صورت نادر به‌طور تلفیقی همسرش را تهدید می‌کند که اگر به خواسته او عمل نکند، او را مجازات می‌کند. به نظر می‌رسد اشخاص پر توقع برایشان مهم نیست که دیگران چه احساسی دارند. آنها تنها به نیازها و خواسته‌های خود توجه دارند.

توقعات و زورگویی‌ها با قدرت رابطه دارند. زورگویی مؤثر واقع نمی‌شود مگر اینکه کسی که زور می‌گوید از قدرتی برخوردار باشد که تهدیدش را عملی کند. اما در ازدواج قدرت دست کیست؟

به‌طور آرمانی زن‌وشوهر باید در قدرت سهیم باشند. زن‌وشوهر باید به اتفاق تلاش کنند تا هدف‌های مقابل خود را برآورده سازند. اما وقتی که یک همسر متوقع می‌شود و زورگویی می‌کند که در کنار آن به‌طور تلویحی تهدید هم وجود دارد؛ باز جنگ قدرت درمی‌گیرد در اینجا زن‌وشوهر می‌خواهند بتازند که چه کسی برنده می‌شود، نادر یا همسرش؟

ما باید به آنچه در ازدواجمان به آن نیاز داریم برسیم. باید نیازهای عاطفی یکدیگر را برآورده سازیم. حتی وقتی به کمک نیاز داریم آن را دریافت کنیم باید مطمئن باشیم متوقع بودن و زور گفتن مشکلی را از میان برنمی‌دارد.

دکتر جان گاتمن می‌گوید: در هنگام لازم از حساب پس انداز عاطفی کمک بگیریم[1].

1- “Use your Emotional saving in your bank account.”

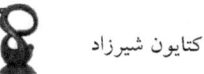

اگر نادر روی درخواست خود پافشاری کند و آن را به سطح توقع برساند، در واقع تلاش می‌کند اکراه و بی‌میلی همسرش را تحت‌الشعاع قرار دهد.

نادر این پیام را به ما می‌دهد که خواسته‌های او مهم‌تر از احساسات همسرش است.

بدون تردید ما و همسرانمان باید راه‌های مؤثرتری پیدا کنیم تا به یکدیگر انگیزه بدهیم که نیازهایمان را برطرف کنیم. در اغلب مواقع، توقع داشتن مرحلهٔ آغازین بدرفتاری کلامی یا ذهنی است. که به جنگ و نزاع در ازدواج ختم می‌شود.

بنابراین:

* توقع به هر شکلش بدرفتاری و بهره‌کشی است. به جای آن بهترست درخواست‌های اندیشمندانه و حساب شده را جایگزین توقعات خودخواهانه بکنیم.
* با رعایت ادب و احترام خواسته‌های خود را با همسرمان در میان بگذاریم و بعد به همسرمان امکان بدهیم که نظر موافق یا مخالف خود را با درخواست ما بیان کنند.

سه تخریب کننده عشقی که مطرح شد:

- بی احترامی
- توقع
- خشم

توقعات، بی‌احترامی و خشم: همه دارای وجه مشترک هستند. این‌ها به هر شکلش بدرفتاری و بهره‌کشی هستند که تأثیر مخرب بر سازگاری در ازدواج دارند. اگر به جای عادات‌های آزاردهنده و رفتار خودسرانه، درخواست‌های اندیشمندانه و حساب شده را جایگزین توقعات خودخواهانه بکنیم امکان بیشتری برای رسیدن به خواسته خود خواهیم داشت.

بدین‌منظور باید شرایطی فراهم بسازیم که هر دو طرف شاد باشیم که این یک

سبک و طرز زندگی سازگار می‌باشد. همهٔ ما وسوسه می‌شویم که به سود خود تصمیم‌گیری بکنیم. اما این لزوماً به سود همسرمان نیست. ممکن است رفتارهای مرموز و رازگونه داشته باشیم گر چه ممکن است ما را به دردسر بیاندازد. اما اگر زن‌وشوهر بخواهند عاشقانه به یکدیگر ماندگار باقی بمانند، نباید این نوع تخریب‌کنندگان عشق را نادیده بگیرند. در غیر این صورت اندوخته‌های ما در حساب بانک عشق برداشت خواهد شد.

عادت های آزاردهنده دیگر:

آخرین باری که از همسرتان ناراحت شدید چه زمانی بود؟ هفته پیش؟ دیروز؟ یک ساعت پیش؟ شاید همین حالا از همسرتان ناراحت هستید؟

یکی از نکات مهم دربارهٔ ناراحت‌کردن این است که شاید رفتارهایی هست آن‌قدرها مهم بنظر نمی‌رسد. اما این رفتارها شما را دیوانه می‌کنند. رفتارهای ناراحت کننده مانند شکنجه شدن یا چکه چکه کردن قطرات شیر آب هستند.

وقتی نادر ناراحت می‌شود میترا را به بی‌ملاحظه بودن متهم می‌کند. بخصوص وقتی موضوع را با او در میان می‌گذارد با آن حال او به رفتارش ادامه می‌دهد. تنها عادت بد نیست که مطرح است؛ بلکه مهم‌تر از آن نداشتن درست اندیشی است. که مسئله‌ساز می‌شود. از آن گذشته وقتی عادت‌های ما دیگران را ناراحت می‌کند، می‌گوییم این که چیز مهمی نیست. چرا باید دربارهٔ آن این همه هیاهو به راه اندازیم.

من در نقش یک مشاور سعی دارم زوج‌ها را به همدلی بیشتر متقاعد کنم. به آنها توصیه می‌کنم که از دریچهٔ چشم یکدیگر به مسائل نگاه کنند. البته کسی نمی‌تواند به‌طور صددرصد از احساس دیگران مطلع شود و این بخش مهمی از مسئله است. اما اگر نادر بتواند خود را به جای میترا بگذارد و میترا هم همین‌طور، به راحتی بیشتری می‌توانند، عادت‌های ناراحت کننده خود را ترک کنند.

رفتار ناخودآگاه:

به این نتیجه رسیدم که رفتارهای نسنجیده و دور از احساس را می‌توان به دو

گروه تقسیم کرد:

۳. **عادات ناراحت کننده:** اگر رفتار بدون اندیشه تکرار شود آن را عادتی ناراحت کننده می‌نامیم.
٤. **رفتارهای مستقل:** اما اگر برنامه‌ریزی شده باشد و فکر و اندیشه در آن بکار رود، به آن رفتار مستقل می‌نامند.

عادت‌ها و فعالیت‌ها طرز و سبک زندگی ما را تعریف می‌کنند. عادت‌ها و فعالیت‌ها می‌توانند یا برای هر دوی ما و یا برای یکی از ما لذت‌بخش باشد. این‌ها شبیه آجرهای یک خانه هستند. می‌توانند هر کدام قوی یا ضعیف باشند. آجرهای قوی و قدرتمند آنهایی هستند که هر دوی ما را خشنود می‌سازند.

اما چگونه می‌توانیم رفتارمان را به گونه‌ای تغییر دهیم که دیگر در آن بی‌توجهی و بی‌ملاحظگی خبری نباشد؟

باید بدانیم که هرگاه کاری صورت می‌دهیم که همسرمان را ناراحت می‌کنیم از حساب بانکی عشقمان کاسته می‌شود. باید تلاش کنیم که عادت‌های ناراحت‌کننده را حذف کنیم. رفتارهای مستقل را اولویت قرار دهیم. از همسرمان بپرسیم چه کارهایی او را ناراحت می‌کند؟ آنها را مکتوب کنیم و برنامه‌ای بریزیم که آنها را از بین برداریم.

هیچ‌کدام ما انتقاد دوست نداریم. از این رو تا آمادگی آن را پیدا نکرده‌ایم که کاری درباره آن صورت دهیم، درباره رفتارهای خودسرانه و ناراحت کنندهٔ یکدیگر حرفی نزنیم چون لحظات لذت‌بخش حضور همدیگر را خراب می‌کند

تا زمانی که نادر و میترا تغییراتی در کار خود ندهند که هر دو طرف در کنار هم بتوانند شاد باشند، به این نتیجه می‌رسیم که نمی‌توانند در کنار هم به زندگی آرام خود ادامه دهند.

صداقت کامل:

شرایط روحی و احساسی خود را بررسی کنید، چرا که ممکن است به کسی احتیاج داشته باشید. که از نظر روحی داغان باشد تا بتواند کار ناتمام خود را در حق کسی که در نظر دارید تمام کنید.

به یاد دارم که کسی می‌گفت شما هرگز نمی‌توانید گلبرگ‌های یک گل را، قبل از آنکه زمانش فرا رسیده باشد؛ به زور باز کنید. جرأت پیدا کنید و از همسرتان بخواهید که آن‌گونه شما دوست دارید به شما عشق بورزد یا نه، و بدانید که این حقیقت است که هر دو شما را آزاد خواهد کرد.

شنیدن همدلانه[1] :

مهم‌ترین هدف از گفت‌وگو، فهمیدن دقیق طرف مقابل و حس همدلی است. یعنی بتوانیم داخل پوست و قالب او شویم و به دنیا و مسائل از دید او بنگریم و او نیز متوجه این مسئله شود. در چنین وضعیتی است که نیمی یا تمام راه را برای حل مسئله رفته‌ایم.

همسر یا دوست نه تنها احساس شرم و اضطراب نمی‌کند بلکه به عنوان پناهگاه، یار و همدم به سوی ما جذب خواهد شد.

نتیجه‌گیری: از میزان همدلی یک فرد می‌توان افراد را شناخت و ارزیابی نمود.

برقراری ارتباط و گفت و شنود سالم برای افزایش صمیمیت:

طبق آخرین آمار روان‌شناسی بر روی ۱۵۰۰ زوج مشخص شد که ۷۰% مشکلات و اختلافات زناشویی ریشه در ارتباط و گفت‌وگوی ناسالم دارد. برقراری ارتباط یک فن و هنر آموختنی است. با آموختن و تمرین سالم به مهارت می‌رسیم.

برای مثال تمرینی که برای اکثر مراجعینم کار کرد را با هم مطالعه می‌کنیم.

با شریک زندگیتان قرار بگذارید هفته‌ای یکبار یا دو بار با هم یک ساعت یا بیشتر جلسه خصوصی داشته باشید. در هر نشست هر یک از زوجین نیم ساعت وقت دارد تا حرف‌های خود را بزنید.

در آن زمان درباده نیازها، امیدها، آرزوها، ویژگی‌های شخصی، خودشیفتگی‌ها و سرمستی‌ها، یأس‌ها، دل‌شکستگی‌ها، تک روی‌ها، لذت‌ها برنامه‌ها و اهداف خود و.... صحبت می‌کنید و حق ندارید هیچ حرفی در مورد زندگی مشترک و

1- Emphatic listening

کتایون شیرزاد

همسرتان بزنید و یا پاسخی بدهید و یا دیگری را متهم کنید. تا سه روز بعد که جلسه دوم ادامه ناگفته‌ها گفته می‌شوند هیچ یک از زوجین راجع به جلسه و مطالب گفته شده در آن جلسه صحبتی در زندگی عادی مطرح نمی‌شود. چنین نشستی باعث می‌شود که هر یک از طرفین خود را کاملاً ابراز کرده نه تنها خودشان را بلکه همسر خود را تا حدود زیاد بشناسند.

در هر جلسه همسر باید درخواستی دال بر صمیمیت و دوستی از طرف مقابل بخواهد. درخواست باید در قالب یک رفتار باشد و باید برای پیوند مهرآمیز باشد نه مشمئزکننده و یا آزاردهنده باشد.

مثلاً: بریم باهم قدم بزنیم یا پشتم را ماساژ بده یا نوازشم کن. در مورد برخی مسائل مثل: ارتباط جنسی می‌توان با تفاهم قبلی حدومرزی برای آن گذاشت.

کتاب **زندگی را عاشقانه بسازیم** تألیف از دکتر ماهیار آذر و دکتر ساداتیان می‌گویند: **زندگی زناشویی، بدون اختلاف وجود ندارد زن‌ها و مردها هر دو زمینی هستند.**

ایشان در رابطه با هنر برقراری رابطه و تمرین‌های آن این‌طور اشاره می‌کنند:

تمرین زمانی مفید و ارزشمند خواهد بود که زوجین صداقت داشته و هدف و نیت واقعی‌شان بهبود رابطه و زندگی زناشویی باشد.

و نه رسیدن به اهداف خود و رسیدن به حق بجانب بودن یا برنده شدن یکی از دو زوجین.

بنابراین اگر ما اهمیت و عظمت **خویش** و **رابطه** خود را آنچنان که هست، نشناسیم و این همه بزرگی و ارزش را آنگونه که سزاوار است نستاییم خویشتن را در نیافته‌ایم.

نیکوس کازانتزاکیس نقل می‌کند که در دوران کودکی، یک پیله کرم ابریشم را بر روی درختی می‌یابد، درست هنگامی که پروانه خود را برای خروج از پیله آماده می‌سازد. اندکی منتظر می‌ماند، اما سرانجام چون خروج پروانه طول می‌کشد تصمیم می‌گیرد این فرآیند را شتاب بخشد. با حرارت دهان خود آغاز به گرم

نمودن پیله می‌کند، تا این که پروانه خروج خود را آغاز می‌کند. اما بال‌هایش هنوز بسته‌اند و اندکی بعد می‌میرد.

او می‌گوید: «بلوغی صبورانه با یاری خورشید لازم بود؛ اما من انتظار کشیدن بلد نبودم. آن جنازهٔ کوچک تا به امروز، یکی از سنگین‌ترین بارها، بر روی وجدان من بوده است. اما همان جنازه باعث شد درک کنم که یک گناه حقیقی وجود دارد: فشار آوردن بر قوانین بزرگ جهان. بردباری لازم است و نیز انتظار زمان موعود را کشیدن شاهد بودن و سختی کشیدن، صبور بودن و مقاومت کردن، و با اعتماد راهی را دنبال کردن که زندگانی ما و فرزندانمان برگزیده است.»

در اینجا شما را به یک تمرین کاربردی دعوت می‌کنم:

بر روی یک ورقه کاغذ ده خصوصیات، رفتار و یا ویژگی که همسرتان به آنها بها می‌دهد و آنها را دوست دارد؛ لیست کنید.

برای مثال: مسئولیت‌پذیری، محترمانه رفتارکردن، پوشش مناسب، نظافت، اختصاص زمان برای با هم بودن، ابراز علاقه و محبت و... شما دو مورد از آنها را انتخاب کنید و هر روز برای مدت یک ماه و بعد دو مورد دیگر را به آنها اضافه کنید و ماه بعد دو مورد دیگر را به‌طور صمیمیانه برآورده کنید و ماه بعد دو مورد دیگر و... در مدت کوتاهی نتایج خیره کننده آنها را خواهید دید که: عشق ساختن و شدن است و نه فقط داشتن.

نگرشی به باورهایمان از ازدواج:

♥ ازدواج، امروزه نه یک هدف، بلکه وسیله‌ای برای تکامل و از من در آمدن و به ما تبدیل شدن است.

حیلت رها کن عاشقا دیوانه شو دیوانه شو

و اندر دل آتش در آ پروانه شو پروانه شو

مولوی

♥ اگر فردی دچار هر نوع اختلال روحی روانی مانند (افسردگی، بی‌مسئولیتی، انزوا، خشم، شکاکی، حسادت و یا خوشگذرانی) باشد؛ ازدواج نه فقط دارو

نخواهد بود؛ بلکه سمّی است که نه تنها شما، بلکه زندگی دیگری را نیز به خطر می‌اندازد.

♥ اولین شرط لازم برای یک ازدواج موفق و خوب، داشتن سلامت روحی روانی خوب است.

نیازهای اولیه یک ازدواج بدون مشکل داشتن بلوغ جسمی، عقلی، احساسی و عاطفی همراه با توانمندی نسبی اقتصادی است. در غیر این‌صورت مشکلات زندگی دو چندان خواهد شد و صدمات ناشی از آن چند صد برابر ناگوارتر از مجرد ماندن خواهد بود (چه برای خود فرد چه برای همسر و جامعه).

♥ تفکر اینکه بچه باعث تقویت رابطه زناشویی و گرم کردن زندگی می‌شود بسیار نادرست است. مطالعات نشان داده است که بچه فاصله میان زن و شوهر را بیشتر می‌کند. نه کمتر. ثانیاً پرورش سالم یک کودک نیاز به محیط آرام و عاری از تنش و همکاری و هماهنگی پدر و مادر است. فرزند زمانی باعث گرمی زندگی می‌شود که زوجین پیوند عاطفی و عمیقی با یکدیگر داشته باشند.

♥ پیشرفت‌های علمی روان‌شناسی و تحولات فرهنگی اجتماعی این امکان را فراهم کرده است تا با آگاهی به مشاوره قبل از ازدواج دست به انتخاب درست، جفت و همسر مناسب خود بزنیم. اگر چه اولین شرط لازم یک ازدواج خوب و موفق وجود عشق رمانتیک، داشتن شوق، هیجان و کشش احساسی و جنسی به طرف مقابل ولی برای تداوم و پایداری زندگی اشتراکی کافی نیست.

مهم‌ترین بخش پایداری زندگی زناشویی: آگاهی، همدلی، همراهی، صمیمیت ارزش‌های یکسان و تعهد هستند.

ازدواج مشارکت برابر(۵۰-۵۰) است.

اگر چه در کل و طولانی مدت ازدواج یک مشارکت و همکاری برابر است؛ اما واقعیت‌های زندگی و افراد آن‌چنان پیچیده و غیرمترقبه هستند که در بسیاری از

موارد پیروی از این اصل غیرممکن می‌نماید. مانند بیماری یا مسافرت یکی از زوجین بیش از ۹۰٪ مسئولیت زندگی را بدوش می‌کشد و در زمان دیگر طرف مقابل.

به همین ترتیب در مشکلات زندگی ممکن است فرد بر این باور باشد که من یک قدم سهم خود را برداشته‌ام و حال نوبت طرف مقابل است. یا اینکه من چنین و چنان کارهایی را انجام داده‌ام و حال او باید جبران کند. اصل کلی در این‌باره این است که ما بایستی در هر موردی کار درست و خوب خود را با توانی صددرصدی انجام دهیم. و منتظر جبران و حرکتی از طرف مقابل نباشیم. ممکن است کار خوب و درست ما این باشد که حتی اگر همسر ما حاضر نباشد، ما خود به تنهایی به مشاوره رفته و اگر به این نتیجه رسیدیم که راه دیگری باقی نمانده، آنگاه خود را نجات دهیم.

نتیجه در میان نگذاشتن مشکلات زناشویی:

متأسفانه بدلیل سیستم فکری بسیاری از آقایان (یعنی اینکه همه چیزدان هستند و مسائل خانوادگی و خصوصی نبایستی با کسی در میان گذاشته شود.)

و نیز بسیاری از خانم‌ها (ترس از آبرو یا خجالت کشیدن و یا اینکه مشکلات بر مرور زمان کم رنگ خواهد شد)، زوجین زمانی به دنبال چاره و راه حل می‌گردند که یا دیر است و یا بسیار مشکل.

هرگاه با مشکل و مسئله روابط روبه‌رو شده‌ایم، بهترین کار برای این منظور مشاوره ازدواج با فرد مجرب و منصف در این رشته است.

مهم‌ترین اصل برای موفقیت در این موارد، توجه به موضوع و مشکل باشد؛ نه طرف مقابل و پیدا کردن مقصر. بایستی رقابت و برنده شدن را از ذهن خود خارج کرد. در واقع بایستی با این امید و احساس قلبی به دنبال حل مسئله بود که حق با همسرمان باشد. چنین خواسته قلبی خودبه‌خود در بسیاری از موارد به زوجین کمک خواهد کرد. تا با دید بهتری به مسئله نگاه کنیم و اساساً محبت و عشق چیزی جز این نیست.

کتایون شیرزاد

مورد توجه:

طرح و درد دل مسائل خصوصی و خانوادگی با دوستی که آگاهی و تخصص و تجربه کافی برخوردار نیست نه تنها مفید نیست بلکه تجاوز به حریم خصوصی همسرمان می‌باشد و معمولاً بیشتر زیان را به بار خواهد آورد تا مفید و کمک کننده باشد. زیرا ممکن است از آن سوء استفاده شود، توصیه‌های اشتباه داده شود، و در نهایت جانبداری و منصفانه برخورد نشود.

ارزش‌ها و معیارهای زن و مرد درفیزیولوژیک و نحوهٔ تفکر:

تحقیقات جامع و کامل جدید نشان داده‌اند که شباهت‌ها بیش از تفاوت‌ها بوده و تفاوت‌ها نیز خود عمدتاً ریشه در باورهای فرهنگی، تاریخی، اجتماعی و خانوادگی داشته است.

خلاصه اینکه باید هدف داشته باشیم. باید مدتی همراه با عشق و مهر از هم فاصله بگیریم.

وقتی که از همدیگر جدا می‌شویم، حتماً باید مشکلات اساسی مربوط به خود، همسر و رابطه زناشویی‌مان را به دقت مطالعه و بررسی کنیم. در وحله اول، شاید این مسئله به قدری حاد و وحشتناک بنظر برسد که ما بی‌اراده دلمان بخواهد به همان عادت‌های قدیمی رابطه خود که ظاهراً مطمئن به نظر می‌رسد، برگردیم. وقتی غم‌و‌غصه جدایی ما را در برمی‌گیرد، خیلی آسان می‌توانیم خشم و ناراحتی، رنجش و سایر احساسات منفی را که داشتیم، فراموش کنیم. ترس برای همیشه از دست دادن همسرمان، تنها ماندن، پیدا نکردن کسی دیگر که دوستش بداریم یا ترس از اینکه نتوانیم... ما را بر آن می‌دارند که در پی آشتی کردن زود هنگام باشیم. اما اگر می‌خواهیم شانسی برای این رابطه وجود داشته باشد؛ باید از هم فاصله بگیریم. جدایی برای ما فرصتی فراهم می‌کند که قدمی به عقب برداریم و با دیدی واقع بینانه‌تر به همه چیز نگاه کنیم. برای شناختن مشکلات مهم و زیربنایی و کار کردن در جهت حل مسائل بزرگتر باید وقت بگذاریم.

> زندگی گرمی دل‌های بهم پیوسته است...
> آب و خورشید و نسیمش را از مایه جان
> خرج می‌باید کرد
> رنج می‌باید بُرد
> دوست می‌باید داشت...
> دست یکدیگر، را بفشاریم به مهر...

فریدون مشیری

صادقانه ببینیم چه اشتباهاتی صورت گرفته و باید دلایل اصلی و مهمی که باعث جدایی شده‌اند را پیدا کنیم. اگر روی مسائل سرپوش بگذاریم و تصمیم بگیریم بی‌توجه از کنارش بگذریم، سر و کله آنها دوباره پیدا خواهد شد. ما همه حوادث دردناک، جر و بحث‌ها، خصوصیات ناراحت‌کننده و دلخوری‌هایی را که در این رابطه زناشویی وجود داشته است به یاد داریم.

فاصله داشتن احتمالاً به ما کمک می‌کند که در این زمان پرهیجان صدمه بیشتری به روابط خود وارد نکنیم. فاصله به ما کمک خواهد کرد که فکر کنیم چه چیز باعث جدایی شده و آنگاه می‌توانیم روی آن موارد کار کنیم.

- شاید ما هم مثل سعید نگرانیم که همسرمان کسی دیگر را انتخاب کند.
- آیا با همسرمان در مورد حدوحدود این جدایی با هم حرف زده‌ایم؟
- آیا ما می‌دانیم چه چیزی در انتظار ماست؟
- آیا قرار بر این است که در این مدت جدایی طرفین با هم وفادار بمانیم؟
- آیا ما می‌توانیم با افراد دیگر معاشرت کنیم؟
- آیا مشخص کرده‌ایم که در این مدت چه کسی هزینه هایی مانند وام مسکن، آب و برق را می‌پردازد؟
- اگر فرزند داریم، چه مسئولیت‌هایی قرار است طرفین انجام دهند؟
- اگر در موارد این‌گونه مسائل با هم صحبت کرده و به تفاهم‌هایی رسیده باشیم، به ما کمک می‌کند تا ثبات احساسی بیشتری داشته باشیم و از بلاتکلیفی آینده ترس نداشته باشید. اگر این موردها انجام نشد بوسیله مشاور پذیرفتنی است.

ترس احساسی است که انسان را ناتوان می‌کند. ممکن است ما را به انجام کارهایی وادارد که به نفع ما نیست و امکان دارد ما را مضطرب و فلج کند.

ما به زمان نیاز داریم تا تعادل احساسی و ثبات رفتاری خود را بازیابیم و التیام پیدا کنیم. زمان می‌خواهیم تا خودمان را بشناسیم و بدانیم چه خواسته‌ای داریم. اگر ما وقت کافی صرف کنیم با کمک مشاور برای خودشناسی، بازنگری و شناخت نیازهایمان و تکیه روی نقاط قوت خود، شانس بیشتری برای جلب توجه همسرمان و بازگرداندن و نگه داشتن او خواهیم داشت. ما می‌توانیم با همسر خود مجدداً پیمان ببندیم، روی پای خودمان بایستیم و آدم‌های جالب جدیدی پیدا کنیم و شیوه‌های خلاقانه برای نجات ابداع نماییم. و با موفق شدن در برابر چالش‌ها اعتمادبه‌نفس خود را به مقدار زیاد افزایش دهیم.

اگر ما دوستانه از هم جدا شویم، از نقش ترس در کنترل‌کردن اعمال خود می‌کاهیم. در اصل به همسر خود می‌گوییم: «من تو را دوست دارم و برایت ارزش قائل هستم به خواسته‌های تو احترام می‌گذارم و میل به کنترل‌کردن تو را رها می‌کنم. می‌خواهم برای مدتی از تو دور باشم تا روی خود تمرکز کنم و کارهایی را انجام دهم که برای من و در نهایت برای رابطه زناشویی‌مان مفید باشد.» این یک هدف کوتاه‌مدت است. هدف بلندمدت این است که خودمان را تقویت کنیم تا هر دو نفرمان بتوانیم طوری پیش هم برگردیم که پیوند قوی‌تری میان خود برقرار کنیم.

ارتباط خوب می‌تواند ما را به سطوح عمیق‌تر شناخت و صمیمی برساند که هرگز تصورش را هم نمی‌کردیم. آنچه ما حالا نیاز داریم کسب مهارت‌های جدید برای باز کردن راه‌های ارتباطی است تا امکان بهبود رابطهٔ زناشویی و از نو ساختن میسر شود.

نکته:

از آنجایی‌که همه ما آدم‌های منحصربه‌فرد و با سوابق، انتظارات و عقاید خاص خودمان هستیم، کلمات و رویدادها را به گونه‌ای متفاوت تفسیر می‌کنیم. و این باعث بروز واکنش‌های مختلفی می‌شود. ارتباط فقط حرف زدن نیست

بلکه گوش کردن همدلانه یعنی این که نه تنها به کلمات بلکه به احساس‌ها و منظورهایی که در پس کلمات وجود دارد گوش کنیم.

به همسرمان اجازه بدهیم حرفش را خوب بزند و سعی کنیم خودمان را به جای او بگذاریم تا نقطه نظر او را درک کنیم. بپذیریم که نقطه نظر او برایمان ارزشمند است. حتی اگربا او موافق نباشیم. مثل:

- چه طور حرف بزنیم که همسر ما گوش کند.
- چه طور گوش کنیم تا همسرمان حرف بزند.
- ما چیزی می‌گوییم که منظورمان آن نیست؛ با مثال روشن حرف بزنیم.
- وقتی یاد می‌گیریم که کاملاً در لحظه باقی بمانیم و آغوشمان را به روی انرژی‌هایی که میان ما و محبوبمان در حال جاری شدن است بگشاییم، عشق‌ورزی به یک فرایند لذت‌بخش متناوب تبدیل می‌گردد.

زندگی آب‌تنی کردن در حوضچهٔ اکنون است.

- اگر عجله داریم که در طول رابطهٔ زناشویی به جایی برسیم، تجربه فرایندی که در آن هستیم را از دست می‌دهیم، و لحظه‌های واقعی سرمستی جاودانه را هرگز نخواهید شناخت. لحظه‌های واقعی که تنها زمانی در انتظار ما هستند که همین حالا به آنها توجه نشان دهیم.

صمیمیت و عشق:

سلول‌های زن فقط پیر نمی‌شوند بلکه رازآلود می‌شوند. و شنیدن این راز از دهان یک مرد، بهترین ضداضطراب زمین است.

معنویت بخشیدن به تمایلات جنسی برای افراد سالم به اینگونهه است: گاهی سکس جدی، گاهی شوخی، گاهی آرام، گاهی بسیار شهوانی و رهاساز، گاهی مبتکرانه، گاهی تفریح و گاهی فقط ساده و راحت و گاهی برای لحظه‌ای کوتاه و جاودانی. تجربه جنسی بین دو نفر که واقعاً عاشق یکدیگرند، اختلالی معنوی از نفس‌ها را ایجاد که اگر آن دو نفر لحظه‌ای که در هم گم می‌شوند، سالم و جدا از یکدیگر نباشند، وحشتناک خواهد بود. تقریباً هر کس می‌تواند اختلال و

لذت آشکار چنین مواجهه‌ای را تجربه کند.

و این تنش پویا بین گم‌کردن خود و حفظ خویش است که اجازه می‌دهد وقتی دو نفر لذت معنوی تمایلات جنسی خود را تجربه کنند. وقتی شما کمال درونی خود را به‌طور خاص احساس کنید و وقتی در حالی که شأن، مقام و شکنندگی یار خود را گرامی بدارید، و پس از آن شما دو نفر می‌توانید نفس‌های خود را ترکیب کنید، بدون آنکه هویت خود را از دست بدهید، در این صورت تجربه معنوی بی‌نظیر خواهید داشت.

افراد سالم و معنوی که با یکدیگر عشق می‌ورزند، درمی‌یابند که زندگی جنسی آنها، به جای آنکه در طول سال‌ها کسالت‌آور شود، بخش مهمی از مقاربت جنسی و انزال، استعاره فیزیکی زیبایی برای زندگی و مرگ می‌باشند. ما نزد یکدیگر می‌آییم و از نظر فیزیکی و احساسی بهم وصل می‌شویم، در لذت و شادی احساسی و فیزیکی که در تجربهٔ بی‌نظیر است؛ شریک می‌شویم. طی یک تجربه جنسی سالم ما نسبت به شخص دیگر، خود و جهان آسیب‌پذیر و بی‌آلایش می‌شویم. داشتن تجربه معنوی مستلزم آن است که دست از کنترل خود برداریم و سپس تسلیم آنچه شویم که به نیرومندی آفرینش است و سپس ما با آفرینش یکی می‌شویم. از ناشناخته‌ها در جهان شگفت‌زده می‌شویم به واسطه تجربه خود در نهایت می‌توان گفت که روابط سالم جنسی به معنای مهار کردن حرص نامبارک، تقویت ارتباط مثبت، و گرامی‌داشت روابط میان طرفین است.

سکس معقول:

انسان‌ها هرگز مفهوم سکس را نخواهند فهمید مگر آنکه علاوه بر معشوق خود، پذیرای دو نکته زیر باشند:

۱- سکس با احساسات در ارتباط است.

۲- سکس با صمیمیت در ارتباط است.

جان مک موری فیلسوف انگلیسی در کتاب **منطق و احساس** به دنیای حواس ما که چقدر مهم است اشاراتی دارد. می‌گوید حواس ما دروازه‌های هوشیاری ما هستند. آنها خیابان‌هایی هستند که در طولشان حرکت می‌کنیم تا با جهان پیرامون

خود تماس داشته باشیم. بدون این آگاهی احساسی نسبت به جهان هیچ نوع دانشی، حداقل برای افراد بشر امکان‌پذیر نیست.

برای یک عاشق خوب بودن، شخص باید بیاموزد که ببیند، بشنود، بوکند، بچشد و لمس کند. پس ما بشر، زن و مرد، باید توجه کنیم که چه چیز برای ما لذت بخش بوده و چه چیزهایی برای ما لذت بخش نیستند.

نکته:

چیست و چگونه از آن مطلع خواهیم شد؟

آیا می‌دانیم او چه می‌خواهد و چه چیزی را دوست دارد؟

ما انسان‌ها موجوداتی احساسی و دارای شهوات هستیم. ما دارای حواس هستیم. بنابراین می‌توانیم پیرامون جهان اطلاعات جمع‌آوری کنیم. برای کسب لذت نیز چنین کاری را انجام می‌دهیم. این چیزی است که روان‌شناسان «مسرت بخشی به حواس» معنی می‌کنند.

طبق فلسفه جان مک موری، افراد به مرحله‌ای می‌رسند که قدر چیزهایی را که از طریق حواسشان دریافت می‌کنند؛ را نمی‌دانند و سپس متحیر می‌شوند که چرا اندام‌های جنسی آنها کار نمی‌کنند؟

با پرورش چشم‌ها، گوش‌ها، غدد بزاقی، بینی و پوست، ما می‌توانیم؛ جهان اطراف خود را کشف و درک کنیم. پس از آن زندگی جنسی ما هم با این فرضیه بیداری، پیشرفت می‌کنند.

زویا و نیما دو سال پیش ازدواج کردند، زویا هنوز باکره است و احساسات ناسالمی مثل: احساس گناه، شرم و تقصیر که به آنها القاء شده است که لذت بردن چیزی بدی است. اگر گل‌های روی میز و بوی نان تازه پخته شده را بخاطر بیاورید به احساس گناه و تقصیر کمک می‌کند. اگر سکس استعاره برای زندگی و مرگ باشد. بازتابی از سطح صمیمیتی که با دیگران قسمت می‌کنیم نیز هست. اگر زویا و نیما از نظر احساسی هنوز بزرگ نشده باشند که قرار ملاقات بگذارند، ممکن است با تمایلات جنسی خود، کار متفاوتی انجام می‌دهند. شاید خشم و ناامیدی خود را عملاً نشان می‌دهند یا مقایسه با یار قبلیشان که بازتاب

کتایون شیرزاد

تجربه بد است؛ و یا (همچنان با کودک درون خویشتن مانده‌اند) و یا از روش گمراه کننده استفاده می‌کنند که از درگیری‌ها و ستیزها بپرهیزند.

ما باید بخاطر داشته باشیم که سکس مجموعه‌ای از صمیمیت عقلانی و رفتاری است. که در آن افکار و اعتقادات و دانش خود را با دیگران تقسیم می‌کنیم.

بخش ارتباط احساسی، شریک شدن در احساسات، برای سلامت یک رابطه است. این نکته بسیار ضرورت دارد که دو نفر بتوانند در احساسات هم شریک باشند. از جمله احساساتی که شریک شدن در آن چندان آسان نیست. این است که نیما و زویا اگر در یک روز آفتابی و شلوغ رو به روی هم بایستند به چشمان هم نگاه کنند و بهم بگویند از اینکه در زندگی هم حضور دارند سپاسگزارند کار بسیار صمیمانه‌ای کرده‌اند.

از اینکه به شریک زندگی‌مان بگوییم که بوی دهنشان بد است بهتر است مسواک کند نهراسیم، تا به نکته انفجار برسیم و مسئله را به شیوه بسیار آزار دهنده به او بگوییم.

وقتی با همسر خود شریک می‌شویم که خویشتن درونی و حقیقی‌مان آشکار شود که ره‌آوردی از صمیمیت و اقدامی از روی عشق است.

بعد از چندین جلسه مشاوره با زویا و نیما متوجه شدند که اگر احساسات روز به روز خود را با یکدیگر تقسیم نکنند، به این دلیل است که کار بسیار پر مخاطره و یا دشواری است؛ چگونه قادر خواهند بود که ارتباط جنسی برقرار کنند!

زوج‌های سالم در نهایت خطر بزرگ آسیب‌پذیری احساسی را در مقابل یکدیگر می‌پذیرند، طوری که آسیب‌ها و زخم‌های گذشته می‌توانند التیام پیدا کنند، ولی این تنها در صورتی اتفاق می‌افتد که زویا و نیماها خواسته‌های شخصی خود را در این روند حفظ کنند.

در یک رابطه، از هم جدا بودن به همان اندازه اهمیت دارد که با یکدیگر بودن. همچنان که این دو زوج مخاطرات احساسی ژرف را می‌پذیرند تمایل جنسی آن دو در یک زمینه بسیار وسیع‌تری مشتمل بر جدا بودن، شأن و مقام داشتن،

شفقت و نزدیکی احساسی، کاملاً استقرار می‌یابد. به عبارت دیگر تمایلات جنسی آن‌ها در این زمینه بخصوص شامل مقام و شأن یا قرابت احساس کاملاً تثبت می‌شود. به عبارت دیگر تمایلات جنسی آن‌ها نیاز به آن دارند که به بخشی لذت‌بخش از چیزی بزرگ‌تر تبدیل شوند یعنی بخش جدایی ناپذیر عشقشان شود.

روان‌شناسی جان آرام:

نگاه به انواع پیوندهای موجود بین اعضای خانواده می‌تواند نکات کلیدی بسیاری دربارۀ قدرتمندی‌ها و محدودیت‌های ما را آشکار سازد. بخصوص اگر به دلایلی آن‌ها را انکار کنیم. تلاش برای از بین بردن غفلت‌ها و اغماض‌ها یا تمام تلخ‌کامی عاطفی که ممکن است در ما مثل یک سونامی عاطفی عمل کنند باعث افکار خودکار منفی می‌شوند. این سونامی عاطفی که همان افکار خودکار منفی مخربی هستند که حوادث را بارها و بارها در ذهن ما تکرار می‌کنند و به حیات عاطفی روزمره سدی می‌گذارد که روان ما را اسیر سموم گذشته می‌کنند. این حوادث که همان سموم عاطفی هستند البته بار شیمیایی دارند که بیوشیمی مغز ما تعادلش را از دست می‌دهند. وقتی تجربیات ارتباطی و لوحه ژنتیک که ذهن ما را تشکیل می‌دهند؛ شناسایی شوند قابل پیشگیری است؛ علاج آن هم سم‌زدایی عاطفی در پیوند مهرآمیز می‌باشد.

منظور ما در اینجا از پیوند، داشتن نوعی وابستگی به واسطۀ میزان انرژی است که در آن موجود است به واسطه نوع انرژی سنجیده نمی‌شود بلکه به زبانی تجربه مائی.

(هم حسی، حسی که در من هست تویی، آن‌چنان نزدیکیم که آنچه من تجربه می‌کنم وحدت حسی با تو است).

تا زمانی که نتوانیم بپذیریم که از بعضی موارد شبیه والد خود هستیم، در از بین بردن غفلت‌های رفتاری که داریم با مشکل مواجه خواهیم بود.

**چشم‌ها را باید شست، جور دیگر باید دید
واژه‌ها را باید شست**

کتایون شیرزاد

زیر باران باید رفت
فکر را، خاطره را، زیر باران باید بُرد

دوست را، زیر باران باید دید
عشق را، زیر باران باید جُست

سهراب سپهری

برای مثال:

امین در کودکی و جوانی به خودش قول داد که مثل پدرش عصبانی نشود و در نتیجه همواره در تلاش برای سرکوب خشم خود، شدیداً مانند یک پرخاشگر منفعل عمل می‌کرد. او اوقات دشواری را برای فهم و درک آن سپری می‌نمود.

آزاده از مادرش در خانه احساس تأسف می‌کند و عصبانیت بخاطر نداشتن بلوغ عاطفی کافی.

آزاده و امین با استفاده از خویشتن کاذب از مکانیزم عصبی دفاعی، در ضد مسیر رودخانه حرکت می‌کنند. حاصل آن اضطراب و افسردگی و در نهایت سم وجودی خود را در کام عزیزان خود می‌ریزند.

احساس نزدیکی با پدر و مادر و یا به‌طور کلی از یک پیوند، ممکن است یک یا دو مورد نقاط قوت یا ضعف، باورها و یا خصلت‌های عمده و اساسی مادر و یا پدر خود را داشته باشیم. نتیجه پیوندهای عاطفی آن است که ما یک یا چند ویژگی از موارد زیر را داشته باشیم: رفتارها، باورها، احساسات، گرایش‌ها، تعصبات، نقاط‌قوت، نقاط‌ضعف، نگرانی‌ها، عادت‌ها، علائق، سبک زندگی یا غفلت‌ها و اغماض‌ها.

طبق آخرین پژوهش‌های روان‌شناختی تربیت‌های اوان زندگی و الگوهای پیوند در بسیاری از خانواده‌ها نقش ایفا می‌کنند به شرح زیر بیان شده است:

فرزند اول / تنها فرزند:

فرزند اول پیوند بیشتری با پدر دارد و یا بیش از فرزندان دیگر مسائل مربوط

به پدر را دنبال می‌کند. فرزندان نخست همچنین تمایل دارند که بیشتر منطقی باشند و کمتر تحت تأثیر احساسات قرار گیرند. فرزند دوم:

فرزند دوم:

دنباله‌روی مسائل مربوط به مادر است و مانند بسیاری از مادران تمایل دارد بیشتر به نیازهای احساسی دیگران توجه داشته باشد. آنها غالباً احساس می‌کنند که نفوذ چندانی درخانواده ندارند بنابراین یکی از تکالیف آنها، این است که یاد بگیرند چگونه قدرت سالم کسب کنند و آن را بکار برند.

فرزند سوم:

فرزند سوم آینه روابط زناشویی والدین خود است. و دلبستگی عمیق‌تری نسبت به والدین خود دارد. فرزند سوم تمایل دارد که به ابعاد معنوی‌تر زندگی نگاه کند. و از جزئیات و موارد ویژه غفلت کند به عبارت دیگر، آنها غالباً به فرضیات بیشتراز واقعیات علاقه نشان می‌دهند.

فرزند چهارم:

پیوند فرزند چهارم، حتی از فرزند سوم معنوی‌تر است. فرزند چهارم ویژگی‌های سیستم خانواده است. غالباً از اینکه نقش چنگک‌های تنظیم کننده را برای سیستم خانواده ایفا می‌کنند، آگاه نیستند.

سیمین و بهرام فرزندان چهارم خانواده هستند تعریف می‌کردند که: وقتی برای اجتماعات بزرگ خانوادگی در مواقع تعطیل به خانه می‌روند، به محض آنکه از در وارد می‌شوند احساس اضطراب و پریشانی می‌کنند، زیرا به همه پیام‌ها و تنش‌های پنهانی که دائماً بین اعضای خانواده در جریان است؛ پاسخ می‌دهند. آنها می‌توانند آزار و عصبانیت دیرینه و به جوش آمده را احساس کنند. و روابط بین خواهر برادرها را حس کنند. فرزندان چهارم اغلب حافظ قوانین خانواده نیز هستند.

کتایون شیرزاد

فرزند پنجم/ششم/ و...

وقتی فرزند پنجم به میان می‌آید، (چه پسر و چه دختر) دوباره از ابتدا مسیر را آغاز می‌کنند، با داشتن پیوند بیشتر با پدر یا ویژگی‌های مربوط به پدر، ششمین فرزند بیشتر با مادر پیوند دارد و همین طور جریان ادامه پیدا می‌کند.

به یاد داشته باشیم ارزش درک نمودن الگوهای پیوندمان جهت سالم سازی ما برای از بین بردم سموم عاطفی و غفلت ها می‌باشد.

وقتی امین از حالت‌های دفاعی پدر که ناشی از آسیب‌های زیاد، فقدان ثبات عاطفی، دوگانگی، چسبندگی و وابستگی‌های عصبی و اضطرابی بود وی از هرنزدیکی و وابستگی وحشت داشت[1] حالا اظهار امیدواری می‌کند که با شناسایی آنها و با آگاهی به جای استفراغ عاطفی و مدارا، برای مداوای خود قدم برمی‌دارد. در جلسات مشاوره، بعد از بازنگری‌های خود توانست آن رفتارها را از خود دور کند. و ایجاد دلبستگی‌های امن[2] و حساس به نیازهای خود به سوی استقلال را ایجاد کند. او حالا با خرسندی می‌گوید: «من می‌دانم که چه کسی هستم و در دوران کودکی با چه کسی پیوند داشتم.»

یکی از بهترین شیوه‌ها برای فهمیدن آن است که چرا به فردی که انتخاب کرده‌ایم عشق می‌ورزیم. ممکن بود امین وقتی که کوچک بود از مادر خود حمایت می‌کرد و ممکن بود سوگند خورده باشد که مثل پدر خود نباشد ولی به این معنا نیست ازدواج امین متفاوت از ازدواج والدین خود باشد.

کمی تفکر کنیم، که نوع انتخاب ما به همسرمان و نوع انتخاب همسرمان به ما، بدون برطرف کردن غفلت‌های دوران کودکی و آسیب رساندن‌ها با الگوهای ناسالم پیوند کودکی‌مان گره نخورد. باید خیلی مسئولانه و آگاهانه به درجه بلوغ عاطفی برسیم و آن وقت جفت عاطفی‌مان را در وصال عاطفی برگزینیم.

عدم اعتمادبه‌نفس باعث عدم موفقیت روابط زناشویی می‌شود.

1- Fear of entitlement
2- Secure attachment

جعبه حقیقت:

شهره از شوهرش تیام شکایت می‌کرد که اگر منزل ما خیلی آراسته نباشد او کلافه و بدخلق است. وقتی با تیام به گفت‌وگو نشستیم و از او خواستم که با طبق تکنیک **شناخت درمانی** جلسات مشاوره از کودکی خود بگوید، او گفت: «من با توقع و انتظارات والدینم که یک والدین از هم گسیخته بودند، روبه‌رو بودم. آنها با اعمال فشارهای غیرمتعارف مرا به کاری که فراتر از توانایی‌ام بود؛ وادار می‌کردند.

اگر ما بتوانیم از آنچه که دیگران از ما می‌خواهند خودمان را منفک کنیم کار مهمی انجام داده‌ایم. مسئله بسیار مهم برای عزت‌نفس، آگاهی از میزان پیشرفت است؛ اینکه تمام تلاش خود را کرده باشیم به جلو پیش می‌رویم.

تیام مرتباً از طریق والدین خود مقایسه، تحقیر و مورد سرزنش قرار می‌گرفت. او حالا یک اخلاق کمالگرا پیدا کرده بود و گاهی دچار احساس شکست می‌شد. تیام باید با هورمون‌های بالای استرس و اضطراب خود که سبب افکار مهاجم نافذ مثل سم هستند آگاه و برخورد جدی بکند.

در غیراین‌صورت آن افکار گرفتار به بهترین شکلی به تیام کودک کمک می‌کند که توانایی کمی را تجربه کند. آنها ناشی از کودک پروری ناسالم و عاطفه نابالغ او می‌شوند. تیام باید با فکر نکردن در مورد شکست‌ها و نادیده گرفتن آنها بر روی موفقیت‌ها متمرکز شدن با افراد مثبت معاشرت کند. تیام، توان ارتباط برقرار کردن با خویشتن، هویت من همانی (همه هستی منم) به جوهر وجودی خودش فضای رشد بدهد. و سلامت عاشقانه را تجربه کند.

لازم است که اشاره کنم متأسفانه، همیشه نمی‌شود از آدم‌هایی که منفی هستند اجتناب کرد، خصوصاً اگر با آنها همکار باشیم یا جزئی از فامیل یا خانواده ما باشند. اما مهم است که از تأثیرات آنها روی خود، آگاه بوده و تا جایی که ممکن است وقت کمتری را با آنها سپری کنیم. به عبارت دیگر وقتی دور و برمان پر از نگرش‌های مثبت و مردم حمایت‌کننده هستند، احساس بهتری در مورد خود پیدا می‌کنیم. و این مسئله به رشد عزت‌نفسمان بسیار کمک می‌کند. پس سعی کنیم که شخصیتی را از خود خلق نماییم که شبکهٔ حمایتی از افراد مثبت ایجاد

کنیم. احساس وفاجویی، بافت‌های عاطفی وفاداری، هم‌دلی با یک چالش بالغانه و با یک اراده وافی و تلاش انسانی و اخلاقی باشند.

شهره با همسرش بعد از طی چند دیدار با من، و اظهار رضایتمندی از نتیجه صحبت‌ها و تمرین‌ها، این‌طور اضافه کرد: «وقتی جوان بودم، من هم کنترل خانواده و ترس، اجازه نداشتم احساساتم را بیان کنم، تدریجاً در اجتماع در گفتار مشکل پیدا کردم کم حرف شدم. تنها راهی که در ذهنم برای ابراز خود وجود داشت نوشتن و آواز خواندن بود. وقتی همه زندگی‌مان دچار مشکل بود. ذهن من زمانی در قالب هیئتی روانی و گسسته از عواطف قرار داشت، حالتی که به نوعی بی‌حسی و حجاب عاطفی منجر می‌شد و گویی تنها در جعبه‌ای از استخوان در سرم حفظ می‌شد. امروز متوجه می‌شوم دستاوردهایی که با تلاش به دست آورده‌ام، واقعاً ارزشمند هستند.»

شهره توانست با شناسایی نکات مثبت خود و مهارت تئوری (رفتاردرمانی جایگزین[1]) تغییر مسیر زندگی هنگام بروز مشکل و دشواری و تقویت نقاط مثبت خویش، دریابد.

وقتی دو نفر علامت‌های حسی همدیگر را نتوانند بخوانند موجب فقدان هورمون‌های دلبستگی و دلبندی، صمیمیت و وصلت عاطفیشان می‌شوند. جان روان رنجور آنها جهان ارتباطیشان را نمی‌تواند وصل کند. برای همین باعث قطع ارتباط حسی و مغزی آنها می‌شود که در اثر تجربه‌های سخت عاطفی منجمد شده‌اند.

استفاده از کمک‌های روان‌درمانی و تکنیک‌های آن احساس امن و تجربه‌های اصلاحی بسیار مفیدی به ما می‌دهند. گاهی دوست، همسر و رفیق سالم می‌تواند این کار را در فضای محترمانه، آزاد و امن انجام دهد.

تونی رابنز در کتاب **غول درون را بیدار کنید** می‌نویسد: تعریف من از تغییر مسیر به موفقیت این است که طوری زندگی کنیم تا احساس لذت فراوان و

1- Atternative behavior therapy

پویایی در پیوند مهرآمیز / جلد دوم

احساس تألم (دردمندی) اندک داشته باشیم. کاری کنیم که اشخاص پیرامون ما بیش از آن اندازه که رنج می‌برند، غرق در لذت و شادی شوند.

من خویشِ درختان جهانم
همراه طبیعت ز ستم‌ها به فغانم.
جان‌های بیدار را به سوی زیبایی‌ها،
با دل‌های عاشق پیوند
می‌زنم.
پیوند زنم
جهان‌های بیدار
دل‌های عاشق را با زیبایی‌ها

فروغ فرخزاد
پیوند مهرآمیز ـ کاری از کتایون شیرزاد